Library of
Davidson College

LAS VOCES OLVIDADAS
Antología crítica de narradoras mexicanas nacidas en el siglo XIX

Edición de
Ana Rosa Domenella y Nora Pasternac

EL COLEGIO DE MÉXICO

LAS VOCES OLVIDADAS

Antología crítica de narradoras mexicanas
nacidas en el siglo XIX

**PROGRAMA INTERDISCIPLINARIO
DE ESTUDIOS DE LA MUJER**

LAS VOCES OLVIDADAS

Antología crítica de narradoras mexicanas nacidas en el siglo XIX

Edición de
Ana Rosa Domenella
y *Nora Pasternac*

EL COLEGIO DE MÉXICO

Portada de Mónica Diez-Martínez

Fotografía de Jorge Contreras Chacel

Primera edición, 1991

D.R. © El Colegio de México
 Camino al Ajusco 20
 Pedregal de Santa Teresa
 10740 México, D.F.

ISBN 968-12-0484-0

Impreso en México/*Printed in Mexico*

ÍNDICE

Presentación 9
Advertencia preliminar 11
Introducción 15

Primera Parte
De alegrías, folletines y otras simplezas

Staurofila de María Néstora Téllez Rendón, por Gloria María Prado 33

María Néstora Téllez Rendón
Staurofila (fragmentos) 59

Doña Refugio Barragán de Toscano: *Luciérnagas* y *La hija del bandido*, por Diana Morán y Laura Cázares 77

Refugio Barragán de Toscano
La hija del bandido (fragmentos) 93
Orugas y mariposas: Luciérnagas 113

Laura Méndez de Cuenca: espíritu positivista y sensibilidad romántica, por Ana Rosa Domenella, Luzelena Gutiérrez de Velasco y Nora Pasternac 117

Laura Méndez de Cuenca
La Venta del Chivo Prieto, La gobernadora, Heroína de miedo, La tía de don Antonio, Buches para la belleza, El señor de las amapolas, La tanda: Simplezas 139

Segunda Parte
Dos escritoras de vuelta de siglo

Reencuentro con María Enriqueta, por María Rosa Fiscal — 181

María Enriqueta Camarillo
    El secreto (fragmentos) — 201
    El piadoso Morabú: Sorpresas de la vida — 210
    La lotería de la tía Clemencia: Lo irremediable — 212
    Piquiño: Cuentecillos de cristal — 218

Dolores Bolio: figura literaria de vuelta de siglo, por Sara Poot Herrera — 227

Dolores Bolio
    Una hoja del pasado (fragmentos) — 247
    Numen de la selva, Una justicia: La cruz del maya — 254

Tercera Parte
Memorias de mujer y viajeras laboriosas

Memoria de mujer. Concepción Lombardo de Miramón, testiga de sí misma, por Carmen Ramos Escandón — 265

Concepción Lombardo de Miramón
    Memorias (fragmentos) — 281

Enriqueta y Ernestina Larrainzar, crónicas de viaje, por Cecilia Olivares Mansuy — 317

Enriqueta y Ernestina Larrainzar
    Viaje a varias partes de Europa (fragmentos) — 339

Cuarta Parte
Biografías femeninas y periódico de señoras

El género biográfico en *Mujeres notables mexicanas* de
Laureana Wright de Kleinhans, por Graciela Monges
Nicolau   357

Laurena Wright de Kleinhans
Mujeres notables mexicanas (fragmentos)   379

El periodismo femenino en el siglo XIX: *Violetas del
Anáhuac*, por Nora Pasternac   399

Violetas del Anáhuac. Periódico literario redactado por
señoras, núm. 9, 29 de enero de 1888   419

PRESENTACIÓN

Empezar por la narrativa mexicana escrita por mujeres en el siglo XX, como de hecho inició sus trabajos el Taller de Narrativa Femenina Mexicana del Programa Interdisciplinario de Estudios de la Mujer (PIEM) en El Colegio de México; iniciar la investigación en este siglo suponía varias cosas, y no la menos importante tenía que ver con el rico material producido prevalentemente las últimas décadas. Pero, no bien se hubo caminado un trecho en los trabajos del taller, ocurrió lo que tenía que suceder: se hizo flagrante la necesidad de indagar los antecedentes de estas escritoras contemporáneas nuestras que escriben con oficio y, en ocasiones, con excelencia.

En el campo de la poesía, no obstante —o tal vez gracias a la prodigiosa sombra de Sor Juana que a lo largo de los siglos del virreinato e independencia presidió la obra de sus congéneres—, hubo intentos por rescatar dicha obra y ordenarla: ahí está, por ejemplo, la antología de José María Vigil *Poetisas mexicanas*, que muy pronto va a cumplir un siglo de publicada. Y en el terreno de la narrativa ¿ocurriría como con la pintura de las mujeres que en México no se sabía, bien a bien, si antes de María Izquierdo y Frida Kahlo hubo otras pintoras? Escritoras como María Enriqueta o Nellie Campobello ¿tuvieron predecesoras? En busca de éstas se orientó entonces el Taller de Narrativa Femenina Mexicana del PIEM y el gran obstáculo a vencer fue lo inencontrable del material, objeto de estudio. La pesquisa, además de novelas y cuentos, rescató revistas, biografías, memorias, incluso narraciones de viajes, e hizo posible que ahora podamos oír estas voces olvidadas en la antología crítica que presentamos. Voces que quieren encontrar un eco y suscitar la búsqueda de otras más que las expliquen y complementen.

Elena Urrutia
El Colegio de México

ADVERTENCIA PRELIMINAR

El Taller de Investigación de Narrativa Femenina Mexicana "Diana Morán" del Programa Interdisciplinario de Estudios de la Mujer (PIEM) inició sus actividades en septiembre de 1984 bajo la coordinación de Aralia López González y Ana Rosa Domenella, egresadas ambas del Doctorado en Literatura Hispánica de El Colegio de México.

El taller fue planeado como un espacio de trabajo abierto e interdisciplinario cuyo objetivo primordial era estudiar la narrativa mexicana escrita por mujeres entre las décadas de 1910 y 1980.

El análisis de los textos seleccionados consistía en cotejarlos con su contexto sociohistórico y cultural para detectar la "visión del mundo" dominante en las autoras y en las obras analizadas; también se buscaba detectar marcas específicamente "femeninas" en su escritura.

La selección de las autoras se realizó de acuerdo con criterios cronológicos y literarios para determinar tipos de escritura y cambios generacionales de las doce autoras seleccionadas. Se elaboraron once trabajos monográficos de carácter individual o grupal.

En 1986, finalizada la muestra inicial, decidimos retroceder cronológicamente y estudiar la obra de escritoras del siglo XIX con el propósito de escribir una historia de la narrativa femenina mexicana. Esta decisión respondió a la necesidad de indagar sobre las raíces de la producción contemporánea y también constituyó un camino para rescatar del olvido el nombre y la obra de nuestras "abuelas" y "madres" escritoras, como propone la crítica feminista.

El nuevo *corpus* de análisis abarcaba desde la Independencia al porfiriato. Para poder contextualizar las obras, iniciamos el trabajo con sesiones panorámicas sobre la historia de la mujer en el siglo XIX mexicano y las principales corrientes literarias decimonónicas en Hispanoamérica. La tarea de rescate de materiales fue ardua y la cosecha escasa, ya que nos enfrentamos con serios escollos para localizar los textos. El apoyo crítico de reseñas o referencias prácticamente desapareció, lo que nos obligó a realizar estudios inmanentes y vincularlos con datos históricos contemporáneos a los textos.

Si en la muestra del siglo XX circunscribimos el análisis a novelas y cuentos, con la del XIX tuvimos que ser más flexibles e incluir narraciones de viajes, biografías, memorias y periodismo. En las sesiones del taller, también analizamos la obra de algunos hombres, representativos del siglo XIX, a través de sus personajes femeninos para poder compararlos con la producción de las mujeres escritoras.

En 1987, agotado el material que habíamos logrado, discutimos colectivamente el modo de aprovecharlo ya que no era suficiente para trabajos monográficos como los realizados sobre el siglo XX. En una sesión surgió la idea —que consideramos afortunada y productiva— de organizar una antología crítica para dar a conocer a las escritoras y los resultados de nuestra investigación.

El material recolectado y los trabajos presentados en forma oral por participantes de varias disciplinas (historiadoras, psicólogas, periodistas), aunque con predominio de literatas, pasaron por un proceso de reestructuración y selección que se realizó al margen de las tareas habituales del taller.*

En esta etapa de investigación sobre el siglo XIX, la coordinación estuvo a cargo de Ana Rosa Domenella, con la estrecha colaboración de Nora Pasternac y Luzelena Gutiérrez de Velasco. Por su parte, Aralia López, a su regreso de la Universidad de California de San Diego, inició el Seminario de Crítica Literaria Feminista que funciona de modo coordinado con el Taller de Investigación de Narrativa Femenina Mexicana y cuyos materiales sirven para retroalimentar los respectivos análisis.

El presente trabajo mantiene, en cierta medida, el carácter experimental propio del Taller y la singularidad de cada investigadora o cada equipo. El esquema básico que siguen los análisis incluye datos biográficos de las autoras y ciertos alineamientos

---

* Decidimos, por ejemplo, incluir a *dos escritoras nacidas en el XIX*, pero cuyas vidas se extienden hasta mediados de nuestro siglo, por considerar que sus obras son representativas de preocupaciones estéticas decimonónicas: María Enriqueta y Dolores Bolio.

metodológicos comunes. En la transcripción de los textos antologados se ha respetado la ortografía de las ediciones consultadas, sin embargo en todos los casos se corrigieron las erratas tipográficas. Esperamos que estos estudios, junto a las páginas antologadas, sirvan para comprender mejor la vertiente femenina de la tradición literaria mexicana.

Queremos agradecer a Elena Urrutia por su apoyo entusiasta y por haber hecho posible la creación de este taller. A Aralia López que impulsó la investigación sobre nuestras escritoras. Y a todas las compañeras que participaron a lo largo del proceso de elaboración de estos trabajos con su presencia y comentarios.

A.R.D., México, D.F., 1989

INTRODUCCIÓN

La literatura hispanoamericana del siglo XIX trae consigo resonancias insurgentes, himnos independentistas de corte neoclásico y el inicio de las literaturas nacionales.

La tardía aparición del género novelesco en nuestra América se debe, en parte, a la prohibición dictada por cédula real en 1531 de leer novelas de caballería y "otras historias vanas". Habrá que esperar hasta 1816 para la publicación, en México, de la obra considerada la primera novela de Hispanoamérica: *El Periquillo Sarniento* de Fernández de Lizardi.

A lo largo del siglo XIX se suceden las proclamas independentistas en nuestra América: desde Haití en 1804 a Cuba en 1898. Se rompen lazos políticos con las metrópolis europeas pero continúan las influencias estéticas del Viejo Mundo; el primer romanticismo tendrá como modelo a Francia y contará con seguidores en el Río de la Plata —con Esteban Echeverría— antes de que se iniciara su auge en España. Otros movimientos literarios característicos del XIX, como el realismo y el naturalismo, fluctuarán entre los cánones recibidos de Europa y la recreación de una problemática americana: la explotación del indígena, los esclavos negros o la llegada masiva de inmigrantes atraídos por las posibilidades que ofrecen las jóvenes repúblicas latinoamericanas.

Fundamentalmente en las novelas románticas, pero también en escritores costumbristas y en los que practican las "novelas de tesis", surgen protagonistas y títulos femeninos: *Soledad* (1847) y *Amalia* (1851, 1855) en Argentina; *Cecilia Valdés* (1839, 1882) en Cuba; *María* (1867) en Colombia; *Cumandá* (1879) en Ecuador; *Clemencia* (1869) y *Santa* (1904) en México. Los autores de estas obras son hombres —Bartolomé Mitre, José Mármol, Cirilo Villaverde, Jorge Issac, Juan León Mera, Ignacio Altamirano y Federico Gamboa— y recrean, a través de sus personajes femeninos, diversos aspectos de la realidad histórica y social de sus respectivos países. Sin embargo, el número de narradoras cuyo nombre y obra han trascendido hasta nuestros días es mucho menor que el de estas mujeres de ficción ya que, además, hubo más escritoras que se dedicaron a la poesía. Entre las novelistas recordemos a Juana Manuela Gorriti (1817-1892), nacida en Argentina pero cuya obra periodística y de folletín se realizó en varios países, autora de *Panoramas de la vida* (1876); Gertrudis Gómez de Avellaneda, cubana (1814-1873), autora de *Guatimozín, último emperador de México* (1846) y de los amores ilícitos e interraciales de *Sab* (1841); Clorinda Matto de Turner (1854-1909), a quien se estudia en la historia de la literatura hispanoamericana como la iniciadora de la corriente "indigenista" con su novela *Aves sin nido* (1889).

¿Cuáles son las voces narrativas olvidadas en la literatura mexicana del siglo XIX?

A través de la investigación realizada en el marco del Taller de Narrativa Femenina Mexicana, logramos el acceso a la obra, parcial en la mayoría de los casos, de cinco narradoras nacidas en provincia entre 1828 y 1880. Más tarde incluimos en la muestra a autoras de libros de viajes, memorias, biografías y a mujeres que dirigieron y colaboraron en periódicos femeninos.

¿Qué preocupaciones, fantasías y logros transmiten estas escritoras decimonónicas? ¿Cuáles son las características de sus mundos de ficción y de qué realidad singular e histórica dejan testimonio en sus páginas? ¿Está lo *femenino* —como marca de género en lo literario y/o antropológico— presente en sus obras, más allá del hecho biológico de haber nacido mujeres? ¿Cuál es la cotidianidad en que se encuentran inmersas las escritoras y sus personajes?

El filósofo checo Karel Kosik* sostiene que "todo modo de existir en el mundo posee su propia cotidianidad", su modo de organizar "día a día la vida individual, familiar y social". Por lo tanto, nos interesa analizar cómo es la "realidad", literaria y doméstica, recreada por estas escritoras que no ejercen su actividad como profesionales de la literatura.

Entre los laboriosos intentos por forjar la República y defenderla de invasores extranjeros y del orden autoritario del porfiriato en las postrimerías del siglo XIX, la mujer permanece, en muchos aspectos, atada a la rémora colonial.

La mujer ha sido, históricamente, reina y esclava de los

---

* Karel Kosik, *Dialéctica de lo concreto* (1963), Grijalbo, México, 1984.

mundos cerrados, domésticos y cotidianos, donde su papel subordinado es "natural" (al igual que el poder divino de los reyes o la sacralidad de la propiedad privada) y los ritmos biológicos y culturales aparentan ser cíclicos para así reproducir mejor pautas sociales obsoletas. Sin embargo, todo quehacer humano es histórico y por lo tanto mutable, aunque en ciertos ámbitos se noten menos los cambios.

El estudio de las antecesoras de las escritoras mexicanas contemporáneas nos permite descubrir de qué modo el ejercicio de la escritura permite simbolizar vivencias y fantasías en un entretejido de planos explícitos y latentes. Estas escritoras intentan —y a veces lo logran— cambiar su lugar en la estructura familiar y su actitud frente a un mundo pretendidamente inamovible en su estructura patriarcal y jerárquica. Pero también es histórico el fenómeno de la lectura, de modo que estos textos fueron leídos de una manera distinta a la nuestra por sus lectoras contemporáneas.

Desde las "amigas" o escuelas privadas de primeras letras para niñas a la ley de instrucción gratuita, obligatoria y laica de 1867; desde la creación de la Escuela de Artes y Oficios para mujeres en 1880 a la realización del Primer Congreso Feminista en Yucatán en 1916, ¿cuál era el público lector femenino y cuáles eran sus géneros literarios favoritos? La investigación sobre el fenómeno de la recepción excede los propósitos de nuestra investigación, pero el material reunido en el capítulo sobre periodismo femenino da pistas para reconstruir las preferencias de las lectoras de la época.

A la vez nosotras, como lectoras y críticas de su obra, ubicadas cronológicamente en los finales del siglo XX, hemos de leerlas teniendo en cuenta su particular contexto histórico y cultural y, de este modo, podemos modificar nuestra percepción de la literatura nacional decimonónica, estudiada siempre, en manuales e historias literarias, desde la perspectiva de sus más ilustres escritores masculinos.

Las escritoras reunidas en el primero y segundo capítulo de la antología son autoras de cuentos y novelas, además de otros géneros. Ordenadas según la fecha de su nacimiento, el capítulo "De alegorías, folletines y otras simplezas" abre con María Néstora Téllez (1818-1890) quien queda ciega cuando tenía un año y esta fatalidad —que ella interpreta como benéfico designio divino— la lleva a practicar la literatura oral junto a sus labores como maestra de primeras letras en escuelas de "amigas" o instituciones religiosas. Una admiradora y discípula es la amanuense que transcribe *Staurofila* al lenguaje escrito después de años en que fue decantándose como texto oral, forjado en el fervor religioso y para un público devoto y femenino. La segunda escritora del capítulo "Dos escritoras de vuelta de siglo", Dolores Bolio, pierde la vista en los últimos años de su vida; oscuridad en sus ojos amantes de los objetos y las obras de arte y oscuridad en su mente habitada por la locura.

Ambas nacieron en provincia, pero en clases sociales distantes. María Néstora en San Juan del Río, Querétaro, en una familia modesta que se dedicaba a la educación como forma de vida; Lolita Bolio —como la llama el poeta José Esquivel Pren— perteneció a la "casta divina": nació y murió en Mérida, Yucatán, y la fortuna familiar le permitió disfrutar de los viajes y rodearse de obras de arte.

Staurofila, de María Néstora Téllez Rendón, lleva como subtítulo "cuento alegórico" y narra "los amores de Jesucristo con el alma devota". Aunque huela a incienso y mirra, el texto ofrece sorpresas, ya que una de las vetas románticas de la obra es su recurrencia a modelos medievales de amor cortés y aventuras caballerescas. Los personajes llevan nombres griegos, como reminiscencia —quizás— de la corriente neoclásica; se pasean y sufren tentaciones entre el Jardín de las Flores (Edén), el desierto de las Tristes Lágrimas (Tierra) y el País de las Negras Sombras, donde reina un caballero seductor como Luzbel. El texto, según el estudio crítico de Gloria Prado, presenta dos lecturas posibles: una explícita, como cuento maravilloso; otra implícita, como relato religioso. La propuesta cristiana sobre el amor —recordemos que para Dante "el amor mueve al sol y a las demás estrellas"— está presente en las páginas de *Staurofila* como camino para la salvación del alma. Es posible que sus alumnas lo oyeran embelesadas por los ecos de los poetas místicos y del *Cantar de los Cantares*. El texto, publicado en 1893, sirvió de lectura para numerosas generaciones de pupilas de escuelas de monjas. La obra está dedicada a un pilar de la autoridad eclesiástica: Francisco de Sales, obispo de Ginebra.

La segunda autora antologada en este capítulo es Refugio Barragán de Toscano (1846-1916). Su novela, *La hija del bandido*, publicada en Guadalajara en 1887, es de estructura folletinesca. Un crítico califica a la autora —en 1934— de "culta y laboriosa dama tapatía" y afirma que relató con "sagaz mirada, poniendo en todo ello ternura de mujer [. . .]". El comentario connota, por supuesto, un condescendiente tono caballeroso. Por su parte, las autoras de este estudio, Cázares y Morán, consideran que la novela de doña Refugio está menos lograda que otro clásico folletín de la época: *La hija del judío* de Justo Sierra O'Reilly. Uno de los desaciertos narrativos son las innumerables apelaciones al lector virtual por parte de la narradora; lectores adultos a quienes trata de agradar e impartir enseñanzas moralizantes, como lo hacía con el público infantil de su volumen de cuentos titulado *Luciérnagas*. Por ejemplo, la narradora dice que con una "varita mágica" correrá "una decoración que cubra la oscuridad de los crímenes"; crímenes que son, sin embargo, uno de los sustratos argumentales de la obra. Los personajes femeninos son siempre virtuosos y sufrientes; en cambio los personajes masculinos están divididos entre seres nobles y crápulas irredentos.

María es la protagonista de la novela (como el título lo anuncia), tiene 15 años y es dulce, exquisita e inocente "como la ilusión del amor o como el ensueño de un poeta" dice el texto; además es huérfana de madre y, para acrecentar su desgracia, su padre es un siniestro bandolero cuya guarida se encuentra en las cavernas de la sierra Nevada (de allí el subtítulo de la novela: "o los subterráneos del Nevado"). A pesar de que la joven tiene cinco pretendientes —buenos y malos, jóvenes y viejos— toma "el velo de esposa de Jesucristo en el convento de Capuchinas" por el estigma de su origen. La autora hace acto explícito de presencia, a través de la voz narrativa rectora, en la introducción y cierre de la novela publicada por entregas: "Termino esta introducción suplicando a mis lectores, me juzguen como simple novelista y no como narradora de hechos verídicos". Al finalizar cita el adagio de que "el tiempo descubre las cosas más secretas" y al tiempo reserva entonces "la última pincelada de la novela"; luego se despide de sus lectores agradeciendo "la buena acogida" que han dado a su segunda obra. También expone sus creencias religiosas y sentimientos patrióticos, enlazando "la dulce morena de Tepeyac", con Cuauhtémoc y "caudillos tan gloriosos como Hidalgo y Morelos".

Los datos geográficos que sirven de marco espacial de los acontecimientos: "Al poniente de Ciudad Guzmán (antiguamente Zapotlán) eleva su gallarda cumbre" el "Nevado de Colima". . . "su cúspide a la altura de 3 600 varas", emparenta su escritura con la obra de las hermanas viajeras Larrainzar —también antologadas— por su precisión enciclopédica, afán didáctico, así como por el manejo del folletín.

Laura Méndez de Cuenca (1853-1928) está vinculada con los poetas del modernismo mexicano; fue novia de Manuel Acuña y se casó con Agustín Cuenca. Conocida por su labor poética, lo es menos por su obra narrativa que sin lugar a dudas resulta valiosa para comprender el desarrollo de la literatura de finales de siglo. En el poema "Nieblas" se incluye un verso que habla del "congojo tedio de la vida"; el mismo tedio que Baudelaire calificara de "monstruo sutil" y el más perverso de nuestros vicios en el prólogo a *Las flores del mal* (1857).

Laura Méndez escribe también un tratado de economía doméstica, teniendo en cuenta los ideales positivistas de su época, y una novela —que no fue posible localizar— llamada *El espejo de Amarilis*. Incluimos en nuestra antología un estudio —escrito a tres voces— sobre *Simplezas*, conjunto de cuentos publicados en París en 1910. Esta mujer culta y cosmopolita, que representó a México en foros culturales internacionales, pone en tela de juicio el modelo de la buena y abnegada mujercita mexicana y crea personajes femeninos fuertes, dominantes e incluso malvados. En estas engañosas "simplezas", el lector se encuentra con filicidios involuntarios, madres-monstruos adúlteras y también "buches para la belleza", modos de vivir a expensas de la superstición popular y la miserable existencia de las obreras cigarreras. Laura Méndez de Cuenca es una ferviente patriota y denuncia en su obra la expropiación de medio territorio mexicano con la intervención norteamericana y los leoninos tratados de 1848. Varios de sus relatos están ambientados en la Alta California con personajes que son antecesores de los actuales chicanos; habla de agricultores que ignoraban que llegaría el día "en que se convertirían en extranjeros en su propia tierra", del surgimiento de "capataces bruscos, de lengua ruda e incomprensible" y de la desaparición de las misiones españolas.

En *Simplezas*, el espacio mitológico de *Staurofila* y el muy regionalista de *La hija del bandido* se abre hacia otros países y continentes, teniendo a México como epicentro y a Estados Unidos y España como referentes históricos y culturales. Las otras autoras incluidas en este capítulo, también tienen una profunda relación vital con España y otros países europeos. Éste es el caso de María Enriqueta Camarillo. La obra de Dolores Bolio refleja una cultura universal que parte del manantial provinciano y telúrico.

En 1872, año en que muere Benito Juárez, nace María Enriqueta Camarillo y Roa, "la primera escritora profesional mexicana", según Martha Robles. A lo largo de sus 96 años de existencia, ocurrieron hechos históricos irreversibles, como la Revolución mexicana, la Revolución rusa, dos guerras mundiales, descubrimientos científicos y tecnológicos asombrosos y, sin embargo, ninguno de estos hitos están presentes en su vasta obra; María Enriqueta estuvo casada además, durante más de treinta años, con el historiador Carlos Pereyra. Aunque el mundo que recrea su obra queda anclado en ciertos valores del porfiriato y del más tradicional catolicismo español, sus libros son leídos en América y en Europa en las primeras décadas del siglo XX y Gabriela Mistral recomienda la lectura de toda su obra en la antología *Lectura para mujeres* (1924) que prepara, en México, a pedido de José Vasconcelos. En *La sombra fugitiva*,* Martha Robles afirma: "Residente en Coatepec, Veracruz, durante los primeros años y, posteriormente, en la ciudad de México [y durante treinta y dos años en España, debemos agregar], María Enriqueta conservó hasta su muerte, en 1968, la capacidad de abstraerse de los problemas de su medio, de su sexo y de su tiempo". Esta mezcla de ceguera histórica y puerilidad vital tiene su fundamento en valores patriarcales, eclesiásticos y moralizantes que están presentes a lo largo de su obra poética y narrativa. Fue colaboradora de la revista *Azul* del modernismo mexicano y autora de los cinco libros *Rosas de la infancia*, utilizados en las escuelas primarias antes del libro de texto gratuito.

Entre las novelas y cuentos que escribe destaca *El secreto* (1922), que recibe calurosa acogida en su momento, se traduce a otros idiomas y es seleccionado para representar a la literatura femenina hispanoamericana en una colección francesa (*Les Cahiers Feminins*). El secreto que Pablo, el protagonista, cree que le ocultan es la muerte de su padre, quien debió emigrar a Argentina debido al derrumbe económico familiar. Pablo es español, como la mayoría de los personajes de María Enriqueta, y se gana la vida con dibujos y cerámicas. En términos generales, sus personajes masculinos son pulcros y caballerescos y las mujeres bellas y frágiles; la servidumbre y los escasos obreros que aparecen son humildes y serviciales. Las premisas de orden y progreso en las que fue educada la autora durante el porfiriato nunca se cuestionan.

* Martha Robles, "Precursoras, modernismo y romanticismo", en *La sombra fugitiva. Escritoras en la cultura nacional*, UNAM, México, 1985, t. 1, pp. 95-135.

María Rosa Fiscal cuenta que María Enriqueta Camarillo fue amiga de Alfonso Reyes, quien la admiraba como persona pero no como escritora, e incluye una anécdota interesante: decía don Alfonso que María Enriqueta era un prado florido, tierra siempre dispuesta a dar flores y frutos, pero que cada vez que lo hacía, Pereyra (su marido) pasaba como una plancha secándola. Sin embargo, es a Pereyra a quien sigue fielmente por distintos países en buenas y malas rachas (cuando ella impartía clases de piano y su marido de historia para sobrevivir). María Enriqueta habla de su frustrada maternidad y escribe cuentos para niños; en su "Autocuestionamiento" confiesa: "Quede para espíritus menos sombríos cantar la Alegría y la Vida: Yo sólo cantaré el Dolor y la Muerte". Es el tono pesimista del romanticismo finisecular que siempre evita el presente con la huida hacia el pasado o la proyección utópica en el futuro. He aquí estos versos que lo demuestran: "Prefiero en viajes y amor/ lo que nunca habrá de ser/ o lo que ha tiempo pasó."

La última autora antologada en este segundo capítulo es Dolores Bolio Cantarell de Peón (1880-1950). A diferencia de María Enriqueta —y según el estudio de Sara Poot— tuvo "conciencia de su intelecto y su sexualidad y fue transgresora de su clase social y de su sexo". Defiende el ideal bolivariano de una gran Confederación de América y colabora con los integrantes de la generación del Ateneo dictando conferencias en la Universidad Popular. Su vida estuvo rodeada de lujos y de artistas de renombre; su sensibilidad e inteligencia le permiten capitalizar estas posibilidades en una vida intelectual intensa y en una obra en gran medida privada, ya que las ediciones de la autora, en miniatura, no se distribuían comercialmente.

Este gusto por los libros como objetos artísticos se extiende a otros aspectos de su escritura, desde el álbum de firmas de autores yucatecos, que inicia a los 11 años, al mantel de lino bordado con las firmas de los poetas modernistas. Los autógrafos sobre papel o tela enlazan la escritura de poetas con el bordado y el álbum femeninos; atesorando nombres y obras admiradas, Dolores Bolio llega a su propia obra que incluye libros de poesía, novelas, cuentos y ensayos.

Sus conocimientos de arte europeo se unen con las tradiciones de la cultura maya y en sus textos surge la exuberancia de la selva tabasqueña junto a los ambientes palaciegos de los Habsburgo en México; referencias mitológicas y héroes catalanes como Wilfredo el Velloso. Algunos títulos de sus obras ejemplifican esta versatilidad y polifonía: *Aroma tropical* (poesía), *Una hoja del pasado* (novela histórica), *La cruz maya* (leyendas y fábulas) y *Luciérnagas* (ensayos sobre estética y reseñas de obras musicales, pictóricas y literarias).

En toda su obra se encuentran referencias y agudas observaciones sobre la condición de la mujer entre los indígenas o entre los hacendados; en la corte de la emperatriz Carlota o en las novelas de Pardo Bazán. Sin embargo, Dolores Bolio no preconiza ni practica una literatura moralizante pues sostiene que "la novela no debe atormentar ni apremiar para moralizar". La denuncia, de todos modos, está implícita en narraciones como "Una justicia" o "Numen de la selva", incluidas en esta muestra. Su religiosidad no se refugia en cánones dogmáticos, sino que busca el sentido profundo de la divinidad cerca de la belleza y lo sagrado.

En oposición a la mayoría de los textos antologados que sus autoras dedican a autoridades masculinas, públicas o familiares, Dolores Bolio dedica *Una hoja del pasado* (1920) a "México, a sus mujeres, a sus intelectuales".

El tercer capítulo de la antología incluye fragmentos de un libro de memorias y de otros escritos por viajeras. Concepción Lombardo de Miramón (1853-1921) fija en su diario, escrito cuando era ya septuagenaria, los recuerdos de su infancia, juventud y madurez y, junto a los avatares de su existencia, rememora un periodo importante de la historia de México. Hija consentida de un político conservador, se casa con Miguel Miramón, quien llega a ser presidente por un breve lapso y muere fusilado junto a Maximiliano de Habsburgo por órdenes de Benito Juárez. El trabajo titulado "Memorias de mujer" de Carmen Ramos, es importante por su óptica y modo de recrear los recuerdos familiares y políticos. Concepción Lombardo fue una mujer con escasa cultura pero vivaz inteligencia que opina, desde el refugio solitario de la vejez, sobre acontecimientos reservados a la esfera del poder masculino en la época en que ella los vivió.

El *Diario* está escrito en Europa, donde vivió con penurias bajo la protección de archiduquesas y condes de la familia de los Habsburgo. Habían pasado cincuenta años desde el fusilamiento de su marido y escribe con la doble nostalgia de su juventud y de su patria lejanas. Rescata de la memoria las primeras letras mal aprendidas con las "amigas", sus pretendientes y los de sus hermanas y el primer premio en bordado que recibió —sin saber que había competido— de manos del presidente Santa Anna en la Exposición Nacional de 1850. También registra todo lo que ve, escucha o intuye en el azaroso mundo de la política y se queja de que ésta es "una terrible rival de la mujer". Confecciona, de este modo, "su verdad" de los hechos históricos y personales y rescata, en cierta medida, una mirada ingenua o apasionada. Cuenta, por ejemplo, que su abuela andaluza "nació casada" y cómo, ya viuda y con catorce hijos, decide volver a casarse con un joven viudo sin la aprobación de la familia.

Concepción Lombardo de Miramón describe, gozosa, el bautismo de su primogénito en 1859, cuando su marido es "Jefe Supremo de la Nación"; arzobispos, embajadores y marqueses destacan entre los 160 invitados a la ceremonia que tiene lugar en la capilla familiar y con una fuente bautismal de puro mármol de Carrara en forma de ángel, regalo de un noble español. Después del "lunch" (*sic*) se suceden los discursos y entre los oradores es rescatado del olvido el nombre de **Manuel Larrainzar**, presidente del Consejo y diplomático de larga carrera que resulta ser el padre de nuestras viajeras antologadas: Enriqueta y Ernestina Larrainzar, autoras de *Viaje a varias partes de Europa*.

El fastuoso bautismo del hijo de Miramón sirve de enlace entre las memorias de una esposa incondicional y los cuatro laboriosos tomos de las hermanas Larrainzar, que dedican su obra "A la sagrada memoria de nuestro inolvidable padre". El inolvidable progenitor fue un ilustre chiapaneco, nombrado por el gobierno del emperador Maximiliano "Enviado Extraordinario y Ministro Plenipotenciario en las cortes de Rusia, Suecia y Dinamarca", países a los que viaja en compañía de su familia.

Otro punto de contacto entre las memorias y los libros de viaje incluidos en la muestra es la extracción conservadora de las autoras, sus largos años de permanencia en Europa y la total adhesión a un mundo patriarcal que tiene al emperador Maximiliano y al príncipe Alejandro Alejandrovich como modelos de organización política, y al marido o al padre como paradigmas del orden familiar. A pesar de tan rígida jerarquía, estas mujeres escriben y su escritura es femenina porque como tal se asumen en un mundo que las subordina, pero que ellas no cuestionan.

Las señoritas Larrainzar emprenden un largo viaje como hijas del embajador entre los 12 y 13 años y escriben sus cuatro tomos quince años después, con ayuda de su memoria y munidas de atlas y enciclopedias. Para amenizar la "aridez" del relato, incluyen dos extensos folletines en los que narran las peripecias y desventuras de una supuesta compañera de viaje (Marta) y la vida desdichada de Genaro (manuscrito que dicen haber hallado en un cementerio neoyorquino).

Cecilia Olivares, autora del análisis y la selección de *Viaje a varias partes de Europa*, señala que no obstante su conservadurismo en materia religiosa, las hermanas Larrainzar toman ciertas ideas del positivismo. Por ejemplo: "Comte trató de demostrar que 'no hay orden sin progreso, ni progreso sin orden'. Es decir, que trató de demostrar que caben ambos sin contradecirse." ¿Y dónde está el progreso más evidente para nuestras viajeras? Pues en Nueva York, ciudad que las deslumbra con su modernidad, su eficiencia y belleza; además, se deleitan enumerando los platillos que ofrecen en su hotel, "donde la mesa está siempre puesta", e incluso llegan a afirmar que "E.E.U.U. es el país donde mejor se come en el mundo". Hay que reconocer, sin embargo, fisuras en la perfección (en aras a la objetividad de las relatoras): en un callejón ven "operarios sin trabajo [. . .] ebrios de ambos sexos [. . .] y criaturas prematuramente envejecidas".

Si de Europa destacan la monumentalidad y belleza de sus ciudades y obras de arte, de América hispana (su/nuestra América/) ponderan la fertilidad y exuberancia de "sus bosques vírgenes, sus cristalinos ríos y sus risueñas praderas". América es lo propio y añorado y está descrita con sensualidad y afecto. Guatemala, emparentada con la familia materna, es el país donde recalan en su regreso a México. De este país destacan que reinaba la mayor armonía entre el poder eclesiástico y el civil e implícitamente atacan las Leyes de Reforma cuando se refieren a la "atmósfera de impiedad que degrada a los pueblos". Finalmente, los Larrainzar regresarán a México tras la muerte de Benito Juárez.

En el cuarto y último capítulo de la antología se incluyen biografías y muestras de periodismo femenino. Laureana Wright de Kleinhans (1846-1896) nace en Taxco (el mismo año que doña Refugio Barragán). Hija de norteamericano y mexicana y casada con alsaciano, realiza una intensa labor cultural y pedagógica en México; dirige el periódico *Violetas del Anáhuac* y publica dos libros importantes: *La emancipación de la mujer* (1892) y *Educación errónea de la mujer y medio práctico para corregirla*. Con motivo de los festejos del centenario de la

Independencia se publica, en forma póstuma, *Mujeres notables mexicanas* (1910). Este volumen abarca cuatrocientos años, se divide en cuatro secciones (mundo indígena, colonia, independencia y contemporáneas) e incluye 116 biografías breves de mujeres, de las cuales se han seleccionado algunas para incluir en la antología.

En la primera parte sorprende la severidad y dureza con que Laureana interpreta la conducta de Malinche hacia Hernán Cortés: "La loca pasión... que la hizo faltar a la dignidad de su estirpe, a la fidelidad de sus creencias y a sus deberes de *nacionalidad*". Graciela Monges, quien analiza estas biografías, recuerda que, habiendo nacido princesa, la Malinche fue vendida como esclava: "Como cualquier mercancía pasó de manos de un amo a otro." Además, hablar de "nacionalidad" en el mundo indígena es un anacronismo y refleja los prejuicios de finales del siglo XIX, cuando se consolida la visión negativa del mestizaje. Las demás indígenas biografiadas son víctimas de las decisiones masculinas; Malitzin es la única que gracias a su capacidad para las lenguas e inteligencia logra cambiar su destino y sobrevivir.

De la Colonia, Laureana comenta la vida de sor Juana y otras religiosas y de una filántropa llamada "la abeja de Michoacán", quien junto a su religiosidad y sacrificio, "incurrió en 1 000 ridiculeces y supersticiones" por fanatismo. Tanto Laureana Wright como Laura Méndez, critican los excesos religiosos y afirman que muchas monjas que fueron tenidas por "iluminadas" padecían histeria.

Sobre la Independencia, Laureana denuncia el silencio o la parquedad de la historia "oficial" con relación a las heroínas revolucionarias. Incluye a Leona Vicario, a la Güera Rodríguez y también a una oscura viuda: Agustina Ramírez de Rodríguez, quien perdió a su marido y a 12 de sus 13 hijos en la lucha contra la intervención francesa. El gobierno decide otorgarle una pensión y en la Legislatura se discute, *¡durante 17 años!*, el monto (los conservadores proponen 30 pesos mensuales y los diputados liberales, como Guillermo Prieto, piden 150). O sea que el caso de la viuda sirvió para una loable contienda política entre hombres y, cuando al fin recibe la pensión, doña Agustina muere.

La sección de las biografiadas contemporáneas de Laureana está encabezada por las loas a doña Carmen Romero Rubio de Díaz, esposa de don Porfirio, quien decidirá luego publicar el libro. También incluye el calvario de Matilde Montoya, primera médica en México, de origen humilde y precaria salud, quien recibe acusaciones de "masona" y debe realizar sus prácticas de autopsia con el anfiteatro vacío y con *¡cadáveres vestidos!*

Violetas del Anáhuac, periódico literario redactado por "señoras", se publicó entre 1887 y 1889; se inscribe dentro del periodismo publicado y editado por mujeres —dirigido a un público femenino— que surge en distintos países de Latinoamérica en la segunda mitad del siglo XIX.

El director del periódico incluido en la antología es un señor (Ignacio Pujol), pero la directora literaria es la inquieta Laureana Wright de Kleinhans. El ejemplar reproducido es el número 9 y presenta en la tapa el retrato de la "Sra Da. Isabel Prieto de Landázuri", ataviada con toca y luciendo crucifijo y medalla conmemorativa. La biografía de esta poetisa, nacida en España pero crecida en Guadalajara y que cantara —con más emoción que acierto poético— al Valle de México y sus volcanes, está escrita por José M. Vigil. Como el periódico se publica en la primera década del porfiriato, el primer número tiene en su portada a Carmen Romero Rubio de Díaz, Primera Dama de México.

El ejemplar número 9 incluye "Reglas higiénicas" que recomiendan moderación y "evitar todo exceso contrario a la salud"; también incluye un texto titulado "Instrucción femenil", enviado por "una señorita adicta a la literatura". Imaginamos que adicta "moderadamente", como recomiendan las reglas ya mencionadas.

Las *Violetas del Anáhuac* proponen una educación femenina frente —y no contra— al modelo de mujer abnegada y sumisa. En su estudio, Nora Pasternac afirma que las autoras "fueron hijas, madres y esposas abnegadas y ejemplares" y que pretendían captar un público amplio que incluyera diversos sectores de la sociedad, sin reconocer oposiciones ni proponer polémicas.

En el periódico hay una sección que hoy se llamaría de "sociales" y que informa a las lectoras de acontecimientos artísticos, bodas y nacimientos. La cultura puede ser ornato de la mujer siempre que ésta no descuide sus obligaciones domésticas.

Las *Violetas* defendieron con entusiasmo los avances introducidos por el educador suizo Rebsamen, contratado por el gobierno de Porfirio Díaz, y combatieron con encono la fiesta brava, la pena de muerte y los duelos. Por lo tanto, aunque pudorosas y tradicionales en muchos aspectos (fueron, por ejemplo, acérrimas enemigas de la corriente naturalista y las prédicas de Zola), siempre apostaron por Eros en contra de Thanatos.

A manera de conclusiones

Las narradoras antologadas nacieron en diversas provincias y publicaron en algunas de las ciudades reconocidas desde la Colonia como centros culturales (Refugio Barragán en Guadalajara y Dolores Bolio en Mérida); otras realizaron su obra en la ciudad de México —como las hermanas Larrainzar o Laureana Wright—; o escriben o publican sus libros en Europa (Concepción Lombardo, Laura Méndez y María Enriqueta Camarillo).

La mayoría de las autoras antologadas toman a la Iglesia y la sociedad patriarcal como modelos no cuestionados; sin embargo, encontramos algunas voces conscientes de su condición femenina y textos que señalan fisuras en una sociedad autoritaria y clasista que cerca y recluye a sus mujeres, aunque las ensalce en discursos oficiales. Es decir, encontramos ciertas escritoras que logran lo que la crítica literaria sociológica llama "máxima conciencia posible" en el panorama positivista, liberal y represivo del porfiriato (Laureana Wright) o junto a las inquietudes intelectuales de los ateneístas (Dolores Bolio). Escritoras como María Néstora o María Enriqueta pueden aislarse de los avatares de su propia existencia y de su época histórica y relatar o escribir mitologías religiosas o mistificaciones sociales.

Surge muy claramente un sentimiento patriótico que se explicita, en el caso de Laura Méndez, en la denuncia de las intervenciones extranjeras en territorio mexicano y, en otras, en la exaltación de héroes y heroínas de la historia nacional, de Cuauhtémoc a Hidalgo, de Luisa Xicoténcatl a Leona Vicario o la Güera Rodríguez.

En esta muestra, los viajes son importantes, viajes rescatados del recuerdo en libros de memorias; viajes diplomáticos que servirán de material para niñas viajeras convertidas en señoritas escritoras; viajes de descanso para huir del agobio citadino, por razones de estudio o para conocer a la familia de un novio mexicano. Viajes por el perdido territorio de California, por San Petersburgo o los pueblos de España. Estas rutas territoriales y de escritura van recreando mundos de mujer en sus múltiples aspectos cotidianos y van dibujando, bordando, construyendo, un camino literario que va de la improvisación a los inicios del profesionalismo; de los espacios interiores y domésticos a los mundos de la política y los acontecimientos históricos; de lo propio a lo ajeno. La lectura de sus obras nos permite, además, realizar incursiones en el imaginario social femenino del XIX.

Estas escritoras mexicanas decimonónicas, con sus aciertos y limitaciones, conforman el sustrato sobre el que se asientan y florecen las multifacéticas escritoras mexicanas contemporáneas.

ANA ROSA DOMENELLA

Primera Parte

DE ALEGORÍAS, FOLLETINES Y OTRAS SIMPLEZAS

Staurofila de María Néstora Téllez Rendón

GLORIA MARÍA PRADO

En el año de 1889 se publica una extraña obra, *Staurofila, precioso cuento alegórico,*[1] a pesar de la resistencia de su autora, María Néstora Téllez Rendón, quien, por todos los medios, deseaba evitar que esto ocurriera. Una de sus alumnas, que la admiraba y sentía por ella gran devoción, logra persuadirla, secundada por buen número de personas que habían escuchado el relato en forma oral de la propia María Néstora y que estaban convencidas de que era muy importante su publicación por el valor literario que entrañaba. Ella, por su parte, consideraba que no era así, ya que su propósito al concebir el "cuento alegórico" había sido sólo didáctico.

Ante la presión ejercida sobre ella y debido principalmente a la ardua tarea que su discípula había realizado al transcribir el relato, aceptó, no sin reticencias, corregir el manuscrito y publicarlo, aun cuando jamás había sido éste su propósito, a condición de que su nombre no apareciera. Suprimió algunas cosas, añadió otras, corrigió la redacción (todo ello en forma oral), animada finalmente, según explicó, por la posibilidad de que sirviera para aquellas jóvenes devotas que "renunciando con razón a la lectura de novelas profanas necesitan, no obstante, alguna inocente recreación".[2]

Un año antes de su muerte, se publicó el libro. Tuvo un enorme éxito, y una recepción que exigió varias reimpresiones ya con su nombre y casi hasta nuestros días, especialmente entre mujeres amas de casa, en escuelas religiosas para niñas y conventos, cumpliendo así el propósito y el deseo de su autora.

Entrar en el mundo de María Néstora, tanto en el de ficción

---

[1] María Néstora Téllez Rendón, *Staurofila, precioso cuento alegórico,* 5a. ed., Editora Nacional, México, 1951.
[2] *Ibid.*

creado por ella como en el de su propia vida es entrar en la fascinación, en lo mágico y milagroso.

Inmersa en la tradición mística de la literatura española a la vez que exaltada por los aires románticos que se respiraban en ese momento, María Néstora —una señorita provinciana, ciega, que ¡sabía bordar, tejer cestería y realizar una serie de labores manuales!, conocía el latín, tenía nociones de griego, era maestra de gramática, aritmética, historia, filosofía, literatura y teología— creó un vasto relato fecundado y nutrido por diversos elementos y fuentes disímbolas: *Staurofila*. Difícil resulta catalogarlo dentro de un género literario específico, ya que a pesar de que podría ser considerado como novela, el subtítulo, "precioso cuento alegórico", lo ubica explícitamente dentro de este, por demás peculiar, subgénero. De ahí que se revele como una extensa narración, plena de emotividad, suspenso y complicación (esta última característica bien justificaría su calidad "alegórica").

Continuando en la misma línea de lo insólito, de las indefiniciones y congruencias a la vez —misticismo y romanticismo, tradición y revolución—, hemos de agregar que la obra no fue escrita por su autora sino contada por ella en reuniones, clases, convivios y tertulias; lo cual confirmaría lo de "cuento" inserto en una tradición oral, épica incluso, mientras que una de sus alumnas, como amanuense, la iba escribiendo, al dictado casi, para preservarla del olvido, bajo la forma de una novela decimonónica, romántica por excelencia y muy próxima al folletín, aunque sin descartar la inscripción en el género del cuento de hadas.

Lo anterior también añade otra particularidad ya que tendríamos que considerar la obra como trabajo de cuando menos dos autoras, la que concibe y relata a partir de sus conocimientos e imaginación y la "colaboradora" (como se autodefine), que hace de ella un texto escrito, con lo que la hace pasar de literatura oral arraigada en el relato tradicional de un cuento a la manera de los de hadas, a la de una novela escrita que se publica anónimamente, se reimprime, numerosas veces y que servirá, además, como libro de texto didáctico y moralizante.

Sobre esta "colaboradora" no sabemos más de lo que ella misma dice en la introducción al libro en la que explica todo lo anterior; en cambio, sí aporta una serie de datos biográficos de "su maestra", hace hincapié en que ella, por su gran modestia y humildad, no quería que se publicara la obra; nos enteramos de que la vida de María Néstora estuvo permeada por esa misma tesitura novelesca y que constituye por sí misma una historia romántica e increíble.

El relato biográfico de la alumna tiene el mismo tono que el texto de *Staurofila* y revela un fervor enorme hacia su maestra. Nos hace saber que ésta nació en San Juan del Río, estado de Querétaro, el 26 de febrero de 1828, y que su padre, don Antonio Téllez, consagró su vida a la pedagogía e indujo a su esposa y a su hija, después de instruirlas, a continuar con él por este mismo camino de la enseñanza.

A la edad de un año, María Néstora quedó ciega debido a una infección en los ojos. Cuando tenía nueve, su padre murió. Para entonces, conocía de memoria los catecismos de Ripalda y Fleury, poseía nociones de gramática castellana y aritmética, a más de saber bordar, coser, tejer y practicar la cestería. Más tarde amplió sus conocimientos de gramática, aritmética, latín y lógica guiada por su cuñado, otro maestro, esposo de su hermana.

Al enviudar, la madre regresó a su ciudad natal, Querétaro, con María Néstora, donde se encargó de la escuela que dependía de la Cofradía del Cordón de San Francisco. Ambas se dedicaron entonces a la enseñanza elemental impartiendo clases de aritmética y gramática, a la vez que María Néstora preparaba gratuitamente a muchas jóvenes con el fin de que obtuvieran el título de profesoras.

Después de la muerte de su madre, y debido a las Leyes de Reforma, la escuela fue cerrada. María Néstora abrió entonces un colegio particular en el que no sólo se dedicó a la enseñanza, sino que se aplicó al aprendizaje mayor de geometría, geografía y otras materias. Su escuela adquirió enorme crédito por "su eficacia y esmero en la instrucción".[3]

Tras presentar un lúcido examen ante sinodales especialistas en diversas materias, en 1866 obtuvo el título de profesora y la condecoración de la Cruz de San Carlos por sus probados conocimientos, tanto generales como religiosos y teológicos.

Inspirada en las obras de los místicos españoles, de San Francisco de Sales, en el *Cantar de los Cantares*, los cuentos populares y maravillosos, los relatos de caballerías y la hagiografía, concibió y creó su *Staurofila*.

María Néstora fue también autora de una gramática ele-

---

[3] "Apuntes biográficos", en *Staurofila*, p. 22.

mental y de otras "obritas" que utilizó para su escuela, pero que nunca se publicaron.

Murió el 19 de diciembre de 1890, un año después de la primera publicación de *Staurofila*.

Como arriba se mencionaba, tanto la vida como la obra de esta mujer resultan extrañas y apasionantes. Si bien es cierto que dos hombres, el padre y el cuñado, fueron los que iniciaron a ella y a su madre en el mundo de la literatura, la filosofía, la historia, la teología, las lenguas y la enseñanza, también lo es que solas ya ellas, fundaron colegios, enseñaron e impulsaron a gran número de mujeres, erigiéndose como modelo a seguir, en un derrotero de autosuperación, continuidad y búsqueda de propuestas nuevas en el campo de la cultura. Eso no las llevó a abandonar las actividades asignadas tradicionalmente a la mujer, como coser, bordar, tejer, la realización de labores domésticas en general y la catequesis, sino por el contrario, a practicarlas con aplicación y esmero (a pesar incluso de la ceguera en el caso de María Néstora, lo cual resulta casi increíble) y a promoverlas preservando siempre, sin embargo, un espacio y un tiempo para el cultivo y práctica de tareas más propias del hombre en aquella época, como eran las relacionadas con aspectos intelectuales y de trabajo, fuera del ámbito familiar y doméstico.

Es muy interesante y admirable el hecho de que no sólo ellas hicieran lo propio, sino que buscaran que otras muchas mujeres siguieran su ejemplo. Ésta, de alguna manera es ya, una actitud feminista. Sin descuidar lo que se consideraba de suyo correcto, adecuado y moral para las mujeres "decentes" de la época e incluso privilegiándolo (quizás para ser aceptadas sin escrúpulos de conciencia por los demás y por ellas mismas o para no ser rechazadas por amenazantes), se desplazaban a esos otros ámbitos de acción que propiciaban su pronunciamiento en favor de la mujer, de posibilidades y formas de expresión distintas y femeninas. De esta manera fueron reconocidas no sólo por sus congéneres, sino por hombres tanto políticos como clérigos, comerciantes y profesores, quienes, en el caso de María Néstora, no sólo la aceptaron abiertamente en su tarea de educadora, sino que le otorgaron títulos y condecoraciones por sus conocimientos e integridad. La suya fue una lucha sutil a favor de la mujer (aun cuando, claro está, de una clase social muy específica y dentro de un contexto absolutamente católico) en la que, utilizando las herramientas y medios que los hombres le habían proporcionado, desplegó sus propias armas y recursos con los que venció, no a base de la rebeldía, sino del acatamiento de lo establecido, la resistencia y censura que había contra el despliegue de actividades de esta naturaleza desde una perspectiva femenina. Para ello se valió de la amalgama de una larga tradición con las nuevas corrientes revolucionarias que agitaban su tiempo. Su acendrada religiosidad, sus sólidos conocimientos de teología, su formación literaria y su vocación magisterial fueron ingredientes riquísimos que, entremezclados con su fantasía y creatividad, abrieron un espacio posible para la expresión, de suyo subversiva, plena de sentido, de una mujer que jugó un papel muy importante para decenas de generaciones.

De esta forma, el círculo autor, lector, receptor y efecto quedó cumplido a partir de un punto de vista totalmente femenino, a partir de la narración-escritura, lectura-escucha-recepción, en una suerte de tapiz o gobelino tejido por las voces polifónicas y concomitantes de tres mujeres (trinidad femenina: madre, hija, discípula), dirigidas a un sinnúmero más, una obra coral de ruptura y continuidad.

Por otra parte, y en apoyo a lo anterior, una mujer, la protagonista Staurofila, es quien lleva el hilo conductor de la acción; todo lo que sucede está signado por lo que hace o deja de hacer, sus limitaciones y cualidades, su rebeldía y acatamiento, sus caídas y ascensiones.

Como un héroe épico o príncipe protagonista de un cuento de hadas, en la medida en que ella realiza tales o cuales acciones, sus compañeros y antagonistas son afectados. Le acontece un gran número de aventuras, tanto desde una perspectiva manifiesta, literal, como desde una dimensión alegórica que apunta a la historia del hombre bíblico: su creación por Dios, su estadio en el Paraíso, su caída, la mancha (el pecado) y su salvación final, ya a la luz del cristianismo, por el hijo de Dios, Cristo Jesús.

En *Staurofila* convergen Adán y Eva, Lilith, Caín y Abel. No obstante, ha sido elegida por el Rey de las Luces (Dios Padre), antes de su nacimiento, como prometida de su hijo. En este sentido, sería también similar al pueblo de Israel, el elegido, quien deambulará en busca de la Tierra Prometida sufriendo una serie de vicisitudes.

El hecho de que la heroína sea una mujer es ambivalente desde una lectura feminista, ya que a la vez que es digna de ser amada y de hecho es la elegida por Dios como esposa para su hijo, es muy deleznable precisamente por su condición femenina. Es el alma en el registro alegórico la que está debatiéndose siempre entre el bien y el mal. Es la humanidad misma, es la condición humana como personaje alegórico. Pero como mujer que es será voluble, traidora, pecadora, soberbia, caerá una y otra vez y provocará una gran cantidad de perjuicios sobre todo a Cristo, su prometido, quien sufrirá enormemente por su causa y tendrá incluso que inmolarse.

Siguiendo la trayectoria del Antiguo Testamento, Staurofila, como Lilith primero y como Eva después, es la mujer que acarrea la desgracia al hombre y a la humanidad entera, tras haber sido seducida por una serpiente (género femenino), igual que en el cuento le sucede a Staurofila. Más tarde, a la luz del Nuevo Testamento será otra mujer, en este caso la buena, la pura, la inmaculada madre de su esposo y suegra suya, la Virgen María (Quejaritomene), quien la conducirá y logrará su redención.

Así pues, tendríamos que aceptar que, aun cuando ya hay una aportación importantísima de la autora en la concepción del personaje femenino protagónico, dicha concepción y registro están inmersos en la visión cristiana de la mujer. Recuerdan, por otra parte, las propuestas de Teresa de Jesús en *Las Moradas* con respecto a la debilidad del alma (femenina) o las de san Juan de la Cruz. Bien se ve que María Néstora había mamado de ellas, como dice que lo hizo de la obra de san Francisco de Sales, cuando en su "Dedicatoria" afirma que fue "el inspirador de esta parábola a través de la lectura de vuestras preciosas obras, dulce leche con que fui nutrida en mi infancia". Sin embargo, jamás menciona expresamente a Teresa de Jesús, mujer (aunque menciona que transita por "moradas"), y en cambio sí a los místicos varones. Sin embargo, no deja de ser paradójico y extraño que utilice una metáfora arraigada en la especificidad femenina que remite a la sabiduría por ella obtenida, como si fuera leche que emanara de los pechos de un hombre.

Staurofila es un relato extremadamente largo (consta de 780 páginas). Lo anteceden una "Advertencia" y unos "Apuntes biográficos", hechos por la discípula transcriptora, y una dedicatoria de la autora "al gloriosísimo San Francisco de Sales, Obispo y Príncipe de Ginebra". Le sigue un "Decreto", en el que se da fe que el Provisor Vicario General, Gobernador de la Mitra, decretó y firmó la licencia para que se imprimiera y publicara el manuscrito intitulado: "*Staurofila, cuento alegórico*".

La "Advertencia" y los "Apuntes biográficos" finalizan con la frase interjectiva: ¡Viva Jesús! y la fecha: México, septiembre de 1893, o sea, tres años después de la muerte de la autora y cuatro después de la primera publicación de la obra.

El título del libro propiamente dicho es:

¡Viva Jesús!
Staurofila
Cuento alegórico

Este título difiere del de la portada, en el que hay una interpretación y explicitación de la alegoría: "Parábola en la que se simboliza los amores de Jesucristo con el Alma Devota." Después del nombre y de la especificación del género (cuento alegórico), hay un epígrafe:

> Usemos de una parábola, Teótimo, pues de este modo de hablar fue tan agradable al Soberano Maestro del Amor (S. Francisco de Sales: *Práctica del Amor de Dios*).

A continuación aparece un prólogo (de nueve páginas) en el cual se narra la historia de los padres, la concepción, gestación, elección por el Rey de las Luces como esposa para su hijo y el nacimiento de Staurofila.

Paralelamente se da una lista de trece nombres "griegos" que son los de los personajes del cuento con su "significación". Posteriormente, estos nombres, incluso el de "Staurofila", tendrán otro significado, señalado en notas a pie de página y que, según parece, se trata de la interpretación de la "colaboradora", quien así resuelve el problema que podría surgir ante una "falsa" interpretación de la alegoría. De esta manera no queda duda alguna acerca de lo que se trata.

Los nombres en cuestión son:

Apolión	—Exterminador	(El príncipe de las negras sombras)
Buletes	—Consejero	(Confesor, Ángel de la guarda)
Filautía	—Amor Propio	(Nodriza, cuerpo)
Helios Dicahías	—Sol de Justicia	(El príncipe de las luces)
Protáner	—Primer hombre	

Protogina	—Primera mujer	(El mundo)
Pseudo Epítropos	—Falso custodio	
Peirasy	—Tentación	(La Virgen María)
Próscope	—Tropiezo	(El alma)
Quejaritomene	—Llena de gracia	(San José)
Staurofila	—Amante de la cruz	
Teóforo	—El que lleva a Dios	

Con respecto al nombre de Staurofila, en la "Advertencia" se explica que es el único que no es original, sino tomado de un "librito" cuyo nombre es: *Staurofila o camino real de la Cruz*. Todos los demás, se dice, son originales y "puestos" en griego por algunas personas que ayudaron a la autora a hacerlo.

Después del "Prólogo", se suceden tres partes y luego un "Epílogo" de seis páginas, que termina con la cita textual del final del libro de san Francisco de Sales, *Práctica del amor de Dios:* "¡Viva Jesús sacramentado! ¡Viva Jesús Celestial, Esposo de las Almas! ¡Viva Jesús, a quien como el Padre y el Espíritu Santo sea dada honra y gloria, salud y bendición por todos los siglos de los siglos! Amén".

A continuación se incluye un largo poema de la misma autora: *Una piña de Rosas* o *El Rosario de la Aurora*. Dedicado a las amigas de *Staurofila*. Consta de tres cantos, antecedido el primero por un epígrafe tomado del *Cántico espiritual* de san Juan de la Cruz:

> Casádnos las raposas,
> que está ya florida nuestra viña,
> En tanto que de rosas
> Hacemos una piña
> Y no parezca nadie en la montiña.

El número total de capítulos es 33, la edad a la que muere Cristo, dos veces tres que es el número de la Divinidad, tres las partes del relato o cuento y tres las vías de la mística. Veremos cómo todo esto tiene que ver con la intertextualidad de nuestro texto y la génesis del mismo.

El nombre de la obra, *Staurofila,* significa en griego amante de la Cruz. Sin embargo, cuando en el "Prólogo" aparece por primera vez, se remite a una nota a pie de página en la que se explica que Staurofila es el alma.[4]

---

[4] *Staurofila.*

Staurofila es la protagonista de la historia; aparece como una niña y luego como una joven siempre dulce y frágil. Duda constantemente y cae una y otra vez, para levantarse y finalmente salvarse, ayudada por Buletes primero y más tarde por Quejaritomene y por el Príncipe de las Luces.

El subtítulo, "cuento alegórico", resulta muy exacto, ya que se trata ciertamente de un cuento maravilloso y de una alegoría.[5] Veamos:

El Rey del Reino de las Luces (Dios), en el "Prólogo" elige a Protáner (el primer hombre) para "elevarlo del polvo", lo saca de su pobre cabaña y lo conduce a su palacio. Le da por esposa a "una hermosísima doncella" llamada Protogina y los lleva a ambos a un jardín "que poseía extramuros de la ciudad", el Jardín de las Bellas Flores.

El Rey entrega a Protáner la llave de una jaula en la que está aprisionado un horrible monstruo, una sierpe de siete cabezas —feroz enemigo a quien el Rey ha vencido—, lo encarga de su custodia y le recomienda que nunca jamás lo deje salir. Al mismo tiempo, le anuncia que engendrará una hija que se llamará Staurofila y le advierte que desde ese momento la elige como esposa de su hijo, el Príncipe de las Luces, quien a la sazón es un

---

[5] De acuerdo con la definición y propuesta de Vladimir Propp en su *Morfología del cuento* (Fundamentos, Madrid, 1971), *Staurofila* reúne todas las características del género al cumplir con las 32 funciones por él establecidas, así como con los siete personajes esenciales de un cuento maravilloso. En cuanto a la alegoría, se tomaron en cuenta dos definiciones: la del *Diccionario de retórica y poética* de Helena Beristáin (Porrúa, México, 1985) y la de Paul Ricoeur en *La metáfora viva* (Ed. Europa, Madrid, 1980). En la primera se define la alegoría como una figura que "en un nivel inferior de lengua, se compone de metasememas, mientras en un nivel superior constituye un metalogismo. Se trata de un conjunto de elementos figurativos usados con valor traslaticio y que guarda paralelismo con un sistema de conceptos o realidades, lo que permite que haya un sentido aparente o literal que se borra y deja lugar a otro sentido más profundo que es el único que funciona, y que es el alegórico. Esto produce una ambigüedad en el enunciado porque éste ofrece simultáneamente dos interpretaciones coherentes, pero el receptor reconoce sólo una de ellas como la vigente" (p. 35). Ricoeur, a su vez nos dice, "la alegoría presenta un pensamiento bajo la imagen de otro más adecuado para hacerlo más sensible o más incisivo que si fuera presentado directamente y sin velos. Pero la alegoría se distingue de la metáfora por otro rasgo distinto de su unión con la proposición: [. . .] es una proposición de doble sentido, literal y espiritual, al mismo tiempo [. . .] que en lugar de transformar el objeto y modificarlo más o menos, como la metáfora, lo deja en su estado natural y no hace más que reflejarlo como si fuera espejo transparente [. . .]. Presenta un pensamiento bajo la imagen de otro apropiado para hacerlo más sensible e incisivo" (pp. 91 *ss*).

niño. Lo anterior no constituye obstáculo alguno para que éste quede de inmediato enamorado de Staurofila, aun cuando ella no ha nacido todavía. Cuando nace, coloca un anillo en su mano y le jura tomarla por esposa eternamente.

Un día que Protogina pasea por el jardín con la niña en brazos, la sierpe de siete cabezas le habla y la seduce, prometiéndole hacerla reina poderosa y no esclava como ahora del Rey de las Luces, si logra que su esposo le abra la jaula. Engañada Protogina, corre a pedirle a Protáner que libere al monstruo. Después de mucho negarse, el hombre accede. Apenas lo hace, la sierpe envuelve en los torbellinos de su "impuro aliento" a Protogina y a su hija y, haciendo un terrible estruendo, desaparece. Staurofila está a punto de morir asfixiada, a más de que ha quedado impresa sobre su cuello la marca de la sierpe. Entonces, el Rey de las Luces, furioso, condena a muerte a los padres de Staurofila y jura que mientras ella lleve la marca del monstruo, jamás será la esposa de su hijo. En este momento aparece el Príncipe de las Luces y, llorando, suplica a su padre que perdone la vida a Protáner y a Protogina le dé la oportunidad de aprisionar nuevamente al monstruo y de borrar la marca ignominiosa del cuello de Staurofila para después hacerla su esposa. De no lograr lo anterior, él ofrece su propia vida a cambio.

El Rey, enternecido por el dolor de su hijo, acepta no sin desterrar primero a los padres de Staurofila con ésta y su nodriza Filautía al desierto de las Tristes Lágrimas. Ante la inminencia de la muerte de la niña, el Príncipe de las Luces le da a beber unas gotas de elixir de maravillosa virtud, con lo que ella torna a la vida. Inmediatamente después recomienda a los padres que, al llegar al Desierto, busquen el Árbol de los Perfumes (que es el de la Cruz), eficaz medicina contra el veneno de la sierpe, y que hagan crecer a la niña a su sombra. Les da ricas alhajas para ella y se retira. Poco tiempo después, Protáner desaparece y Protogina se pierde al ir en su busca. Así queda Staurofila en manos de su nodriza Filautía (el cuerpo), huérfana y desamparada, siendo aún muy pequeña. Filautía se dirige a la mansión de un señor muy rico y poderoso que habita en el Desierto, Pseudo-Epítropos, y le pide que las reciba en su casa. Él, al ver la belleza y gracia de Staurofila, piensa que podrá negociar con ella y que, por tanto, resulta conveniente darles albergue. Sin embargo, duda todavía; decide definitivamente aceptarlas cuando la nodriza le entrega las joyas que sus amos habían traído del Reino de las Luces.

Pseudo-Epítropos tiene dos hijas: la mayor se llama Peirasy (Tentación) y la menor Próscope (Tropiezo). Peirasy es soberbia y orgullosa y se molesta mucho por la belleza de Staurofila. Próscope es viva e intrigante y se une "por capricho" a Staurofila, declarándose su amiga, a sabiendas de que en la primera ocasión la traicionará.

Staurofila crece en la casa de Pseudo-Epítropos y se convierte en una joven hermosísima, de esbelto talle, blanca tez y lindos ojos; sin embargo, en su rostro hay una palidez que proviene de su "complexión enfermiza" a causa del veneno de la sierpe. Por esto sufre desvanecimientos y accesos de los que sólo se libra tomando algunas gotas del elixir maravilloso que el Príncipe de las Luces dio a sus padres y que pende de su cuello en un frasquito.

Filautía (el cuerpo), mientras tanto, se ha vuelto un ama "imprudente y descontentadiza" que oprime "a la pobre niña" y la hace servir a sus "más ridículos caprichos". En esta situación aparece por primera vez Buletes, que es el Consejero, emisario y fiel servidor del Príncipe de las Luces, a fin de interrogar a Staurofila sobre sus sentimientos para con su amo, haciéndole saber que es su prometida y que él la ama por sobre su vida incluso. Le cuenta toda la historia y le advierte de los peligros que la acechan en esa casa (la vida). Sin embargo, le comunica, tendrá que permanecer ahí y aceptar una serie de pruebas por las que habrá de pasar. Simultáneamente, Pseudo-Epítropos se encuentra con la sierpe de siete cabezas, quien le promete poder y riqueza a cambio de la entrega de Staurofila como esposa al Príncipe de las Negras Sombras. Desde este momento, durante el resto de la primera parte y hasta bien adelantada la tercera, va a librarse una lucha constante entre los dos Príncipes, el de las Luces y el de las Negras Sombras, por hacer a Staurofila su esposa. Tres veces es seducida y apresada por el Príncipe de las Negras Sombras y tres veces rescatada por el de las Luces. En una de estas ocasiones es la madre de este último, Quejaritomene (la Virgen María), quien utiliza recursos milagrosos cuando era prácticamente imposible que Staurofila escapara.

Próscope (Tropiezo), la falsa e hipócrita amiga de Staurofila, juega un papel determinante en toda la historia, pues ella es quien propicia una y otra vez sus caídas y traiciones al Príncipe de las Luces. Finalmente, después de muchas vicisitudes, graves enfermedades y heridas, que casi provocan la muerte del Príncipe de las Luces y de la propia Staurofila, quien, tras un largo periodo de aplicación, aprende —con esfuerzo y trabajo y no sin contratiempos— a bordar, a pintar, el idioma del Reino de las Luces, a plantar y cultivar semillas que darán flores y frutos deliciosos y de provecho, con los que prepara deliciosos manjares para su futuro esposo, se celebran las bodas de Helios Dicahías (Sol de Justicia) o Príncipe de las Luces y su prometida Staurofila, bodas como las de Caná.

Así es vencido el Príncipe de las Negras Sombras y la sierpe de siete cabezas nuevamente aprisionada. La mancha desaparece del cuello de Staurofila, y ésta, rica, feliz, poderosa y respetada, vivirá eternamente en el amor más pleno, al lado de su magnífico Esposo.

La historia puede ser contada literalmente, a la manera de un cuento maravilloso como se acaba de hacer, o a través de la interpretación que exige el texto alegórico. Ésta sería: el alma está destinada a unirse en un desposorio espiritual con Cristo. No obstante, el cuerpo, el mundo, los tropiezos, las tentaciones, la vanidad, la envidia, la ambición, los deseos, el placer, lo superficial y aun lo superfluo que el mundo ofrece, dificultan enormemente la posibilidad de lograrlo. El pecado en el que se incurre una y otra vez —sin contar el pecado original, la mancha— hace del alma una esencia débil y falible, acechada y cercada por todos sus enemigos para evitar que logre su estado de perfección en la unión con Cristo. Se requiere de la práctica constante e incansable de la *ascesis* para alcanzar la pureza, mantenerse por largo tiempo en ese estado para terminar, al fin, por la gracia, en la unión con el Amado, que constituye la máxima felicidad a la que se puede aspirar. En otras palabras, la historia completa es una propuesta para ilustrar el camino y las dificultades por las que el alma devota debe pasar y padecer para alcanzar el estado de perfección que la conducirá a la unión con Dios y posteriormente a la vida eterna.

El propósito didáctico que inflama a su autora, y las pautas que los místicos literatos —sus maestros— le habían señalado, hacen que ésta acuda a una forma de expresión muy en boga en su época, el cuento de hadas —arraigado en la tradición y retomado literalmente por los románticos—, como el más adecuado para sus fines. Ya que no se trataba, por otra parte, de una obra escrita ni considerada literaria por María Néstora, el relato de *Staurofila* es concebido como cuento y por tanto narrado, que es lo que de hecho ocurre con este género en su origen, de manera oral. De ahí que sus características narrativas y propiamente literarias, aun cuando no haya sido en apariencia ésa la intención de María Néstora, sean precisamente las de un cuento.

Lo anterior conduce a la puntualización del tiempo del relato desde una perspectiva lineal. Hay referencias temporales constantes que hablan de periodos muy cortos: horas, días, meses. Ignoramos, sin embargo, en cuánto tiempo exactamente transcurre la historia. Entre el "Prólogo" y la primera parte nace Staurofila y queda huérfana siendo aún niña pequeña. Después sabemos que crece "bella y esbelta" en la casa de Pseudo-Epítropos, aunque no sabemos su edad, sólo que es una joven. Desde este momento hasta el final de la obra, pasa un tiempo no especificado; no obstante, en el "Epílogo" se asegura que así alcanzó la vida eterna. Cuando se casa con el Príncipe de las Luces es joven y hermosa. Pero como se trata de una alegoría, el alma tiene que ser bella, pura y digna para llegar a la unión con Dios, y con ello, a la vida eterna.

En términos del tiempo transcurrido, y sin hacer interpretaciones de índole alegórica, sino literales, no pueden haber pasado más de algunos años entre el momento en que Staurofila se convierte en una hermosa joven y se casa con el Príncipe, por su aspecto joven y lozano. Después del matrimonio y de los momentos de felicidad subsiguientes, parte el esposo y tarda algún tiempo en regresar, cosa que ocurre sólo cuando ha vencido y encadenado nuevamente a la sierpe. Posteriormente, sin dar acotaciones temporales, se habla de la muerte de Staurofila, la separación del alma y del cuerpo y la resurrección de este último, Filautía. Nunca se menciona, sin embargo, que Staurofila haya envejecido, aunque sí Filautía, pero ésta en el momento de su unión (resurrección) con aquélla, rejuvenece. Como se trata de un cuento "alegórico", el tiempo en este registro no transcurre, ya que el alma es joven y bella por su trascendencia, pureza y perfección, cosa que no le ocurre al cuerpo, cárcel del alma.

En cuanto al espacio, éste, como en cualquier cuento de hadas, es fundamental. Constituye la escenografía en la que las aventuras y desventuras del héroe se realizan. El paisaje, los escenarios interiores en los castillos y habitaciones se erigen como los escollos o la posibilidad de salvación en sí mismos en muchas ocasiones. La acción ocurre primero en el Jardín de las Bellas Flores, luego en el Desierto de las Lágrimas, continúa en la casa de Pseudo-Epítropos, después en el Castillo de las Negras Sombras, luego al pie del Monte de las Tres Mansiones en "el castillo de la falda", la aldea aledaña al castillo, la prisión del mismo, "el castillo de la falda" otra vez, "el castillo de la cumbre", el bosque, otro castillo de las Negras Sombras, el camino de la huida, una tienda de campaña en el Desierto, una ciudad y una casa en ella, el bosque donde aparece la sierpe, la casita de Quejaritomene, el Monte de la Mirra, nuevos viajes y el Reino de las Luces.

Hay una descripción constante de los detalles alegóricos y simbólicos en cada uno de estos escenarios. Se hace hincapié en aquellos elementos que están en función de algún aspecto simbólico determinante del relato. Hay toda una intención referencial, geográfica y topográfica, relativa a la alegorización, como ocurre con la toponimia.

La narración está hecha por un narrador omnisciente que, en ciertos momentos, se dirige a la protagonista en segunda persona para interrogarla, cuestionarla, advertirla, hacer premoniciones o simplemente observaciones.

Hay una sola voz narrativa y frecuentes diálogos conducidos siempre por y desde el narrador omnisciente, quien se hace presente, de manera sutil, a través de una profusa adjetivación, cuya función es dirigir la atención y el ánimo del lector o del receptor a ciertas cualidades deseables o defectos indeseables. A pesar de lo abundante de la adjetivación, ésta no es rica o variada; generalmente se repiten los mismos adjetivos o epítetos y con frecuencia en grado superlativo, como ocurre en general en las obras románticas.

El tono de la narración en segunda persona, cuando se dirige a la propia Staurofila, es sentencioso. En el resto del relato, se mantiene despierto el interés y la tensión de la intriga. Pero el *tempo* o ritmo en ocasiones resulta, pese a lo anterior, lento y reiterativo, características que, por otra parte, son muy explicables en un discurso cuyas intenciones son las de prestigiar, afirmar y persuadir; en una palabra, inculcar una enseñanza, una línea de conducta, un modelo. Metáforas, alegorías, hipérboles, epítetos profusos, catácresis y lugares comunes apuntalan y refuerzan la intención, a la vez que insertan decididamente al relato dentro del género del cuento maravilloso.

En lo relativo a los personajes, siendo éste un "cuento alegórico", hay que tener en mente que se trata precisamente de personajes, todos ellos alegóricos. Sin embargo, como también tiene la dimensión del primer texto de un cuento, se les puede abordar desde un tratamiento no alegórico.

Aun cuando reiteradamente se ha afirmado que se trata de

un cuento de hadas o maravilloso, habría que señalar que por su contenido místico-religioso los personajes de ficción que en él actúan se revisten de características derivadas de esa visión. Así el hada buena resulta ser la Virgen María, quien a su vez es la esposa del Rey de las Luces (Dios Padre); su hijo, el Príncipe de las Luces, es Cristo, el enemigo es el Demonio o Príncipe de las Negras Sombras y la heroína, que tiene que pasar por todas las pruebas para salir triunfante de ellas, es Staurofila o el alma. Hay también un monstruo, la sierpe de siete cabezas, aliada del Demonio y de sus colaboradores.

En el registro alegórico, todos los personajes se inscriben en dos grupos bien definidos: el de los buenos y el de los malos. Staurofila se mueve entre ambos y con mucha frecuencia se deja seducir y llevar por los malos mucho más que por los buenos. Éstos son hermosísimos. Los malos son en general bellos también —excepto la sierpe—, pero de una belleza falsa, que se enturbia fácilmente por la maldad, la falsedad y la mentira. El Príncipe de las Negras Sombras es un caballero cortés, obsequioso y seductor, "de porte fino y maneras agradables, capaz de entablar una viva conversación". Desea casarse —no violarla, aun cuando tiene muchas oportunidades para ello— con Staurofila, no sin antes conquistarla, con lo que quedaría comprobada su superioridad sobre el Príncipe de las Luces.

Con respecto a los personajes vistos en el registro no alegórico, Buletes, Pseudo-Epítropos y Pródotes son secundarios; Peirasy y Teóforo, eventuales, como lo son también las pastoras de Quejaritomene y los habitantes de las aldeas aledañas. Protáner y Protogina juegan un papel definitivo en el "Prólogo", pues son ellos quienes procrean a Staurofila y dan lugar, después, a que la Sierpe escape. Sin embargo, tras su breve actuación y su pronta desaparición, no vuelven a mencionarse y mucho menos a actuar sino hasta el "Epílogo", cuando, a su muerte, Staurofila los halla de nuevo y se reúne con ellos; sabemos así que habían muerto. Se podría decir que su historia, casi contenida totalmente en el "Prólogo", es una historia aparte.

Detrás de todos ellos, y accionándolos, tenemos al Rey de las Luces, quien no interviene directamente más que al principio, cuando en el "Prólogo" elige a Protáner y lo lleva al Reino de las Luces, le da como esposa a Protogina y los hace engendrar a Staurofila para expulsarlos después del propio reino. El resto de su actuación se reduce a gobernar —sin ser visto ni oído— por sobre todos los demás personajes, excepto en el caso de su hijo y de Buletes (el Mensajero-ángel), quienes siempre están acatando sus órdenes y las dan a conocer de vez en vez a los otros.

Peirasy (Tentación) y Teóforo (el que conduce a Dios o San José) aparecen en forma poco relevante en el relato. Peirasy siempre siente envidia de la belleza y apetecibilidad de Staurofila. Es soberbia, orgullosa y envidiosa, pero bella.

Pseudo-Epítropos (el mundo) y Próscope (Tropiezo) desempeñan funciones muy relevantes sin ser protagónicos, pues son los que determinan en varios pasajes las caídas de Staurofila y se oponen diametralmente a Quejaritomene, quien la salva de manera milagrosa como un hada madrina.

Podemos hablar, entonces, de la constelación completa de personajes de ficción presente y conformable de un cuento de hadas, con los atributos y funciones que en éste desempeñan, revestidos aquí, además, con la alegorización.

En este último sentido tenemos que referirnos necesariamente a la propuesta de los místicos y ascetas españoles: santa Teresa de Jesús, san Juan de la Cruz, fray Luis de León, fray Luis de Granada y san Francisco de Sales, no español pero sí místico. Dicha propuesta es la de las tres vías por las que hay que andar para alcanzar el estado de iluminación propiciatorio de gracia que conduce a la unión con Dios. Estas tres vías son: la purgativa, la iluminativa y la unitiva. Dentro de esta última puede ocurrir que se alcance el éxtasis y las estigmatizaciones divinas, lo que significa perder por completo toda noción de ser humano, para hacerse Uno solo, esencia divina.

Al tratarse aquí de una alegoría, los dos textos son vigentes simultáneamente: es decir, el manifiesto, explícito (esto es, el del cuento maravilloso), y el implícito o segundo, que tendría esta referencialidad mística. La lectura habrá de fundirlos en ese ser ambos y cada uno a la vez.

Respecto a la intertextualidad de *Staurofila,* se puede hacer una división: una intertextualidad explícita y una implícita.

Con referencia al Antiguo Testamento, se mencionan directamente el *Génesis,* los *Profetas* y *El cantar de los cantares.* De los *Evangelios* se cita a Lucas, a Mateo, a Juan (el *Apocalipsis* especialmente). De las obras de san Francisco de Sales, se habla en concreto de *La práctica del amor a Dios,* aun cuando la autora dice que todas sus obras fueron "la dulce leche con que fui nutrida en mi infancia", y de san Juan de la Cruz se cita textualmente "La subida al monte Carmelo".

Además de estas citas textuales y referencias exactas con notas a pie de página, se da otra intertextualidad implícita en la que destaca la veta de literatura mariana que arranca de Berceo, pasa por Alfonso el Sabio, el arcipreste de Hita y muchos otros más. La descripción de Quejaritomene y de sus pastoras, su hermosa casita, los prados que la rodean, el arroyo manso, los jardines floridos, las aves que entonan armoniosos cantos con gargantas afinadas y claras, remiten a ese acervo laudatorio y milagroso (*Loores, Miraclos, Cantigas,* etc.) de los cantos de la tradición mariana.

Otra fuente, no declarada o explícita, pero intertextual, es la obra de santa Teresa de Jesús. Se dice que se transita por "moradas" de un castillo y se busca alcanzar la perfección y la pureza del alma para lo que hay que pasar por las ya mencionadas vías.

También hay una incursión en la tradición alegórica que parte del medievo para culminar en los autos sacramentales: *La danza de la muerte,* la literatura de debate como *La disputa del alma y del cuerpo, Los denuestos del agua y del vino, El libro de buen amor* ("La batalla de doña Cuaresma y don Carnal").

Asimismo, como sabemos por la biografía de la autora, en ella se da un acercamiento a la cultura grecolatina, con conocimiento incluso del latín, hecho que probablemente la conduce a poner en lengua griega los nombres de sus personajes.

Por otra parte, hay además un registro romántico, en especial en la descripción de la propia Staurofila, del amor que experimenta el Príncipe de las Luces por ella y posteriormente ella por él. En este registro se evidencia lo que Hauser[6] llama "el romanticismo de la caballería cortesana": la manera de vestir, la constante alusión a las joyas, objetos suntuarios, prendas que se entregan al amado o a la amada, el amor lacrimoso y doliente, masoquista incluso; el hecho de que Staurofila nunca sea violada por el Príncipe de las Negras Sombras, que es "un caballero cortés, de porte fino y maneras agradables, capaz de entablar una viva conversación", de que los pretendientes contiendan en encuentros que evocan los torneos de la Baja Edad Media, lujosa y bellamente ataviados, armados con espadas esplendentes, por la conquista de la amada, así lo prueban.

La concepción de las cortes de los dos príncipes, la organi-

---

[6] Arnold Hauser, *Historia social de la literatura y el arte,* Guadarrama, Madrid, 1969, t. 1, pp. 253-299.

zación político-jurídica, su visión, el elemento mágico-maravilloso, recuerdan tanto a la poesía cortesano-caballeresca como a los libros de caballerías. La lucha del Príncipe de las Luces contra la sierpe es como la de aquellos caballeros valerosos de los relatos de caballerías que se enfrentaban a temibles dragones u otros monstruos sobrenaturales. El Príncipe de las Luces canta con dulce voz, escribe poesía, llora profusamente, se desmaya con mucha frecuencia, sus modales son gentiles, corteses, suaves (incluso lo son los del Príncipe de las Negras Sombras), lucha por el amor de una mujer, se enamora, ofrenda su vida por ella y le escribe con un punzón de marfil en un corazón de oro que él y su amada tienen.

Dentro del contexto romántico, se da también otra vertiente implícita que es la del romanticismo decimonónico en el que la propia autora se encuentra inserta cronológicamente. El sentimiento, incluso la pasión, por sobre la razón, es el que guía las acciones de los protagonistas. El Príncipe de las Luces lucha por la libertad de Staurofila contra el villano, pero además por su amor. El amor es el sentimiento más sublime e intenso que puede haber y esto es algo que concuerda perfectamente con la propuesta cristiana: el amor como eje de la existencia. El apasionamiento de los místicos así lo prueba. De ahí que se fundan ambas concepciones de manera armónica y perfectamente acorde.

La relación del paisaje con el estado de ánimo de los personajes del relato es, también, otro rasgo romántico como lo es la aparición de jardines ruinosos, abandonados, prisiones tenebrosas, lugares donde se practica la tortura, llenos de misterio y truculencia.

De la misma manera resultan rasgos románticos la realización de empresas imposibles y heroicas que coinciden, por otra parte, con el ánimo de Teresa de Ávila, de Juan de la Cruz o de Íñigo de Loyola, junto con estados de ánimo exaltados e incontenibles, enfermedad de amor, paisajes exóticos y tempestades.

En cuanto a la referencialidad no explícita de la *Biblia,* tenemos el *Génesis* en una versión nueva, recreada, las caídas constantes del pueblo de Israel que se pueden leer en el *Libro de los jueces* y la historia de salvación que penetra todo el relato. Esa constante adoración de Baal y Astarté, que se traduce en Apoleón, Próscope y la sierpe de siete cabezas. Con respecto al *Nuevo Testamento* se apunta a las bodas de Caná y a otros pasajes evangélicos no señalados con exactitud.

Hay también un texto onírico a partir del relato de los sueños de la protagonista. Es un texto dentro del otro texto, con una función explicativa, como lo es también la de Buletes, que relata una y otra vez a Staurofila su historia, la de sus padres, la del Príncipe de las Luces y la del padre de éste, el Rey de las Luces. Es recontar la propia historia, ir al origen, a las raíces y desde allí explicarse, saber de sí, del contexto parental, como lo hace la tradición hebrea de la *Biblia*.

La escritura como ejercicio aparece asimismo en forma constante pero en dos modalidades: una nómica en documentos oficiales y legales, y otra epistolar, vinculada indisolublemente al amor. Se escribe con punzón en el corazón de oro y se hacen convenios legales con respecto a la pertenencia de Staurofila a uno o a otro hombre. Hay promesa o compromiso de matrimonio, primero por escrito y luego acta de matrimonio. Todo se hace a base de pactos escritos, lo que refiere también a *Berith* —pacto por la palabra— en la *Biblia*.

En lo tocante a la poesía como ejercicio de escritura, sólo se menciona de paso y una vez, cuando el narrador omnisciente dice que: "el Príncipe que tenía el *alma ardiente del poeta,* extasiado prorrumpía en entusiastas y sentidas canciones alabando el poder del Rey de las Luces [. . .].[7]

Buletes, por otra parte, escribe —como secretario— para el Rey de las Luces toda la historia de Staurofila, de sus caídas, de sus arrepentimientos, de su culpa y penitencia, y los amantes se escriben constantemente cartas de amor.

En la lucha entre ambos Príncipes por la misma Staurofila, los documentos escritos y firmados por ella tienen un papel determinante.

Dentro de la intertextualidad se da un registro más, el teológico. Éste apunta a la simbólica del mal. El concepto de pecado original está simbolizado en la debilidad de Protogina ante la sierpe de siete cabezas. Ella ha concebido y dado a luz a Staurofila sin incurrir en el mal, por orden, obra y gracia del Rey de las Luces (Dios). Su pecado ocurre cuando oye la voz seductora de la sierpe y queda encantada por su mirada. Lo que la sierpe le ofrece es ser como Dios, poder y riqueza. Con referencia a la postura agustiniana, es precisamente la ambición —"que es la raíz de todos los males"— la que lleva a incurrir en el propio mal. Por otra parte, si en Protogina misma no existiera de antemano la proclividad al mal, éste no se daría, ya que "nadie pue-

---

[7] *Staurofila*, p. 3.

de dar lo que no tiene". Aquí claramente se propone que el mal está en nosotros y no fuera, a pesar de que es la serpiente quien hace la propuesta. Ésta funciona como una caja de resonancia o diapasón, operando sobre la potencialidad del mal que está dentro de Protogina.

Con respecto a Staurofila, la situación resulta más compleja ya que el hecho de su nacimiento previo al pecado de la madre y el efecto del aliento impuro de la sierpe después, marcan dos variantes con respecto al *Génesis*. A Staurofila el mal le es transmitido por la sierpe a causa del pecado materno, debido al cual queda enferma o envenenada. La señal es la mancha en el cuello. No obstante, cuando crece y le es revelada su historia por Buletes y su elección por el Rey de las Luces para ser la esposa de su hijo, ella, haciendo uso de su voluntad, cae una y otra vez, a lo largo de todo el relato. Así tenemos la caída, la deambulación, el cautiverio, la culpa, la penitencia y finalmente la salvación.

Visto el relato de esta manera, el problema del mal se plantea así: el mal está en nosotros y de nosotros parte al mundo. Ante los excitantes agentes externos ese mal se activa y actúa, pero siempre bajo nuestra responsabilidad y obedeciendo a una decisión voluntaria. Esto en cuanto a la esencia y al génesis del mal. En cuanto al sentido simbólico, éste se constituye en y por el sentido literal.

Además de los símbolos encontramos los mitos entretejidos con éstos cuando hablamos de la simbología del mal. Ahora bien, cuando se aborda el mito desde el pensamiento como reflexión, se elimina no sólo su función etiológica, sino también su capacidad de abrir y de descubrir: *se interpreta reduciéndolo a una alegoría.* Y así triunfa la visión ética del mal. El símbolo comienza a arruinarse cuando deja de tocar varios registros: el cósmico y el existencial. La separación entre "lo humano" y "lo psíquico", es el comienzo del olvido. Por esta razón, una simbólica puramente antropológica se encuentra desde el principio *en el camino de la alegoría* y se anuncia una visión ética del mal y del mundo. Entonces, la resistencia del símbolo a la reducción alegorizante procede del aspecto *no* ético del mal.[8]

En *Staurofila*, "precioso cuento alegórico", vemos precisamente este acogimiento a una visión ética del mal dentro de la corriente dogmático-apologética de la patrística cristiana, en es-

---

[8] Paul Ricoeur, *El conflicto de las interpretaciones: introducción a la simbólica del mal,* La Aurora, Buenos Aires, 1976, p. 6 ss.

pecial de san Agustín, quien dice, para reforzar aún más nuestra tesis: *per crucem ad lucem* (por la cruz a la luz).

De todo lo anterior se desprende que, aun cuando María Néstora aseguraba que su propósito al crear este "cuento alegórico" no era literario sino exclusivamente didáctico y moralizante, queda demostrado que de hecho sí buscaba que lo fuera adicionalmente, ya que su información y preparación en este campo era amplia y la entusiasmaba. Por ello, como la obra de Teresa de Jesús, podría considerarse un texto anfibio que a la vez se sumerge en el agua de la creación literaria y respira en los aires de la mística, buscando, en todo caso, el "enseñar deleitando" o ser "bello y útil". Sin embargo, no podemos hablar de una dimensión estética propiamente dicha, ni de que se trate de una obra de arte literaria. Más bien se podría colocar, como en un principio se advirtió, entre la novela de folletín y el cuento de hadas con los propósitos que los animan: divertir y enseñar.

Staurofila es digna hija de su época, pleno su discurso de lugares comunes, descripciones sensibleras rayanas en lo cursi en momentos, texto que da cuenta de anécdotas y aventuras en tierras exóticas y sobrenaturales, pasajes increíbles en los que la confluencia de lo mágico resuelve situaciones de suyo irresolubles, fervor religioso, propaganda mística y apasionamiento amoroso. Sin embargo, la originalidad y creatividad de la historia contada desde una perspectiva distinta, femenina, pletórica de imaginación y enfoques novedosos, logra imprimirle una dimensión que la ubica dentro del contexto literario. El relato mantiene la atención, el interés no decrece a pesar de su extensión. La tensión se prolonga a lo largo de toda la obra. Si no es un producto totalmente artístico, sí tiene aspectos que lo salvan de la omisión o el rechazo en este campo.

En cuanto a la toma de posición con respecto a la mujer, el texto resulta muy complejo e incluso contradictorio. Hay una conciencia de que es una mujer quien lo escribe desde su concepción y emisión, dirigido a un destinatario prioritariamente femenino. No obstante, como la alegoría esencial se refiere al desposorio entre el alma y Cristo no se puede prescindir de tomar en un primer registro la propuesta literal de sentido, esto es, la de cómo debe ser una esposa ejemplar o modelo. No resulta difícil incursionar por este campo, ya que como quedó dicho en el caso de la alegoría, los dos registros, el literal y el propiamente alegórico, coexisten e interactúan. Así pues, una esposa modelo debe ser pura, bella, frágil, sumisa, dócil y absolutamente complaciente con su esposo. Debe saber cocinar los más exquisitos manjares, preparar los más delicados postres, bordar, pintar, dibujar, escribir, hablar con un lenguaje hermoso, sembrar jardines y huertos, abonarlos y cuidar de que salgan hermosas y aromáticas flores y suculentos y provechosos frutos. Debe ser toda virtud, fidelidad, comprensión y prudencia. Dar amor, ternura y acogimiento a su esposo y ser una amante incansable y participativa.

El esposo, ocupado por sus constantes y pesados deberes, ha de ausentarse de continuo, pero ella, enferma siempre de amor, habrá de esperarlo con enorme deseo y gran resignación.

La visión de la mujer que se da en el texto es muy acorde con la de la propia autora, quien a pesar de que nunca se casó por su ceguera, llevó una vida exactamente como ésta, acatando primero las órdenes de su padre así como sus enseñanzas, y luego las de su cuñado y su sobrino. Por otra parte, su alma sí casó con Cristo, según los testimonios de las personas próximas a ella, esto es, vivió una experiencia mística (?).

La otra figura que aparece es la madre. Hay dos: una buena y otra mala. La de Staurofila, Protogina, corporeíza lo que no debe ser; la del Príncipe de las Luces, Quejaritomene (la Virgen María), encarna las cualidades del modelo de esposa y de madre: es protectora, maestra (*mater et magistra*), sabia, dulce, tierna y comprensiva, infatigable y hermosa. Y es ésta precisamente la visión que la autora tiene de su propia madre, maestra que dirige una escuela para señoritas donde se estudia para ser profesora.

Aun cuando la idea es que la mujer permanezca en casa haciendo labores propias del hogar, no obstante ni María Néstora ni su madre se dedican con exclusividad a éstas. Trabajan en una tarea docente, que proporciona una enseñanza moral, propicia el crecimiento intelectual de la mujer y la prepara para trabajar y ser autosuficiente como ocurre con ellas mismas. Esto no deja de ser admirable en el caso de una viuda y de una señorita ciega, mexicanas, de mediados del siglo XIX. Hay, pues, una desproporción entre lo que se concibe como única posibilidad de ser de la mujer en el texto literario y la actividad desarrollada por ellas en la vida práctica. Se descubre una suerte de predicación con el ejemplo de una mística que alcanza incluso al trabajo y no queda reducida al ámbito religioso.

En todo esto hay un acercamiento a Teresa de Ávila y a Juana de Asbaje, a la vez que a santa Teresa de Jesús y a sor Juana Inés de la Cruz. Ambas activas, infatigables, irreductibles, religiosas o místicas y conciliadoras de la vida práctica con la intelectual, literaria y espiritual.

Esa misma escisión, paradójicamente sintetizante, ya que funde dos actitudes femeninas en apariencia irreconciliables, se traspasa a la versión genésica de la mujer. Aquí su origen no se concibe como parte del cuerpo del hombre, no proviene de la extracción de su costilla. Staurofila es la hija de una mujer y de un hombre que se aparean, luego de que la Sierpe de siete cabezas ha tentado primero a ella y luego ella a él. La mujer no es Eva propiamente dicha, sino más bien una combinación de ésta y Lilith, puesto que su nombre es Protogina que significa: primera mujer (hay que recordar que al nombrar Adán las cosas lo hace para conocerlas, según el mandato de Dios).

En el *Génesis* leemos, en la versión primigenia, que Dios creó a su imagen y semejanza al hombre, "hombre y mujer los creó" (*Gén.* 1:27). Después recomienza el relato y es cuando se da la segunda versión, la de la costilla (*Gén.* 2: 21, 22, 23). Lilith, personaje de la mitología hebrea, es esa primera mujer que no aparece con tal nombre en las interpretaciones cristianas por ser un personaje mítico que actúa la transgresión, por lo que pertenece al mundo de los mitos prohibidos o apócrifos. Sin embargo, Eva, la segunda mujer, incurre en la misma "falta". Desobedece la voz del padre, de la ley, la transgrede y arrastra a su compañero.

Resulta muy interesante el planteamiento de María Néstora porque toma precisamente a esta primera mujer transgresora de la ley patriarcal (Lilith) y la funde con Eva. Lilith, como Luzbel, su equivalente masculino, es expulsada del Paraíso, lo cual ocurre de manera análoga con Adán y Eva, por haber desoído la prohibición del Padre. En esta tesitura, la mujer aparece como superior al hombre, ya que si bien es cierto que su curiosidad y audacia los conduce a la expulsión del Edén, también lo es que estas cualidades constituyen la condición de posibilidad para acceder al conocimiento de lo externo y de lo interno.

De lo anterior se deduce que, a pesar de que la mujer supuestamente es la culpable de la pérdida del estado paradisiaco, es la que propicia el advenimiento de la cultura, de la historia y de la autoconciencia (como los Cainitas). De otra forma, el ser humano, hombre o mujer, quedaría reducido a un estado de enajenación o inconsciencia con respecto a sí mismo, al mundo e incluso a Dios. Porque ¿cómo podría entonces, diferenciarse y ser otro en relación a lo otro y a sí mismo?

La primera madre, ésta sí Eva puesto que Lilith jamás concibe seres humanos sino monstruos, es quien posibilita la continuidad de la especie, la redención de la mujer y del hombre, a la vez que le suministra adoradores, para su mayor Gloria, a Dios. Sin estos hombres, Dios mismo no podría verse ni reconocerse.

No obstante, en "la penitencia va el castigo". La arrogancia, el deseo de ser como dioses, es el grave pecado en el que incurren ambas mujeres, como le ocurre también a Luzbel. Y esto es lo que Dios jamás podrá aceptar y por lo que envía su castigo supremo: "parirás con dolor, tendrás un deseo enorme de tu marido y tendrás que someterte a él" (*Gén.* 3: 16). El mal, por tanto, viene por la madre pecadora: incontinente, soberbia y ambiciosa. No obstante, en estos pecados radica la posibilidad de ser uno, único, distinto y reafirmarse con respecto a los demás, que es lo que María Néstora, su madre y Staurofila hacen.

Ahora bien, el hombre: Cristo, san José, Buletes y hasta los Reyes de las Luces y de las Tinieblas están limitados y manipulados por la conducta de las mujeres.

Lo anterior podría parecer muy misógino; sin embargo, no lo es. La Virgen María, esposa del Rey de las Luces, Staurofila, Filautía y las hijas de Pseudo-Epítropos van marcando las pautas del acontecer, de su transcurrir en el relato y de las acciones, que los hombres, incluido Dios, habrán de emprender. Helios Dicahías (Cristo) o Príncipe de las Luces tiene que realizar una serie de trabajos para poder ganar a Staurofila (el alma), quien a su vez ha de caminar por la senda difícil de la perfección y ganar con ello el perdón y la salvación. No es éste, por tanto, un camino que habrá de hacer ella sola. El hombre la desea, la quiere ganar para sí de una o de otra manera, en buena o mala lid, pero en el fondo lo que busca es su posesión. Ella habrá de luchar sin tregua para no ser víctima de sus requerimientos o de su seducción; sin embargo, claudica y es reducida finalmente por la propia mujer: la madre, la esposa legítima y pura, la madre del hombre que será su marido, para quien ella la prepara. Servirlo incondicionalmente, obedecerlo y ser merecedora de él, serán las directrices de su actuar. Entonces, ambas madres, la de ella y la de su marido, se aliarán con el hombre, hijo-esposo, y la reducirán. En este momento se plantea la pregunta, para dejarla abierta, a guisa de conclusión, de si quien origina la reducción y la imposibilidad de la mujer de ser independiente y autosuficiente es el padre con su voz nómica impositiva o la madre castradora que somete a la hija y la inmola con el objeto de neutralizarla como rival.

En la obra de María Néstora no se define del todo la respuesta, aun cuando es esta segunda posibilidad la inferencia inmediata a la que se puede llegar. Tampoco, de ser así, la autora la rebate o se rebela; la acepta sin emitir juicio alguno de valor. La admiración y gratitud que guardaba hacia su propia madre, así como a la autoridad patriarcal tanto de su padre biológico como de su padre espiritual, Francisco de Sales, aúna a los tres en superioridad con respecto a ella y propician el acatamiento de sus voces y mandatos parentales.

Lo aportador y valioso de esta obra en el rango de la aproximación femenina radica en que se trata de una recreación personal de un tópico literario, religioso y teológico, lograda por una mujer del siglo XIX. Recreación propiciada por una visión y concepción del mundo, de la vida y de ella misma que, a pesar de estar inmersa y ser el producto de una sociedad cerrada y asfixiante, no resulta estéril ni reductora, sino antes al contrario, imaginativa, reveladora y pródiga.

María Néstora Téllez Rendón

Viva Jesús

STAUROFILA*

Cuento alegórico

Usemos de una parábola, Teótimo, pues este modo de hablar fue tan agradable al Soberano Maestro del Amor.
S. Francisco de Sales: *Práctica del Amor de Dios*, lib. III, c. III.

Prólogo

Tenían los felices habitantes del Reino de las Luces[1] el Rey más amable y bondadoso que se ha visto jamás, el cual cifraba su ventura en hacerlos dichosos. Este Rey[2] era poderoso é invencible en la guerra, y sabio cual ninguno en el manejo de su reino en la paz; era terrible y justiciero contra sus enemigos; pero amable como el mejor de los padres para con sus fieles vasallos; no veía derramar una lágrima sin enjugarla; no había un desgraciado que al punto no recibiera el consuelo de sus manos.

En aquel dichoso lugar reinaba siempre la abundancia, la paz y la alegría. Los felices moradores se amaban entre sí, como los más cariñosos hermanos. La discordia, la envidia y todos los demás vicios estaban lejos de aquella mansión venturosa. Y todo era debido á la bondad del más poderoso, del más sabio y del más amante de todos los reyes. En este imperio feliz se veía reunido todo lo útil, todo lo saludable y todo lo bello que se po-

* Prólogo, capítulo 2 y epílogo de *Staurofila, precioso cuento alegórico*, 5a. ed., Editora Nacional, México, 1951.
[1] El cielo.
[2] Dios.

día desear: mil canales unían sus numerosos ríos, fertilizando sus amenos campos y haciéndolos producir toda suerte de flores y de frutos. Allí se veían también elevadas montañas, lagos encantadores y primorosas cascadas.

Pero lo que hacía la mayor ventura de los habitantes de este reino, no era ni la amenidad de sus fértiles campos, ni la frescura de sus cristalinas aguas, ni todas las inmensas comodidades de que gozaban, sino el tierno amor que les profesaba su Rey. Sí: saber que eran amados con cariñosa ternura, y corresponder con un amor semejante, era lo que ponía el colmo á su dicha, y se estremecían de gozo y de respeto cuando tenían el placer de mirar el hermoso y amable rostro de su buen padre.

Un día que este amabilísimo Rey había salido á pasear por los bellos y más lejanos alrededores de su amada ciudad, en su magnífica carroza y acompañado de sus más íntimos amigos, llegó á una pobre cabaña donde vivía un hombre á quien el Rey quería elevar del polvo, solamente porque le amaba, por pura bondad. Llamó á la puerta, presentóse Protáner,[3] pues así se llamaba el dichoso protegido: "Protáner, amigo mío, le dijo el generoso Monarca, mirándole con semblante afable, ven conmigo, te llevaré á mi palacio, te daré un empleo, y si eres fiel te colmaré de riquezas y de honores". Y tendiéndole bondadosamente la mano le subió á su carroza y le sentó á su lado.

Protáner no cabía en sí de gozo, no sabía lo que le pasaba, le parecía un sueño, un sueño dulcísimo del que temía despertar. Miraba el hermoso semblante del Rey, su agradable sonrisa, su viva y al mismo tiempo apacible mirada, y se quedaba extasiado.

Llegaron por fin al espléndido palacio del augusto Monarca, donde Protáner se quedó sorprendido al ver una magnificencia de la que no había tenido jamás ni una idea. Por dondequiera se veía brillar el oro y las piedras preciosas; mil fragantes flores, colocadas en vasos de hermoso cristal, esparcían por todas partes un suavísimo perfume; se escuchaban allí siempre armoniosas músicas y dulcísimas voces, que entonaban cánticos alabando sin cesar la sabiduría y la gloria del poderoso Rey de las Luces.

Protáner, al mirar las maravillas del bello palacio, le parecía que si mil años estuviera en aquella mansión deliciosa, siempre le sorprenderían nuevos encantos que no había visto el día anterior.

[3] Adán.

El Rey le dio por esposa á una hermosísima doncella llamada Protogina[4], y condujo á ambos á un bello jardín que poseía á extramuros de la ciudad, y que se llamaba el jardín de Bellas Flores.

Protáner y Protogina vivían en un estado de completa felicidad. El vergel que habitaban era verdaderamente delicioso: estaba regado por ríos de una agua clara como el cristal, donde se cogían toda clase de peces; multitud de árboles elevados, que producían sabrosas frutas, formaban hermosísimos bosques, donde se gozaba una encantadora frescura, y en su espeso ramaje hacían nido una porción de aves de variadas plumas y melodioso canto; en fin, todo era allí bello, todo deleitable; y los dos esposos no formaban un solo deseo que no vieran cumplido.

El Rey, al llevarlos á aquella mansión encantadora, dió á Protáner la llave de una jaula en que estaba aprisionado un horrible monstruo, una sierpe de siete cabezas: es á saber, un formidable genio, feroz enemigo á quien el Rey había vencido.[5]

El augusto Monarca le dijo: "Protáner, confío en tu fidelidad y prudencia, y te hago custodio de este horrible monstruo; espero que por ningún motivo dejarás que se escape." Y le dijo también: "Por la ciencia que tengo de conocer lo futuro, sé que tendrás una niña á la que doy el nombre de Staurofila,[6] y desde ahora la escojo para esposa de mi hijo." Porque el Rey tenía un hijo tan hermoso y amable como él mismo lo era.

Protáner y Protogina no sabían cómo corresponder á tantas bondades.

El Príncipe de las Luces,[7] el amable hijo del Rey, que todavía era niño, concibió desde luego un ardiente amor por su futura esposa aun antes de que naciera. "Qué hermosa, decía, y qué amable será mi Staurofila, y cuán feliz seré si corresponde á mi cariño. Yo le diré: ¡Staurofila mía, te amo desde antes de que nacieras! y ella tan buena como hermosa, sin duda me dirá: ¡Príncipe mío, yo también te amo!"

El tiempo del nacimiento de Staurofila se acercaba, y el cariñoso Príncipe iba muchas veces á visitar á Protogina, esperando con ansia el feliz día por él tan deseado.

Nació por fin la niña llenando de placer á sus felices padres

[4] Eva.
[5] Luzbel.
[6] El alma.
[7] Jesucristo.

y á su apasionado Príncipe, quien dió á Protogina una cajita en que estaba su retrato, el título de Princesa de las Luces otorgado por el Rey á Staurofila, y la solemne promesa que hacía el Príncipe de recibirla por esposa si ella lo aceptaba, y colocó él mismo un anillo en el dedo de la amada niña.

Pasaron algunos días, y una tarde que Protogina se paseaba por el hermoso jardín llena de paz y de contento, llevando en sus brazos á su querida hija, le habló la terrible sierpe y le dijo: "Protogina, hermosa Protogina, déjame salir de esta triste prisión. Yo soy un poderoso rey. Aquí, bella Protogina, aunque disfrutes algunas comodidades, no eres más que una pobre esclava, y yo empeño mi palabra y te prometo que te haré una reina tan poderosa como lo es el Rey de las Luces." Protogina, seducida por tan brillantes promesas, aseguró á la sierpe que le abriría, y fué al instante á buscar á Protáner y le habló así: "Amado esposo, voy á pedirte una prueba del cariño que me tienes; abre, te ruego, la jaula de la sierpe." Protáner quiso resistir, pero Protogina le dijo: "¡Ah, cruel Protáner, tú no me amas!" y abundantes lágrimas corrieron por sus mejillas; Protáner, que la amaba con exceso, la consoló diciéndole: "Enjuga tu llanto, ¡qué no sería capaz de hacer por ti, oh mi amada Protogina! toma, pues, la llave de la jaula." Protogina, llena de gozo, enjugó su llanto, se sonrió con su esposo y fué corriendo á donde estaba la jaula, puso la llave en la cerradura, y al instante miró cerca de sí á la horrible sierpe que clavaba en ella su feroz mirada. La triste Protogina tembló viendo los ardientes ojos de la sierpe fijos en ella.

El horrendo monstruo, arrojando humo por sus siete formidables bocas, envolvió en los torbellinos de su impuro aliento á la desventurada Protogina y á su hija, y haciendo aterrador estruendo desapareció. Protogina salió desvanecida y sofocada de aquella atmósfera impura, pero Staurofila, pequeñita y débil, sintió mucho más los daños de aquel veneno que había aspirado. Desmayada, asfixiada, moribunda, quedó en los brazos de su madre; pero lo que vino á poner el colmo á la desolación de aquellos desgraciados fué el mirar que en el hermoso cuello de su hija, de la prometida esposa del Príncipe de las Luces, había quedado impresa, imborrable, la ignominiosa marca de la sierpe. Protáner y Protogina quedaron sobrecogidos de terror: sintieron entonces todo el peso de su crimen, y para colmo de su espanto, el Rey de las Luces se presentó en este momento. Bondadoso y amable, venía como otras veces á visitar á sus favorecidos; mas al saber lo que pasaba, su ternura y afabilidad trocáronse en furor. ¡Ay! si su rostro era majestuoso y bello al esparcir sus miradas de benevolencia, majestuoso y bello era también, pero terrible, al estallar de su ira y de su justa indignación, terrible como el oleaje de la mar embravecida, como el tronar de furibunda tempestad. "Protáner, dijo, infiel Protáner, ¿así has burlado mi confianza? ¿Dónde está la sierpe confiada á tu cuidado? ¿Dónde está la prometida esposa de mi hijo? Ella no lo será, lo juro, mientras lleve la abominable marca de mi enemigo: habéis merecido la muerte, y moriréis..." Protáner y Protogina temblaban á los pies del Rey y no osaban levantar los ojos, aterrados á la vista de su semblante indignado; pero en este momento, cual iris de consuelo, se dejó ver el amable Príncipe de las Luces. Traspasado de dolor por la desgracia de Staurofila, bañado en lágrimas, se arrojó al cuello de su Padre, y besando y bañando con su llanto sus reales manos, le dice: "¡Oh Padre mío! aplaca tu furor, yo remediaré el mal que éstos han hecho, yo me constituyo fiador de Protáner y tomo sobre mí su culpa para darte de ello cumplida satisfacción. Yo venceré y encadenaré á la sierpe, y yo también quitaré... sí, quitaré esa marca del cuello de mi Staurofila. Pero entonces, cuando esto haya hecho, ¿permitirás que sea mi esposa?" Calmado el Rey por las caricias de su hijo y enternecido al ver sus lágrimas, abrazándole le contestó: "Sí, hijo mío, mi amado hijo, objeto caro de mis complacencias, no llores, haré cuanto deseas. Pero escúchame: yo acepto tu mediación y te considero en todo rigor de la ley como el fiador de Protáner y responsable de su culpa. Por tu respeto trocaré su sentencia de muerte en destierro temporal: irán al desierto de las Tristes Lágrimas y permanecerán allí sin que puedan volver á su patria hasta que tú hayas cumplido lo que prometes. Si Staurofila llega á verse libre de la marca y veneno de la sierpe, y ésta quedar encadenada, yo te empeño mi palabra real de permitir que sea tu esposa, y Protáner y Protogina restablecidos en su empleo." Dicho esto, el Rey se retiró. Los dos esposos lloraban amargamente: en aquel día fatal perdían todos los bienes que gozaban, y se veían rodeados de innumerables males. A Staurofila la había dejado moribunda el emponzoñado aliento de la sierpe; salían desterrados de su amada patria, y lo que era más terrible para ellos, ya no gozaban de la gracia de su generoso protector el Rey de las Luces.

Protogina tenía en los brazos á la niña, y no sabía qué hacerle para librarla de la muerte. Entonces se acercó el amable

Príncipe, y lleno de solicitud y de cuidado por el mal de su pequeña prometida, á fuerza de delicado esmero la hizo tragar algunas gotas de un elixir de maravillosa virtud que él traía. Con la eficacia de esta medicina, Staurofila tornó á la vida: abrió sus hermosos ojuelos y recompensó á su pequeño médico con una graciosa sonrisa.

Sus padres se sintieron aliviados en su dolor, y más cuando el Príncipe les dijo: "Consolaos, yo amo tiernamente á Staurofila. Ella no puede ser mi esposa mientras lleve la marca; pero esta marca, oídlo bien, yo la borraré. En el desierto donde váis tendréis mucho que sufrir; pero no temáis; yo nunca os abandonaré. Habladle de mi amor á Staurofila, en tanto que yo puedo verla, y, escuchadme bien, os voy á revelar un secreto. El desierto de las Tristes Lágrimas, tierra inculta y estéril por demás, produce no obstante un árbol muy precioso y que forma la principal riqueza del Reino de las Luces. ¡El Arbol de los Perfumes![8] Este árbol, eficaz medicina contra el veneno de la sierpe, es desde ahora muy caro para mí. Sí, por cierto, porque su maravillosa virtud ha de servirme en gran manera para la curación de mi Staurofila. Buscad ese árbol luego en llegando y hacedla crecer bajo su sombra. Si ella me ama, añadió, mi tiempo llegará, yo volveré al desierto, venceré y encadenaré á la sierpe, y mediante la virtud del árbol, yo borraré de ese cuello la ignominiosa marca, satisfaceré á mi padre, volveréis á vuestra patria, y Staurofila al fin será mi esposa. Llevad, llevad para vuestro consuelo en tan penosa ausencia estas dulces esperanzas. En seguida les dió ricas alhajas que eran el dote de su esposa, y se retiró después de hacerle mil caricias.

Protáner y Protogina se despidieron llorando de su hermosa habitación, el jardín de Bellas Flores, de su amada patria y para el lugar de su destierro, llevando consigo una esclava, cuyo nombre era Filautía,[9] para que sirviera de nodriza á Staurofila.

Capítulo II

Dos cartas del Rey de las Luces.—La mirra del Árbol de los Perfumes.—Maestro y médico.—La mirra amarga. —Progresos de Staurofila. —El Príncipe anuncia su partida.—Sentimiento

---

[8] El Árbol de la Cruz.
[9] El cuerpo ó la carne.

de Staurofila.—La partida se retarda.—Retiro del Príncipe.—Amargura de Staurofila.—Una canción.—Música matinal.—Dos corazones de oro.—Caracteres luminosos.—Partida del Príncipe.

Los ancianos regresaron al Reino de las Luces, y todo volvió á tomar en el castillo de la falda su curso ordinario. El Príncipe se esmeraba en manifestar su amor á Staurofila, que aunque parecía que no pudiera ser más grande, había, sin embargo, crecido desde el acontecimiento que se ha relatado, y procuraba indemnizarla de las angustias que había pasado en aquellos días de cruel incertidumbre lejos de su lado. Después de algunos días, el Príncipe de las Luces recibió dos cartas del Rey su Padre: era una para él y otra para Staurofila. A ésta la llamaba ya su hija, y le decía que con sumo placer veía que iba haciéndose digna de ser esposa de su Hijo; que había quedado satisfecho de la brillante prueba dada por ella del amor que profesaba á su Esposo, y deseaba que llenara lo que era indispensable para efectuar el proyectado enlace, y que ya en otra vez le había pedido: el retrato del Príncipe, su vestido de boda y los frutos de las semillas que le había enviado. La carta del Príncipe se reducía á decirle que continuara la comenzada guerra y encadenara al feroz genio, cuya libertad había causado tantos males, y también le encargaba la total curación de Staurofila, porque aun cuando no tenía ya la marca de la Sierpe, todavía se encontraba muy débil y padecía muchas enfermedades de resulta de haber tenido por tanto tiempo tan pernicioso veneno. El Príncipe contestó á su Augusto Padre, que pronto estaría de nuevo en su poder el terrible monstruo y Staurofila enteramente sana; y ésta, por su parte, contestó: que esperaba que su Majestad quedaría satisfecho, que se aplicaría cuanto estuviera de su parte para obsequiar su voluntad.

El Príncipe comenzó, tan pronto como fué posible, la curación radical de Staurofila, y para ello hizo traer gran cantidad de mirra del Árbol de los Perfumes, que era un excelente remedio contra el veneno de la Sierpe. Pronto recibió el Príncipe gran cantidad del precioso producto, y llegó por fin el día en que comenzara la instrucción y curación de Staurofila; quería ser su Maestro y su Médico y así se lo anunció á ella. La joven, con esta noticia, se llenó de placer, y vió con júbilo llegar el día en que iban á comenzar su curación y su enseñanza.

El día, pues, que tuvo principio este suceso, el Príncipe fué muy temprano, aun no había salido el sol, á tocar á la puerta de Staurofila; salió ella y fué conducida por su Dueño al jardín, y allí se entretuvieron en cortar la maleza y sembrar las semillas que le enviara el Rey, pues como ya se ha dicho, el Príncipe entendía perfectamente de jardinería.

 Cuando ya comenzaba á calentar el sol se retiraron á un hermoso gabinete, y en él el Príncipe puso á Staurofila las primeras líneas del dibujo, esperando con ansia que aquella mano temblorosa tuviera más firmeza y adelantara prontamente para que llegara á pintar su retrato como lo exigía el Rey; después la joven se ocupó en bordar, porque el Príncipe, como lo había hecho antes Buletes, le había procurado quién la dirigiera y la adiestrara en este precioso arte. Por la tarde, á hora oportuna, el Príncipe le comenzó á enseñar el sonoro, dulce y rico idioma de las Luces. Todas estas ocupaciones, de suyo agradables, encantaban á Staurofila; pero lo que las hacía amables sobre toda ponderación, era el Maestro por quien estaban dirigidas, que poseía el arte de hacerlas dulces y fáciles.

 Fácil y dulce también deseaba el piadoso Médico hacer la curación de su amada enferma, por lo que teniendo necesidad de usar la mirra, único aunque eficaz contraveneno y remedio de su daño, y conociendo que debía parecerle muy amarga, porque lo era en efecto, y más para un paladar enfermo y desacostumbrado á ella, pensó al principio dársela en muy pequeñas cantidades y aun así mezclarla con tanta miel cuanto conocía que su enferma podía tomar sin que la perjudicara. Al terminar el día, el Príncipe se mostró muy satisfecho, así de su enferma como de su discípula, y pasaron el resto de la noche en agradables conversaciones. En fin, llegada la hora, el Príncipe, como lo tenía de costumbre, la acompañó hasta la puerta de su aposento y se separaron llenos de las más dulces esperanzas. El otro día y los siguientes fué observado el mismo método así en la medicina como en el estudio, y poco tiempo después el retrato comenzaba á ser delineado, la tela de que había de hacerse el vestido estaba hermosísima, ya se veían sobre ella flores de bellos y combinados colores, y las semillas comenzaban á brotar.

 Mas llegó el día en que las condiciones de la curación exigieran que la enferma tomara la mirra pura y sin mezcla, y esto era lo que á Staurofila se le hacía sumamente difícil. En vano el Príncipe le rogaba cariñosamente que la tomara, recordándole que no tendría efecto su deseada unión hasta que no le quedara ningún resto del veneno de la Sierpe; en vano para animarla, él mismo, aunque no tenía la menor necesidad, tomaba el amargo licor, ella no podía arrostrar su amargura. Algunas veces, vencida por la ternura del Príncipe, que le pedía como una prueba de amor aquel pequeño sacrificio, acercaba á sus labios el temido cáliz, pero jamás se resolvía á tomar toda la cantidad que era necesaria. El paciente Médico tenía que aguardar y la trataba como á los principios, ministrándole la mirra mezclada y rebajada, no sin gran dolor de ver que se tardaba el cumplimiento del más ardiente de sus deseos.

De este modo pasó algún tiempo, y era tal la virtud de la mirra, que aun tomada del modo dicho, la joven iba, bien que lentamente, fortaleciéndose; ya sus pálidas mejillas iban tomando un bello tinte de rosa; sus ojos amortiguados una vivacidad desconocida; su cuerpo débil gracia y gentileza; en toda su persona se notaba que había crecido en hermosura y gallardía; el feliz Autor de tanto bien veía su obra con indecible placer.

Ya el jardín estaba cubierto de blando césped, de arbustos y árboles frutales que habían crecido con una prontitud prodigiosa; esparcían por todas partes una fragancia exquisita las flores que empezaban á entreabrirse; el retrato y el bordado adelantaban maravillosamente de día en día; todo aquello en que había puesto mano Staurofila, ó más bien otra persona más diestra, prosperaba de una manera prodigiosa; parecía que pronto quedarían satisfechos los deseos del Rey.

Un día anunció el Príncipe á la joven que era preciso separarse de ella para ir á la guerra. ¡Un grito de dolor se arrancó del pecho de Staurofila! y derramando un torrente de lágrimas, más con ademanes que con palabras le rogó que no la abandonara. El Príncipe le contestó: "Amada mía, ¿has olvidado que es necesario encadenar la Sierpe y que sin esto nunca podrás ser mi esposa? Porque te amo, por eso intento partir; porque anhelo unirme á ti para nunca separarnos. Pero abandonarte, mi bien amada, eso no, jamás. Buletes queda para cuidar de ti, y bajo su dirección proseguirás tus trabajos; y en tanto que yo cumplo con lo que he ofrecido á mi Augusto Padre, tú también por tu parte concluirás lo que de ti se exige; como prueba de amor esto te pido." Staurofila no oía las razones del Príncipe; toda entregada á su dolor proseguía llorando inconsolable; ella no veía sino que iba á separarse de su amado; sus placeres, sus dulces entretenimientos iban á terminar. ¿Cómo podría vivir privada de aquellas delicias á que estaba tan acostumbrada? El Príncipe le decía cariñosamente: "Serénate, querida mía, serénate y escúchame: Te conviene que yo me vaya; el amor de mi esposa debe ser fuerte y generoso, capaz de sufrir la ausencia y cualquiera otra prueba á que se haya de sujetarla.—¡Ay! Helio mío, Helio mío, exclamó Staurofila; dilata al menos esta separación amarga, yo no creía tener que sufrirla, dame tiempo para prepararme á ella, difiere, difiere, te ruego, tu partida por algunos días."

Pudo tanto esta súplica en el enamorado corazón del Príncipe, que al fin hubo de concedérsela, y quedó aplazada su marcha para después de quince días. En los primeros de ellos se observó el método anterior, y Staurofila no pensaba sino en gozar sus acostumbrados placeres, olvidándose de la ausencia que la amenazaba. Pero un día, después del paseo matinal, con gran sorpresa suya, el Príncipe se separó de ella, diciendo que Buletes haría sus veces, porque él tenía una ocupación urgente; y la joven no volvió á verle hasta la hora de comer. Por la tarde el Príncipe se retiró de nuevo á su gabinete y no salió de él sino muy entrada la noche para despedirse de Staurofila, según lo tenía de costumbre.

Este retiro se iba prolongando de día en día; Staurofila no hallaba qué pensar, no podía creer que el Príncipe hubiera variado de afecto para con ella; pero entonces, ¿por qué no estar á su lado? ¿querría irla preparando á su ausencia? pero él le había prometido permanecer á su lado algunos días. ¿No era esto engañarla, defraudar sus esperanzas? Estaba triste y á sus solas derramaba lágrimas; en nada hallaba gusto; la comida le parecía insípida, el jardín sin frescura y sin fragancia. Llegó un día en que desde la mañana hasta la noche el Príncipe permaneció encerrado en su aposento. Staurofila se abandonó enteramente á las más tristes reflexiones, ya no pudo ocultar su dolor y fué á derramar su llanto en presencia de Buletes. Su amigo le preguntó si había dado motivo de queja al Príncipe, á lo que ella contestó que no le parecía haber hecho nada que pudiera desagradarle. "Entonces no temas, amada niña, le contestó Buletes abrazándola con paternal cariño; no temas, el Príncipe te ama, y sólo algún negocio grave puede impedirle estar á tu lado; y, Staurofila mía, ese negocio que le ocupa es sin duda alguna cosa de la que te resulte algún bien. ¡Algún gran bien! Estoy cierto de ello, porque conozco la inconcebible inmensidad del amor que te profesa." Staurofila sintió derramarse en su afligido corazón un bálsamo dulcísimo con las palabras de su amigo. Éste procuró inspirarle ideas generosas. "Dedícate, le decía, con más esmero que nunca á tus nobles tareas; cuando el Príncipe tenga á bien volver á verte, que se convenza de que has procurado adelantar en todo lo que se te ha pedido." Staurofila se retiró un tanto consolada; pero vió pasar un día y otro, y el Príncipe continuaba en su retiro. Staurofila ya no pudo sufrir; fué á buscar á Buletes y le dijo: "Buletes, yo no puedo vivir de esta manera, y si el Príncipe permanece por más tiempo separado de mí, cuando venga á buscarme ya no hallará más que el cadáver de su Staurofila", y al decir esto derramó un torrente de lágrimas. Buletes se compadeció tiernamente de su pena y la consoló con cariñosas palabras, asegurándole que no estaba lejos el remedio de su mal, y por último, le dijo que volviese á buscarle al cabo de una hora.

Staurofila se retiró llena de esperanzas y volvió al tiempo prefijado. Buletes entonces puso en sus manos la letra y música de una tierna canción que él había compuesto, y habiéndola ensayado á que la cantase, la condujo á la puerta del aposento del Príncipe, donde Staurofila, acompañándola Buletes con la flauta, entonó con toda la expresión de su afecto la canción que su amigo le había enseñado y que decía:

¿Por qué causa, gloria mía,
A mis quejas no respondes?
¿Por qué á mi vista te escondes?
¿Por qué no vienes á mí?
　¿No sabes que de tus ojos
Pende la vida que vivo?
¿No sabes que no recibo
Consuelo fuera de ti?
　¿Quieres tú que desfallezca
El corazón que te adora?
¿Que la pena destructora
Ponga á mi existencia fin?
　Sin tu amor, sin tus caricias,
Sin la luz de tu mirada,
¡Ay! ¡yo muero, desdichada!
¡Sin ti no puedo vivir!

No bien había acabado Staurofila esta canción, cuando se abrió la puerta y apareció el Príncipe de las Luces. En sus ojos brillaba el amor y una lágrima estaba aún pendiente de su pupila. No se disipan tan pronto las tinieblas cuando el sol aparece en el Oriente, como desapareció la aflicción de Staurofila al mirar al Príncipe y al leer en sus ojos una mirada de inmenso, indescriptible amor. Se levantó presurosa, se acercó á él y se echó entre sus brazos; por mucho tiempo permanecieron inmóviles y silenciosos, no se oía más que los latidos de dos amantes corazones que parecían querer confundirse uno en otro, y aquellos latidos murmuraban: te amo, te amo, te amo. El Príncipe fué el primero que rompió el silencio diciendo: "Staurofila mía, ¿por qué afligirte tanto? ¿Cómo pudiste creer que pudiera yo dejar de amarte? ¿Cómo pudiste creer que esto fuera posible? —Temía, contestó ella, haberte en algún modo desagradado." El Príncipe le hizo mil protestas en las que se manifestaba su verdadero é inmenso amor, y todo lo restante del día lo pasó al lado de Staurofila, y al separarse por la noche le dijo que aun le era preciso estar retirado, pero que le aseguraba que en nada había disminuido su amor.

Al día siguiente vino Buletes á acompañar á Staurofila y á dirigirla en sus ocupaciones. Ella le dijo: "Buletes, la ausencia del Príncipe me es muy dolorosa; pero ahora al menos sé que no le he ofendido y que me ama."

Pasaron así algunos días; Staurofila suspiraba entre tanto que trabajaba, y aun solía dejar escapar algunas lágrimas, recordando los días felices en que gozaba de la compañía del Príncipe.

Una noche más particularmente regó el lecho con su llanto al pensar que al día siguiente no vería al cariñoso Helio, y con estos tristes pensamientos se quedó dormida. Poco antes de amanecer, estando entre la vigilia y el sueño, le pareció oír una voz dulce y varonil á la vez, más melodiosa que el trinar del ruiseñor, que cantaba á su puerta una bellísima canción. Despertó y ¡oh felicidad! no era un sueño, era una dichosa realidad. El Príncipe dejó de cantar y llamó a Staurofila, y ésta, dejando al punto el lecho, vistió sus ropas, y radiante de alegría salió á reunirse con su Dueño, que tomándola por la mano la condujo al jardín, y después de colocarla en un cómodo asiento, le dijo: "Amada mía, vas á saber la causa de mi retiro; mañana voy á partir, y no he querido hacerlo sin dejarte antes una prenda de mi cariño; voy, en fin, á hacerte un regalo," y al decirle esto, le presentó un corazón de oro bien pulido y bruñido, pendiente de una cadena también de oro. Abrió el Príncipe el corazón y apareció una lámina limpia y brillante, y colocó la cadena al rededor del cuello de Staurofila. Ella no se hartaba de contemplar tan preciosa joya; le abría, le cerraba, le volvía de un lado y de otro; ya le estrechaba á su pecho, ya le llevaba á sus labios. El Príncipe sonreía viendo su admiración, y luego dijo: "Voy á enseñarte un nuevo modo de comunicarnos por separados que estemos," y al decir esto sacó otro corazón igual, y tomando un punzón, escribió en él: "Staurofila mi esposa." Cerró el corazón y movió un resorte que tenía. La joven sintió moverse por sí mismo el corazón que tenía en la mano y leyó en él lo que el joven Helio había escrito en el suyo. Al instante tomó ella un punzón que pendía de la cadena y escribió en su abierto corazón: "Helio, Esposo y Dueño mío," é inmediatamente vió aparecer estas palabras en el corazón que en la mano tenía el Príncipe. Quedó Staurofila admirada y llena de gozo, y exclamó: "¡Oh qué precioso regalo!" y al decir esto estrechó y volvió á estrechar contra su pecho aquel corazón. "Pues bien, amada mía, dijo el Príncipe, esta era la causa de mi retiro. He pensado fabricar estos corazones para hacer más tolerable nuestra ausencia." En seguida encargó á Staurofila que á nadie más que á Buletes dijera el secreto.

Epílogo

Staurofila dormía con un sueño delicioso y suave que no le impedía reconocer lo que pasaba á su rededor. Sentía, pues, que descansaba sobre una alfombra de menuda hierba bajo un árbol frondoso. Gozaba de la frescura de aquel ameno sitio y la dulzura del canto de las aves. De repente se sintió abrazar, besar y bañar con llanto sus manos y su rostro. Llegaron á su oído dos voces, una de hombre y otra de mujer. No era el Príncipe, no Quejaritomene, y sin embargo, con cada acento aquellas voces hacían vibrar las más delicadas fibras de su corazón. La llamaban hija y le decían las palabras más cariñosas. "Tu Esposo, le decían, nos ha librado del cautiverio de la Sierpe. En aquel barranco en que caímos uno después de otro fuimos hechos prisioneros. ¡Oh, cuánto tiempo hemos gemido en sus terribles mazmorras! Pero, en fin, ¡estamos libres! ¡El daño de nuestra culpa ha sido reparado con ventaja! ¡Oh, salud y gloria á nuestro Libertador!"

Staurofila abrió los ojos y se halló en los brazos de Protáner y Protogina, sus amados padres. Ella, que había entregado su corazón á su Esposo, que no vivía sino para él, que le estaba toda consagrada, que se hallaba absorta con la felicidad inmensa de poseerle, pudo, no obstante, sentir, gozar los gratos estremecimientos de júbilo al abrazar á seres tan queridos, y halló en su corazón, sin ofensa de su amor, un arrebato de ternura para ellos. Echóse á su cuello derramando dulces lágrimas. "Hija mía, le dijeron, este sitio encantador es tu cuna, el hermoso Jardín de Bellas Flores..." Los padres y la hija juntos, libres, felices, ¿qué hicieron, qué se dijeron, qué sensaciones experimentaron? ¡Oh delicia inmensa, oh bien inexplicable! ¡Oh! ¿y qué sentiría un corazón al abrazar á los que le dieron el ser, abrazarlos, digo, en la mansión de la felicidad?

¡Oh mis caras amigas! no llevéis á mal, os ruego, que se haya dedicado al obsequio del filial amor esta parte de nuestra parábola. Vosotras habéis conocido á mi dulce y querida Madre; vosotras la llamáis también con ese mismo nombre; sabéis cuán digna es de que se le consagre este recuerdo. En ella pensaba cuando os refería este pasaje. Así, pues, tanto vosotras las primeras como las que después la habéis oído ó leído, uníos á mí, os ruego, y coloquemos sobre su sepulcro amado esta pequeña ofrenda. Y ahora perdonadme haber interrumpido nuestra historia. Ella se acerca á su fin, escuchad:

Staurofila oyó un rumor hacia la puerta y vió parar una carroza. ¡Cuál fué su gozo al ver bajar de ella á la Reina de las Luces acompañada de Teóforo! Corre ligera al encuentro de ambos, arrójase en sus brazos. ¡Dulces lágrimas, transportes de alegría, éxtasis de agradecimiento! Quejaritomene condujo á Staurofila delante de su espejo, donde examinó cuidadosamente si su adorno había sufrido algún detrimento, si había en ella algo menos digno de la presencia del Rey. Nada, nada había sido manchado ni descompuesto, ni aun siquiera había sido movido uno solo de los rizos de su hermosa cabellera, ni aun se había manchado la orla de su vestidura con el cieno del lago; las perlas, las flores, las alhajas, todo estaba en su debido lugar. Quejaritomene la hizo subir á la carroza, y poco más la ciudad de las Luces estaba á su vista: sus puertas labradas de preciosas piedras, sus calles enlosadas de oro y de diamantes, sus plazas de oro purísimo, brillante como un espejo,[1] el río que alegra la

---

[1] *Apocalipsis*, cap. XXI, v. 21.

ciudad feliz;[2] el árbol de los doce frutos[3] que forma bosques en sus riberas...

Llegaron á las puertas del palacio. Staurofila, guiada por sus conductores, subió las escaleras y llegó á un salón donde se hallaba el Príncipe sentado en su trono y revestido de gloria y majestad. Su manto era de encendida púrpura, tenía en su cabeza una rica corona y un cetro de oro empuñaba en su mano. En aquel punto se ocupaba en revisar los pasaportes de los que pretendían que se les diese carta de ciudadanía en el Reino de las Luces. Los que no estaban según la ley eran desechados; los que llenaban las condiciones de ella eran admitidos; aquellos á quienes faltaban algunos requisitos eran detenidos hasta tanto que los llenasen; los que acreditaban sus servicios eran recibidos con honor y recompensados con largueza. Ninguno osaba acercarse al trono si el Príncipe no extendía su cetro hacia él en señal de clemencia. Llegada Staurofila á la presencia del Príncipe, al ver su deslumbrante belleza, su noble majestad, se sintió desfallecer de júbilo, de amor y de respeto, y hubiera caído al suelo si Quejaritomene y Teóforo no la hubieran sostenido, mas el Príncipe al verla pálida y próxima á desmayarse, bajó de su trono, puso en sus labios la punta de su cetro, y abrazándola le dijo: "Staurofila, esposa mía, mi hermana, ¿qué temes? Los rigores de la ley nada tienen que ver contigo.[4] ¿Podría rechazarte de mi presencia yo que te he amado, que te he escogido, que te he preparado para este día?" Staurofila se reanimó con tan dulces caricias, y tomándola el Príncipe por la mano la condujo á la presencia del Rey. La Reina y Teóforo los acompañaban. El augusto Monarca los recibió con los brazos abiertos, y le dijo: "Ven en buena hora, amada hija mía, á recibir la corona que te está preparada desde antes que nacieras." En seguida hizo sentar en su trono al Príncipe su hijo, á quien había constituído Rey y Señor de todos sus dominios, asociándolo á su imperio para que reinase y gobernase juntamente con Él. Hizo sentar á Staurofila á la derecha de su Esposo, y poniendo sobre su cabeza una bellísima corona, la hizo proclamar Princesa de las Luces y Reina Esposa de su Hijo. Todos los cortesanos, los grandes y las amigas de Staurofila vinieron á felicitarla, resonando grandes aclamaciones, músicas, fiestas y regocijos.

[2] *Apocalipsis*, cap. XXII, v. 1.
[3] *Apocalipsis*, cap. XXII, v. 2.
[4] *Libro de Esther*, cap. XV, v. 1.

¿Cuándo era Staurofila más dichosa? ¿Dónde gozaba más? ¿Sentada á la diestra de su Esposo recibiendo gloriosos aplausos y felicitaciones, ó conversando á solas con él, ya en sus paseos por los jardines y huertos solitarios, ya en el secreto retiro de su aposento? ¡Placeres, riquezas, honores, delicias indecibles! Colmada de tantos bienes parecía que nada faltaba á su felicidad, y, sin embargo, faltaba una cosa y el Príncipe pensaba en ella; así es que un día le dijo: "Staurofila mía, vencida y encadenada la Sierpe ha desaparecido el lago que había abierto su malicia; así es que el camino es ya fácil y seguro, y nuestra amiga Filautía y las pastoras pueden venir ya sin el menor riesgo. He dado orden de que vengan conducidas por Buletes y ahora llegan, vamos á recibirlas." Staurofila, acompañada del Príncipe, Quejaritomene y otras varias personas, salió á su encuentro. ¿Quién podrá describir los extremos de gozo que enajenaban á todos? ¡Buletes al ver á Staurofila coronada! ¡Ella al protestar que le debía su felicidad! ¡Las pastoras al abrazar á su hermana y ella á ellas! ¡Con qué indecible ternura abrazó Quejaritomene á sus recién venidas hijas! ¡Pero qué sintió Staurofila al abrazar á su compañera del desierto, á Filautía! Esta, apenas había respirado los saludables aires de su patria, recobró enteramente su razón y su salud, habían desaparecido de ella los achaques de la ancianidad, se hallaba rejuvenecida, hermosa, ágil y ligera. Conducida por el Príncipe y Staurofila fué á tomar posesión del aposento que en el palacio del Rey le estaba destinado y de todas las riquezas que para ella estaban preparadas: joyas, vestidos, manjares, carrozas, jardines... ¡Cómo daba gracias á Staurofila por la violencia que le había hecho! ¡Oh, cómo se alegraba de haber trocado el desierto por aquella felicísima mansión! Buletes fué colmado de honores y las pastoras colocadas convenientemente. Todos eran felices y todos hallaban que lo que habían recibido superaba en gran manera á sus méritos y aun á sus deseos.

Staurofila siempre amada de su Esposo, rica, feliz, poderosa y respetada, sin tener nada que interrumpiese su dicha, arrebatada en éxtasis sagrado se unía á Buletes y á las pastoras, y así ellos como los cortesanos de las Luces en gratos conciertos de voces é instrumentos alababan sin cesar el poder, la sabiduría y la bondad del Rey de las Luces y del Príncipe su Hijo, y celebraban con un cántico sublime el Amor Eterno que une á entrambos.

¡Viva Jesús Sacramentado! ¡Viva Jesús, celestial Esposo de

las almas! ¡Viva Jesús, á quien como el Padre y el Espíritu Santo sea dada honra y gloria, salud y bendición por todos los siglos de los siglos! Amén.

¡Dios sea bendito! He querido cerrar así esta parábola, porque así cerró su Autor el precioso libro que me la ha inspirado (*Práctica del Amor de Dios por San Francisco de Sales*).

Doña Refugio Barragán de Toscano:
Luciérnagas y *La hija del bandido*

DIANA MORÁN Y LAURA CÁZARES

Doña Refugio Barragán de Toscano nació en Tonila, Jalisco, el 27 de febrero de 1846 y murió en 1916.[1] De ella dice Laureana Wright de Kleinhans:

> Desde sus primeros años y viviendo en el pueblo de Los Reyes, hoy villa de Salgado, en el Edo. de Michoacán, donde pasó su niñez, tuvo que sufrir la falta de elementos [. . .] pero muy prematuramente se despertó en ella el gusto por lo artístico y lo bello, al cual la predisponía su exquisita sensibilidad. [. . .] Afortunadamente su afán por el estudio y su ambición de saber no quedaron burlados, pues logró hallar una época propicia a sus ardientes deseos en que pudo recibir, en Colima, lecciones de la Srita. Rafaela Suárez, distinguida profesora normal, de quien obtuvo la instrucción científica y literaria que se observaba en sus versos, llenos a la vez de sentimiento y naturalidad.[2]

A los catorce años se inicia en la creación poética y algunas de sus composiciones se publican en el periódico *La Aurora,* de Colima. A partir de 1880 comienza a editar sus obras: *Celajes de Occidente,* poesías (1880); *Cánticos y armonías sobre la Pasión; La hija de Nazaret,* poema (1880); *Premio del Bien y castigo del Mal,* novela; *La hija del bandido o los subterráneos del Nevado,* novela (1887); *Diadema de perlas o los bastardos de Alfonso XI,* drama; *Libertinaje y virtud o el verdugo del hogar,*

---

[1] En Cd. Guzmán, Jalisco, dice la *Enciclopedia de México* (dir. J.R. Álvarez, México, 1977, t. 2, p. 115); en la ciudad de México, según el *Diccionario Porrúa de historia, biografía y geografía de México,* 4a ed., Porrúa, México, 1976, t. 1, p. 226.

[2] Laureana Wright de Kleinhans, *Mujeres notables mexicanas*, Tipografía Económica, México, 1910, pp. 360-362.

comedia; *Las cuatro estaciones,* zarzuela de fantasía dividida en cuatro actos y en verso; *El arpa infantil,* poesías para niños (1921); *Poesías diversas* y *Luciérnagas,* cuentos para niños (1940). También incursionó en el periodismo pues publicó, en Guadalajara, *La palmera del Valle;*[3] y su comedia *La hija del capitán,* menciona Laureana Wright, fue puesta en escena en Cd. Guzmán en 1886.

La hija del bandido se imprimió por primera vez en Guadalajara y después se reeditó varias veces en diferentes lugares. Precisamente de las palabras preliminares incluidas en algunas de las ediciones, hemos podido extraer las opiniones vertidas sobre esta autora, ya que los estudiosos de la literatura mexicana del siglo XIX no hacen referencia a ella ni a su obra.

Eulalio G. Quiroz designa a *La hija del bandido* como "novela histórica" y considera relevante presentar la obra a "los numerosos lectores amantes de lo bello, lo sugestivo y lo moral".[4] Samuel Ruiz Cabañas dice:

> esta novela, de título romántico y fuera de moda, es una sucesión de escenarios genuinamente nacionales, que tienen por ambiente una región donde el folklore no necesita retoques; ni mucho menos necesitó emplearlos la autora, culta y laboriosa dama tapatía que cultivó las letras con apasionado amor por las cosas que vio en su propio medio florido. Con sagaz mirada relató situaciones y delineó caracteres, poniendo en todo ello ternura de mujer y horizontes de imaginación suscitada por ardiente fantasía; y sin propósitos trascendentales logra cautivar al lector con una trama de intriga, aderezada con notas pictóricas y amables pensamientos filosóficos, que alcanza momentos de emoción espectante —a la manera de los buenos novelistas de su tiempo.

Más adelante señala que se "podrá hallar en sus páginas la visión retrospectiva de un ambiente" y "observar el brillante porvenir que entonces ofrecía la novela mexicana, infortunadamente interrumpido y desviado por el desdén injustificable y el

---

[3] José María Vigil (ant. y pról.), *Poetisas mexicanas. Siglos XVI, XVII, XVIII y XIX,* est. prel. Ana Elena Díaz Alejo y Ernesto Prado Velázquez, UNAM, México, 1977, p. XXVII.

[4] "Palabras preliminares", en *La hija del bandido o los subterráneos del Nevado,* 3a. ed., Imp. Román Ramírez, Cd. Guzmán (Jalisco), 1918.

exotismo que nos mixtifica y despoja del patrimonio de la personalidad".[5]

Luciérnagas

Es una colección de cuarenta cuentos para niños, todos ellos muy breves: la mayoría de dos páginas y el más extenso de seis.[6] Su finalidad es didáctica, moralizante, y se canaliza a través de personajes adultos (madre, padre, abuelo, maestra) que enseñan a los niños el valor de la caridad, la humildad, el amor a la patria, etc.), y los peligros de la hipocresía, la cólera, la curiosidad, entre otros.

Todos están narrados en tercera persona con breve participación directa de los personajes. Son muy sencillos; la mayor complejidad que se puede encontrar en ellos es que un personaje relate a su vez un cuento, generalmente de corte tradicional, con reyes y princesas, sin perder el fin moralizador, como por ejemplo en "Las campanas" y "La jaula de oro". En estos relatos, las narradoras son el aya y la maestra, respectivamente; y se pone de relieve el texto inserto (uno referido al remordimiento y el otro a la libertad), que sirve de enseñanza a los personajes infantiles del primer nivel de la narración.

Sólo en un caso se forma un bloque de relatos: en el primero, titulado "El papalote", don Antonio y su hijo, Valentín, salen a volar el papalote; esta acción sirve para rechazar la idea del viento de la fortuna y para alabar "el tino, la fe, y la constancia en el trabajo". El cuento finaliza de esta manera: "Pero puesto que el sol aún no se pone y el tiempo es tan bello, voy a referirte dos cuentecillos que te serán útiles." Así se introducen tres cuentos (en lugar de dos, como se había apuntado): "La cartera", "El hacha y el lazo" y "La gota de agua", los cuales tratan del cumplimiento del deber, la importancia del trabajo, la constancia y el trabajo que todo lo vencen. Finalmente, con un relato titulado "El vagabundo", se retoman los personajes antes mencionados y se cierra la interpolación. El niño expresa sus buenos sentimientos al practicar la caridad, y nos muestra que las enseñanzas no han caído en el vacío, aunque el padre

---

[5] "Palabras preliminares", en *La hija del bandido...*, Ed. México, México, 1934.

[6] Refugio Barragán de Toscano, *Luciérnagas*, s.ed., México, 1940.

considera a Juvencio —niño de nueve años, huérfano, sin hogar— un vago corrompido y flojo. En cuanto a la elaboración narrativa, la poca malicia de la autora queda a la vista cuando señala que al vagabundo lo ven "a la mortecina luz de un farol [porque] (no se conocía todavía la luz eléctrica en aquella población)".

Los personajes siempre son adultos y niños: los educadores y los receptores de la enseñanza; todos muy esquematizados. Por lo general, un niño tiene un defecto que debe quitársele, y si no es así, se debe procurar que no lo adquiera. Se recurre con frecuencia a la presentación de parejas formadas por un personaje bueno y otro malo; en "Percal y manta", Laura es vanidosa, y Felisa, humilde y sumisa; en "El hacha y el lazo", Próspero es trabajador, como su nombre lo sugiere, y Gil es haragán.

Tres de los relatos son excesivamente crueles: "El ojo de la cerradura", "No matarás" y "El alfiler", ya que en ellos la enseñanza se plantea a través de la lesión o la muerte de los personajes infantiles.

La descripción es un recurso utilizado en todos los cuentos y se caracteriza por el empleo de un lenguaje que pretende alcanzar la belleza a través de una adjetivación muy convencional:

> Más allá de los mares, en un reino lejano y muy hermoso, hubo una vez una princesita linda y amable, a quien por sus bellos ojos azules y su cutis de alabastro, dieron sus padres el nombre de Celeste. Su boca nacarada cuando se abría dejando ver dos hileras de blancos y pequeñísimos dientes, parecía un estuche de perlas; sus mejillas, dos rosas frescas; y su pelo blondo y sedoso, una cascada de oro.[7]

Para finalizar el comentario de *Luciérnagas,* haremos referencia a las opiniones vertidas por Aurora, la maestra, en "Orugas y mariposas" y por la madre en "El abanico". Dice la primera: "Así vosotras, ignorantes e inútiles, si os hacéis crisálidas de la ciencia, si aprovecháis sus enseñanzas, llegaréis a ser galanas mariposas en los jardines de la Sociedad, y luciréis las filigranas del talento, únicas que nos acompañan toda la vida."[8] La madre considera que el ridículo es "todo aquello que haga-

---

[7] "La jaula de oro", en *ibid.*, p. 50.
[8] *Loc. cit.*

mos en contraposición con nuestra edad, usos, costumbres; todo aquello que nos singularice, atrayéndonos la burla y crítica de los demás".[9] Nos encontramos entonces con una contradicción: por un lado el incentivo del conocimiento, aunque con una finalidad bastante superficial; por el otro, la mutilación de la originalidad. Sin embargo, esa contradicción se resuelve con la propuesta fundamental del libro: el sometimiento a las reglas que establece la sociedad.

La hija del bandido

La novela[10] se inicia con la presentación del Nevado de Colima, feudo del bandido Vicente Colombo, el día en que su hija, María, cumple quince años. Con el fin de poder reintegrarse a la sociedad para que su hija ya no viva en los subterráneos donde se esconden, el bandido hace prisionero al coronel Miranda, quien se le semeja mucho, para obligarlo a intercambiar papeles. A pesar de las amenazas, el coronel no acepta la suplantación; parece entonces que la vida de María se consumirá en las cuevas del Nevado, pero no ocurre así, pues en el manuscrito que le ha dejado su madre para que lo lea ese día, la entera de que es hija de un bandido y le ordena que busque a su abuelo Pablo Medina. Obedeciendo la orden materna, la joven pide a su padre que la lleve a conocer el pueblo de Zapotlán, lo que facilita la aparición del vizconde de Tuneranda, tan bandido como Vicente, quien la introducirá en sociedad y fungirá como su tío.

En Zapotlán, María entra en relación con diversos personajes: Cecilia y su madre, familia del coronel Miranda; Adolfo, novio de Cecilia; Rafael, enamorado de María. Cecilia es raptada para obligar a su padre al cambio de personalidad, pero la salva el "cazador del Nevado", que no es otro sino el abuelo de María. Rafael es raptado también para que no interfiera en la boda de María y el vizconde. En determinado momento, la joven tiene cinco adoradores: su padre, Rafael, el vizconde, el Zorro y Martín, un indio que se convertirá en instrumento para desenredar la madeja y solucionar diversos conflictos.

El vizconde es asesinado cuando huye después de descubrir-

[9] *Ibid.*, pp. 1-2.
[10] La edición que utilizamos para el análisis es la de la Imp. Román Ramírez.

se sus delitos. Rafael y el coronel Miranda son liberados por María y Martín. El Zorro traiciona a su capitán por el amor de María, y junto con él muere cuando los soldados atacan los subterráneos. Martín salva a la joven de la lujuria del Zorro, y tiempo después salva a Rafael en la Guerra de Independencia; para finalmente llevarlo a morir cerca de María, ahora monja capuchina, ya que no aceptó casarse con Rafael por el estigma de ser hija de un bandido.

La novela está integrada por seis libros precedidos por una introducción de la autora. Cada libro tiene un título propio y está dividido en capítulos que, a su vez, son particularizados con un nombre; esta denominación de los libros y sus respectivos capítulos sintetiza lo que va a fundamentarlos en el desarrollo de los acontecimientos. Así el Libro I, *Los bandidos de camino real,* está compuesto de seis capítulos: "La víspera de un cumpleaños", "El manuscrito", "Entre dos tumbas", "El vizconde de Tuneranda", "De ventana a ventana" y "En el pico del águila". El Libro II, *Amor y desgracias,* de cinco capítulos: "Rafael Ordóñez", "El día de Reyes", "A la luz de la luna", "Una fortuna que se viene y un amor que se va" y "Donde se prueba que buscando una trama, se puede dar con otra". El Libro III, *Los bandidos de salón,* de siete capítulos: "Un escribano de cuenta", "Una tarjeta inesperada", "Escenas nocturnas", "Retrocediendo", "Don Rafael cree que sueña", "Una escena de sangre" e "Hilos sueltos". El Libro IV, *La mano de Dios,* de cinco capítulos: "El cazador del Nevado", "¡Nunca falta un Judas!", "Lo que puede hacer una mujer enamorada", "La última copa del banquete" y "Celos y sombras". El Libro V, *En poder de la justicia,* de tres capítulos: "Descendiendo por la montaña", "¡A tiempo!" y "Un doble crimen". El Libro VI, *A la sombra de la religión,* de tres capítulos: "¡Primero es Dios!", "Entre el claustro y el mundo" y "Al ponerse el sol".

La segmentación descrita tiene el propósito de estimular la curiosidad lectora y asegurar la continuidad de la lectura. Por ello la narradora corta la relación de cada libro en momentos o situaciones que considera claves: la propuesta de Colombo al coronel Miranda, a quien tiene cautivo en el Nevado, cuando Colombo decide el rapto de Cecilia, y María desaparece misteriosamente en Sayula. Esta mecánica del suspenso, que a nosotros nos parece artificialmente manejada, pero que debió ser efectiva para los lectores de la época de acuerdo con las alabanzas que hacen los editores de la novela, nos permite afirmar que la obra que nos ocupa tiene una construcción folletinesca. A propósito de esta estructuración narrativa, Antonio Castro Leal, en el prólogo que hace a *La hija del judío* de Justo Sierra O'Reilly, considerada como lo más representativo del novelar folletinesco mexicano, afirma:

> el folletín crea una técnica especial de narración. La receta es bien conocida; se toma una joven desdichada y perseguida; se agrega un tirano sanguinario y brutal, un amigo sensible y virtuoso, y un confidente disimulado y pérfido. Se agitan estos personajes en diez folletines y se sirven calientes al público. El verdadero folletinista se reconoce en el corte. Cada folletín debe terminar a punto, despertando el deseo, la impaciencia de leer la continuación.[11]

Los rasgos de la explicación de Castro Leal, con ligeras variantes, dinamizan los hechos de *La hija del bandido:* María, virtuosa y desgraciada; el padre, Vicente Colombo, bandido siniestro; Juana, la nana, confidente solidaria; Patiño, traidor y perverso; y Cecilia, la amiga virtuosa. Estas variantes están sustentadas por un recurso que es fundamental en el folletín: el disfraz, y es que en este tipo de relación la apariencia es importante en el juego del enigma, el misterio y lo inesperado; lo que se ve a primera vista funciona como incógnita a despejar. De allí la importancia del disfraz. El disfraz permite al disfrazado formar parte de una situación que de otra manera le resultaría adversa; María, por ejemplo, se disfraza de sobrina del vizconde de Tuneranda para no ser reconocida como hija del bandido y poder realizar sus planes. El disfraz, en resumen, permite al personaje entrar en una situación sin chocar con ella.

La estructura de folletín va a quedar subrayada por el funcionamiento de los personajes, que en la novela operan dentro de dos extremos éticos: buenos y malos. Esto lo vemos muy gráficamente en los personajes masculinos. Los malos están singularizados por Vicente Colombo, padre de María y jefe de los bandidos:

> Hijo de un platero honrado, había recibido ejemplos de virtud y de probidad, unidos a una educación regular. Pero sus malos ins-

---

[11] Justo Sierra O'Reilly, *La hija del judío*, ed. y pról. Antonio Castro Leal, Porrúa, México, 1959, pp. IX-X.

tintos le dominaron desde muy niño y creciendo con su edad, le indujeron a abandonar la casa paterna para lanzarse en pos de una vida vagabunda y aventurera, que a poco tiempo le arrastró al bandalismo [sic] más desenfrenado [. . .]. Unióse a la cuadrilla de bandoleros que se albergaba por entonces en aquellos subterráneos desconocidos [. .]; y bien pronto muerto el Capitán de ella, le sucedió en el mando por aclamación unánime.

Los excesos de su depravación no tuvieron desde allí límites. Víctimas tras víctimas, ató al carro de su maldad: entre ellas, Paula [. . .] que al descender a la tumba, había dejado una hija, que era María.[12]

Los demás bandidos y amigos de Colombo funcionan como variantes de él. Así, *Andrés Patiño* es audaz, cruel, traidor: "es de los más temibles y astutos [dice Juana] que tiene tu padre en su cuadrilla". *El vizconde de Tuneranda* es ambicioso, de rostro antipático, cruel, avaro, falsificador, "un bandido de salón"; entre los emigrados españoles llegados a México en busca de fortuna llegó este "hombrecillo de mala calaña, a juzgar por su traje y modales". *Fortún,* criado del vizconde, es ambicioso, pícaro, mentiroso; como *Pancho,* el Jicote, es cínico, ladrón y asesino. Los personajes masculinos buenos son los honrados y tienen como paradigma al *coronel Pedro Miranda,* padre de Cecilia, abnegado, virtuoso, valiente, como lo precisan sus respuestas a Colombo: "—Os he dicho que no me arredra la muerte; ¡dádmela! El frío puñal del asesino herirá mi pecho sin hacerle temblar."[13] Con iguales cualidades positivas están fijados: *Pablo Medina* —abuelo de María y padre de Paula—, que "conservaba siempre esa expresión agradable que imprime la mano de la virtud"; *Rafael Ordóñez* —novio de María—, joven abogado de veinticinco años, sensible, tierno, enamorado y valeroso; y *Adolfo Diéguez,* novio de Cecilia, decidido capitán, amable, alegre y valiente.

Si en los personajes masculinos el funcionamiento oposicional se centra entre virtuosos (buenos) y perversos (malos), en el caso de los personajes femeninos todos pertenecen a los virtuosos, quienes directa o indirectamente se oponen a los masculinos perversos. La tipificación femenina está definida en *María,* hija de Colombo, exquisita, dulce, inocente "como la ilusión del amor o como el ensueño de un poeta". *Paula Medina*, madre

[12] Refugio Barragán de Toscano, *La hija del bandido...*, p. 10.
[13] *Ibid.*, p. 16.

de María, alegre, dulce, de veinte años: "en esa edad en que las ilusiones tienen para el corazón femenino doble valor, porque se despiertan bajo la influencia del espíritu reflexivo, y la llama del amor [. . .]. Todos decían que era hermosa".[14] *Cecilia Miranda*, novia de Adolfo e hija del coronel Miranda, tierna, trabajadora, abnegada como su madre Mercedes, "en cuya vida se revelaba tanta virtud como pobreza y dolor". Redondea esta galería de personajes femeninos *Juana*, la nana, ligada a Paula y a María por el afecto maternal y la lealtad.

El funcionamiento de los personajes es mecánico y maniqueo; desde los primeros intentos de tipificación son definidos sin interiorización psicológica, se les estatifica en la bondad o la perversión desde que se abre la novela hasta que se cierra. En esta esquematización de los personajes, el empleo del lenguaje de la narradora queda circunscrito a la precisión denotativa; emplea un giro o un conjunto de giros con sus respectivas variantes que se aplican a los personajes reiteradamente. Veamos el mecanismo: María presenta su perfección virginal a través de "una mano blanca y torneada como la de una Venus". A Cecilia la concretiza en una "nariz [. . .] de un corte tan perfecto, como las de las Madonas de Murillo"; y a continuación, durante las fiestas del día de Reyes, los asistentes a la plaza reiteraban: "María Granados parece una *Venus* [. . .]. Y Cecilia una *virgen*". Igual tratamiento tiene Andrés Patiño; el sanguinario, astuto y cruel enamorado de María sigue como tal hasta su muerte. No lo llega a salvar el amor porque es "fuego vil de una pasión reconcentrada". El personaje no logrará evolucionar en ningún momento porque la transformación implicaría un proceso que no puede darse en el encasillamiento a que están sujetos los caracteres.

El tratamiento que acabamos de presentar se proyecta en el simple manejo del espacio y el tiempo: los espacios oscuros, subterráneos, misteriosos, responden a la fijación de los personajes malos; así como los luminosos y abiertos, a la bondad y al amor de los virtuosos. La primera descripción del Nevado que aparece en la "Introducción" de la autora determina la funcionalidad espacial: "Esa azul montaña, dividida en dos altos picachos, el uno árido, consumido por la erupción de sus fuegos internos [. . .], el otro esbelto y elevado con su verdor eterno, sus pájaros, sus flores, [. . .]".[15] Se hacen extensísimas descripcio-

---

[14] *Ibid.*, p. 27.
[15] *Ibid.*, p. 1.

nes del paisaje que sirven de pretexto a la narradora para introducir sus reflexiones éticas, literarias o religiosas.

El tiempo está muy distante de darse como tiempo vivido, se maneja como complemento, referencia y punto de partida de las largas descripciones de la narradora. En este sentido desfila el ayer y el hoy de los espacios de los acontecimientos, sin llegar a la oposición esquemática de los personajes; cuando se dan precisiones cronológicas más bien asumen la condición de acotaciones, simples referencias, que en modo alguno determinan el desarrollo de los acontecimientos: "En la mañana del día 8 de Septiembre de 17. . . es decir, al día siguiente de los sucesos ya referidos". Las regresiones temporales se dan con la misma simpleza: "Nosotros vamos a verle 15 años antes de la fecha que nos ocupa"; "Retrocediendo como por encanto, a algunas noches". Un acierto que no llega a desarrollarse es el manejo del crepúsculo, que la narradora denomina "tiempo céntrico".

La autora se presenta como narradora de sucesos que le ha contado la tía Mariana, y a los que ella va a convertir en ficción: una ficción embellecida con su muy peculiar concepción de belleza poética. Se coloca como intermediaria entre los sucesos y el lector, en lo cual coincide con otros autores de la época, como Payno e Inclán; pero no coincide en la manera de llevar a cabo esa relación. Esta narradora, que obviamente es la autora misma, relata en tercera persona; sin embargo, constantemente se introduce en la obra para dirigirse a los lectores porque tiene la necesidad de aclarar, ordenar y opinar.

Esta persistencia en llevar de la mano, en decir y definir sin que se permita el descubrimiento por parte del lector, en aclarar obviedades y en opinar sobre todos los temas, responde perfectamente a la fallida construcción de la novela y a la falta de solidez de los personajes. Responde, además, a una idea esquemática e ingenua de lo que es una narración. Así se produce cierto humor involuntario cuando la autora critica a otros escritores y cae en los mismos errores criticados, aceptándolo, por lo demás, como algo ineludible:

> Nada me disgusta tanto, cuando leo una novela, como que el autor deje pendiente el hilo de los acontecimientos y me lleve a presenciar hechos retrasados, que vienen a entorpecer el pronto desenlace de aquéllos.
>
> Pero como dice el adagio: "Lo que no quieras ver, en tu casa lo has de tener". Perdónenme, pues, mis lectores si hoy me vengo

de esos disgustos, haciéndoles a mi vez desandar lo andado cuando juzgo estarán ansiosos del desenlace. ¡Paciencia, lectores míos, con la autora de este libro, quien no tiene más intención que agradaros, entreteniendo vuestras horas de ocio. Adelante [sic].[16]

También cuando señala la obviedad de lo expuesto en algunos pasajes y hace la defensa de su inclusión con la excusa de que así el lector no dirá que hay vacíos, por lo cual resulta una novela bastante larga:

> Voy a dar principio a este capítulo explicando a mis lectores por qué circunstancias se nos ha presentado Rafael en Guadalajara, casi al mismo tiempo que María y voy a explicarlo, no tanto por la falta que esto haga para la hilación de nuestros acontecimientos, sino porque no quiero que alguno de ellos, diga de mí, lo que yo he dicho de más de un autor, al tener en mis manos una preciosa producción suya: "Aquí hay un vacío que el autor, o no quiso, o se olvidó de llenar".[17]

En conclusión, la novelista-narradora es un hada con varita mágica, como la de sus cuentos infantiles, que le permite trastocarlo todo y le da poder sobre el relato; a pesar de tanto aparente respeto al lector, introduce caprichosamente lo que a ella la deleita, como se puede ver en los siguientes ejemplos: "Aprovechando pues, la virtud de esta varita, vamos a anticiparnos unas cuantas horas, entrando a la casa de María"; "el novelista cambia a menudo las decoraciones de su fantasía: nada más justo: tiene tantas, cuantos son sus caprichos. Yo [...] voy a correr una decoración que cubra la oscuridad de los crímenes".[18] Aunque durante el desarrollo de la novela la escritora trata de establecer cierta complicidad con el lector, no lo logra, ya que se dirige a él de la misma manera en que narradores y personajes de *Luciérnagas* se dirigen a los niños: el lector está ahí para recibir enseñanzas y amonestaciones; para deleitarse con las "bellas" descripciones de la naturaleza y con el enaltecimiento de Dios.

A lo largo de la novela se puede apreciar la admiración de doña Refugio por Lamartine; lo cual no es de extrañar pues

---

[16] *Ibid.*, pp. 107-108.
[17] *Ibid.*, pp. 158-159.
[18] *Ibid.*, pp. 286-287.

como señala Carilla: "si hay una literatura europea que tuvo difusión amplia en Hispanoamérica durante el siglo XIX, ésa fue la francesa".[19] Y de los autores franceses, el más traducido y el más leído fue Lamartine.

El profundo sentimentalismo de los textos en prosa del poeta francés repercute fuertemente en *La hija del bandido*, al grado que el enamorado de María tiene muchas características, entre ellas el nombre del protagonista, de *Rafael*.[20] De acuerdo con el gusto romántico por el sentimiento del paisaje, la autora recrea con múltiples descripciones el espacio en donde se mueven sus personajes, intentando alcanzar esa consonancia entre alma y naturaleza tan cara a Lamartine, quien dice:

> Quitad las costas escarpadas de Bretaña a *René*, los arenales del desierto a *Atala*, las nieblas de la Suavia a *Werther*, las olas empapadas del sol y las cálidas llanuras a *Pablo y Virginia* y no entenderéis ni a Chauteaubriand, ni a Goethe. Los lugares y las cosas están unidos por un lazo íntimo, porque la naturaleza es una en el corazón del hombre como en sus ojos.[21]

En relación con la imagen de la mujer, ésta responde al ideal femenino romántico: aparece aureolada de todas las gracias en cuanto a belleza física y con una belleza moral que se corresponde con la primavera.[22] Lo sentimental y lo afectivo prevalecen en los personajes femeninos (también en algunos de los masculinos) y los motiva a la acción para proteger a aquellos a quienes aman, a pesar de que sus características principales son la pasividad y el respeto a un orden masculino, en el cual cumplen el papel de seres hermosos, frágiles y, en esencia, marginados.

Es interesante relacionar *La hija del bandido* con las obras de otros escritores del siglo XIX, anteriores o coetáneos de Refugio Barragán, que coinciden con ella en cuanto al tema tratado, el bandidaje, o en la técnica utilizada para relatar: la novela de folletín. Únicamente en un caso salimos de este esquema para presentar un autor a quien sólo le une la fecha de publicación,

---

[19] Emilio Carilla, *El romanticismo en la América hispánica*, Gredos, Madrid, 1967, p. 62.
[20] Alfonso de Lamartine, "Rafael (páginas de los veinte años)", en *Graziella. Rafael*, est. prel. Daniel Moreno, Porrúa, México, 1974.
[21] *Ibid.*, p. 81.
[22] Guillermo Díaz Plaja, *Introducción al estudio del romanticismo español*, 4a. ed., Espasa-Calpe, Madrid, 1972, pp. 103-107.

Rabasa; las razones de su inclusión se verán más adelante. Haremos, pues, referencia a Justo Sierra O'Reilly, *La hija del judío* (1848-1849); Luis G. Inclán, *Astucia, el jefe de los Hermanos de la Hoja o los charros contrabandistas de la rama* (t. I, 1865, t. II, 1866);[23] Vicente Riva Palacio, *Martín Garatuza* (1868);[24] Emilio Rabasa, *La bola* (1887);[25] y Manuel Payno, *Los bandidos de Río Frío* (1888-1891).[26]

Como ya se había señalado, esta autora coincide con Payno e Inclán en el empleo del prólogo para indicar la fuente del relato y su intención al narrar, y también para precisar algunas cuestiones relacionadas con la obra y con la manera en que se la ha realizado. En lo que se refiere a la inserción de comentarios dentro de la novela, éstos aparecen en Sierra O'Reilly y en Payno; en Inclán, por el contrario, los comentarios son poco usuales porque la obra es básicamente dialogal, y si aparecen, están insertos como opinión de determinado personaje, no del narrador-autor. También Refugio Barragán los emplea y se caracterizan por su conservadurismo; veamos por ejemplo los siguientes:

> Zapotlán no era entonces lo que es hoy; la mayor parte de la población, estaba ocupada por los indios, cuyas casas, en lo general mal construidas, ocupaban una gran extensión, lo que hacía que fuera de la plaza, a una o dos cuadras de distancia, se viesen aquéllas separadas por grandes techos bardeados.
> La gente llamada de razón, era muy inferior en número a los indios.[27]

Notamos en esta cita el rechazo a los indios, el olvido del mestizaje que nos caracteriza; y, en la que sigue, su indiscutible celo religioso:

> ¿Por qué a veces la maldad encuentra tan amplios y llanos los caminos que se traza? ¡Dios lo sabe; y nadie más que Dios!
> Entra esto en sus altos juicios; pero entre sus juicios y nuestra

---

[23] Luis G. Inclán, *Astucia, el jefe de los Hermanos de la Hoja o los charros contrabandistas de la rama*, 3 ts., pról. Salvador Novo, Porrúa, México, 1946.
[24] Vicente Riva Palacio, *Martín Garatuza*, ed. y pról. Antonio Castro Leal, Porrúa, México, 1958.
[25] Emilio Rabasa, *La bola* y *La gran ciencia*, pról. Antonio Acevedo, Porrúa, México, 1985.
[26] Manuel Payno, *Los bandidos de Río Frío*, pról. Antonio Castro Leal, Porrúa, México, 1964.
[27] Refugio Barragán de Toscano, *La hija del bandido...*, pp. 85-86.

limitada inteligencia, no cabe la presunción de penetrarlos, ni aun siquiera de discutirlos.[28]

El maniqueísmo que caracteriza a los personajes de la escritora no aparece en los otros autores: si el Deán de *La hija del judío* actúa con franca maldad, sus acciones tendrán la base de una ambición desmedida que comparte con otros personajes; en ningún momento se planteará la idea de una maldad innata. Refiriéndose a Sierra O'Reilly dice Castro Leal: "La pintura de sus personajes, desdeñando lo superficial y esquemático, está hecha subrayando sus perfiles psicológicos que, al mismo tiempo que los individualizan, justifican mejor su actitud, sus intereses y la participación que tienen en el desarrollo de la historia."[29] También en *Los bandidos de Río Frío* los personajes están mejor construidos: si acaso hay uno totalmente malo es Evaristo, y a pesar de ello no aparece esquematizado; muchos de sus actos son explicables, como el asesinar a su mujer, a la que no quiere, en un completo estado de embriaguez. Ahora bien, la similitud entre esta autora y Payno se produce al plantear en algunos de sus personajes un fondo esencialmente bueno por el grupo social de donde provienen; tal es el caso del hijo de Juan Robreño y de la condesa, quien a pesar de tantas vicisitudes nunca ejecuta un acto malo. En *Astucia*, los personajes más importantes son contrabandistas extremadamente caballerosos. En esta obra son más bien los perseguidores quienes aparecen marcados por rasgos negativos que se reflejan hasta en sus nombres: uno de ellos el Buldog.

Aunque al igual que Refugio Barragán, los autores antes mencionados responden a ciertas convenciones en la creación de sus personajes femeninos, por ejemplo en su descripción, crean, sin embargo, personajes de bastante relieve: Cecilia, la frutera, de Payno; María, de Justo Sierra, quien se da inmediata cuenta de que procede de una familia marcada, a diferencia de la María de *La hija del bandido*, a la cual se lo deben decir.

Un escritor que tiende al esquematismo y tiene poca habilidad narrativa es Riva Palacio, quien también ubica algunas de sus obras en la época colonial. A este escritor se encuentra más cercana Refugio Barragán, con quien coincide, además, en la inclusión forzada del tema de la Independencia para poder atar algunos cabos de la obra; por ejemplo, Riva Palacio empieza con

---

[28] *Ibid.*, p. 142.
[29] Sierra O'Reilly, *op. cit.*, p. XII.

ese tema *Martín Garatuza,* luego lo olvida perdido en la trama de conflictos amorosos y venganzas, y lo retoma al final de la obra, con bastante superficialidad, para explicar la salida de un personaje fuera de Nueva España. La autora menciona este tema varias veces a lo largo del texto, porque le servirá para explicar el final de Rafael y de Martín. En realidad parece que en ninguna de estas novelas hay una verdadera preocupación por desarrollarlo y sin embargo parece obligado incluirlo. También Inclán habla de ello, pero sólo para señalar que el padre de Astucia participó en esa guerra y en ella invirtió sus bienes.

Finalmente, se debe nombrar a Emilio Rabasa, un autor que publicó su novela, *La bola,* el mismo año en que apareció *La hija del bandido.* La referencia es necesaria por el gran contraste entre ambas obras. Rabasa trabaja la novela corta, precisa, elude la descripción farragosa y sus personajes están construidos con un mínimo de recursos, pero con una extraordinaria habilidad en la selección de rasgos. Abandona también el comentario moralizador; como dice Carballo: "En vez de predicar abstractamente como lo hicieron sus contemporáneos, se proyectó en sus personajes, a quienes hace cómplices de sus ideas."[30] Rabasa es el representante de la novela realista, su realismo desciende del francés y del español, en particular de Galdós. Pero si hay algo que lo distingue de los otros autores, y en particular de Refugio Barragán, es la utilización del humor. La ironía, la sátira, le sirven "para burlarse de las estrecheces ideológicas de los partidos políticos antagónicos: el liberal y el conservador";[31] para burlarse también del tipo de novelas que se habían estado escribiendo y de la conversión de ciertos sucesos históricos, como la Independencia, en tema socorrido de oradores chabacanos.[32]

En tanto que Rabasa se encuentra haciendo un nuevo tipo de novela, planteándose y viendo la problemática del país con nuevos ojos, Refugio Barragán vuelve a temas y a tratamientos de los mismos, propios de veinte o cuarenta años antes; sin alcanzar, por otra parte, la calidad de algunos de los escritores que la antecedieron. Rabasa ya está en el realismo; doña Refugio todavía adora a Lamartine y así lo dice: "Todo esto tiene su poesía, su belleza particular, como dijera Lamartine, el poeta francés."

---

[30] Emmanuel Carballo, "Prólogo", en Emilio Rabasa, *La guerra de tres años,* Libro Mex, México, 1955, p. 10.
[31] *Ibid.,* p. 11.
[32] Cf. Emilio Rabasa, *La bola,* pp. 23-24, 32-33.

Refugio Barragán de Toscano

LA HIJA DEL BANDIDO O LOS SUBTERRÁNEOS DEL NEVADO*

Introducción

Al Poniente de Ciudad Guzmán (antiguamente Zapotlán), eleva su gallarda cumbre una bellísima montaña, conocida con el nombre de «Nevado de Colima», por hallarse dentro de los límites del estado de su nombre y colocada allí por la mano de Dios para acabarle de hermosear, haciendo aparecer su cúspide a la altura de 3 600 varas sobre el nivel del mar y rodeada en su falda de una vegetación rica y exhuberante, como lo demuestran esos grandes bosques de palmeras y tanta multitud de árboles y plantas que hacen de Colima un pedazo de aquel paraíso encantado, que arruyó la inocencia de nuestros primeros padres.

Esa azul montaña, dividida en dos altos picachos, el uno árido, consumido por la erupción de sus fuegos internos, ostentando su pavorosa melena de humo y fuego, bajo la cual se desgajan rocas calcinadas, lavas ardientes que vienen, por decirlo así, formando una muralla en torno del coloso que, con sus constantes erupciones, amenaza devorarlo todo y reducir a cenizas al atrevido que se le acerque; el otro esbelto y elevado con su verdor eterno, sus pájaros, sus flores, sus aromas, sus vertientes de agua cristalina, remedando cintas azuladas, espejos claros, cuyo tenue rumor atrae a las palomas que gustan de mirarse en ellas y mojar sus plumas durante el calor; su cráter coronado de blanca nieve, remedando, a los rayos del sol, la toca de una virgen, o a la luz de la luna, el pálido sudario de un muerto; esa azul montaña, repito, ha tenido siempre para mi alma, un encanto desconocido, sublime y grandioso que atrae y conmueve sus más secretas fibras.

---

* Introducción, capítulo 2 del libro 3 y capítulo 3 del libro 6 de *La hija del bandido o los subterráneos del Nevado*, 3a. ed., Imp. Román Ramírez, Cd. Guzmán (Jalisco), 1918.

Por espacio de largos años, cuando la juventud me sonreía y las ilusiones rebullían en mi cerebro como bandadas de alegres mariposas, la han contemplado mis ojos con alegría, con admiración, con entusiasmo. Y en esas horas de arrobamiento, ha vibrado mi lira bajo la opresión del sentimiento y he cantado su belleza agreste y poética.

Hoy la miro aún con la misma alegría; pero no con la misma idealidad que entonces.

Ella, es cierto no ha cambiado de verdor ni de forma; su belleza es la misma, pero mi corazón..... ¡cuánto ha cambiado!

A su vista, mil recuerdos tristes se agolpan a mi memoria, mil fantasmas errantes asaltan mi imaginación y mis ojos creen mirar las terribles escenas que se agitaron en su seno durante más de 40 años y que hacen de ella, la montaña temible de las tradiciones, el testigo inquebrantable del bandalismo, que enseñoreado allí, formó una época de recuerdos desagradables y terribles.

Porque esa montaña, huequeada en la mitad de su base por intrincados subterráneos, desconocidos hasta hoy en su mayor parte, fué guarida de bandidos; abrigo de pasiones bastardas y depósito impenetrable de tesoros incalculables; tesoros buscados hasta en épocas muy recientes, como lo atestiguan algunas fechas grabadas en la corteza de algunos árboles, por la mano de esos expedicionarios, a muchos de los cuales conozco y que a fuerza de lucha y de trabajo constante, aunque infructuoso, pueden proporcionarnos datos verídicos sobre la construcción de esos subterráneos.

En ella se enseñorearon los bandidos por largo tiempo, bajo el mando de diversos capitanes, célebres por su rapiña, fcrocidad y valor.

Uno de ellos y quizá de los más célebres por sus crímenes, fué sin duda Vicente Colombo, del que me ocuparé en el presente libro, sin hacer más que trasladar al papel, aunque ligeramente ataviada con el lenguaje de la ficción y de la novela, la relación que de sus hechos me hizo una tarde la tía Mariana.

La tía Mariana era una viejecita simpática, divertida y que solía contarme mil cosas que yo escuchaba siempre con gusto.

Era una de esas mujeres que todo lo inquieren, lo profundizan, lo cuentan y lo abultan con frases exageradas y agradables al mismo tiempo.

Cuando refería algún acontecimiento, revelaba en su acento, en sus palabras y hasta en sus ademanes, tal animación, que parecía que sus escenas se desarrollaban realmente a los ojos del que la escuchaba.

En una palabra; la tía Mariana interesaba la imaginación sin cansarla; divertía y amenizaba la monotonía de las horas, con tal que se la pudiese escuchar.

Básteme esto, para que se me perdone que bajo la impresión de sus palabras, haya trazado mi mano los cuadros que forma la presente novela; cuyo argumento se adapta a las tradiciones vulgares o no, que se cuentan de esa montaña deliciosa, que la tía Mariana supo presentar a mis ojos como morada de vivientes y envuelta en el misterio del crímen; de esa montaña donde se cree existen inmensos tesoros y donde no puede negarse, se encuentran grandes y extensas cuevas subterráneas labradas a pico por la mano del hombre.

Termino esta introducción suplicando a mis lectores, me juzguen como simple novelista y no como narradora de hechos verídicos.

Lo que escribo no es más que una novela desarrollada, como dije antes, al influjo de tradiciones puramente vulgares que si tienen un origen verdadero, solo las habré pasado al papel, embellecidas con el lenguaje de la ficción y de la poesía.

La Autora

Capítulo II

Una tarjeta inesperada

¡Ocho veces se había puesto el sol tras los altos vericuetos de los montes, en medio de una corte nubífera de plateados perfiles y nacarados arabescos!

¡Ocho veces la aurora había traspuesto los umbrales de la noche para teñir en grana los obscuros horizontes, despertar a los pajarillos y entonar con sus deleitables armonías el primer himno a la majestad de Dios, artífice supremo de todas sus bellezas!

¡Ocho veces se había inaugurado esa fiesta cotidiana de la naturaleza, que comienza con la salida del alba y concluye con la puesta del sol para renovarse a las pocas horas, con la misma magnificencia, el mismo aparato regio y la misma armonía!

Ocho días habían transcurrido desde que el Vizconde y Colombo se habían puesto de acuerdo para llevar a efecto las pretensiones del primero acerca de María.

Corto tiempo en verdad; pero bien aprovechado por el Vizconde, quien a decir lo cierto, no carecía de talento en las intrigas, siempre que pudiesen valerle una regular propina.

Asegurado ya, como lo estaba, de que María sería su esposa, para lo que contaba, después de la voluntad de Colombo, con su riqueza y nombre, dió vuelo a su principal idea, cual era hacerse dueño de la fortuna del intestado Laurencio.

El Intendente, los Oidores y demás personas que debían conocer en el asunto, estaban ya impuestas de aquel documento que, atestiguaba en favor de María, la última disposición de su supuesto padre Laurencio Granados. Disposición hecha con sus formalidades y requisitorias, por el escribano D. Remigio Flores.

La astucia de éste, unida a la del noble que la pagaba, allanó dificultades que parecían imposibles y ya sólo esperaba el último la resolución de los tribunales de Cádiz, para entrar en posesión de aquella codiciada herencia.

A la fecha que nos ocupa, una sola cosa restábale por allanar y era su enlace con la hermosa hija de Colombo.

Temía ¡y con razón! que si María descubría, antes de ser su esposa, la parte que él la hacía tomar en aquella horrible trama, en aquel despojo arbitrario del heredero legítimo que era Adolfo, lo declarase falsario y estafador, echando por tierra sus ambiciosos planes, e importaba pues, asegurarla por un enlace, que, dándole dominio sobre ella, la obligase a callar y a secundar sus miras siquiera por una obediencia pasiva.

A más de este poderoso motivo, tenía otro; las maravillosas riquezas de que Colombo le hablara en su última entrevista; desde la cual, fluctuaba con más avidez en una atmósfera metalizada.

Montones de oro se presentaban sin cesar a sus ojos: dormido o despierto, le parecía ver aquellos profundos subterráneos, que no conocía, pero en su imaginación deslumbrada, le parecían morada regia de poderosos genios por su riqueza fabulosa.

¡Cuán cierto es que el ambicioso y el avaro nunca se satisfacen! Su sed es voraginosa; es como la sed del febricitante; mientras más agua toma, menos la sacia, más le abrasa las entrañas, más le atosiga!

¡Oro y más oro: hé ahí su dios! y por ese oro, cometen los crímenes más espantosos; por ese oro, ahogan en su alma los sentimientos más nobles; por ese oro, sacrifican hasta los seres más queridos y rompen los vínculos más sagrados.

El Vizconde tenía además otra ambición, la de los honores: le parecía que el dinero, sin salir a la palestra de esa gran comedia, en que la envidia muerde y la adulación besa; en que los espíritus verdaderamente elevados se ennoblecen y los ruines y rastreros se dejan ver en toda su miseria, le parecía, repito, arena sin brillo y sin sonido.

Por eso al propio tiempo que amontonaba oro en sus arcas, movía resortes poderosos para elevarse; gastando enormes sumas, de que pensaba reembolsarse cuando estuviese en el poder.

Hemos oído de su boca, que aspiraba al virreynato de México; y lo que es más, tenía probabilidades de conseguirlo. Estaba pues, en camino de realizar todos sus sueños; pero necesitaba antes unirse a María, mujer, que según sus cálculos, le era necesarísima. ¡Ya sabemos por qué!

Esta circunstancia le precisó a tomar la resolución de ponerse al frente de María, para lo que determinó ponerse en camino para Zapotlán, acompañado de Fortún, su ayuda de cámara.

Trataba de deslumbrar a la joven con el fausto y el lujo y a este fin, dispuso que su equipaje fuese arreglado exquisitamente.

El día a que hacemos alusión en este capítulo, era el de la víspera de su proyectado viaje.

Todo estaba arreglado; y el Vizconde más alegre que nunca, se enorgullecía con su talento, de que estaba muy satisfecho.

En el momento que vamos a ponernos frente a él, parecía haber rejuvenecido diez años; no porque desapareciesen las huellas que sientan los años al pasar por el rostro del hombre, sino por el afán de su imaginación en dar vueltas por todas las peripecias que pudiesen tener en sus tramas.

Soñaba, diremos, en su viaje, en su primera entrevista con María, aquella joven rara, que el destino había interpuesto en su camino; creía verla, tímida primero, después asombrada y más tarde rendida, aceptar su nombre y su amor con loca vanidad.

En este filamento de ilusiones, con que halagaba su vanidad de noble y de hombre astuto y elegante, como él se creía, se le presentó Fortún llevando en una dorada palmatoria una tarjeta.

El Vizconde la tomó y antes de romper el sobre quiso reconocer la forma, que dicho sea, era de mujer; pero no recordando haberla visto otra vez, rompió la cubierta y quedó como fascinado. La tarjeta decía así:

"María Granados, se ofrece hoy a las órdenes del señor Vizconde de Tuneranda, calle de San Francisco, núm. 27, piso segundo."

Júzguese cuál sería la agradable sorpresa del Vizconde al recibo de aquella tarjeta inesperada que le ahorraba el viaje, dinero y distancia.

No cabía duda, este hombre estaba cobijado por la buena suerte y debido a esto, sus criminales proyectos iban, como vulgarmente se dice, a pedir de boca.

¿Por qué a veces la maldad encuentra tan amplios y llanos los caminos que se traza? ¡Dios lo sabe; y nadie más que Dios!

Entra esto en sus altos juicios; pero entre sus juicios y nuestra limitada inteligencia, no cabe la presunción de penetrarlos, ni aun siquiera de discutirlos.

Nosotros vemos todos los días la felicidad con que los malvados llevan a feliz término crímenes, nefandos crímenes cuya sola narración nos causa horror: el asesino cae sobre su víctima, como el gavilán sobre el polluelo y le arranca la vida sin que un obstáculo se interponga; el seductor roba la honra de la doncella, pisoteando familias y escarneciendo los derechos sociales y va después a divulgarlo en los cafés, a laurearse con lo que él llama sus triunfos y conquistas de Tenorio; y todo esto lo hace sin que una mano honrada selle su boca con un bofetón, único elogio que se merece quien así se gloria de haber llevado la deshonra y las lágrimas al seno de una honrada familia; el ladrón y el fraudulento dan sima a su crímen y van a saborear su fruto con escandalosas orgías: el dignatario sin conciencia, en cuyas manos quizá se halla el destino de un pueblo encuentra siempre camino disculpable y fácil para violar las leyes a su favor y satisfacer sus ambiciosas miras. Todas las maldades se llevan las más veces, a feliz término, quedando después los comentarios tristes levantados sobre la dura realidad.

Que la maldad se allane los caminos, secreto es de la Suprema Sabiduría, no porque Ella la autorice, pues que siendo la bondad suma, no puede autorizar lo malo. Quizá permite que el criminal sacie todos sus deseos para castigo de unos; arrepentimiento de ótros; y horror de los demás, por lo que no es otra cosa que amargo fruto de la prevaricación del hombre. Y no pocas veces, tras el colmo de la maldad, el corazón del malvado se siente hastiado, se horroriza de sí mismo; llora y se arrepiente.

Volvamos al Vizconde.

Cuando hubo leído la tarjeta y se repuso un poco de la sorpresa que le causara ya más sereno, o mejor dicho en posesión de su estado normal, dijo hablando consigo mismo:

—Iré en este momento a conocer a mi futura... sí porque estoy seguro, segurísimo de que será mi esposa. ¿Qué mujer no tiene vanidad, qué mujer no desea brillar en el gran mundo?

Acto continuo su mano oprimió el botón de un timbre y Fortún apareció pocos momentos después.

—Su señoría... murmuró.

—¡El carruaje a la puerta! dijo el Vizconde con entonación de mando.

El criado desapareció y nuestro noble restregándose las manos, cosa en él muy frecuente, se dijo, como hombre experimentado:

—¡Cuanto más temprano la vea, más complacida ha de quedar; así son las mujeres, les gusta que los hombres no dén al tiempo demora, sino que tratándose de ellas, sean listos!

Media hora después el carruaje, rodando sobre los empedrados tomaba por la calle de San Francisco, deteniéndose a pocas vueltas delante de la casa mencionada en la tarjeta. Casa que Colombo había hecho tomar para María, tan luego como esta determinó visitar la capital.

Los caballos piafaron, se abrió la portañuela y el Vizconde con toda la elegancia de su clase puso el pié en el estribo y ya abajo, comenzó a subir las escaleras.

Al toque del timbre colocado en el cancel para anunciar a los visitantes, apareció Rosa, quien le condujo a un precioso saloncito, sencillamente arreglado.

Sentóse el Vizconde, en tanto que Rosa desaparecía tras una mámpara que comunicaba con las habitaciones interiores y esperó tranquilo.

Su corazón, si hemos de ser sinceros, no sentía más que algo de curiosidad por la hija de Colombo, a quien había prestado su nombre y a quien había hecho su instrumento, sin que ella lo sospechase.

Pero si su corazón estaba indiferente, su cabeza era otra cosa, giraba alrededor de un interés particular, que dependía en cierto modo de la joven; por lo que ansiaba verla aparecer.

Sin embargo, pasó largo rato sin que María diera señales de vida en aquella casa; tal era el silencio que reinaba.

La impaciencia del Vizconde iba en aumento y ya se creía

burlado por alguna meretriz, cuando el roce de un vestido le hizo ponerse en espera.

La mámpara por donde Rosa desapareciera, se abrió y María, saludándole cortesmente, fué a ocupar un sitial.

El Vizconde quedó deslumbrado ante una hermosura tan acabada; que superaba a todos los elogios que de ella le habían hecho.

Aquel primer golpe de vista no pasó desapercibido para María y sonrió con satisfacción.

Todo el arte que puede poner en práctica una mujer para aparecer bella, había sido puesto en juego por ella, en aquella mañana.

Sabemos cuáles eran sus fines y con esto queda explicado el por qué de su coquetería.

Y sin embargo, en su tocado había una estudiada sencillez que hacía resaltar sus gracias naturales.

Un vestido de punto de seda sobre una falda rosa y adornado con flores blancas de listón de raso, caía vaporoso hasta el borde del pié, como una de esas nubes que contemplamos a la caída del sol: una gargantilla de rubíes rodeaba su cuello, cubriendo el escote del vestido y sus negras trenzas peinadas hacia arriba, llevaban enlazado con suma gracia un hilo de perlas.

—Señor Vizconde, murmuró la joven después de los cumplidos de costumbre, circunstancias de familia que vd. conoce y yo deploro, me han obligado a aceptar su nombre como una garantía ante la sociedad y la gratitud y el deber me han impulsado a poner en su conocimiento mi llegada a la capital, donde mi permanencia será corta.

—¿Y por qué ha de ser corta? No seré yo por cierto quien tal cosa permita, dijo el Vizconde con zalamería; una belleza como la de vd. no debe marchitarse entre los cerros ni en la apatía de los pueblos.

—¡Señor Vizconde, es vd. muy galante y... permítame decirlo, un poco hiperbólico! exclamó María con fingida coquetería.

—No tal, perdone vd. Me habían hecho elogios de su hermosura y talento; pero veo que esos elogios estaban muy distantes de la realidad; quiero decir, que eran muy obscuros junto al modelo que los inspiraba.

—De manera que ¿no se arrepiente vd. según eso, de tenerme por sobrina, señor Vizconde?

—¡Ah! no, nunca y hoy que conozco y trato a vd. me siento orgulloso de ello y desearía aceptar a mi nombre como una legítima propiedad; dijo el Vizconde abarcando a la joven con una mirada ardiente, que pareció sorprenderla.

María se mostró aturdida con aquel golpe verdaderamente teatral. Así es que con un gesto encantador en que se traslucían la sorpresa y la duda al mismo tiempo, balbuceó:

—Pero ¿qué quiere decir todo eso? Hace un cuarto de hora que me conoce... y... no sé... explíquese vd.

—La explicación es muy sencilla; a fuerza de oír ponderar sus gracias, llegué a amarla y le rendí un culto silencioso de que yo solo me daba cuenta; hoy que la veo y estoy a su lado por primera vez, siento que ese culto raya en adoración. A mi edad, no se prueba el amor con aglomeración de frases más o menos dulces y aduladoras, sino con hechos; ni tampoco se pierde el tiempo en dar vueltas en un balcón, haciéndose el medroso y apocado, antes de expresar un sentimiento que es natural y que despierta en el corazón y habla allí muy alto antes de quemar los labios.

—Agradezco a vd. esa deferencia, ese amor; pero me permito suplicarle no tratemos más de ese asunto. Quiero que vd. sea para mí un protector... mi tío... y nada más. Y esto lo admito porque sé que es vd. un íntimo amigo de mi padre, dijo María recalcando cuanto pudo las últimas palabras.

—Sí... algo... tartamudeó el Vizconde todo desconcertado; aunque yo no estoy de acuerdo con el método de vida que lleva su padre de vd. a quien...

—No toquemos a mi padre, dijo María con viveza, le empuja una fatalidad por la pendiente del mal, ¿no es eso lo que vd. iba a decir?

—¡Justamente! Sin embargo, añadió, nosotros dos podríamos salvarlo, redimirlo... es decir vd. y yo...

—¡Redimirlo! ¿pero de qué manera? preguntó la joven con curiosidad.

—Por medio de un enlace, que me haga no el esposo, sino el esclavo de María Colombo. Y no crea vd. que este enlace, es obra meditada de un momento, bajo la impresión de sus poderosos atractivos, no; la estoy acariciando hace algunos días, como necesaria a la paz de un amigo y a mi felicidad propia. Además, este enlace trae de antemano la aprobación de Colombo.

—Pero no alcanzo a comprender qué ventajas podrían resultar a mi padre... objetó María.

—Me parece vd. mujer discreta y voy a revelarle lo que aun es un secreto: dentro de tres meses a lo sumo, seré virrey de México; si acepta vd. mi mano, será virreina; y Colombo podrá vivir tranquilo a nuestra sombra; abandonará esa vida que solo peligros le trae y cuando se vea feliz, bendecirá a su hija que le ha devuelto la paz del alma.

María se llevó las manos a la frente como si soñara; para salvar a su padre del crimen, el Vizconde le ponía una condición, la obligaba a ser su esposa, ¿cuáles eran las miras de aquel hombre? Sin embargo, reponiéndose un poco de la sorpresa que acababa de experimentar, le dijo:

—Confianza por confianza, señor: si vd. para salvar a mi padre me impone la condición de un enlace, yo para aceptarlo, le exijo la libertad de un hombre y de una joven que tiene mi padre en su poder.

El Vizconde fijó en María sus pequeños ojillos, rugó el entrecejo y no pudo menos que manifestar la sorpresa que aquellas palabras le causaban. Jamás se había imaginado que aquella joven arrullada por las brisas de la montaña, fuese capaz de tanta energía, como la que acababa de revelarle en sus últimas palabras.

Ella sin darse por entendida, de la mutación del Vizconde, continuó con inalterable calma:

—Le tengo que advertir a vd. que mi padre no debe saber nunca que yo he revelado ese secreto; y como grandes crímenes, deben tener afianzada la amistad de los dos; por eso no he vacilado en imponer una condición, que el señor Vizconde se guardará muy bien de publicar.

El Vizconde estaba anonadado ante aquella mujer, que entonces le parecía más digna de la corona de México. Empero, reponiéndose un poco, la contestó:

—Me juzga vd. ligeramente: entre su padre y yo, es cierto, media una amistad antigua; pero ningunos crímenes nos unen. Ese secuestro de que me habla vd. me es absolutamente desconocido; pero en fin, interpondré la influencia de la amistad para conseguir la libertad de las víctimas. ¿Cuál es el nombre de ellas?

—Ese es un secreto; si lo dijese, podría fracasar mi tentativa. Puede vd. decir a mi padre: "Sé que hay en tu poder dos prisioneros; un hombre y su hija. Mi matrimonio con tu hija ha de solemnizarse con la libertad de esos seres desgraciados. No extrañes esta condición; soy algo superticioso y como me era conocido este crimen tuyo, he tenido presentimientos tristes para tu hija y para ti, si no les devuelves la libertad." Ponga vd. en juego todo su talento para conseguir la libertad de esos dos seres.

Mi padre es algo superticioso tratándose de mí y creo que accederá; de lo contrario apelaremos a la franqueza y... quizá al ruego para conseguirlo; pero de todos modos lo haré, apoyada en el prestigio de vd.

—Se hará como lo desea vd., María, aunque algún trabajo ha de costarme ¡pero no importa el precio con tal de alcanzar la recompensa!

—¡Que juro, añadió María, será mi mano!

Esta corta escena, puso frente a frente dos almas, distintas bajo todos conceptos en su modo de ser, que se buscaban: la una para sacrificarse en las aras del bien; la otra, para saciar su ambición en la obscuridad del crimen.

Pero sin embargo, y por lo que hace al Vizconde diremos: que a pesar de todo, al salir de la casa de María, llevaba la certidumbre de estar enamorado.

Al poner los piés en la calle, el Vizconde que llevaba el corazón lleno con la imágen de María, vió que un joven elegante cruzaba la calle é iba a situarse en la acera de enfrente, con dirección a los balcones de la casa de aquella; mientras otro hombre de calzoncillo blanco, ocupaba su puesto en la esquina, como en acecho de todo lo que pasara en aquel momento.

Los celos son tan violentos como el rayo para dejarse sentir en el corazón humano; chispa pequeña, que inflamada produce incendios terribles y destruye nada menos que la felicidad de toda la vida. Su fuego lento ó voraginoso, consume en un instante todas las ilusiones, las dulces esperanzas y los sueños puros que se basaban en una santa confianza.

Los celos son el acíbar que derrama Satán en la copa del amor y por eso rara vez faltan en ella: el gusano que roe el tallo de las flores más hermosas, convirtiendo su lozanía y fragancia en basura hedionda que causa la muerte del corazón en que brotaron y para decirlo todo, son la muerte talando los campos de la vida del amor.

El Vizconde sintió clavarse en su alma el aguijón de los celos, tan luego como vió al joven parado frente a los balcones de María y se propuso descubrir, e indagar quien fuese para quitarlo de en medio.

El joven, por su parte, dirigió una mirada de soberano desprecio al noble, mientras el hombre de la esquina, riendo con burla, murmuró por lo bajo:

—¡Yo me vengaré de ella y de ese par de *zopencos*!

Estos otros dos hombres, igualmente celosos y quizá más enamorados que el Vizconde, eran Rafael y Patiño.

Veamos ahora por qué circunstancia se hallaban ambos en la capital, o mejor dicho Patiño, pues de Rafael nos ocuparemos en otro capítulo.

Cuando Colombo se separó del Vizconde, en aquella entrevista que decidió de la suerte de María, lo hizo acariciando un pensamiento, una idea de esas que sólo brotan y se fecundan en el cerebro de los malvados.

El matrimonio de su hija con el Vizconde debía efectuarse a toda costa, porque en él veía basada no solo la grandeza de la joven, sino también su felicidad.

Un obstáculo sin embargo, se presentaba a sus ojos y aquel obstáculo era terrible, pues podía en un solo momento echar por tierra todos sus planes: este era el amor de su hija por Rafael.

Preciso era que Rafael desapareciera de en medio, pero por una rareza de Colombo, no pensaba en matarle, quería un suplicio más prolongado para el hombre que se había atrevido a poner los ojos en María.

Deseaba que presenciara su enlace, aunque fuera con la imaginación y más que su enlace, su elevación a la dignidad de virreina.

Quería verlo como al Coronel Miranda, soñando una libertad imposible; libertad que él le devolvería a su antojo, porque tampoco le quitaría la vida.

En estos y otros pensamientos entró a una casa de mala apariencia, de donde salió al anochecer, rumbo a Zapotlán, aunque no por el camino carretero.

Cuando llegó al Volcán y se halló en aquellos extensos subterráneos que tantas riquezas atesoraban, llamó a Patiño, —a quien ya conocemos; pero de quien Colombo se fiaba, muy ajeno de que la pasión que este sentía por su hija, le hacía ya su enemigo.

Le dió órdenes terminantes que a su tiempo sabremos; órdenes que Patiño recibió sonriendo de un modo terrible.

Pocos días después, un hombre de a pié con una gran canasta a la espalda y un cayado en la mano, se detenía en la garita de Mexicaltzingo. Era Andrés Patiño.

Capítulo III

Al ponerse el sol

Han pasado algunos años desde los últimos acontecimientos que hemos narrado, desde que María tomó el velo de esposa de Jesucristo en el convento de Capuchinas, adoptando una vida de oración y de pobreza.

En el paréntesis de este tiempo, que no es muy corto, quizá encontremos la última pincelada para nuestro libro, el último brochazo del cuadro que he venido delineando, aunque con colores bastante pálidos.

Acababa el sol de ponerse, dejando tras sí esa luz vaga y melancólica que dibuja sombras en los contornos quebrados de los montes, que llena de rumores las llanuras, y que huyendo a paso precipitado, descorre, sin embargo, muy reposadamente, el velo que cubre la rica diadema de la noche, incrustada de esos mil brillantes que giran regados en el espacio y que marcan cintilantes la huella prodigiosa del dedo de Dios en el libro de la inmensidad.

A través de esa luz nacarada, última mirada del día, último beso del sol a la tierra, podía verse el austero convento de Capuchinas envuelto en una mística poesía.

Sus altos muros arqueados y silenciosos, tenían en esos momentos un aspecto severo e imponente a los ojos; pero dulce y conmovedor al alma. Y era que tras ellos se alzaba constantemente el himno grandioso de la oración brotado a torrentes de labios puros y virginales; era que tras ellos brotaban flores de virtud mecidas y arrulladas al son de armonías, solo inspiradas y sentidas en la paz del Amor Divino, en el silencio de las celdas.

Frente al edificio mencionado, a la hora que venimos describiendo, podía verse también una ventana abierta, perteneciente a una casa pequeña; pero aseada y graciosa.

En el interior de la sala y casi al frente de dicha ventana, había un enfermo cuyas manos enflaquecidas se perdían entre los dobleces de la colcha que le cubría. Sus ojos debilitados por la fiebre, se hallaban fijos en la negruzca tapia del monasterio, como atraídos por una fuerza irresistible y magnética. Suspiraba a menudo y en su semblante se adivinaban las huellas de la muerte marcando ya su paso con obscuras sombras.

A pesar de que la vida parecía escaparse de aquel cuerpo ya destruido por agudos dolores, el enfermo luchaba con una fuerza de ánimo superior por retener aquella vida que se le escapaba, como se escapa la esencia del vaso en que se la guarda.

En el ángulo de la sala que quedaba tras la piesera de la cama del enfermo, dos mujeres arrodilladas oraban en silencio.

Una tristeza profunda se dibujaba en el semblante de ambas mujeres, quienes no apartaban los ojos del enfermo. Estas mujeres eran Juana la compañera de María y Francisca la buena pariente del tío Pablo y el enfermo a quien ellas cuidaran con amorosa solicitud, no era otro que Rafael.

La casa a que hacemos referencia, había sido comprada por María antes de encerrarse en el claustro, para que sirviera de morada a las dos buenas mujeres, que con esto recibieron un gran consuelo, pues gozarían en respirar el aire que tan presto jugase en las negruzcas almenas del convento, como en las bajas paredes de su casa.

Efectivamente, desde allí escuchaban con recogimiento, día a día, el concierto de vírgenes voces que se confundían y rasgaban los aires entre las místicas armonías del órgano y entre las que creían distinguir siempre un eco más dulce, sentido y tierno... ¡el eco querido de la voz de María!

Una felicidad relativa alentaba su corazón cuando consideraban, y esto era todos los días, que entre ellas y María, no mediaban más que la ancha calle y los altos muros.

Ahora bien: ¿por qué circunstancia casual se encontraba allí Rafael el día que nos ocupa y en el estado en que le hemos visto?

Voy a explicarlo.

Desde aquel día fatal en que los restos del tío Pablo fueron depositados en la morada común; desde que María se despidió de él por última vez, levantando entre ambos un muro de hierro, las frías rejas del monasterio y el olvido del mundo, Rafael tomó la resolución de consagrar el resto de su vida a la independencia de su patria.

Una sorda revolución se agitaba en todo el país y ganaba terreno en todos los círculos sociales, aunque de una manera sigilosa y precavida. ¡Así suele el mar alentar una borrasca sin que asomen a su superficie las espumas airadas que rebotan en su seno.

¡Cada cerebro ardía, cada corazón palpitaba y cada brazo se preparaba a la lucha que más tarde o más temprano tenía que desencadenarse al impulso de una idea común. En el centro de las ciudades, en las humildes chozas y hasta en el campo, mientras el arado rompía la tierra y el grano caía en el surco abierto, se pensaba en una era de libertad, de gloria en fin para la cautiva México!

Y Rafael no era de los menos entusiastas en acariciar sueño tan delicioso.

¡La vida no le ofrecía ya encantos y ansiaba morir, pero morir con gloria.

Así fué que cuando el héroe sin rival de nuestras glorias patrias, cuando el inmortal Hidalgo proclamó la Independencia de México en el pueblo de Dolores, la memorable noche del 15 de Septiembre de 1810; cuando su voz semejante a la del trueno que rasga el seno de las nubes, hizo estremecer las vírgenes selvas de la cautiva Anáhuac e hizo bambolear el trono de los virreyes levantado sobre mares de sangre y que sobre mares de sangre tenía que hundirse al peso de la justa causa; Rafael fué de los primeros que se agruparon al pié del Pabellón Nacional levantado por las débiles manos de un anciano y entre cuyos colores simbólicos se destacaba la imágen venerada de nuestras creencias patrias, la dulce morena del Tepeyac, María de Guadalupe en fin.

El árbol de la libertad se alzaba al parecer endeble; pero su crecimiento debía ser prodigioso, puesto que contaba en su antigua preponderancia, héroes como Cuauhtémoc, y en sus renuevos, caudillos tan gloriosos como Hidalgo y Morelos.

El corazón de Rafael pareció hallar un lenitivo a su constante melancolía, en la vida turbulenta a que entonces se consagraba.

Un amor borra otro amor y Rafael se creyó libre del recuerdo de María, al colocar en su alma el sentimiento patrio y libre del recuerdo de sus primeras afecciones, se soñó feliz... ¡Cuán fácil es el corazón humano en forjar el muñeco de la felicidad, cuya duración está sujeta al primer hilo que se rompe, al primer vaivén de la fortuna!

Empero la carrera de Rafael en el camino de las armas debía ser muy corta, por lo que pronto pudo cerciorarse de lo ilusorio de su felicidad.

Durante la batalla terrible del Puente de Calderón dada el 17 de Febrero de 1811, batalla funesta para las armas independientes, Rafael, como otros muchos de sus infortunados compañeros, fué herido gravemente por una bala enemiga.

Hubiera perecido en manos de los españoles, si Martín, que desde la profesión de María, se había unido a él con un lazo casi fraternal, no le hubiese ocultado en un sitio seguro, prodigándole sus cuidados en medio de mil peligros, hasta que el enemigo desalojó el campo.

Cuando el nombre del terrible y orgulloso Calleja dejó de escucharse en aquel sitio donde la sangre había corrido, fecundando el árbol de la libertad, el noble indio, ayudado de un amigo suyo, trasladó al herido a la casa donde le hemos visto.

Rafael mismo había pedido a su compañero tal favor diciéndole con voz suplicante.

—¡Quiero morir cerca de ella, para que mi último suspiro, oreando su pura frente, arranque a sus labios una plegaria por mí...!

El cielo coronó los esfuerzos de Martín por complacer los últimos deseos de un moribundo.

Pero volvamos al punto interrumpido, puesto que ya sabemos cómo o por qué se hallaba allí Rafael.

De repente este dejó escapar un quejido débil y doloroso. Las dos enfermeras se pusieron de pié al lecho y una de ellas presentó una bebida al enfermo, mientras la otra le levantaba la cabeza cariñosamente.

—¡Oh! dijo Rafael, rechazando suavemente la bebida, todo es inútil: el dolor que acabo de sentir es el anuncio de mi agonía...! Dejadme..., os lo ruego...!

Ambas mujeres volvieron el rostro para ocultar sus lágrimas.

Efectivamente, pocos minutos después, una ansia fatigosa se apoderó del enfermo, creció la palidez de su frente y su mirada se tornó apagada como si perdiese toda su movilidad, toda la fuerza de su luz.

Martín se presentó en aquellos momentos y comprendiendo que la agonía se hacía sentir con paso rápido y que pronto de Rafael no quedaría más que el cadáver inanimado, tornó a salir en busca de un sacerdote que le ayudase en sus últimos momentos, encaminando su alma con las preces acostumbradas.

No tardó el indio en volver con un eclesiástico que se apresuró a dar al enfermo los últimos auxilios.

Poco después las dos mujeres oraban arrodilladas, el sacerdote leía las preces del moribundo y Martín murmuraba quedo la sencilla oración del "Ave María".

Un patético recogimiento hacía presentir allí la resignación cristiana con que se recibía aquella hora solemne que iba a abrir las puertas de la eternidad a un creyente cuya alma se había purificado con el sacramento de la Penitencia para entrar al seno de Dios.

De pronto las notas del órgano invadieron aquel aposento y un canto dulce, religioso y tierno, como debe ser el de los ángeles, hirió los oídos del enfermo. Hizo este un esfuerzo supremo: los ojos parecieron perder su fijeza; hubiera podido creerse que renacían a la vida, vigorizándose como esas flores mustias que tornan a entreabrir sus pétalos ya cerrados, cuando el agua humedece su corola: una dulce sonrisa se dibujó en sus labios; entre aquella sonrisa se levantó un suspiro débil y sentido; sus ojos se fijaron en las negruzcas paredes del convento; pero aquella mirada fué tan rápida que casi al mismo tiempo murió, estrechada por los párpados que cayeron pesadamente.

Sin embargo, en aquel cuerpo inerte se alentaba un resto de vida sostenido tal vez por la melodía de aquel canto que cada momento parecía aumentar en dulzura como si tratase de arrebatar en sus aéreas ondulaciones, en sus virginales notas, el alma de Rafael.

Pero llegó un instante en que la materia triunfó cegando todas las arterias de la vida: los labios del enfermo se contrajeron murmurando débilmente esta sola frase:

—¡María...!

El sacerdote entonces le presentó el crucifijo; el enfermo le acercó a sus labios y expiró.........................
....

Pero dejemos esta lúgubre escena y veamos lo que a la misma hora pasaba en el convento.

Arrodilladas en coro todas las monjas capuchinas, acababan de entonar aquel canto conmovedor que parecía reanimar la vida de Rafael y en medio del cual elevaron su alma al Ser Supremo con religioso arrobamiento y beatitud.

Una parvada de palomas blancas jugueteando a la orilla de un arroyuelo o en el centro de una florida selva, no habría sido más hermosa ni más poética que aquel coro de vírgenes cuya frente medio velada por la toca, revelaba la inocencia del alma; cuyos ojos clavados en la tierra o fijos en el altar, no parecían pertenecer a este mundo y cuyos dedos adelgazados jugaban con las cuentas del rosario, mientras los labios se movían en dulce misticismo exhalando en el perfume santo de la oración toda la ternura de su corazón, toda la fé de su alma.

¡No sé qué de grandioso, qué de sublime se desprende siempre hasta de los actos más insignificantes de nuestra augusta religión que el corazón se embriaga y los sentidos se recogen para dejar al espíritu en libertad, remontarse en alas de su fé a las etéreas esferas de la inmortalidad, en cuyo centro resplandece la majestad de Dios!

Cercana a la puerta del coro yacía arrodillada una monja joven y demasiado bella, para dejar de llamar nuestra atención.

Con los ojos inclinados a la tierra, las manos trasparentes a fuerza de ser pálidas, suaves y finas como dos botones de azucenas sin abrir, cruzadas sobre el pecho y los labios rosados y tiernos moviéndose levemente, semejaba una de esas vírgenes angelicales de la tierra, cuya forma, cuyo ser, son exclusivamente obra de la fecunda y rica imaginación de los poetas.

Oraba y su oración era tan ferviente, que deshecha en flores caía sin duda de las manos de los ángeles al trono augusto del Eterno.

Las notas argentinas de su delicada voz, se unieron a las de sus hermanas, en aquel canto que llegó a los oídos de Rafael, tiernas y vibrantes, pero impregnadas de una melancolía indefinible.

Hubiérase dicho que en ellas se escapaba el alma de aquella joven profesa y cada una de sus armonías era un lamento.

Al cesar aquel canto poético y sentido la ronca vibración de una campana tocó a muerto.

Aquel doble, lúgubre y plañidero, anunciando que la puerta de la eternidad se abría para recibir a un peregrino de la tierra, hizo estremecer a la joven monástica; palideció su frente y sus ojos dejaron correr silenciosas lágrimas que deslizándose por el tosco sayal humedecieron el pavimento.

—¡El Señor Dios nuestro dueño le haya recibido su alma, murmuró con acento cortado y tierno mientras enjugaba sus ojos!

¡Esta monja era María...!

Se había cumplido el último deseo de Rafael. Su último suspiro fué recogido por María y poetizado con una casta plegaria

....

Al día siguiente, la huesa común recibía los restos del infortunado Rafael, y algunos meses después, su tumba solitaria y triste, se cubría con los aromáticos azahares que se desprendían de un naranjero que Juana y Francisca habían hecho sembrar para darle sombra.

Martín había regresado al ejército. Su lealtad y valor nunca desmentidos le grangearon la estimación y confianza de sus jefes. Asi fué que mucho más pronto de lo que pudiera imaginarse, obtuvo el ascenso de capitán.

Esto no obstante, en medio de sus triunfos, cuando la victoria coronaba con inmortales lauros las gloriosas hazañas de los independientes de quienes formaba parte, se le veía poseído de una vaga tristeza. Una nube de dolor parecía velar siempre su tostado rostro, oprimiéndole el corazón con más o menos intensidad.

¡Era que María estaba grabada en su alma con el buril del amor eterno!

¡Era que el recuerdo de Rafael y su temprana muerte, le herían en mitad del corazón!

El valiente indio se había acostumbrado al cariño de Rafael de quien solo la muerte pudo separarle. Este extraño afecto, para el que hubiera considerado como su rival, nacía de la grandeza de su amor, cuya nobleza le inclinó siempre a querer y amar todo lo que de María era querido y amado.

Hacia el año de 1821, en una fría tarde de Diciembre, ya invadida por las sombras últimas del crepúsculo, un hombre de edad madura penetraba con paso rápido al panteón de Belén en Guadalajara.

A juzgar por su traje, pertenecía al ejército trigarante que acababa de hacer su triunfal entrada a la ciudad de los aztecas, a la sultana de los valles, a la linda México, arrullada entre las flores por las brisas apacibles del Texcoco.

Reconoció el sitio y buscando algo, fijó su vista en varias tumbas, andando siempre hacia adelante sin detenerse.

—¡Cuántos nuevos moradores han venido aquí, desde que yo sepulté los restos de un amigo...! murmuró contemplando algunas fosas recién abiertas.

Y siguiendo sus pesquisas se detuvo al fin, al pié de un corpulento naranjo. Arrodillóse con religioso silencio y oró.

Largo tiempo permaneció allí y quizá hubiera pasado la noche en aquel sitio, si el encargado del Panteón no le hubiese recordado que tenía que cerrar.

Levantóse entonces y mirando la tosca lápida de piedra que cubría aquella tumba desconocida, exclamó con acento conmovido:

—¡Duerme en paz, Rafael! Tus restos descansan por fin, en tierra libre y el aura de la libertad, aura bendita, mece los capullos que te dan sombra y riega las flores que blanquean sobre tu sepulcro!

¡En torno de tus restos, no alienta más que un pueblo libre que sabrá ser grande imitando las glorias de sus mártires...!

Al terminar las últimas palabras, enjugó una lágrima con el dorso de la mano; irguió la frente con el orgullo digno del patriota y se alejó con lentitud, no sin volverse repetidas veces para mirar el sitio que dejaba y del que parecía separarse con violencia.

¡Aquel rudo soldado no era otro que Martín! ....
....

Para terminar la narración de estos acontecimientos con que hace algunos días vengo entreteniendo la atención de mis lectores, réstame decir, que en una de las muchas revueltas o crisis políticas porque atravesó nuestro país, largos años aun después de su independencia: y precisamente en la revolución capitaneada por Montaño en 1827, Martín fué tomado prisionero con otros revolucionarios, y pasado por las armas. A su muerte, dejó en manos del sacerdote que asistió sus últimos momentos una relación circunstanciada de las riquezas existentes en el Volcán, a donde él no quiso volver nunca, sea por supersticiones, que son tan generales en la raza indígena o porque los recuerdos que guardaba aquella montaña para su corazón, le fuesen demasiado dolorosos.

A esta relación; existente, según datos verídicos, en poder de un mexicano avecindado en San Francisco California, se han debido las muchas excursiones verificadas en los últimos tiempos al Volcán, en busca de los tesoros incalculables a que se refieren mil vulgares tradiciones que surgen en la gente del bajo pueblo y aun entre personas de buen criterio.

Sin embargo, hasta hoy nadie ha podido descubrir la existencia de esos tesoros fabulosos y por lo mismo dejo a mis lectores en la obscuridad de ese detalle importante.

"El tiempo descubre las cosas más secretas", dice un adagio: quizá, pues, le esté reservada al tiempo, la última pincelada de esta novela.

Entre tanto, me despido de mis lectores agradeciéndoles en el alma, la buena acojida que han dado a mi segunda novela.

ORUGAS Y MARIPOSAS*

—¡Graciela, Graciela, levántate que el sol está muy alto! decía Angelina a su perezosa hija, una mañana del mes de Julio; pero la niña, sin hacer caso, iba de un lado a otro en su catre, tendida a la bartola como si fuese la media noche.

---

* Cuento núm. 31 de *Luciérnagas*, 5a. ed., México, 1940.

Angelina en sus afanes de ama de casa, iba y venía, y en sus vueltas y revueltas continuaba amonestando a su hija para que dejara la cama, lo que al fin hizo la remolona con gran pesar suyo.

Esta perniciosa costumbre de levantarse tarde, era ya un hábito en Graciela, y con tal hábito iba perdiendo poco a poco, los colores de sus mejillas que se tornaban amarillentas. Toda desaseada, ojerosa y lánguida, sentábase a la mesa en espera del desayuno; después de lo cual, sus miembros laxos, repugnaban todo trabajo; el estudio no era para ella; la aguja, le pinchaba los dedos; la escoba, le lastimaba las manos; ¿para qué trabajar si había criadas que lo hicieran, ni para qué estudiar si no había de ser letrada....?

El día a que aludimos, la perezosilla llegó al Colegio bastante tarde.

—Has perdido dos clases le dijo Aurora, su maestra: si continúas así nunca dejarás de ser una ignorante.

—Es que el desayuno no está temprano, dijo toda confusa la niña.

—Es que la pereza te ata a la cama, dijo la profesora, bajando con sus niñas al jardín, donde iba a darles una clase de botánica.

Detúvose Aurora al pié de una aralia fresca y lozana: llamando la atención de sus alumnas sobre la belleza y partes de la planta.

—¡Qué animal más feo! exclamó Graciela señalando con el dedo una crisálida que colgaba de una rama, un tanto desnuda de hojas.

—Eso es una crisálida, le dijo Gloria, una de las niñas que estaban a su lado; muy pronto, cuando volvamos al jardín, quizá nos toque ver salir de ese asqueroso cucurucho una elegante y bella mariposa.

Aurora que observava el diálogo de ambas niñas, volvióse hacia éllas y les dijo:

—¡Mirad! por la rama de más abajo, se arrastra una oruga igual a la que se ha encerrado en ese cucurucho ¿la véis?

—¡Sí, sí! exclamaron las niñas en coro: es muy fea, señorita.

—Es fea mientras no se transforma; pero una vez que se ha metamorfoseado en mariposa ¿qué cosa más linda que élla? ¡Si las flores fueran susceptibles de envidia, envidiarían la preciosa filigrana de sus alitas, los ricos matices que la visten, el impalpable polvillo en que refleja el sol sus dorados rayos! Tomad lección, niñas mías, en este precioso insecto que despierta con la alborada: de animal despreciable, feo y repugnante que era, se torna en gala de los jardines y de los campos. Así vosotras, ignorantes e inútiles si os hacéis crisálidas de la ciencia, si aprovecháis sus enseñanzas, llegaréis a ser galanas mariposas en los jardines de la Sociedad, y luciréis las filigranas del talento, únicas que nos acompañan toda la vida.

La lección, aunque en plural, iba dirigida a Graciela, quien, dócil y avergonzada por haber empleado tan mal el tiempo, se propuso aprovecharla. Y es fama, que ya más grande, decía a sus hijitas:

—No hagáis daño a las crisálidas porque de éllas salen las mariposas; de la misma manera que dentro de las asperezas del estudio, sale la mujer que honra a su patria y es el dije preciado de la Sociedad.

Laura Méndez de Cuenca: espíritu positivista y sensibilidad romántica

ANA ROSA DOMENELLA,
LUZELENA GUTIÉRREZ DE VELASCO
Y NORA PASTERNAC

No hay prácticamente huellas de Laura Méndez de Cuenca (1853-1928) en los libros sobre literatura o cultura mexicana que podrían mencionarla. Lo que pudimos encontrar aquí y allá, apenas una o dos frases al pasar, constituye una magra cosecha. Sin embargo, doña Laura no era una desconocida, por lo menos mientras vivió. Fue la novia de Manuel Acuña, quien le dedicó, entre otros, un poema un año antes de suicidarse, enamorado trágicamente de otra mujer, la mítica Rosario de la Peña.

El poema, más que pasión, refleja un sentimiento fraternal, amistoso y desgrana consejos para alentar las aventuras de una joven mujer que debía encontrar muchas dificultades para abrirse camino como escritora:

A Laura

Yo te lo digo, Laura... quien encierra
valor para romper el yugo necio
de las preocupaciones de la tierra.

Quien sabe responder con el desprecio
a los que, amigos del anacronismo,
defienden el pasado a cualquier precio.

Quien sacudiendo todo despotismo
a ninguno somete su conciencia
y se basta al pensar consigo mismo.

Quien no busca más luz en la existencia
que la luz que desprende de su foco
el sol de la verdad y la experiencia.

[...]

culpable es, y su lira no merece
si debiendo cantar, rompe su lira
y silencioso y mudo permanece.

[...]

Y tú, que alientas ese noble anhelo,
¡mal harás si hasta el cielo no te elevas
para arrancar una corona al cielo!...

[...]

Forja un mundo en tu ardiente fantasía,
ya que encuentras placer y te recreas
en vivir delirando noche y día.

[...]

Sí, Laura... que tu espíritu despierte
para cumplir con su misión sublime,
y que hallemos en ti a la mujer fuerte
que del oscurantismo se redime.

Sabemos también que asistió a las reuniones del "Ateneo de la Juventud" y podemos suponer que compartió las inquietudes de renovación política, social e ideológica que trajo consigo el Ateneo.[1]

José Emilio Pacheco dice de ella que era una persona "de insaciable curiosidad intelectual que aún en 1925 asistía como oyente a las clases que daban en la facultad de Altos Estudios los jóvenes poetas como Salvador Novo".[2]

Se casó con el poeta premodernista Agustín F. Cuenca, quien murió muy joven, en 1884. Después de su muerte Laura Méndez de Cuenca siguió escribiendo poemas, narraciones y hasta una novela. Colaboró en diarios como *El Universal, El*

---

[1] *Conferencias del Ateneo de la Juventud*, pról., recop. y notas J. Hernández Luna, UNAM, México, 1984. La serie de seis conferencias fue patrocinada por Justo Sierra y Ezequiel A. Chávez, que presidieron las dos primeras. La invitada de honor de la quinta fue "la distinguida escritora doña Laura Méndez de Cuenca" (p. 27), la conferencia estuvo dedicada a sor Juana Inés de la Cruz y la sustentó José Escofet, el lunes 5 de septiembre de 1910 a las siete de la noche.

[2] *Poesía mexicana I. 1810-1914*, introd., selección y notas J.E. Pacheco, Promexa, México, 1979, p. 182. El poema que citamos de Manuel Acuña también fue extraído de esta edición, pp. 129-130.

Imparcial, El Correo Español, El Mercurio y *El Pueblo*. Representó al gobierno mexicano en congresos internacionales sobre educación en Berlín, Milán, Bruselas, Francfort, Le Maine y Londres.

Típicamente, como muchas precursoras del feminismo, desarrolló actividades en el magisterio: ejerció como profesora de Artes y Oficios en la Escuela Normal de Toluca, de la que luego fue directora. Entre sus obras publicadas existe un tratado para niñas, *Vacaciones*, y un *Tratado de economía doméstica*. No parece haber reunido nunca en libro sus poesías, pero publicó una "novela de costumbres mexicanas", *El espejo de Amarilis* (1902), y un libro de cuentos, *Simplezas* (1910), del que presentamos algunos textos en esta antología.

Su poesía parece haber sido muy pesimista y de ello tenemos una prueba en "Nieblas" que, como dice José Emilio Pacheco, no parece corresponder a lo que las mujeres de su época escribían: sin embargo, se acerca en tono, mas no en factura, a la poesía decadentista europea de finales de siglo y a poemas modernistas posteriores.

> En el alma la queja comprimida
> y henchidos corazón y pensamiento
> del congojoso tedio de la vida,
>
> así te espero, humano sufrimiento:
> ¡Ay! ¡ni cedes, ni menguas ni te paras!
> ¡Alerta siempre y sin cesar hambriento!
>
> [...]
> Ni gracia pido ni piedad imploro:
> ahogo a solas del dolor los gritos,
> como a solas mis lágrimas devoro.
>
> [...]
> ¿Y esto es vivir?... En el revuelto oleaje
> del mundo, yo no sé ni en lo que creo.
> Ven, ¡oh dolor! Mi espíritu salvaje
> te espera, como el buitre, Prometeo.

Hay algo de ese "espíritu salvaje" de su poema en las engañosas "simplezas" de sus cuentos; sin embargo, está domeñado por el cosmopolitismo de la autora que logra convertir esos gritos de dolor en "queja comprimida" y "congojoso tedio".

Además el distanciamiento afectivo es mayor en los cuentos que en el material poético, donde el yo lírico recurre con mayor frecuencia al registro autobiográfico.

La diversidad temática de *Simplezas*

Simplezas fue publicada en París en 1910 por la Librería Paul Ollendorff, probablemente a cargo de la autora.[3] Se trata de un conjunto de diecisiete cuentos cortos de tres a cinco páginas; sólo el primero llega a las catorce. Algunos de los relatos están fechados; el más antiguo es de 1890 y el más reciente de 1909, es decir, inmediatamente anterior a la publicación del libro.

Veamos de más cerca cada unidad del conjunto. "La Venta del Chivo Prieto", que abre la colección, cuenta la historia de una pareja, que empujada por la codicia y por equivocación, asesina a su propio hijo creyendo que se trata de un rico viajero extraviado que pidió albergue en la Venta del título. "Un rayo de luna" es un fragmento lírico sin argumento visible que narra las visiones fantásticas de un observador (¿u observadora?) del paisaje que, en medio del bosque y gracias al fulgor de la luna, descubre "una mano morena y nerviosa recorriendo los trastes de la guitarra y unos ojos negros como la sombra de los árboles, que me miraron abrasándome, y que yo siento que me miran todavía". "El ridículo Santelices" nos cuenta la vida difícil y sórdida de un pobre hombre que usaba siempre una risible levita verde. "La Gobernadora" describe los manejos de una supuesta "madre-monstruo" y de su joven hija, que ambicionan atrapar para el matrimonio a don Policarpo, militar mujeriego y padre prolífico que se convierte en gobernador de un estado. "¡Ese bribón, a Yucatán!" es la historia de un triángulo amoroso burgués y del involuntario testigo, un pobre sirviente que es eliminado con una injusta acusación de asesinato. "El chasco de Miss Isadora" narra el malogrado casamiento entre un joven y próspero mexicano y una moderna secretaria norteamericana a causa de los prejuicios y el idioma. "La espina" recrea la perplejidad de un niño ante la crueldad del mundo. "Rosas muertas" contrapone una idílicas vacaciones en el campo a la "diaria

---

[3] La edición que utilizamos para las citas es la publicada por el INBA y Premiá, en México, en 1983, con una reproducción facsimilar de la primera y segunda páginas de la edición original de 1910.

labor y la lucha por la vida" de la ciudad inhóspita. "Heroína de miedo" es la historia de una joven esposa presa en su hogar, que se sobrepone al miedo y logra hacer huir a un ladrón y probable asesino escondido bajo la cama. "La tía de don Antonio" narra la vida de una desdichada mujer que se convierte en monja contra su voluntad. "Buches para la belleza" es el relato satírico de un médico, cuya mujer es parlanchina e ignorante y a quien finalmente logra tranquilizar con una supuesta poción contra las arrugas. "El señor de las amapolas" narra un fraude religioso por medio de santos falsamente milagrosos. "El cerdo de engorda" cuenta, en forma de parábola, el hallazgo de un tesoro gracias a un marrano travieso. "La curva" es un cuento moral sobre las desventajas de la vida rutinaria y de la ignorancia campesina, ambientado en el territorio californiano anexado a los Estados Unidos. Otro californiano narra, en "Un espanto de verdad", una travesura juvenil en la que un sacerdote muerto parece revivir; "La tragedia de borracho" es la contrapartida del anterior y cuenta cómo un borracho español, encerrado sin saberlo en un mausoleo, provoca la muerte de un clérigo. Por último, "La tanda" describe la triste situación social de las cigarreras en torno al dinero de una tanda que piensa destinarse para engalanar a una joven y finalmente se utiliza para comprarle la mortaja.

Estos breves comentarios temáticos no permiten percibir cabalmente los rasgos de estilo de la prosa de Laura Méndez de Cuenca, donde alterna el tono irónico con el tono admonitorio. La elección de ciertas anécdotas de la vida cotidiana la vinculan con el costumbrismo y algunas alusiones al naturalismo manifiestan su inscripción dentro de la corriente cientificista, aunque se permita discrepancias literarias con respecto a las "leyes de la herencia". Se percibe en sus cuentos un gusto por la truculencia; casi todos tienen algún muerto y suelen acabar en forma trágica: "Severiana arrancó la sábana del rostro del muerto. La luna bogando en todo su esplendor, descendió indiscreta y amorosa a besar los labios de Máximo que la muerte había sorprendido sonriendo en sueños" ("La venta del Chivo Prieto"); "Ajustadas las cuentas con el cielo, entró don Hilario en él por las puertas de una pulmonía fulminante" ("El ridículo Santelices"); "El pobre Pedro murió pronto, en el hospital, de la fiebre que le dio. A mí como no había hecho aún votos, mi padre me llevó de nuevo a la casa[...]" ("Un espanto de verdad"); "Menos malo que todo resultase burla; pero no: el clérigo, herido de apoplegía, cayó renegrido, para morir tres horas después" ("La tragedia del borracho"); "Las vecinas cosieron a toda prisa el vestido blanco, y, en vez de comedias, compraron muchas flores con que cubrieron el sepulcro de Margarita" ("La tanda").

Las muertes tienen diversos motivos: enfermedad, espanto, miseria o asesinato y remiten a una raíz romántica que se desliza en el naturalismo, en su faceta de denuncia social; y en la prosa modernista, en su gusto por lo fantasmagórico y macabro.

Otra característica digna de ser destacada es la preocupación patriótica de la autora y su denuncia de las invasiones norteamericana y francesa, junto a la expropiación de medio territorio nacional. Puede afirmarse, además, que Laura Méndez de Cuenca tuvo una actuación destacada en el campo de la educación y se preocupó por la condición desfavorable de la mujer en la sociedad de su tiempo; en este sentido, algunos de sus cuentos —como es el caso de "Heroína de miedo"— denotan una incipiente toma de conciencia de su papel subordinado y de las redes represoras del ámbito doméstico.

Los personajes femeninos en *Simplezas*: malvadas, inconformes y prisioneras

La construcción de figuras femeninas en la narrativa mexicana del siglo XIX responde a la necesidad de los autores, en su mayoría hombres, de sustentar un ideal de mujer. El imperativo romántico europeo, que conformó el modelo de mujer regido por el concepto del "eterno femenino", tuvo una indiscutible carta de ciudadanía en América y, sin lugar a dudas, en México.

Dado el fenómeno de la superposición y traslape de los movimientos del romanticismo, el realismo y el naturalismo en América Latina, observamos que no hay cambios bruscos entre el modelo femenino romántico y el modelo femenino presentado por los autores realistas. Se puede considerar que en un elevado número de personajes femeninos de obras narrativas mexicanas entre 1816 y 1902, se presenta una constante en su caracterización por medio de las virtudes que hacen de la mujer decimonónica un modelo de la buena hija, la buena esposa, la buena madre, la buena soltera y la buena solterona, es decir, la mujer hermosa, sincera, generosa, humilde, callada, obediente, recatada, doméstica, pudorosa, fiel, religiosa, fuerte mas no briosa, bella pero no despampanante; en suma, el ejemplo de la mujer siempre vinculada con la vida familiar y dispuesta a cualquier sacrificio por defender su honor, su buen nombre y la felicidad de los suyos, que son los "otros" en sus relaciones de familia. Domina, así, en la representación de las mujeres en el siglo XIX un patrón de "buena conducta", un cierto tono moralizante que atañe primordialmente a la mujer vista como el "ángel de la casa" o la "sufrida mujer mexicana". Todos los matices que conforman esas personalidades rayan en lo pardo, en el claroscuro de la cocina y el traspatio, que son los lugares representativos de su confinamiento.

En ese modelo, entonces, no son la hermosura y el misterio los valores preponderantes, sino la bondad, la generosidad, la humildad y la capacidad de sacrificio.

Con el objeto de resaltar la importancia de ese buen comportamiento femenino, se incluye en los relatos la presentación de la contraparte: la mujer malvada, cruel y fría, como el contrapunto que define los valores positivos en esas formaciones sociales. En esa contraposición se perfila una visión masculina de mundo, que se inclina por la mujer como un cúmulo de virtudes para la vida familiar y la conservación de las relaciones de poder, y que se pronuncia en contra del modelo de la "mala mujer", ya que éste resulta peligroso para la confirmación y seguridad del sistema ideológico dominante.

Doña Laura Méndez de Cuenca, a pesar de encontrarse inserta en esos modelos culturales, propone un cambio en cuanto a los patrones aceptados del comportamiento de las mujeres. En la narrativa de esta escritora mexicana culta y cosmopolita se puede percibir una interesante transformación de los modelos de mujer, ya que logró configurar personajes femeninos que ponen en tela de juicio el patrón de la "buena y abnegada mujer mexicana". En los cuentos de *Simplezas* encontramos más protagonistas masculinos que femeninos. Sin embargo, se da como una constante la presencia de un personaje hombre, débil y que se deja dominar por su mujer, por los otros hombres, por la sociedad y por las circunstancias. Las mujeres, en cambio, son fuertes, dominantes y con rasgos de maldad.

A pesar de la diversidad de temas que aborda doña Laura Méndez, podemos agrupar los relatos atendiendo a la presencia de protagonistas masculinos o femeninos. Los cuentos que presentan protagonistas hombres son: "El ridículo Santelices", "¡Ese bribón, a Yucatán!", "El chasco de Miss Isadora", "La espina", "La tía de don Antonio", "Buches para la belleza",

"El señor de las amapolas", "El cerdo de engorda", "La curva", "Un espanto de verdad" y "La tragedia del borracho". Las protagonistas mujeres se dan en "La Venta del Chivo Prieto", "Un rayo de luna", "La Gobernadora", "Heroína de miedo" y "La tanda". Numéricamente domina la presencia masculina. Con todo, y si desviamos nuestro interés hacia lo temático, descubriremos que el tema de la educación de la mujer atraviesa estos relatos, aun aquellos donde el hombre representa la figura principal. Así ocurre en "El ridículo Santelices", donde las mujeres se subordinan por el bien y la felicidad de los hermanos hombres, los "príncipes". Ellas: "desvivíanse por soliviantar la carga que tan abrumado tenía a Santelices", y no llegan a conocer otros lugares fuera de su casa: "El corredor se sabían ellas de memoria." En "El chasco de Miss Isadora", el joven Juan comprende que el comportamiento de la norteamericana no es el adecuado y por ello elige a una mujer mexicana como esposa. El padrino de Juan lo había prevenido contra el antimodelo de la norteamericana: "[...]son ineptas para el hogar. De madres no tienen ni un pelo. Son como la pava, que los pocos huevos que pone, los ahuera[...]".

De modo que la mexicana se define por contraposición a ese modelo como apta para el hogar y buena madre.

"Heroína de miedo" presenta el caso de María Antonia, una joven mujer recién casada, a quien custodian la sirvienta Casimira y su esposo. Esta mujer enfrenta la presencia de un ladrón en la casa, debajo de la cama, con el valor que obtiene del miedo. En este personaje, caracterizado con los atributos del modelo femenino, por ser buena, prudente, callada y obediente, descubrimos el surgimiento de una conciencia de libertad de la mujer. María Antonia se siente atada a sus circunstancias, no acepta el mundo que le toca vivir y por eso saca del miedo la fuerza para oponerse a los hechos:

> María Antonia, acostumbrada a que la juzgasen humilde, y sabedora de que la mansedumbre y la irresponsabilidad eran el galardón a que debía aspirar la mujer, mostrábase sumisa en todo. Acataba con respeto las órdenes del marido, como con respeto había obedecido fielmente las de sus padres; pero en su interior, la joven esposa se revelaba contra el papel de borrego que el sexo le imponía. Pensaba humillante que la mujer fuese inferior al hombre e irresponsable de sus acciones. A lo menos, ella veía, en su propio pensamiento, una irradiación sobrenatural, y sentía tener

alas, en vez de brazos. Alas, sí; pero cortadas y entumidas. ¡Ay!, si se las dejaran crecer, ¡qué lejos y qué rápido volaría! (pp. 54-55).

Esta propuesta del personaje nos permite adivinar la rabia y el descontento que movieron en muchas ocasiones a la autora. Pero lejos de extraer conclusiones apresuradas, nos basta con destacar que un personaje femenino mexicano se expresa de esa manera audaz y crítica sobre su condición femenina sojuzgada, y que en el caso de otros personajes mexicanos se acepta como una situación de vida indiscutible. No hay en el cuento una mención explícita a la educación de la mujer, pero podemos entender ese deseo de volar como su necesidad de hacer y aprender, en resumen, ser responsable de sus actos.

Otra propuesta diferente de oposición velada en contra de las circunstancias adversas, la encontramos en el cuento "La tía de Antonio". En ese relato, Laura Méndez de Cuenca narra la historia de una familia. Se interesa especialmente por el problema del mayorazgo y sus consecuencias en la vida de los individuos; debido a esas leyes "de la provincia española", los hermanos menores quedaban en la miseria, eran arrojados del hogar paterno, y las mujeres tenían como opciones un mal y rápido casamiento o bien el refugio en el convento. Esta última posibilidad sirve como tema de reflexión al personaje Rodrigo, protagonista del relato. Blanca, su hermana más querida, por la situación familiar, tiene que aceptar el "monjío" como única solución. Rodrigo se opone con vehemencia a esa determinación, ya que considera que ella en el convento está como "sepultada en vida" y decide no verla más. A instancias de su hijo Antonio, acepta ir a visitar a Sor María de la Cruz (nuevo nombre de Blanca). El cuento finaliza con los pormenores de esa reunión familiar. Por medio de un narrador que oscila entre Rodrigo con su anticlericalismo y la visión inocente del joven Antonio, se nos transmiten datos que califican esa entrega a la vida religiosa como un acto de represión, de negación a la vida: "la mirada brillante de dos ojos calenturientos y escrutadores denunciaba el sentir vehemente de la monja por *algo* muy ajeno a las cosas del paraíso". El abrazo al sobrino es la única manifestación de sensibilidad que Blanca se permite. "La mujer oprimió al muchacho, sacudiéndolo con rudeza." La monja se queda como una figura muerta, una "imagen de cera", un "símbolo del dolor humano". Sólo el llanto sirve como protesta contra ese orden de cosas.

Al lado de ese silencio y ese acto de renuncia, Laura Méndez elige también como tema el caso de la mujer parlanchina. Candelaria, la esposa del doctor Rosete, es el foco de atención de las críticas en contra de la ignorancia y la locuacidad de ciertas mujeres. Rosete acusa a Candelaria de ser un obstáculo para sus investigaciones en contra del "mal del pinto". Califica a su esposa de "cotorra incorregible" y a su actividad favorita como un "decir mil sandeces", "ocurrencias sosas", "habladera de retahíla" y "lengua matraca". El doctor no se enfrenta a su mujer, sino que sucumbe ante "su puerilidad, su ignorancia y casquivanería" y le prepara unos buches que la mantienen ocupada, silenciosa y en la creencia de que será más bella. Tras este risible personaje fluye una corriente de oposición en contra de la mujer que pierde el tiempo en un hablar sin sentido. La moraleja final parece decir que su silencio es oro, ya que Rosete se hace rico con la fórmula de los buches. Sin embargo, esa ironía cruel contra Candelaria pudo operar como una llamada de atención para las lectoras de Laura Méndez de Cuenca, invitándolas a callar en lugar de decir boberías.

En el último cuento del libro "La tanda", se nos presentan las terribles condiciones de vida de las cigarreras, mediante la historia de Pilar, una estanquera que no quiere que su hija Margarita siga sus pasos. La muchacha estudia en el Conservatorio y aprende declamación, segura de que una "mala cómica gana más que una buena cigarrera", que por cierto ganaban, según el relato, "dos reales y medio". Margarita logra desarrollar sus facultades, su voz y su gracia; es invitada a diversos actos públicos como declamadora. Cuando parecía que había triunfado sobre el medio y las circunstancias y que se había opuesto a su destino predeterminado, la enfermedad y la muerte la vencen. En este caso, el esfuerzo de la mujer por educarse y por ascender en la escala social no tienen un final feliz. La importancia del cuento radica en el contraste establecido entre Pilar y Margarita, entre la aceptación de la situación social como un fenómeno dado y la oposición, el combate por medio de la educación, aunque la muerte trace su raya definitiva y se declare la vencedora.

Entre los cuentos con protagonistas masculinos, uno se vincula con la preocupación por la educación de la mujer. En "La curva", un agricultor analfabeto, Silverio Madariaga, construye en la Alta California un pequeño patrimonio que comparte con su madre, en espera del momento de fundar una familia. Por su ignorancia, pierde casa y tierras, que son aprovechadas por Mister Wilson para venderlas a la compañía del ferrocarril. Ante los hechos consumados, Silverio acepta la necesidad de la educación, pero ya no para él, sino para su hija Andrea, a quien promete "una muñeca muy bonita, el día que sepa leer de corrido"; quizás sea esa niña el antecedente de las posteriores escritoras chicanas.

En tres de los diecisiete relatos de *Simplezas* construye Laura Méndez de Cuenca figuras femeninas dominadoras, que poseen fuerza avasallante y son dueñas de su entorno. En "La Venta del Chivo Prieto", "La Gobernadora" y en "¡Ese bribón, a Yucatán!" encontramos personajes femeninos que rigen el mundo de los hombres y son la causa eficiente de las acciones que se despliegan en los textos.

Severiana, la protagonista de "La Venta del Chivo Prieto", es un ejemplo de mujer dura, una prestamista sin corazón, que recibe del narrador una serie de epítetos negativos: "judas de la comunidad", "brava hembra", "la fiera", "bestia humana". Esta mujer logra someter a un rico heredero, Desiderio, se casa con él y lo gobierna. Él cumple todos los caprichos de la prestamista, acepta todas sus decisiones y se va convirtiendo en un "parásito" de ella. Esta relación matrimonial no representa los lazos tradicionales, sino que marca un cambio de papeles en la correlación de fuerzas sociales. La mujer es la empresaria, ella es quien se ingenia para conseguir los medios de vida, a costa del sacrificio de los otros. En las actitudes del marido vemos reflejado el comportamiento que se adjudicaba a las mujeres, en cuanto a recato y humildad: "Desiderio era manso en presencia de su mujer; no osando levantar los ojos cuando la Severiana amanecía de mal talante, prefería escabullirse por los rincones." Sin embargo, Severiana tiene una virtud entre sus muchos yerros: intenta ser una buena madre. Se apasiona por su hijo Máximo y para él son su trabajo y sus ahorros. Para Severiana, planear el futuro, significa buscar el mejor y más fácil camino para su hijo. Por eso decide matar a un huésped de la Venta y robar su dinero con la complicidad de Desiderio, quien le confiesa: "todavía estoy loco por ti, todavía robo y me revuelco en la inmundicia por agradarte". El hombre presiente el ataque y huye; la fatalidad hace que Máximo ocupe el lugar de la víctima.

En "La Gobernadora" observamos dos tipos de mujeres fuertes y ambiciosas: La "madre-monstruo", que se esfuerza por casar a su hija con el mejor postor, en este caso, don Policarpo, el Gobernador. Y, por otra parte, Estela, que acepta al viejo Policarpo a instancias de su madre y se somete a la situación que éste le impone: vivir como madre de los muchos hijos "naturales" de don Policarpo. Estela se convierte en amante de uno de ellos, Efraín. La enseñanza final del cuento se revierte en contra de las oportunidades de la mujer para mejorar: "Don Policarpo quiso apartar a Estela de la prostitución a que su madre la destinaba, haciéndola su esposa; pero ella no tuvo otra mira en el matrimonio que hacerse gobernadora".

El fracaso de las dos mujeres se debe, según la visión del narrador, a la ambición desmedida de ellas por lograr dinero y poder. En este caso no se cuestiona la conducta del hombre, porque da su nombre a los numerosos hijos ilegítimos. La doble moral de la sociedad patriarcal se reafirma subrayando la proclividad femenina hacia las malas pasiones.

La mujer liviana y adúltera que aparece en "¡Ese bribón, a Yucatán!" es la causante de la prisión y las desgracias de José María, un cochero, condenado a ir a San Juan de Ulúa. El amo descubre la infidelidad de su esposa y su primo, pero con hipocresía decide cubrir la deshonra de la familia con la cárcel del cochero, que sabía de esas relaciones. La mujer, a pesar de ser "joven, rica, bella", encarna el modelo de la "mala pécora" que finge su religiosidad para cometer el adulterio. La muerte del cochero se superpone a la falsedad de las relaciones familiares que culminan en una "complaciente felicidad de la vida conyugal en terceto".

Las ambigüedades de un narrador que sueña, ironiza y condena

Dos relatos en *Simplezas*, "Un rayo de luna" y "Rosas muertas", presentan una peculiaridad en cuanto a la determinación del sexo del narrador; se trata de narradores femeninos, pero la atmósfera y el tono lírico de los relatos hacen surgir una cierta ambigüedad en torno a esas voces. En "Un rayo de luna" se traza la elipse del deseo, la mirada que se detiene en unos ojos negros, "me miraron abrasándome", y la canción dirigida a una niña.

En "Rosas muertas" un grupo se aleja de la ciudad para buscar la libertad y los placeres de la naturaleza. Allí, el narrador es un "nosotros" que no marca las diferencias entre lo masculino y lo femenino. Pero nos indica que apartarse de la civilización y las normas logra una "comunión salvaje" que pierde el retornar a lo cotidiano, al "engranaje de la máquina social".

No se puede afirmar en todos los cuentos que el género del narrador sea femenino, aunque en el primero se sugiere por oposición: "Para invertirlo sería menester haber sido engendrado pantera y nacido hombre por verdadero capricho de la suerte". En otros la mirada se desdobla entre una óptica masculina que inicia "La Gobernadora" con la afirmación: "Era graciosa y más linda que el pecado, por no decir que el pecado mismo", o "La madre, una hembra hermosota", y otro punto de vista moralizador contra los manejos de seducción de esas mismas mujeres: "mujerzuela", "madre-monstruo" que remite a los prejuicios de una sociedad patriarcal compartidos por la narradora. En cuanto a los cuentos de presumible raíz autobiográfica ("Rayo de luna" y "Rosas muertas") el narrador asume un tono nostalgioso.

Predomina en *Simplezas* un punto de vista omnisciente, de filiación decimonónica, con intromisiones del "autor implícito" que hace comentarios admonitorios y clasistas: "El rico heredero dio al traste con su hacienda y botó al demonio el respeto social, el decoro, al realizar aquella 'monstruosa unión'." También critica la superstición que va unida a la ignorancia, en un tono liberal positivista o por la influencia protestante de Estados Unidos, ya que lo atacado es el abuso de imágenes religiosas ("El Señor de las Amapolas") o la vida de clausura ("La tía de Antonio").

El narrador también maneja, con destreza, el tono festivo en las narraciones de raíz popular ("La tragedia del borracho", "El cerdo de engorda"); y el juego irónico con diversos registros de habla: "neurastenia", o "neurosis" junto a la "mona tuerta", o las alusiones a textos clásicos para ejemplificar anécdotas cotidianas: "Se presentó a su casa más valiente que el Cid".

Después de analizar algunas de las características más sobresalientes del juego de personajes y del punto de vista en *Simplezas*, podemos adivinar que la autora no intenta hacer una abierta presentación de mujeres pioneras liberales de fines del siglo XIX y principios del XX, sino que recurre a una técnica consistente en utilizar una voz narradora moralizante, que no se encuentra muy convencida de sus posturas o sobre la que se ejerce la ironía. A través de esa voz narradora conocemos diversas figuras femeninas con tintes de libre pensamiento, personajes iconoclastas de mujeres que efectúan una ruptura del patrón tradicional. De tal manera, el comportamiento de la mujer se muestra como reprochable, pero se da como un hecho social, como un fenómeno que sólo será sometido a la justicia poética.

Los espacios: el propio y el ajeno, el territorio invadido y el cuerpo escamoteado

Los relatos incluidos en *Simplezas* se desarrollan, en su mayor parte, en México (la capital y un pueblo ficticio en el Golfo); y también en otros dos países cercanos en lo geográfico, lo económico o por raíces culturales: Estados Unidos y España.

La variedad de escenarios corresponde a los países en que vivió la autora; incluso los relatos denotan una producción itinerante: "La Venta del Chivo Prieto" está fechado en 1902 en Saint Louis Missouri; el segundo del volumen, "Un claro de luna", es anterior —1890— y en el barrio de San Pedro de los Pinos de la ciudad de México, y "El ridículo Santelices", en Berlín, 1909. El resto de los cuentos carecen de este tipo de datos, pero la primera edición —como se ha dicho— se realizó en París.

Laura Méndez de Cuenca inventa un pueblo ficticio para recrear algunos de sus relatos, Las Palmas. Lo ubica en la costa oriente (el Golfo de México) y lo describe como un "lugarejo risueño y florido", con "una dulce brisa" que mece a una vegetación tropical compuesta por "platanares", "cafetos", "guanábanos" y "pomarrosas". Posee características del costumbrismo literario, con toques de *color local* heredados del romanticismo.

El pueblo de Las Palmas tiene una plaza única y ningún mesón. ¿Qué historias pueden tejerse en un escenario tan apacible y seductor? Pues nada menos que robos, filicidios, invasiones sangrientas y también fortunas azarosas.

Dos de las "simplezas" que Laura Méndez ambienta allí tienen rasgos espaciales paralelos y objetivos opuestos; nos referimos a "La Venta del Chivo Prieto", de tono trágico y macabro, y "El cerdo de engorda", optimista y festivo. Ambos protagonistas —Severiana y Cosme— logran instalar un negocio en Las Palmas: la mujer, una Venta en la periferia del pueblo, y Cosme su soñada pastelería en la plaza. Los paralelismos de signo contrario se multiplican en los dos cuentos; por ejemplo, la Venta está "ajuareada" con mesas de oyamel y bancas patizambas, mientras que el negocio del pastelero tendrá mesas de mármol; la comida que sirve la posadera es "vino, queso rancio y pan enmohecido", y Cosme prepara "buenos pasteles y helados". Curiosamente en ambas se improvisan hoyos; "en el corral, de pie junto al hoyo recién abierto... un chivo en barbacoa para la feria", se utilizará para enterrar al hijo asesinado por equivocación; en "El cerdo de engorda" es el marrano amarrado en la azotehuela el que cava un pozo hasta llegar a un tesoro escondido, y aquí el muerto será el propio cerdo que acaba en embutidos para la fiesta.

Esta rápida presentación de juego de opuestos puede interpretarse espacialmente como que las tenebrosas profundidades del mal tienen su castigo, frente a los premios que recibe el personaje bonachón y laborioso. La distribución espacial adquiere, entonces, connotaciones ideológicas muy arraigadas en la cultura: lo malo es bajo y periférico y se vincula con lo nocturno; lo bueno, por el contrario, está en lo alto (arriba), es céntrico y surge en las horas del alba (la luz ilumina el resplandor de las joyas).

En los cuentos de Laura Méndez de Cuenca la ciudad de México está presente con sus paseos tradicionales como el Zócalo, la Alameda, el bosque de Chapultepec; y también con suburbios y vecindades. La narradora es consciente de los contrastes que ofrece la capital: por una parte están "los jardines esmaltados de rosas" del Paseo de la Reforma y los edificios con "luz eléctrica"; por la otra, las oscuras vecindades donde campean las enfermedades, la superstición y la muerte.

En *Simplezas* el lector encuentra descripciones de viviendas pobres y otras decorosas en la "ciudad de los palacios", durante la segunda mitad del siglo XIX. A la autora no le interesa describir mansiones y se demora en las zonas marginales de una ciudad que se percibe con profundas diferencias de clases y escasa movilidad social.

En "El Señor de las Amapolas", Olvera y su madre acumulan una mezquina fortuna explotando imágenes de santos porque la miseria, como se afirma en el relato, va siempre acompañada por la superstición.

El falso santo es llevado a un cuarto donde reinaba la noche "después de las tres" y donde el enfermo agonizaba en su cama y la mesa tenía "una sobrecama de damasco amarillo". Todo el mobiliario está adaptado para cumplir funciones diversas: el dormitorio es también comedor, por lo tanto es natural que una sobrecama sirva de mantel, ya que además el cuarto es alquilado y la prenda prestada. Incluso los santos están improvisados de modo casero; por ejemplo, la Virgen de la Soledad estaba aderezada dentro de "una caja de puros", "con cuatro candelabros de plomo quitados de la casa de muñecas".

Todo es falso e inmoral en materia de creencias, ya que mediante los santos se promueven contagios y explotan las exiguas ganancias de los pobres; incluso ciertas iglesias se utilizan como pantalla de adulterios, como en el cuento "¡Ese bribón, a Yucatán!" donde el cochero lleva a su ama a rezar a la Profesa, pero ésta "entraba en el templo y salía por la puerta de San José del Real" para encontrarse con su amante.

La improvisación o adaptación de espacios se da también en "Buches para la belleza". En este cuento, el doctor Rosete se ve obligado a utilizar la azotehuela llena de trastos viejos como laboratorio; al igual que el doctor Merolico, improvisa su consultorio dental en las bancas del Zócalo.

También nos enteramos en qué consistían los departamentos llamados "de taza y plato" en esa época. En una de estas minúsculas viviendas ubicadas en la plaza de las Vizcaínas, habita la joven pareja de "Heroína de miedo" junto a la ex nana y actual cocinera que casi no cabía en su cocina. Aquí los espacios conservan su función, pero se subraya su pequeñez con un mobiliario que incluye: "una mesa tortuga" y muñecas de "porcelana de Dresde". En esta *casa de muñecas* vive prisionera la esposa adolescente, que añora su niñez y sueña con tener alas para volar desde el balcón donde se acoda todas las tardes a esperar a su marido; éste es empleado público y cada noche sale a platicar con sus amigos, luego de pasar a visitar a su madre. El cuento narra cómo María Antonia, ya embarazada, descubre "un ladrón preparado al crimen" bajo la cama y es cuando debe cambiar las canciones por una estrategia que le dicta el terror, pero que resulta efectiva para salvarse. Es un ejemplo de las posibilidades del heroísmo doméstico, ya que el externo pareciera vedado a las mujeres en épocas de paz.

La visión que Laura Méndez de Cuenca da sobre la *Madre Patria* es provinciana. En España se ambientan dos cuentos: "La tía de don Antonio" y "La tragedia del borracho", que tienen como epicentros temáticos y espaciales el convento y el cementerio, respectivamente.

La narradora critica injustas leyes como la del mayorazgo

y la miseria que obliga a emigrar a los hombres y a encerrarse en conventos, sin convicción, a las mujeres. También el tono puede ser risueño cuando presenta a un borrachín típico que se queda dormido en un nicho y provoca la muerte de un clérigo que lo confunde con un "alma en pena".

Sor María de la Cruz es una mujer triste y reprimida que no eligió el encierro conventual por vocación, sino que se lo impusieron la familia y la pobreza. Recibe, por única vez, la visita de su sobrino y el hermano, que la habían idealizado a través de un recuerdo cariñoso. El locutorio es oscuro y un escalón, que nadie se atreve a franquear, marca el límite entre el claustro y el mundo exterior. El "¡Pobre mujer! ¡Pobre mujer!" murmurado por Rodrigo, el hermano de la monja, cierra el cuento y resume su intención admonitoria.

De España llega también a las costas mexicanas, como resaca, Severiana, la usurera y asesina del primer cuento.

A pesar de la vida cosmopolita que llevó la autora, su mexicanidad está subrayada en varios cuentos. También deja constancia de su protesta contra las intervenciones extranjeras y el despojo de medio territorio.

En "La Venta...", Severiana y su marido compran una finca que perteneció a un patriota acribillado por balas norteamericanas. Sólo la narradora valora esta historia de honor porque los herederos quieren deshacerse pronto "del montón de gloriosas ruinas empapadas en la sangre de un valiente"; por su parte, la prestamista quiere comprar barato para construir su mesón. Desde las ventanas de esa misma propiedad disparará Severiana contra nuevos invasores, esta vez los franceses del ejército de Maximiliano, y lo hace para proteger a su hijo mexicano.

De grandes ciudades estadunidenses, como Nueva York y Chicago, se busca huir en busca de la paz de las montañas; el suroeste corresponde a los territorios anexados a Estados Unidos por el tratado de Guadalupe Victoria (1848). Las referencias a esta zona se localizan en Alta California y Texas, San Bernardino y la misión de San Gabriel.

En esta zona existen misiones religiosas, agricultores mexicanos, capataces gringos y también "indios salvajes" que bajan desde la Sierra Madre. Por lo tanto, Alta California es un espacio acechado por lo que la narradora considera la *barbarie* y por una civilización voraz y extraña a las raíces hispánicas y a la nación "generosa" que los hospedó, para luego ser despojada de un "rico jirón" territorial.

La nostalgia por la patria de un grupo de amigos en torno a una guitarra es el marco apropiado para una narración de muertos que se levantan ("Un espanto de verdad"); y la denuncia de la miopía e ignorancia de Silverio Madariaga y su madre, la muestra paradigmática del destino de millares de mexicanos que se convirtieron en extranjeros en su propia tierra ("La curva").

Estos relatos basados en hechos históricos se vinculan en un doble aspecto con el romanticismo literario hispanoamericano por la visión del indígena como temible —como ocurre en la obra de Esteban Echeverría— y por el sentimiento de nación y de patriotismo amenazado, ya no por el imperio español, como en los inicios de los movimientos independentistas, sino por un nuevo imperialismo en ascenso: los Estados Unidos de América.

En *Simplezas* se incluyen dos relatos que se vinculan a los espacios del ensueño y de la evasión; se trata de "Un rayo de luna" y "Rosas muertas". El primero tiene las características de una estampa y su material parece provenir de un sueño diurno o fantasía veladamente erótica. Un referente real como el Ajusco sólo servirá para desplegar los escenarios imaginarios, "la ciudad fantástica" sobre "el volcán muerto" habitada por personajes fantasmagóricos. En ese contexto de ensoñación surgen la voz "robusta", "los ojos negros", el busto "airoso" del guitarrista que con su copla provoca la crisis de la narradora en el final del relato: "mis nervios ya no pudieron más, haciendo ¡crac! reventaron en lágrimas, en éstas que me ahogan todavía".

"Rosas muertas" está escrito en primera persona y responde al espacio de la evasión y al tiempo del descanso. Hay una incongruencia en los datos temporales ya que los excursionistas escapan de la lluvia invernal y urbana, pero en el momento de partir de la ciudad, contemplan los festejos del día de la Independencia estadunidense —4 de julio— que corresponde al verano en el hemisferio boreal.

La oposición entre ciudad y montañas es absoluta y la narradora afirma que en los grandes conglomerados humanos se vive enfermo de envidia y tedio (ese "congojoso tedio de la vida" de su poema "Nieblas" ya citado). Si el espacio urbano genera egoísmo y rivalidades por sus exigencias laborales, en el campamento turístico reina la alegría y la solidaridad. Con "la vida rústica y sosegada" desaparecen las dolencias, los odios y rencores y se anudan vínculos de amistad y amor: "nos amábamos tiernamente". Este contexto bucólico tiene reminiscencias neoclásicas en su revalorización intelectualizada de la naturaleza. Sin embargo, esta situación excepcional no puede durar para siempre; las vacaciones acaban y sólo queda la tristeza que da título al cuento: "Rosas muertas". Tono nostálgico que se corresponde con la temática de su obra poética.

El espacio escamoteado en *Simplezas* es el espacio del cuerpo: sólo hay rasgos escuetos, meras pinceladas para delinear los personajes; en algunos se utiliza la comparación para animalizarlos, Severiana es "una bestia humana" y su marido tiene "pisadas de gato". La mecanógrafa Miss Isadora se perfila tan sólo por sus ojos azules y sus "deditos afilados" y su enamorado recurre a una escultura para evocarla: la Aurora de Guido Reni, pintor italiano renacentista, famoso por la luminosidad de sus cuadros y la belleza de sus figuras (aunque el texto no aporte estos datos pues supone el conocimiento de sus lectores).

En "La espina" se sabe, de forma tangencial, que una bella joven fue asesinada y de Estela ("La Gobernadora") se dice que era "graciosa y más linda que el pecado, por no decir el pecado mismo" y su madre era también "una hembra hermosota".

El pesado ropaje monacal cubre a Sor María de la Cruz, pero la imaginación del artista la descubre: "el hábito grosero que lo cubría no dejaba, ni por mucho, admirar el hermoso cuerpo que un artista hubiera deseado esculpir en mármoles y bronces". Esta mujer "arrogante, fuerte y esbelta" besa al joven sobrino en la frente "con labios que parecían dos brasas" y luego se la describe como una imagen de cera. Toda la sensualidad y la frustración del personaje se sugiere, y a la vez se circunscribe, en estas líneas.

De la charlatana esposa del doctor Rosete ("Buches para la belleza") sólo se dice que lloró al cumplir los cuarenta años y descubrir su primera "pata de gallo".

Los cuerpos fantasmagóricos de "Rayo de luna" son deformes, unos llevan en las espaldas alas abiertas de halcón; otros, en vez de piernas, "la enorme cola de delfín" y en el juego de metamorfosis se unen las criaturas terrestres con las volátiles y marinas.

En "Rosas muertas" los cuerpos desnudos se velan y se desvanecen ante la mirada del lector, a pesar del contexto edénico que los cobija: "en sus recodos escondidos del arroyo nos bañábamos".

A manera de conclusiones

La visión liberal y positivista de Laura Méndez de Cuenca sobre la sociedad de su época está acompañada de una formación romántica. Esta contradicción, presente en su obra pero no resuelta, le impide acceder al siglo XX y sus transformaciones y la circunscribe a los cánones estéticos e ideológicos de finales del XIX, aunque su vida se extiende hasta 1928.

En este balance hay que destacar que supo armonizar su sensibilidad estética con la labor social: ejerció el oficio de escritora, se vinculó a círculos intelectuales de su época, dirigió instituciones educativas y representó a México en foros internacionales, quizás debido a la libertad ganada con su viudez temprana.

Vivir fuera del país durante años le permitió adquirir un juicio más objetivo y cierto cosmopolitismo que no está divorciado, sin embargo, de un sentimiento patriótico, que es uno de los puntos de contacto con el romanticismo hispanoamericano. Su toma de posición frente al despojo territorial sufrido por México en 1848 es de franca denuncia y se refleja en algunos de sus cuentos.

El antifanatismo y crítica eclesiástica no se oponen en Laura Méndez a los sentimientos de religiosidad, ni le impiden reconocer la tarea civilizadora de las misiones en Alta California.

El contexto en que se desarrollan los relatos de *Simplezas* muestra escasa movilidad social, fuera del enriquecimiento ilícito y las fortunas azarosas. El narrador prefiere detenerse en las vecindades y barrios más que en los palacetes de la ciudad de México y otras veces opta por presentar un pueblo ficticio como escenario de sus historias.

Los únicos espacios extranjeros donde se ubican ciertos relatos son Estados Unidos y España; el primero con avances urbanos y deshumanización; el segundo con rémoras ancestrales y ambiente provinciano.

Los roles sexuales y la doble moral de la sociedad patriarcal están muy marcados y débilmente criticados en el aspecto de la carga doméstica femenina frente a la mayor libertad de los hijos varones en los estratos urbanos empobrecidos.

Las madres son figuras importantes en los cuentos de Laura Méndez de Cuenca; se dividen en las sacrificadas (como la esposa del empleado mísero y la obrera tabacalera) y las monstruosas (como la usurera que no vacila ante el crimen, pero idolatra a su hijo, la que inicia al hijo en el comercio con la superstición y la celestina que entrega a su hija). El común denominador de estas mujeres censuradas por la voz narrativa es la codicia y la falta de escrúpulos para eludir la pobreza.

Una sociedad más desarrollada, como la estadunidense, permite que una joven sola trabaje y sea independiente, aunque no llegue a casarse; pero en México tienen que venderse a un viejo con poder o morir de tuberculosis.

En España la opción de las muchachas desheredadas es la servidumbre o la reclusión perpetua en un convento y pareciera que las peores pueden emigrar a América.

La evasión femenina está permitida en las ensoñaciones, como se propone en el cuento "Claro de luna" y en el poema, ya citado, "Nieblas": "¡Oh ilusión, mariposa fugitiva/ que surges a la luz de una mirada/ más cariñosa cuando más furtiva".

La tensión entre el deseo de trascender, de escapar de rutinas y prejuicios y la conciencia de estar atada por costumbres y cobardía se manifiesta en la joven esposa de "Heroína de miedo", que logra vencer el miedo ante un intruso que puede matarla y, sin embargo, es incapaz de romper con las normas sociales que la confinan a la estrechez doméstica y a la pasividad de la espera. Aunque se mostraba "sumisa en todo" y obedecía a su marido, como antes lo hizo con sus padres, el narrador omnisciente asegura que "se rebelaba contra el papel de borrego que el sexo le imponía" y soñaba con tener *alas* en vez de brazos.

Las alas con las que sueña María Antonia las siente "cortadas y entumidas" mientras recuerda su cercana infancia, hace proyectos para cuando nazca su hijo y espera a su joven esposo durante horas.

Según Rosario Castellanos, "la única actitud lícita de la femineidad es la espera".[4] La mujer aguarda su transformación "de la libélula a la mariposa", de la energía latente a la acción; aunque —como también afirma Rosario— estos cambios no se producirán "por efecto de la mera paciencia".

En "Heroína de miedo", María Luisa utiliza esa capacidad de espera para enfrentar un peligro y en su perspectiva futura está enseñarle al hijo a ser "responsable y libre, aunque fuera del mismo sexo *inferior y apocado* que a ella le había tocado en suerte".

---

[4] Rosario Castellanos, "La mujer y su imagen", en *Mujer que sabe latín...*, Sepsetentas, México, 1979, p. 14.

Para estos personajes femeninos de *Simplezas* la "máxima conciencia posible", en palabras de Goldmann, sería vencer su miedo, actuar en el ámbito doméstico y producir cambios en las generaciones siguientes a través de la educación de sus hijos.

Laura Méndez de Cuenca

SIMPLEZAS*

LA VENTA DEL CHIVO PRIETO*

A Don Aurelio J. Venegas

Ninguno que lea lo sucedido que voy a referir, podrá poner en duda su veracidad: para inventarlo sería menester haber sido engendrado pantera y nacido hombre por verdadero capricho de la suerte.

Ahora mismo, al trazar estas líneas, siento el doloroso estremecimiento del verdugo, al ensayar el nudo corredizo, la víspera de su ejecución. ¿Por qué, pues, las escribo? Porque como no se trata de componer una novela, sino de narrar un hecho, y no falta quien diga que decir la verdad es el mejor medio de contribuir a hacer bien, quiero yo prestar mi contingente al servicio común; y así me lo tome Dios en cuenta, cuando me ajuste las que pendientes tenemos, a la hora de estancar la zalea.

Es sólo un recuerdo. Pero, ¿qué de tragedias no desfilan, en un minuto, por la angosta faja de una frente que recuerda?

No espero que tú, lector amigo, hayas oído mentar a Las Palmas, lugarejo risueño y florido de la costa de Oriente. Dicho nombre es pura invención, sugerida a mi mente por la media docena de cocoteros que se miden en lozanía con otras tantas ceibas de retorcido tronco y hojas barnizadas como vitela que dan sombra a la plaza única del lugar.

Desde un cerro de mármol oscuro, por muchos años ignorado, y todavía por explotar, se abarca con la vista el enjalbegado caserío: parvada de gaviotas desparramadas por el triple par de riberas de tres alegres riachuelos, ocupadísimos en precipitarse uno en otro, formando sendas y espumosas cataratas. Allí, entre platanares y cafetos, guanábanas y pomarrosas, la dulce brisa de los trópicos canta al amanecer y arrulla a la puesta del sol.

Los palmeños (pido carta de naturalización para mi adjeti-

---

* Cuentos de *Simplezas*, INBA-Premiá, México, 1983.

vo, por parecerme de tan buena cepa como los de tártaro, asirio y otros), eran agricultores rudimentarios como los caananitas, y de ello ofrecían buena muestra sus toscos aperos de labranza. Mineros no lo eran por el forro: odiaban ese ramo de la industria, como el pecado mortal, por creerle causante de que muchas naciones antiguas y modernas, de pueblos poderosos, hubiesen pasado a convertirse en colonias de esclavos.

Los grandes países jamás intentan la civilización de los pueblos que luchan por la vida en un suelo estéril y falto de riqueza. No es mía esta opinión, sino de los palmeños, quienes sabían o decían saber, por tradición, la historia del mundo. De boca en boca habían oído decir que unos tales llamados fenicios, que florecieron en tiempos del rey que rabió, trasegaron, en época lejana, las montañas de todos los lugares adonde sus atrevidas naves los condujeron, hasta dejarlas convertidas en embudos.

Por la misma pícara tradición sabían los palmeños que las artimañas de esos señores fenicios, propagadas entre otros pueblos, se transmitieron como mala semilla de generación en generación, llegando a producir, en nuestros días, una abundosa cosecha de buscadores de oro, sólo igual a la de microbios en un pantano.

De sus profundos conocimientos de la historia de las conquistas del mundo, venía el tesón con que los palmeños acostumbraban poner la cruz a todo lo que oliese a extrangis, y ni respondían al impertinente catecismo de los transeúntes, ni menos los invitaban a pernoctar en el lugar, y, por lo mismo, tampoco consentían que se fabricase en su recinto ni buen hotel, ni pobre mesón, ni menguada hostería. Y como los viajeros fuesen mal mirados cuando cruzaban por las calles fisgando todo, cual si quisieran llevarse de ello el retrato en los ojos, las riquezas del suelo eran vigiladas noche y día; por lo que los vagabundos extranjeros que acertaban a pasar por allí tenían que seguirse de largo, con su cansancio a cuestas, y lo que digo de cansancio quede entendido igualmente del hambre y la sed. En que ningún forastero había de pasar la noche en Las Palmas, los palmeños todos estaban acordes.

El judas de la comunidad lo fue Severiana, o la Severiana, como solían llamar allí a una gachupina de pelo en pecho, pizpireta, graciosa, de corta estatura y ojos muy decidores; oriunda de Burgos donde un peón camisero la había recogido del lecho de su madre moribunda.

Huérfana, había crecido a la merced de Dios, como los cardos del monte: erizada, fuerte, salvaje. Al cumplir catorce años, el peón la puso a servicio en una familia de alemanes que no tardaron en emigrar a América llevando consigo a la rapaza.

Se establecieron en Cuba.

Cuando la resaca deja sobre las costas del Golfo de México, los organismos podridos en que abunda, muchas Severianas desembarcan en Veracruz, muchas vergüenzas nos encienden las mejillas, mucho lodo nos salpica. En una de esas marejadas, la Seve de mi cuento, como la llamaban familiarmente en el lugar, quedó arrojada en las arenas de nuestro primer puerto, en días aciagos para la nación. Fue en tiempo de la guerra con los americanos.

Por aquellos días, un rico heredero del Estado se prendó de la recién llegada con ardor tal que, sin distingos ni reparos, por conquistarla, dio al traste con su hacienda y votó al demonio el respeto social, el decoro y cuanto Lucifer puede requerir de un mozo insensato. Descendió grada a grada, la escala entera, siendo su mentecatada final la de mudar de nombre, y con otro supuesto, se unió en matrimonio a Severiana. Él se hizo nombrar Desiderio.

Desde el día de la boda, Desiderio como todo pobre diablo que pierde los estribos por las hembras desalmadas, se dejó gobernar por su mujer, y así, obedeciendo él y mandando ella, aparecieron los dos en Las Palmas, donde sentaron sus reales: de prendera ella, de parásito él.

A poco, por el oficio que desempeñaba, le aplicaron el apodo de Mercadela el cual alternaba con el de la Seve.

Después de varios años de residencia en Las Palmas, llegó el matrimonio a poseer algunos centenares de pesos, arrancados por medio de la usura a los palmeños, quienes ya no tenían siquiera cara en qué persignarse. Este dinero ensangrentado y empapado en lágrimas, pudriéndose en la hucha, un día de recuento, puso en la sesera de Severiana la idea de establecer en el lugar lo que los palmeños más detestaban: un mesón. Pero alzándole pelo al proyecto, por el riesgo que semejante cosa aparejaba, la Seve, como quien quiere vivir en paz y morir en su cama, mejoró su plan determinándose a no llevarlo a cabo en el recinto de la aldea, sino en las afueras, rematando para el efecto un cacho de tierra labrantía que le habían ofrecido por salir de él.

Y así se realizó.

Verificada la operación, la prestamista fue a recibirse de la finca y sus anexos, examinándolo todo con minuciosidad de agiotista. Los terrenos, por abandono de su dueño, habían sido invadidos por la hierba; la casa empezaba a desmoronarse, clareada como lo estaba por las balas norteamericanas, las mismas que habían echado por tierra, acribillado y sin vida, al amo de aquel predio.

Pagada la mezquina suma que a Severiana le dio licencia de sacar de un hoyo, su avaricia siempre en creciente, se puso mano a la reedificación.

Los herederos del patriota, antes que pensar en deshacerse del montón de gloriosas ruinas empapadas en la sangre de un valiente, habían abandonado el solar a las rudezas del tiempo. El esqueleto de la casa solariega daba pavor: montones de piedras aquí, brechas allá, matorrales y triste parietaria por todas partes. Con todo, sin moratorias ni regateos, entregaron a la prestamista la casa paterna, como antes, sin resistencia, se habían ya dejado arrancar por la brava hembra, a tiras el pellejo.

No tardó la Seve en trasladarse a su nueva habitación. A su mandato y bajo la égida de su ojo avizor, dos peones de esos que en el lugar llaman barateros, dieron comienzo a reparar la vivienda. Se resanaron las paredes, se cerraron brechas, se cegaron fosos; de palitroques se armó una gran cerca, rodeando la casa, y, en pocos días, con su sala, su cocina, su bodega, su corralón y su cuadra, quedó levantada en pie, al borde del camino real, la VENTA DEL CHIVO PRIETO.

El nuevo trato prendió, como le prendía a Severiana todo lo que inventaba. La usurera determinó entonces añadir dos habitaciones en el piso alto, para hospedaje de viajeros acomodados, con la perversa intención de darles en el chollo a los palmeños que tanto odiaban a los huéspedes.

Uno de los mencionados cuartos del piso alto, llegó a cumplido fin; pero el otro se quedó a medias, por haber empezado de nuevo el diablo de la avaricia a hacer comezón en las entrañas de la mercadela. De ahí que permanecieran al descubierto, para sécula sin fin, las pilas de adobe, y el andamiaje tendido precisamente sobre un cobertizo de tablas de tripa, que había sido menester levantar a uno de los costados de la casa, para sombrear las caballerías.

Ajuareada la casa con mesas de oyamel y bancas de lo mismo, patizambas, en las que por obligación hacían sube y baja quienes en ellas se sentaran, se abrió la venta al público.

Al principio escaseó la parroquia. Apenas llegaba por ahí

uno que otro sediento, buscando a remojarse el gaznate, y pasaba de largo; o tal cual hambreado que no conseguía calmar su necesidad con el trozo de queso rancio, la tira de cecina asada, como cuero de dura, y el zoquete de pan enmohecido en que ni los ratones hubieran podido meter diente; pero, a la larga, era de verse la reata de bestias de carga que, como rosario, llegaban aguijoneadas por sus fieles verdugos, los arrieros, pujando bajo el peso del carbón de madroño, las vasijas de barro o las frutas tropicales.

Para la mercadela era rato de inacabable recreo, ver cómo caía despatarrada, haciendo ridículas piruetas, alguna víctima de la banca coja. Soltaba el trapo a reír y era cuento de nunca acabar, pues hasta lloraba de la risa.

Sobre la puerta frontera, abierta precisamente en medio de la sala, un pintor de ollita había afirmado el enorme cartel en que, en combinación, unas letras y la figura de un macho cabrío expresaban el nombre de la Venta, y a entrambos lados del rótulo, sendos letreros decían:

PASTURAS, POSADA PARA ARRIEROS, CORRAL
PARA CARROS Y BESTIAS.
CENAS, FORTAS COMPUESTAS, PUCHAS, RODEOS,
QUESO Y AGUARDIENTE.
PAJA Y CEBADA

En letras de otro carácter, encerrada entre manecillas y admiraciones, remataba cada lista, la siguiente advertencia:

¡¡NO SE FÍA!!

Dale que dale aparejando acémilas y ensillando caballerías, Desiderio, el mentecato que había tomado por esposa a la usurera, vio transcurrir los días de varios años, contemplando la salida del sol, bañándose en las rosadas tintas de la aurora o en el ropaje gris de la tarde, al ponerse el astro. Indiferente a los cuadros bellos de la Naturaleza, atendía solamente a cercenar en el pesebre el forraje, pues al dedillo sabía que como diese a las mulas la mitad siquiera de la pastura cobrada en el mostrador, o no mojase la paja, o se le pasara mezclar serrín con la cebada, tendría que habérselas con su costilla.

Cierto es que Desiderio se había hecho más bestia que las bestias que alimentaba. Cediendo a los instintos sensuales, había consentido en voluntaria degeneración y permanecía indiferente a todo, excepto al cariño de su hijo, único fruto de aquella monstruosa unión.

    Desiderio era manso en presencia de su mujer; no osando levantar los ojos cuando la Severiana amanecía de mal talante, prefería escabullirse por los rincones. De que a ella le diera por refunfuñar, ya andaba el mandria del marido con pisadas de gato. Cerraba las puertas con tiento y hablaba quedo para no provocar a la fiera, temeroso de que el niño, el hijo de los dos, se despertara con el griterío de la riña.

    El niño era ya un mocetón fornido, a quien decían Máximo; amábanlo los dos con vehemencia y se disputaban sus caricias, causándose mutuamente celos. Máximo era una cadena de flores enlazando dos fieras salvajes.

    Digan lo que quieran los sabios y discutan cuanto gusten y manden echándose por la cabeza sus tratados de fisiología y psicología, de biología y sociología, por razones inexplicables a la ciencia, era Máximo tan cabal de alma como de cuerpo. Ustedes lo creerán o no; pero, sea dicho con perdón de la ciencia, en la que delego la tarea de descubrir los *porqués,* haciendo la vista gorda a la maliciosa sonrisa que adivino en los labios del lector, he de declarar sin rodeos que Máximo era un santo. En generosidad y abnegación no había quien le arrebatara la palma; y si del Colegio de Puebla, donde sus padres lo pusieron a educar, sacó amplios conocimientos y modales atildados, no perdió por ello ni la sencillez rústica ni el aire franco de quien crece apartado de los centros sociales.

    Acabada la escuela, Máximo tornó al hogar, si así puede llamarse al cubil de dos fieras, y desde entonces la usurera se convirtió en idólatra de su hijo. Para Severiana, él lo llenaba todo: ideal, amor, deber, religión, patria.

    Poque Máximo había nacido en México, la mercadela fusiló, desde su ventana, a más de un francés fugitivo, cuando la guerra de intervención, pues quería que la patria de su hijo estuviese limpia de invasores. Porque Máximo escapara de las fiebres primaverales que diezman a los niños, en las tierras del trópico, aquella bestia humana había doblado las rodillas, con verdadera humildad, y pedido a la Virgen salud para el pequeño, ofreciendo, como muestra de gratitud, el mejor collar de perlas que tenía. Para que Máximo disfrutara de holgura y de todo aquello que se puede comprar con dinero, la usurera había corrido de sol a sol por las aldeas cercanas, vendiendo chácharas, prestando a rédito, despojando de lo suyo a todo bicho viviente, sin que la ruindad de estos hechos le dejase la más angosta sombra en la conciencia.

De los goces el más inofensivo es soñar, y a ése se entregaba con ardor la mercadela, en ausencia de su hijo. Soñaba verle rico, poderoso, ocupando alto puesto en la administración del país; siempre mimado, siempre venturoso, aunque célibe, porque eso no, la celosa madre no capitularía jamás con que le arrebatasen el amor de su Máximo.

Pero turbaba sus sueños un malestar constante. El presentimiento de un infortunio inesperado amargaba el alma de la prestamista, y durante las momentáneas ausencias del mozo, a quien no dejaba en paz ni a sol ni a sombra, de miedo de que algún accidente le aconteciese, a la infeliz se le ponía el cuerpo crespo de horror. Niño, le había preservado del aire, de los rigores del sol, de las pedradas de los otros chicos, de la palmeta del maestro y de la corrección paternal; cuando mozo, le cubrió de amuletos, le llenó de reliquias, le colgó del cuello escapularios y medallas, y ni en los días de mayor afán dejó de encomendarse a todos los santos para que le conservasen al hijo ileso.

Por no concitarse la desestimación de Máximo, la mercadela se refrenaba cuanto podía, en su presencia, y no conociendo de tal cómo era de villana, el hijo veneraba tanto a la madre que sin vacilación habría arrancado la lengua al osado que se atreviese a cualquier desmán en contra de Severiana.

Mirándose los dos el uno en los ojos del otro, habían hecho vida de familia dos años largos, desde que el mozo regresó del colegio.

Máximo se aburría. Allí en Las Palmas, no tenía amigos de su clase ni sociedad culta que sustituyese la de los camaradas de escuela, quienes, una vez terminados los estudios, se habían marchado a sus hogares respectivos, aquí y allí diseminados por el país. Severiana no permitía a su hijo labrar la tierra porque no se le estropeasen las manos; ni le permitía dedicarse a ocupación alguna en la ciudad, por no volver a separarse de él. Como saliera el joven de los dominios de la Venta, siquiera fuese por breves instantes, ya andaba la Seve con el Credo en la boca, aturdiendo a la Corte celestial con padrenuestros y avemarías, y no había santo popular que se la pasara sin su lámpara de aceite o vela de cera, en cambio del milagro de devolver al muchacho sano y salvo a los brazos de la madre.

De mimos estaba Máximo hasta la coronilla: la vida ociosa

le causaba tedio, amortiguado solamente por la consideración de que todo su malestar provenía de la ternura, quizá exagerada, de Severiana.

Un día llegó por fin en que Máximo determinó romper con la monotonía de su existencia. Sacando Dios sabe de dónde, energía largo tiempo contenida, en tres o cuatro frases breves declaró a la madre su emancipación.

A la Seve se le vino el mundo a cuestas; pero la flaqueza maternal le ató la lengua, las manos, la voluntad y todo. Máximo se salió con la suya. Empezó a salir de caza o a la pesca de bagre, acostumbrándose pronto a permanecer ausente lo más del día. Hizo amigos en la ciudad. A veces andaba con ellos fandangueando con la guitarra, al pie de las ventanas de las muchachas de Las Palmas; otras se paseaba por el campo, a solas, trepando las montañas, encaramándose en los árboles más altos, o seguía por la vereda estrecha, a lo largo de los puentes de hierro del ferrocarril, para contemplar grandiosos panoramas. A medida que las correrías se prolongaban, Máximo ganaba fuerzas, y su sangre, antes abatida por la inacción, recobró de nuevo su vigor.

Pero la inquietud de la prestamista aumentaba en proporción del alejamiento de su hijo, a cuyo derredor veía ella peligros continuamente.

Rezaba sin cesar. Encendía velas a la Virgen para que librase a Máximo de ladrones imaginarios, de asesinos que jamás habían pensado en arrancarle la vida, de fieras que no existían. En su imaginación forjaba precipicios que no se parecían por Las Palmas, en varias leguas a la redonda, y bestias que sólo han vivido en el Apocalipsis. Las horas que Máximo pasaba fuera de la Venta marcaban siglos en el corazón de la Seve, sobresaltada siempre y en continua tensión nerviosa.

Amaneció un día de feria en Las Palmas. La mercadela, de pie, hecha estatua, con los brazos en jarra, en la puerta de la Venta, miraba desfilar el cordón de gente endomingada y la cáfila de bestias cargadas de toda suerte de mercaderías, de esas que componen el regocijo y el tráfico de los pueblos en días de mercado.

Pensando en que Máximo, que ahora dormía quietamente en el piso alto, se empeñaría más tarde en ir al pueblo, lugar de cita de truhanes, jugadores y rateros, y que como mozo de pasiones violentas que era, volaría al peligro desaforadamente, ansioso de los goces de la juventud, la mercadela sintió calosfrío. La muerte, en acecho constante, podría venir, de un momento a otro, y segar en flor aquel arbusto lozano que sombreaba el corazón de una madre amorosa. Se tragaría la descarnada aquella tierna existencia henchida de promesas, aquella cabeza poblada de sueños. ¡Ah!, no podía imaginarse la Severiana de dónde sacaría ella el valor para tentar y sentir helado el corazoncito virginal de su hijo, ya palpitante a los primeros latidos del amor.

La pobre mujer se echó a temblar sintiendo que se le ponía carne de gallina. ¿Qué sería para ella la vida sin su Máximo? ¿Para qué habría entonces esquilmado, robado y exprimido sin misericordia a los pobres de todas las aldeas del contorno? ¿Por quién ayudaba ella sin chistar a la dura labor del campo, ahorrando el miserable jornal del peón, y se desencuadernaba en el grosero servicio de la Venta, y aguantaba la presencia de Desiderio, el maridazo, que era, como quien dice, lo que más odiaba Severiana, desentendiéndose de que a sus pies había depuesto él su fortuna y su vergüenza?

Ahogada en lágrimas se entró en la sala.

Sentados en el banco bailarín almorzaban a la sazón dos arrieros, cuyas piruetas no la movieron a risa. Recatándose la infeliz detrás del mostrador, como para ocultar un acto vergonzoso, púsose a murmurar avemarías, al tiempo que desgranaba las cuentas del rosario.

Desiderio, mientras tanto, en el corral, de pie junto de un hoyo recién abierto, acababa de desenterrar un chivo en barbacoa que debía llevar a la feria poco más tarde.

Máximo, que desde la ventana veía a Desiderio en su faena, le gritó, preguntando:

—Padre: ¿hay mucho alboroto por allá? Avísame de lo que veas, pues esta noche quiero ir a darme una vueltecita.

El hombre asintió, expresándolo a su hijo con un movimiento de cabeza. En tanto, la madre, que todo lo había oído, sintió un vuelco en el corazón y de nuevo se le llenaron de lágrimas los ojos.

Había sonado ya en Las Palmas la plegaria de las Animas, ahogada entre los repiques de las cuatro esquilas que el pueblo poseía y el restallido de millares de cohetes. Máximo, de pie contra la ventana, inclinó con respeto la cabeza en presencia de la Seve, para recibir su bendición, cual solía siempre, antes de salir de casa. La ventera se deshacía en llanto que su hijo secaba a besos, cuando no se le agotaba a ella, pues ya no tenía lágrimas que llorar.

En medio de bendiciones, hípidos y sollozos entrecortados, la mercadela decía: "Que te cuides, niño, que no pesques un tabardillo, ni te dejes desplumar en la ruleta. Mira cómo no te pillan la capa los rateros. Vamos, dame otro beso, chiquitín, y otro más. Cuidado con olvidarse de mis encargos. Conque, vamos a ver: no excederse ni en comer ni en beber; no andar a picos pardos; no meterse en callejones ni andurriales, y, sobre todo, nada de reñir, por nadita del mundo, ¡eh! Por nada, pichón, ¿me entiendes? Es mejor que no te apersones por donde se juega; pero si por desgracia fueres y te va mal, que no se te suba la sangre a la cabeza. Vuelve a casa en seguida".

—Madre, mejor no me esperes en la noche, porque puede ser que me quede allá, en la casa de los compadres.

—Bueno, bueno. ¿Sabes? Sí, sí, mucho mejor es que no te arriesgues a medianoche a los peligros del camino. La Petra te quiere bien, y en su casa no ha de faltarle nada. Dios te lleve con bien, vida mía, Dios te bendiga. Conque diviértete prudentemente y adiós.

Otra explosión de besos cortó las bendiciones de los labios de la Seve, y el mozo, al fin, se alejó de la Venta, silbando una danza popular.

Sentada en la puerta de su casa, se estuvo la mujer largo rato, pensativa, y tan callada que nadie hubiera sospechado que de sus labios brotaban plegarias inéditas que sólo las madres saben inventar, y en cuya eficacia, hasta los hombres más incrédulos, mientras son hijos, tienen fe.

El rumor de fuertes pisadas sacó a la devota de sus rezos. Alzó la cara y sus ojos de avara descubrieron, en el instante, la presa que el agiotista mantiene siempre en perpetuo acecho.

El dueño de aquellos pasos, saliendo de un tirón de las tinieblas en que momentáneamente le había sumido la rápida ocultación de la luna, espantó de la mente de Severiana la oración por el hijo ausente. Hasta se le pasó de la memoria que era madre.

La Venta estaba mezquinamente alumbrada, destacándose la luz del cuarto de Máximo, bastante esclarecido por una vela de cera y la lámpara del Santísimo.

El hombre de los pasos era mozo también, y apuesto y guapo. Traía bien visibles un par de talegas que, por el peso, parecían abundantemente provistas. Era administrador de un rancho no lejano, quien por estar recién llegado de España, su patria, y aún no familiarizado con aquellos contornos, habíase extraviado en el camino de la ciudad, de donde venía del cobro de una libranza para la *raya* de los peones. Perdido en los campos y en posesión de una fuerte suma de dinero que no era suya, había pasado muy mal rato y todavía, al acercarse a la Venta, no las tenía todas consigo.

Recobrado del susto, a medida que iba acercándose a lugar poblado, empezó a sentir ligera la responsabilidad que antes le había pesado como una montaña, y empezó a divagar.

Andando hacia la Venta, le vino a la memoria el recuerdo de la aldea, allá en España, se acordó de la anciana madre que había quedado, en el hogar, rezando por él; pensaba en la novia que le había prometido aguardarlo hasta la vuelta. Gozaba imaginándose el día del regreso, cuando hallaría brazos abiertos que le ciñesen el cuello, manos que se alzarían a bendecirle, labios que oprimiesen los suyos con ternura. ¡Cuántas preguntas le harían alternadas con apretados besos, y qué alegría la de él al responder a todo, y narrar sus aventuras de viaje, sus tristezas de ausente, sus esperanzas de repatriación siempre ennegrecidas por la nostalgia! Parecíale ver a las dos mujeres queridas que allá, al otro lado del océano, pronunciaban, con el alma entera, su vulgarote nombre, Remigio, bañándolo en lágrimas.

Llegó por fin.

Remigio pidió a la ventera habitación en que pasar la noche, alegando que temía ser sorprendido y robado por los muchos haraganes que la feria de Las Palmas había atraído.

A la Severiana, otro que no hubiera sido el forastero le habría leído la codicia en los ojos. Valiéndose de la suspicacia truhanesca que acostumbraba como arma defensiva, se hizo de muchísimos papeles y rehusó de plano el hospedaje. Pero Remigio, apretado por la necesidad, insistió en su demanda, alargándose hasta ofrecer generosa recompensa que, no sin pocos ruegos, le fue aceptada.

Servida que le fue, en la sala, la mezquina colación que la mercadela tenía siempre lista para los viajeros, Desiderio, guiando escalera arriba y echando luz hacia adelante, de la palmatoria que en la mano llevaba, condujo a Remigio a su habitación. Era ésta la estancia que ocupaba Máximo en el piso alto.

Desiderio arregló el lecho con sábanas limpias y se marchó, emparejando la puerta al salir.

Sin causa aparente, el forastero empezó a mostrarse inquieto. Apenas se quedó a solas, le entró cierto reconcomio inexplicable que en vano trató de someter a análisis racional. Por estar siempre soñoliento y cansado del trabajo del campo, en tierra tropical, no había escrito ni a la madre ni a la novia con la frecuencia que les prometió al partir. Eso ya merecía castigo, y como tal tomaba él la inquietud que le molestaba, refiriéndola a gritos de conciencia. Luego le pareció haber leído no sé qué aviesa intención, en los ojos de la ventera, cuando le había aquélla alargado un zoquete de pan más duro que un guijarro para acompañar a la cena. Entonces ya no pensó en dormir, sino en poner a buen recaudo el dinero que traía.

Temeroso de que le venciera el sueño, inter se resolvía al partido que tomar, acomodó las talegas debajo de la almohada. Se quitó las botas para descansar los pies, se persignó con reverencia y echóse vestido sobre el lecho.

Empezó a cabecear. La lámpara rechinaba paveseando, al contacto del agua con la llama, pues ya empezaba a faltarle aceite. La luz de la luna, atenuada por la presencia de sutiles nubes, se filtraba débilmente en la habitación.

Remigio dormitó un poco. No descansaba, sobresaltado como estaba y pensando en sueños qué haría. El rumor de las hojas, agitadas por la brisa de la noche, era bastante a hacerle sacudir nerviosamente, y le espantaba el chirrido de los insectos nocturnos. El cansancio se había enseñoreado de sus huesos y por momentos le bajaba a los párpados, más y más pesado, el sopor.

De repente algo le hizo saltar y se despertó muy azorado. El macizo andar de toscas plantas se dejó oír, ascendiendo por la escalera. Entonces el durmiente se incorporó. Por las hendiduras de la puerta penetró débil reflejo de la claridad que parecía atenuada a ratos, como si de intento la ocultasen. Los pasos se detuvieron y el aliento comprimido de alguien que no osaba respirar se advirtió claramente detrás de la puerta.

A éstas, Remigio se santiguó una vez más. Creyendo llegada su última hora, envió en hondo suspiro el último adiós a la madre y a la prometida, allá en España, y encomendó el espíritu al Señor. Tuvo de pronto ánimo para pedir auxilio, mas, convencido de que los de casa eran sus agresores y el gritar podía agravar su situación, se tuvo quedo y alargó el oído. Nada. Silencio profundo. Luego los mismos pasos sordos descendiendo hasta perderse en la distancia, extinguidos a poco en la apacible calma de la noche.

Remigio respiró: estaba salvado. Dijo en su corazón el *Ave María*, y, obedeciendo al instinto poderoso de la vida, calzóse con rapidez, recobró sus talegas y ganó la ventana en dos trancos.

Por el andamio, descendió al caedizo, y de éste, saltó al camino real con la ligereza que el miedo consentía. Cayó de rodillas, porque de susto se le doblaron las corvas al saltar.

Viéndose a salvo, luego de que se repuso del terror, espoleado por el miedo de que lo persiguiesen y alcanzasen, echó a correr desatinadamente a campo traviesa, sin volver el rostro hacia atrás.

Por la carrera, o por el miedo, el fugitivo no vio que otro hombre, un ladrón quizá, trepaba por el mismo tejado al mismo andamio que acababa de servirle a él de escalera, y penetraba quietamente en la habitación, de donde venía huyendo él aterrado.

El que escapaba desapareció a poco entre la sombría arboleda donde no llegaba jamás la claridad de la luna; el que se introdujo en la estancia, se desnudó sin ruido, acurrucándose bajo las sábanas como un pájaro en su nido, y cerró los ojos al sueño. Perdida la mente en deleitosos pensamientos y con el corazón regocijado por gratas memorias, no advirtió el desorden del lecho.

¿Qué había sucedido entretanto en la venta? Nada de extraordinario. Severiana, tentada por las talegas de dinero, determinó en un instante robar a su huésped. Una vez más el vil abridor de todas las puertas indujo a la mujer a olvidarse de su hijo, y la empujó hasta el crimen.

Se ha de decir en esclarecimiento de la verdad, que la usurera, ladrona, y todo, jamás había pensado en matar. Pero sobre la idea de delito, surgió la ambición; el deseo de que Máximo se convirtiera en rico, que viviese como un potentado, dichosísimo de estar apegado al amor de su madre y viajando en compañía de ella como gran señor. Con el contenido de las talegas y lo que la mujer tenía enterrado en un hoyo, en la trastienda, habría lo suficiente para que Máximo viese colmados sus deseos.

En un periquete la Severiana formó su plan de ataque y lo comunicó a su marido, de quien necesitaba para realizarlo, no como quien busca a entenderse con un cómplice, sino cual se manda a un esclavo en cuya obediencia se confía.

Oyóla Desiderio, con calma al parecer; pero cuando la Seve acabó de hablar, miróla su marido con despreciativa insolencia. Era la primera vez de su vida que se atrevía a tanto. Díjole resuelto:

—Yo no he matado nunca. ¿Por qué habría de hacerlo ahora?

—Te desprecio —respondió la mercadela hecha un energúmeno.

—Mira: tú me has hecho robar muchas veces, y he robado porque tú lo querías, mas sin tener ni inclinación ni voluntad; sabes que soy fuerte, que en llegado el caso, pondría de rodillas a un toro, cogiéndolo por las astas, cuando me diera la gana, y que puedo arrancar de cuajo, de un solo tirón, un arbusto recio; sabes que no soy un bruto, sino que, cegado por la pasión que me inspiras, me he degradado, me he envilecido, bajando hasta ti, desde mi esfera social respetada y respetable, como baja el rayo de sol a revolcarse en la charca inmunda. En cambio de ti, de tu persona que me enloquece, y de ese hijo amado de que me hiciste padre, te he dado todo, porque todo lo he perdido por ti: educación, familia, fortuna. Sí, todo, todo. Por amarte, mis padres me desposeyeron de mis bienes, dejándome sin herencia; por seguirte, me vi obligado a cambiar de nombre, porque se me hizo cargo arrastrar a tus pies el del hombre honrado que me lo dio con la existencia; sabes que por haberme enlazado a ti, con legítimos lazos, mi madre me borró de su corazón y se fue a la tumba sin volver a verme. Pues bien, todavía estoy loco por ti, todavía robo y me revuelco en la inmundicia por agradarte; pero matar, ni por ti ni por nadie. ¿Entiendes?

—Eres un miserable y te desprecio. Para lo que yo necesito de tu amor... Huiré de esta casa con mi hijo, con mi Máximo, cualquier día de éstos, dejándote solo. Solo, ¿lo entiendes?

—No mataré.

—¡Cobarde!

La mujer calló, pero lo que sus labios no articularon, dijéronlo sus ojos de réprobo.

Desiderio, indignado, adelantó hacia la puerta, donde la Seve estaba recargada. Ligera como el pájaro al que, por intentar cogerlo, le rozan las alas, escapó la mercadela del alcance de su marido, repitiendo con ira:

—¡Cobarde, cobarde!

—¿Huirías arrastrando a Máximo a seguirte? No, mujer, no; ni lo digas.

Temblando y bajando aún más la voz, enronquecida por la emoción, agregó el miserable:

—¿Y qué haríamos del difunto?

—¡Bah!, te ahogas en un vaso de agua: echémoslo en el hoyo del corral. Cuando de cada casa ha salido un chivo en barbacoa, ¿quién se extrañaría de ver, en un corral, un montón de tierra removida? ¿No estamos en días de feria?

—Bueno, dame un puñal. ¿Acaso tenemos puñal? ¡Si jamás hemos sido asesinos!

—Mira, mira: el cuchillo de la cocina tiene la hoja angosta, pero está acabado de afilar. Ayer precisamente... Pero dale bien y de firme; en la mera chapa del alma. ¿Entiendes? Una cosa a medias nos comprometería.

—Sí, sí, le buscaré el corazón, aunque sea al tanteo, porque el cuarto está a oscuras. Sin duda apagó la lámpara, para descansar mejor.

—Así me gusta; animoso, bravo. Toma la linterna sorda... Aquí está el cuchillo: ¡mira qué punta tiene! Sube con tiento.

Desiderio empezó a ascender. A medida que ganaba en altura, la razón se le entraba por la cabeza, alejando la idea del crimen. Llegó hasta la puerta de la alcoba; pegó el oído a la hendidura, pero no oyó. "Sin duda duerme —se dijo para sí—, yo no digo que no mataría a un hombre despierto, a uno que me hubiera ofendido, a un rival que me disputara a esta infame mujer que me empuja al crimen, a esta fiera que amo todavía como el primer momento en que la vi; pero a un hombre dormido, que, además, es extranjero y se recoge a mi techo y confía en mí... ¡Oh!, matar así no más, a un hombre indefenso, no, no jamás." "Horrible, horrible, horrible."

Y empezó a descender sin guardarse de hacer ruido.

Abajo esperaba la usurera con el alma en un hilo. Desiderio le mostró su debilidad, refiriéndole las consideraciones que le habían pasado por la mente. Entonces dio principio entre los esposos una riña tremenda: increpaciones, insultos soeces, bajezas de todas suertes. ¡Qué de secretos se descubrieron! Ambos a dos se arrebataban las palabras, subiendo el diapasón de la voz sin proponérselo; y entre el murmullo de las recriminaciones conyugales, se perdió el eco de las pisadas del fugitivo huésped, de Remigio que se alejaba a todo correr, y el eco de otros pasos vigorosos, los de un hombre que se encaramaba por el caedizo, hacia el estribo del andamiaje, y se colaba discretamente en la habitación que había estado a punto de ser teatro de un crimen.

El que entró, se arrojó en el lecho sin desvestirse, se arropó y, cubriéndose la cara con el embozo, siguió gozando en sueños con el recuerdo del baile de donde venía; de la verbena donde había pasado horas de deleite y de amor. No tuvo tiempo de pensar en la sorpresa que llevarían sus padres cuando le viesen allí, muy de mañanita, porque el sueño le retozaba en los párpados. Muy pronto se quedó como piedra.

Abajo había dado fin el altercado. La bestia humana, sobreponiéndose de nuevo a su miserable cómplice, le empujó a subir por segunda vez, armado de cuchillo y linterna.

El menguado no había podido soportar la idea de ser abandonado por los dos únicos seres que le hacían tolerable la vida de abyección.

Con mucho tiento, abrió Desiderio la puerta; deslizándose, avanzó hasta el lecho y escuchó. La respiración sosegada del durmiente levantaba el embozo de las cobijas, con movimiento rítmico, marcando el lugar del corazón.

La lámpara, falta de aceite, se había extinguido por completo, y apenas la escasa claridad que permitía la luna dejaba entrever los objetos que en ella había.

Desiderio contempló el bulto de la víctima, midió el golpe y levantando y blandiendo el cuchillo, lo sepultó con hercúlea mano en el pecho del infeliz.

Quedo, muy quedo, llamó a su mujer el asesino, y los dos procedieron a bajar el cadáver, chorreando sangre, para arrojarlo al hoyo del corral. En el mismo sitio donde poco antes había estado el chivo en barbacoa, echáronle sin preces y sin lágrimas. Iba Desiderio a empezar a trasegar la tierra, cuando a Severiana le vino al magín otra idea perversa: despojar al muerto.

—Aguarda —dijo al hombre—, ¿si llevara al cuello alguna joya por donde pudieran descubrirnos?

—¿Quieres decir que registremos el cuerpo?

—Claro. ¿Hemos de ser tan bestias que le enterremos con las alhajas de valor?

—Haz lo que quieras.

Severiana arrancó la sábana del rostro del muerto. La luna, bogando en todo su esplendor por el cielo enteramente despejado en aquel instante, descendió indiscreta y amorosa a besar los labios de Máximo que la muerte había sorprendido sonriendo en sueños.

Saint-Louis, Missouri, diciembre 24 de 1902

LA GOBERNADORA

Era graciosa y más linda que el pecado, por no decir que el pecado mismo. Era la mayor de cuatro primores de la Naturaleza, cuatro hijas de una mujerzuela que pensó en explotarlas apenas salieron del cascarón. Se llamaba Estela.

La madre, una hembra hermosota, producción de un feliz cruzamiento de razas, no apechugó con las desabrideces de la viudez y se malvendió a varios tunantes pobretones que jamás la sacaron de apuros. Así no salió de penar, hasta que sus chicas llegaron a la edad de merecer.

Cuando Estela cumplió los quince, la suerte empezó a sonreír a la desalmada viuda, quien supo coger la ocasión por los cabellos en la persona del gobernador.

Dicho personaje, aunque general y todo, era, a secas, un mentecato. Carecía de cultura, de educación, de principios, de aspiraciones. Ya sesentón, después de sacarle el jugo a su vida, en acuerdo con sus inclinaciones sexuales, habiendo amasado una puerca fortuna, no tuvo que pedir a Dios sino descanso para la vejez. ¡Y qué descanso! Sentarse en algún puesto público de buen medro. Dios lo oyó, concediéndole el gobierno de un Estado, en la región cálida.

El brigadier-gobernador había pasado la vida de sus sesenta años sin descubrirse una cualidad sola, aunque a montones las tenía. Despedía bondad por los poros, sin saberlo: como las estrellas despiden fulgores.

En su carrera militar contaba hechos heroicos, inconscientes de sí mismo. Para él el valor era cosa de su temperamento, y no comprendía que nadie pudiese ser cobarde. El miedo al peligro conceptuábalo dolencia individual y pasajera, como el vómito negro, o la pulmonía. De ahí que en las luchas extranjeras y nacionales que afligieron y ensangrentaron a la patria, el gobernador-brigadier hubiese recorrido con gloria todos los grados subalternos.

Su flaqueza había sido procrear: once hijos naturales le debían la existencia. Don Policarpo —pues tal era su nombre— se recreaba en su prole, como un patriarca. No habría sido tan fecundo si le hubieran impuesto la obligación de colonizar el desierto, bajo pena de la vida.

Por donde había acampado el regimiento, en cuyas filas formó en los comienzos de la carrera militar, quedaron a merced de la Divina Providencia una o dos mujeres en vía de maternidad, para perpetuarle su estirpe. En eso se parecía el gobernador a otros muchos militares; pero en lo que disentía de ellos, era en que en vez de dejar a las madres desamparadas y huérfana la prole, daba él su nombre a los hijos y enviaba mesadas a las mujeres.

Estas, agradecidas del comportamiento inusitado del seductor, ni lo malquerían, ni se quejaban de él. Con el tiempo llegaban a ufanarse de haber dado con él y asegurado con firmeza la torta del porvenir.

El mundo capitulaba también, con el estado de cosas; y a medida que la familia menuda de don Policarpo crecía, iba él ascendiendo en el escalafón. Adquirían los hijos mayores empleos lucrativos; los menores eran mimados en las escuelas donde concurrían a desbastarse el intelecto.

De los vástagos mayores de don Policarpo, unos eran conocidos en sus respectivos pueblos por los hijos del teniente otros por del capitán, sirviéndose del nombre del grado que tenía su progenitor cuando fueron sacados al mundo. Asimismo, los otros eran designados por hijos del *mayor*, del *coronel* o del *general*.

Pero hijos del gobernador no los había. Ninguna mujer pudo vanagloriarse de haber despertado en don Policarpo cariño tan sincero como Estela. Por ella dobló el general el hombro a la santa cruz del séptimo sacramento. La vida fue enseñándole un camino de noble mira que él siguió sin darse cuenta, llevado por instinto y no por principios morales de que estuviese consciente.

Jamás se supo que el general, en el primer puesto del Estado, se revolcara en el fango del deshonor. No metió las manos en el erario; no hizo reparto de empleos entre sus parientes; no premió con sinecuras la adulación. Ni se inclinó al cohecho, ni se hizo llevar, para que los firmase, los pliegos oficiales a las casas de amantes. ¿Su antecesor en el gobierno, no daba audiencias oficiales en las casas de asignación?

Su gobierno se había desarrollado natural y pomposamente de las circunstancias, a la manera que de una viga podrida, arrinconada en el corral, brota un hongo lozano y saludable.

El gobernador había comenzado su era de rectitud, recogiendo bajo su amparo a aquellos de sus hijos naturales que más lo necesitaban, sin privar de auxilios y consejos a los que ya campeaban por su respeto. "Esos tienen ya los colmillos duros y no han menester de mí", —decíase don Policarpo para su capote.

Con Estela por mujer y los hijos de varias madres, se formó don Policarpo un hogar en que ser feliz. Lo era más que todo por la satisfacción de haber arrebatado a las celestinas una víctima: Estela. Una de esas bribonas, con anuencia de la madre infame, Coralina, había ido a ofrecer al gobernador a la hermosa criatura. El supo despachar a la perica a la tal por cual; se acercó a la madre-monstruo, y tras agasajarla con algunas dádivas, le pidió a Estela en matrimonio.

Si Estela vio solamente la mano tosca y morena de don Policarpo, como una mano salvadora, o si con sagacidad femenil alcanzó el lucido papel que de gobernadora puede hacer una muchacha hermosa, baje Dios y lo diga. ¿Quién penetra en las reconditeces de un pecho de mujer?

Fue la boda. Estela hizo su entrada de esposa del gobernador, precedida de la charanga del Estado, la cual, desafinada y todo, alegraba cuanto podía. Recibieron a la recién casada bajo de arcos triunfales, y adornaron las calles de su tránsito con gallardetes y cortinas que sólo salían del ropero en honor de algún santo morrocotudo y de mucha veneración por aquellos contornos.

El viaje había sido penoso. Arrellanada en una poltrona ligera que dos indios llevaban en hombros, todo fue montañas arriba y montañas abajo, desfiladero a la derecha desfiladero a la izquierda; pero la ilusión de figurar, el sueño de la posición hicieron llevaderas las penalidades del camino. ¡Qué diferente fue el regreso! Había fallado la reelección de don Policarpo, iba el pobre a ser arrinconado y olvidado en la covacha donde se almacenan hoy día los que fracasan en política: el Senado. Fue todo una crujía. ¡Qué alcaldes con vara en mano y discurso en boca habían de salirle a un ex gobernador, a marearle con zalemas; ni qué serenatas de las murgas aldeanas, ni qué otro séquito que el de los arrieros que guiaban y los burros que cargaban los bártulos!

En las cuatro paredes de una modesta vivienda de vecindad se encerró don Policarpo a vegetar. Castigábalo la reuma, agobiábalo la amargura del fracaso en su vida política y la vejez. Con todos estos alifafes y desabrideces, encerró también dos vidas lozanas y ávidas de alegría y de libertad; dos gérmenes de Primavera: la esposa en gloria de la edad y uno de sus hijos que el impenitente pecador había sacado al mundo, allá en tiempos de sus campañas militares. Fue uno de tantos errores cometidos por el egoísmo inconsciente de los hombres. Estela fue el fuego y Efraín la estepa de que habla el refrán; el diablo, Coralina, la madre-monstruo. Vino a soplar con su mal ejemplo y su ambición, con sus instintos depravados y su lascivia de hembra. Surgió la hoguera.

¡Qué escenas se suceden en el hogar del viejo senador! ¡Qué de cosas presencia, miserable y enfermo, desde la poltrona donde al fin lo encadena una parálisis parcial! ¿Quién juzga de los hechos de honor del general, de la probidad del gobernador, de la lealtad caballeresca del amante, del cariñoso padre de familia? ¡Y si en vez de dar a Estela su mano, la hubiera reducido y puesto en la vía inacabable de la prostitución, vaya que algún castigo hubiera merecido; pero ¡Señor! ¡Señor!. . . Don Policarpo a los ojos de todos había sido siempre bueno: deliberadamente, sólo había hecho beneficios, y del mal causado no tuvo nunca conciencia.

Don Policarpo quiso apartar a Estela de la prostitución a que su madre la destinaba, haciéndola su esposa; pero ella no tuvo otra mira en el matrimonio que hacerse gobernadora.

¡Ah!, ¡gobernadora!

HEROÍNA DE MIEDO

A Casimira le amaneció el gallo suelto, el domingo de Resurrección. El gruñido con que respondió al saludo matinal del amo, el ceño adusto que le puso cuando aquél le mandó que le entregase pronto el chocolate, y, por último, el silencio en que se encerró a todas las preguntas de la señora era buena muestra de que la cocinera, ordinariamente festiva y locuaz, estaba ese día de moña tuerta.

Había razón, Casimira, aunque de origen humilde y baja condición de criada de servicio, tenía nervios como todo el mundo; y aunque, en aquellos tiempos, no se conocían de nombre la neurastenia y la neurosis, dichas plagas abominables existían, mostrándose, solamente, por sus resultados: *mal humor, moña tuerta, catoche*, etc. ¡Qué de variada no es la cáfila de frases para dar a entender que una persona está con poca gana de que le hablen y se metan con ella! Tanto don Pedro Ordóñez, como su mujer, doña María Antonia, se hacían cruces de lo que le pasaría a la cocinera; y ambos la miraban solamente con el rabo del ojo, porque la respetaban y amaban, a la vez que temían hacerla enojar.

Casimira había criado a don Pedro en sus brazos; tratábalo de tú a tú, y lo regañaba, sin parar mientes, cuando lo creía justo. "Que andas siempre corriendo y te fatigas; que sales de sopetón a la ventana, cuando estás pegado a la vela; que te quitas el sombrero en el aire." La cocinera no entendía que su amo ya no era Periquito, el que se pellizcaba las narices, sino un mocetón de veintidós años, recién casado, y con empleo de escribiente de a cincuenta pesos, en el Gobierno del Distrito. Cuatro meses hacía que don Pedro había dicho a la fámula: "Casimira, en tus manos pongo a mi esposa y mi casa: tú sabrás cuidar de todo lo que es mío. María Antonia, como jovencita que es, no tiene experiencia; pero es dócil y se dejará guiar de tus consejos. Que me la cuides, como me cuidaste a mí, ¿eh?"

María Antonia, acostumbrada a que la juzgasen humilde, y sabedora de que la mansedumbre y la irresponsabilidad eran el galardón a que debía aspirar la mujer, mostrábase sumisa en todo. Acataba con respeto las órdenes del marido, como con respeto había obedecido fielmente las de sus padres; pero en su interior, la joven esposa se rebelaba contra el papel de borrego que el sexo le imponía. Pensaba humillante que la mujer fuese inferior al hombre e irresponsable de sus acciones. A lo menos, ella veía, en su propio pensamiento, una irradiación sobrenatural, y sentía tener alas, en vez de brazos. Alas, sí; pero cortadas y entumidas, ¡Ay!, si se las dejaran crecer, ¡qué lejos y qué rápida volaría! María Antonia esperaba pronto verse con un hijo en los brazos, antes de cumplir diecisiete primaveras. Al hijo sí que lo enseñaría a ser responsable y libre, aunque fuera del mismo sexo inferior y apocado que a ella le había tocado en suerte.

El mal humor de Casimira no tenía una causa, sino un rosario de causas. A una mujer de orden y costumbres decentes, como ella decía ser, no le puede gustar que la lleven a ver camorras de léperos, que acaban siempre con sangre. Don Pedro, quien, como todo buen casado, durante la luna de miel condescendía con los deseos de su mujer, aunque éstos fueran contra las propias convicciones, había consentido en ir el Sábado de Gloria, a Santa Anita, haciendo que la criada vieja los acompañara; como para que los años y experiencia de la cocinera prestasen sombra al joven matrimonio. ¿Y qué había pasado? Lo de siempre: indecencias, exceso de embriaguez y cuchilladas. Esto, tras el sermón de Pésame de la víspera, tan elocuente y conmovedor; esto, dos días después del horrendo asesinato de don Juan de Dios Cañedo, en el Hotel de la Gran Sociedad, mientras que un huracán inusitado arroja las chispas del incendio, de carrocería a carrocería, por las calles de Nuevo México: esto era bastante a sacar de quicio el sistema nervioso mejor equilibrado.

Casimira continuó amordazada hasta la hora de salir al mandado. Se podía barrer la casa y fregar los trastes con el pico cerrado; pero no salir a la calle sin avisar a la señora para que atrancara bien el zaguán, tanto más, cuanto que tenía que quedarse sola, por un par de horas.

La cocinera, haciéndose violencia, al bajar la escalera ese día, dijo: "Ahora, niña, enciérrese usté bien con llave y tranca, no sea que se vaya a meter alguno y le tuerza a usted el pescuezo. Luego no podrán echarme a mí la culpa".

Era la vivienda de don Pedro Ordóñez una de esas de la plazuela de las Vizcaínas, llamadas accesorias "de taza y plato". Formaban parte del Colegio de la Paz, al cual daban renta; pero quedaban de éste completamente incomunicadas y aisladas entre sí. El nombre de *taza y plato* les venía, por estar compuestas de dos partes; la una encima de la otra: el plato contenía el zaguán y la escalera; la taza, una sala minúscula, una recámara menor todavía, y la cocina, donde apenas cabía la cocinera. En la sala de los Ordóñez, ocupaba puesto principal una mesa tortuga, adornada con floreros y muñecos de porcelana de Dresde, unos vestidos de Corte y otros de aldeanos. Tres veces al día quitaba Casimira los cacharros de la mesa y la carpeta de China bordada a colores vivos, para extender el mantel y poner el servicio de desayuno, comida y cena. Durante esta cotidiana tarea, acostumbraba la buena mujer advertir a su señora de los peligros del mundo, ilustrando con mil consejas y ejemplos los hechos nefandos de que quería librarla. "El niño me ha entregado a usté —decía—, y yo me creo obligada a prevenirla de todo lo malo para que no se crea usté del mundo y se cuide; porque el Enemigo nos acecha por todas partes, para perdernos."

En sus filípicas a María Antonia, Casimira repetía verbalmente trozos enteros de los sermones a que con frecuencia asistía en la vecina iglesia de las Vizcaínas.

María Antonia oía a su criada con sumiso respeto, más por sus años que por sus conocimientos y experiencia. Ella no conocía el miedo ni de vista. No podía figurarse cómo pudiera existir quien causara mal a otro, sólo por complacencia. —¿Quién me ha de hacer daño a mí, sin que le provoque y le ofenda? —pensaba la inocente criatura. Pero, no obstante su parecer optimista, obedecía fielmente a los consejos de la sirvienta.

Estaba a punto de sonar la Oración, cuando Casimira, entrando de la compra de la tarde, *toda encandilada*, como ella decía siempre que no distinguía claramente los objetos. Por lo mismo, no echó de ver que, junto a la puerta de la accesoria, había un bulto agazapado, el cual se escurrió dejando el paso libre a la fámula. Llamó ésta el zagúan, dando tres veces con la palma de la mano, como era la señal convenida; y antes de que María Antonia bajara a abrir, don Pedro se personó. Ambos se cambiaron palabras de salutación y hablaron de bagatelas. En éstas, se abrió la puerta, cerrándose instantáneamente tras de amo y criada.

A la cena, que era muy frugal en la casa de Ordóñez, seguía una escena de mimos entre marido y mujer, con la que don Pedro acostumbraba endulzar a su cara esposa la soledad en que solía dejarla noche a noche, mientras él iba a desaburrirse en alguna tertulia de amigos o en el café. "Voy a saludar a mi madre —decía—. La pobrecita me tenía como único compañero, por la noche; pues ya sabes que papá es algo trasnochador. Desde que me casé, se le hace muy triste la soledad. Tú me tienes siempre por tuyo, picarona; mientras que ella, la pobre. . ."

Don Pedro se iba primero a la casa de la *pobre*, a la cual decía invariablemente: "Vengo a darte las buenas noches y un beso; porque *ésa* es muy miedosa y se ha quedado solita. Te manda recados". Y se iba a sus entretenimientos sin acordarse más de la picarona *ésa*, sino hasta que daban las diez.

María Antonia esperaba, noche a noche, a su marido en el balcón, ya echada de codos, ya sentada en una silla de costura. Entretenía el tiempo haciendo recuerdos de ayer, pues su corta edad no le había permitido almacenar recuerdos lejanos. Fantaseaba. Veíase en el amplio corredor de la casa de vecindad, donde había crecido, y era todavía morada de sus padres, rodeada de sus hermanitos menores y tal o cual amiga de infancia, jugando a la momita, o cantando canciones románticas, al compás de la guitarra, o echando ojeadas al patio, a ver si columbraba a *aquél*. Aquél era ya su esposo: don Pedro Ordóñez.

Persuadida de que su felicidad era completa, y esperando ya al hijo que encarnara el amor conyugal, ya no satisfecho con anhelos platónicos, María Antonia no se daba cuenta de la melancolía que la asaltaba al volver los ojos hacia atrás, a los primeros años de su vida. No sabía a qué atribuir esa sensación de encarcelamiento que la estrechaba en el nuevo hogar. Era algo así como si la hubieran descoyuntado y quebrantádole los huesos; como si le hubieran hecho en la cabeza un agujero, y echándole, por él, la mar de telarañas. Para no llorar, cuando sentía todo esto, la joven esposa cantaba canción tras canción hasta que llegaba don Pedro. Entonces bajaban del brazo; ella y Casimira, a abrir la puerta, y a hacer al amo de la casa una recepción afable de bienvenida.

Esa noche María Antonia se sentía muy cansada: los huesos le dolían; los pies, que habían dado en hincharse últimamente, parecían querer reventarle.

Entre canción y canción, María Antonia, pensando descansar sus pies, calzándolos con las zapatillas de levantarse, fue a buscarlas a su buró. Al agacharse para cogerlas vio, a la media luz que permitía la delgada vela de sebo, un par de pies, toscos y descalzos, asomando debajo de la cama. De terror contuvo el grito que le subió a la garganta. Se agachó aún más, vio que los ordinarios pies pendían de un par de piernas, cubiertas de calzón blanco, y que éstas correspondían a un hombre, que, echado boca abajo, estaba agazapado, en acecho, debajo de la cama. Empuñaba enorme cuchillo. Era un ladrón, preparado al crimen.

María Antonia recordó que esa misma tarde Casimira le había dicho que no dejara de mirar jamás, dentro de la tinaja, antes de acostarse; pues en ella solían esconderse los ladrones, cuando preparaban un buen golpe. A la pobre muchacha se le quería escapar el corazón. Su primer pensamiento fue pedir auxilio, huir a la calle con su criada; pero, madurando su dictamen y sacando del miedo mismo el valor que se necesitaba para ser héroe, empezó a tararear una canción enderezada a la luna, de las muchas de esta suerte que eran boga de la época. Se calzó las zapatillas sin precipitación y volvió a su puesto, en la silla costurera, sin dar muestras de haber visto al facineroso.

Más de dos horas duró la espera. Las que María Antonia contó con las pulsaciones de su corazón, y el latido de sus sienes, no caben en un siglo. Sentía la lengua estropajosa y la garganta reseca y dolorida.

Cuando, a la exigua claridad del farol de la esquina, cuya candileja, alimentada con aceite de manteca, empezaba a parpadear, distinguió la esposa la silueta de Ordóñez, las lágrimas se le agolparon en los ojos. Pero todavía tuvo el valor de no dejarlas asomar y reprimir la emoción que la ahogaba. Mirando hacia abajo, gritó clara y distintamente: "¡Ah!, ¿ya estás aquí, Perico? Aguarda que ya bajo a abrirte. Casimira, la llave, que ya está ahí el señor. Vamos pronto, porque el pobre parece estar muy cansado".

Ama y criada bajaron, apoyada la una en el brazo de la

otra, como ordinariamente lo hacían. Casimira abrió la puerta. Antes de dar paso a don Pedro, María Antonia arrastró fuera de la casa a la cocinera. En pocas palabras refirió lo que ocurría. Don Pedro cerró la casa dejando al asesino en ella, y mientras las mujeres corrieron a la esquina a pedir auxilio del guarda, el marido se quedó de atalaya, al pie del balcón, para cortar el vuelo al asesino, caso de que intentase la fuga, descolgándose por él.

El valor del miedo es el que tiene mérito —decía María Antonia a Casimira, cuando la cocinera le recordaba el episodio del ladrón—. No es valiente el que desafía el peligro por desprecio a la muerte; sino el que, temiéndola, la confronta y la vence. ¡Cuando yo te digo, Casimira, que siento alas en vez de brazos y me creo capaz de empresas muy grandes! ¡Pero, tú, no me conoces, no me conoces!

¡Ay!, ¡si yo me decidiera a hacer lo que soy capaz!...

LA TÍA DE DON ANTONIO

De los catorce hijos que dejó al morir don Blas, Rodrigo y Blanca eran los que, entre sí, más tiernamente se amaban. Rodrigo era diez años mayor que su hermanita. Acostumbraba arrullarla en la cuna, cuando pequeña; ya mayorcita, la sentaba en sus rodillas para contarle cuentos, y, en las veladas invernales, breves para la chiquilla, pues debía marcharse a la cama desde temprano, Rodrigo ocupaba su tiempo y sus manos fabricando juguetes de cartón para Blanca.

Venían los dos de magostar en el soto, una tarde de otoño, cuando cierto inusitado movimiento, en la casa, y los lloros de la familia, les anunciaron que un accidente acababa de acontecer; don Blas había caído muerto de un síncope.

En cumplimiento de las odiosas e injustas leyes de la provincia española, donde esto sucedía, el hijo mayor heredó toda la hacienda del difunto.

No tardó éste en ir mostrando la puerta a cada uno de los miembros de la familia, sin exceptuar ni la madre ni la abuela.

De los hermanos varones, unos entraron a servicio, ya no teniendo padre que los redimiera. Emigraron a América otros. Las mujeres, que aún permanecían solteras, se derramaron también por el mundo, mal casándose las que pudieron hallar con quién y colocándose el resto, como criadas de servicio, en casas de nobles. Rodrigo, el más joven de los hermanos, mocito de catorce abriles bien floridos, con ensueños, aunque deseoso de hacerse arquitecto, tuvo que salir a aprendiz de hortera, en una tienda de Madrid.

Triste fue para Rodrigo despedirse de la madre y de Blanca. La niña no se daba cuenta todavía de lo que es un adiós.

Comenzó para el mozo la existencia solitaria, a la vez que la desilusión de haber truncado la carrera científica a que el porvenir le convidaba. Pero Rodrigo tenía alma grande; y el jarro de agua helada, que le había echado la suerte encima, no le iba a desmarridar. Sin perder de vista el medro, cambió de ruta y aparejo, y trabajó con fe.

¿Fueron la Providencia o el azar, los que le ayudaron a hacer fortuna? Vayan ustedes a saberlo. Los conocidos viejos decían: este hombre ha puesto una pica en Flandes. Pero lo que él puso, en vez de pica, fue una tienda mixta y eso, no en Flandes, sino en un lugarejo del centro de España.

Fuera de multiplicar reales, no hizo otra cosa durante diecisiete años. Guardaba en el alma tres anhelos: dar a la madre, agotada por el trabajo, buen reposo en sus últimos días, casar a Blanca, y casarse él también. De sus tres deseos, sólo echarse la soga al cuello le fue dado cumplir; pues para lo demás, la fortuna no vino a tiempo. Antes de que Rodrigo pudiese llamarse rico, la viuda de don Blas murió; y su hija pequeña fue recogida por una tía abadesa que, a los diecisiete años de edad, la hizo también abrazar el monjío. ¿Qué hubiera podido hacer la pobre en el mundo, sin ariete ni pariente? Tomó el velo. Ya no se llamó Blanca, sino Sor María de la Cruz.

Rodrigo lloró amargamente cuando lo supo; no había querido ser testigo de la ablución social. Oyó con aparente calma las menudencias de la ceremonia de profesión. Sólo cuando le narraron, con vívidos colores, la entrada de la doncella, pálida y temblorosa, por un ancho portal cuya pesada puerta se cerró para siempre tras de la nueva esposa del Señor, a Rodrigo le dio el corazón unos tumbos desesperados. Juró no volver a ver a su hermana, sepultada en vida, sino llorarla como muerta.

Llorar no es la mayor desgracia de los hombres: lo desesperante es su impotencia para evitar que los seres amados lloren.

Con el tiempo Rodrigo fue padre de numerosa prole. En las noches de invierno, solía sentarse a la cabecera del estrado y contar a sus hijos cuentos de magos y hechiceros, en los que todas las princesas y heroínas eran hermosas como Blanca, puras como Blanca, inocentes como Blanca. En cuanto a dichosas como Blanca, eso no: Blanca no podía ser dichosa, porque Dios no lo quiso.

Los hijos de Rodrigo sentían indiferencia por Sor María de la Cruz; pero a Blanca, la de los diecisiete, la adoraban al través de las heroínas de los cuentos.

Antonio, el mayor de los hijos de Rodrigo, era un chico desmedrado y un poco huraño, como convenía a su organismo enteco. En el colegio, donde le habían puesto de interno para hacer carrera (pues su padre deseaba realizar en su heredero el ideal en sí mismo frustrado), por lo seriote y lo seco, le trataban como a viejo. Cierto compañero guasón le llamó un día don Antonio, y don Antonio se le quedó, desde mucho antes que le apuntara el bozo. En una palabra: don Antonio era un espíritu viejo metido a empellones en el cuerpo de un niño.

De los hijos de Rodrigo, unos escuchaban con indiferencia las cartas que sor María de la Cruz les enviaba desde el convento, muy llenas de consejos sabios y exhortaciones en bien obrar; otros se aburrían, durante la lectura, y lo mostraban con bostezos y estiramiento de miembros cansados. Antonio estaba atento a cada palabra. Detrás de las cartas veía, en su imaginación, a una viejecita encorvada que las escribía y rezaba por los pecadores, anhelando atraerlos al buen camino.

Siempre cabizbajo y cargado de murria, don Antonio era insensible a los encantos de la juventud. No se percataba de las galas de la naturaleza. El presente nada decía a su corazón. En sus recuerdos de infancia descollaba la princesa de todos los cuentos: Blanca; y en las promesas de los días por venir, aparecía también la buena, la vieja tía monja, que rezaba por todos sus sobrinos y quería llevárselos, consigo, a la gloria.

Al cumplir don Antonio los diecisiete, se graduó de bachiller. Rodrigo, loco de contento, de ver a su hijo camino de lograrse, pensó darle como premio una visita a su tía monja. ¡Pues era viajecito, ir hasta el claustro de clarisas de San Francisco, distante del colegio dos días a lomo de mula, por llanuras áridas y resecas, apenas alegradas por los manchones de verdura que circundan las norias!

Lleno de curiosidad y asombro por lo que nunca se ha visto, el bachiller flamante empinaba el pescuezo, pocos días después, tratando de percibir, al través de triple reja, en la sala de un locutorio, oscurecida por la soledad y la tristeza, la forma de una mujer arrogante, fuerte y esbelta. El hábito grosero que la cubría no dejaba, ni con mucho, admirar el hermoso cuerpo que un artista hubiera deseado esculpir en mármoles y bronces.

Como remate de la grácil forma, un rostro peregrino, con esa palidez que provoca a los imberbes románticos, se doblaba, inclinándose con modestia. La mirada brillante de dos ojos calenturientos y escrutadores denunciaba el sentir vehemente de la monja por *algo* muy ajeno a las cosas del paraíso.

Habló la religiosa saludando a sus parientes. Se enteró de las circunstancias que motivaban aquella visita. ¡Tanto tiempo había olvidado Rodrigo a su hermanita del alma! El mundo estaba lleno de ingratos, de descreídos, de pecadores. Pero, qué gusto de volverte a ver! Gracias, por traerle al chico para que le conociese. ¡Tan aprovechadito y tan mono! Parecía increíble que aquel niño tan desmedrado fuese un mocito de casi dieciocho. *Mocito*, ésa era la palabra, porque a mocetón, vamos, a mocetón, Toñuelo no llegaría nunca.

Larga y sabrosa fue la plática al parecer; aunque, en el fondo, iba quedando un dejo de amargura. Poco o nada se mentó al mundo y sus falacias y engaños. Cuánto rezaba ella, sor María de la Cruz, por la dicha de todos, por su prosperidad, a fin de que pudieran servir de sostén a la iglesia, y asegurar la salvación. ¡El porvenir del alma! Sobre todo: ¡el porvenir del alma! ¡Edificante conversación!

Llegó la hora de partir. Sor María de la Cruz, sabedora de que Rodrigo venía preparado a donar mil pesetas al convento, rogó a su hermano que pidiese a la abadesa permiso para abrazar al niño, al chiquitín que jamás había conocido su tía hasta ahora. ¡Y eso, al través de la triple reja del locutorio!

Intentó Rodrigo solicitar lo que la religiosa le pedía. Fuera el ablandamiento de disciplina que hacen los donativos, fuera que el capellán del convento era de los de manga ancha, todo se logró al deseo.

El capellán y otro sacerdote acompañaron solemnemente a los visitantes hasta el umbral de ancha y pesada puerta que, en el fondo de un claustro, había. La misma que, diecisiete años atrás, no había visto Rodrigo cerrarse de golpe, a espaldas de Blanca, cuando radiante de juventud, belleza y alegría, la habían cercenado del mundo la superstición, la miseria y la injusticia de una ley catalana. Todavía, sin haberlo oído, sentía Rodrigo repercutir el portazo en el corazón.

Giró la puerta. Precedida de la superiora, apareció en el umbral sor María de la Cruz. Esperó firme, con la gravedad de un centinela que conoce hasta dónde puede, con derecho, adelantar el pie a la aproximación de sus parientes.

No se permitió a unos y otra más que una breve despedida. Pero sin que la monja descendiera el escalón que servía de límite, a la entrada del convento, ni los otros lo subieran.

Por más que don Antonio se estiró sobre las puntas de los pies, al abrazar a su tía, apenas llegó su frente a posarse sobre el corazón de la monja, cuyos latidos eran acelerados y desiguales. La mujer oprimió al muchacho, sacudiéndolo con rudeza; y con labios, que parecían brasas, le besó la frente, dejándosela empapada en llanto.

Al separarse, la monja parecía una imagen de cera.

El padre y el hijo salieron lentamente. Rodrigo, dando gracias y haciendo reverencias a los señores curas, mientras en sus adentros blasfemaba contra muchas cosas divinas. Don Antonio iba callado y pensativo.

Para el pobre bachiller, sor María de la Cruz había muerto; pero Blanca vivía y palpitaba en su corazón, como un símbolo del dolor humano. Tragándose las lágrimas que quería ocultar de Rodrigo, murmuró entre dientes:

¡Pobre mujer! ¡Pobre mujer!

BUCHES PARA LA BELLEZA

Salió de su laboratorio humilde, improvisado, en un cuartito de la azotehuela, con destino a trastos viejos, el doctor Rosete. Iba muy preocupado y pensativo, en busca de aire puro e inspiraciones nuevas. Se marchó derechito al Zócalo, cuyos jardines estaban esmaltados de rosas.

Era abril. Gente desharrapada, sin otra ocupación aparente que la de contarse los dedos, o retratar, en las niñas de los ojos, los contornos de catedral y de palacio, o los portales que bordean al Zócalo, al poniente y al mediodía, se hallaba acomodada en las bancas, como de ordinario, en espera del doctor Merolico. A todos divertía verle sacar muelas sin dolor; y hacer cascar nueces a los pacientes, inmediatamente después de la operación, para comprobar el hecho milagroso.

El galeno estaba positivamente de moña tuerta. Eso lo había notado ya Candelaria, su mujer, quien, al verle bajar tambaleando la escalera, y con el sombrero metido hasta el entrecejo, dijo a la cocinera:

—Ahí va el señor, que se le pueden tostar habas. Apúrate con la comida, Petra. Que esté bien dorado el arroz. De que Rosete se pone así, ya tenemos fiesta para muchos días.

La señora siguió explicando a la fámula la significación del mal talante de su consorte; y ambas, en animado diálogo que duró cerca de dos horas, hicieron muchos planes para conjurar, con sabrosos manjares, el humor perro del jefe de la casa.

No era ése el camino de apaciguar el enfado de Rosete. Para lo que le servirían a él la capirotada y los chiles rellenos, con que habían dispuesto calmarlo aquella mañana, su mujer y su cocinera, si no llegaba a solución satisfactoria el procedimiento que ensayaba para hallar un suero contra el *mal del pinto*.

Trabajaba, luchaba con empeño, pero sin llegar a resultado que le dejase sentir satisfacción.

No ignoraba Rosete en qué consistía el mal; pero también sabía que, en sus circunstancias, no le era dado poner el remedio. Nadie más convencido que él de que, por empeñoso y diligente que sea un estudiante, si cuando coge el libro o se prepara a maniobrar con el alambique y la retorta, no es dueño de poner toda su inteligencia y toda su voluntad en lo que está queriendo estudiar y hacer, vale más despachar al demonio laboratorio y biblioteca. Porque, ¿qué provecho se saca de lectura mecánica y manipuleo de aparatos, con la mente embobada en las tonterías que dice una mujer ignorante y parlanchina que, además, exige que se le escuche con atención? Rosete lo sabía y lo retesabía: con aquella cotorra incorregible, a domicilio, él no pasaría de un doctorcillo pacato, sin perspectiva de salir de la condición de médico de barrio y de casas de vecindad. Y Rosete aspiraba a emular a cualquiera eminencia europea, en descubrimientos científicos.

La locuacidad de Candelaria, la doctora, como la llamaban cariñosamente y por eufemismo, sus amigas, cuando se desmandaban a motejarla en sus barbas, no tenía comparación. Quitaba la doctora la palabra al licenciado más hablador, al cura más respetable, al charlatán más probado y corrido, dejándolos a todos pasmados y en muda. En pegando la hebra aquella cotorra, daba cinco y raya a los defensores de oficio. ¿Y todo para qué? Para decir mil sandeces; para repetir, sin maldita la gracia, un sucedido que a nadie interesaba, o las ocurrencias sosas de sus conocidos y parientes.

Desgraciadamente para el facultativo, su cara mitad era muy dada a madrugar; lo que, en buenos términos quería decir que, desde el rayar del alba, Candelaria empezaba a probarle la paciencia con su habladera de retahíla. A veces, él se amoscaba y fruncía el ceño; pero faltábale valor para declarar a su consorte la causa del disgusto que sentía; y ella, figurándose que su marido no encontraba en su mesa los platos bien condimentados, cambiaba a menudo de cocinera, servía manjares nuevos, y hasta inventaba algunos con habilidad singular.

Ni los ates de piñón, ni los chiles rellenos en nogada, desarrugaban el ceño de Rosete; mucho menos, cuando su mujer se tomaba la molestia de explicarle cómo se conocía el punto de una mayonesa, o cómo se cuajaba una jaletina. El doctor anhelaba solamente un poco de silencio. Siquiera mientras hacía cálculos mentales sobre reacciones químicas.

Enfadado de la lengua de matraca de Candelaria, Rosete determinó trasladar su laboratorio a casa de una cuñada viuda, cuya habitación era amplia y cómoda. Eso sirvió de pretexto. El doctor, acostumbrado a contentar en todo a su mujer, jamás hubiera tenido el arrojo de decirle la verdad acerca de las razones que lo impelían a la mudanza. Empacó sus bártulos, y se marchó, decidido a trabajar.

No tardó Candelaria en empezar a visitar el nuevo laboratorio. Hasta hizo las paces con la cuñadita, con quien, por bastante tiempo, había estado de muelas torcidas. Entonces no una sino las dos mujeres, se plantaban a ver manipular al doctor metiéndose a revolver ingredientes y a trastornar el orden de los cacharros y frascos que contenían sustancias costosas. Para mayor desesperación de Rosete, Candelaria dio en cobrarle celos de la cuñada; y a exigirle que saliera de la casa de aquélla, si no quería que le armase un sanquintín.

Como rata por tirante, volvió el galeno a su hogar. Se reinstaló en el cuartucho de la azotehuela, dándose a mil demonios. No hay para qué decir que, lo mismo que antes, Rosete siguió trabajando en su laboratorio, sin resultado feliz.

Aquella mañana de marras se sentía tan desazonado, que casi había empezado a hallar valor para reñir con Candelaria. Sí, señor; le partiría, diciéndole: "Cotorra de los infiernos, o te me estás con el pico cerrado y no te me cuelas en mi departamento, o me largo al infierno y te abandono".

Mirando y admirando la rapidez con que pesos, tostones y pesetas pasaban de mano en mano, por el cordón de guardas, hasta llegar a las de Merolico, y de las manos de éste a sus faltriqueras, se puso Rosete a hacer castillos en el aire. Los millares de pesos que él ganaría cuando sacase en venta su suero contra el *mal del pinto*. Si un charlatán medraba, no había razón para que un doctor de buena fe dejase de enriquecerse, poniendo ante el público un remedio eficaz contra enfermedad que todos tenían por hereditaria, y acaso contagiosa.

A mediodía, se presentó en su casa más valiente que el Cid. Iba a emprender campaña contra su consorte, cuando notó en ésta los ojos escaldados y las lágrimas temblando en las pestañas. A la primera insinuación, Candelaria se echó en sus brazos sollozando y diciéndose desgraciada, infeliz y no sé cuántas cosas.

Cuando su dolor le permitió razonar, mostró a su marido, la naciente pata de gallo que empezaba a marcar en sus ojos los cuarenta que acababa de cumplir, acabando por deshacerse en llanto.

Toda la energía de Rosete se aniquiló ante el duelo de su mujer. Su puerilidad, su ignorancia y casquivanería lo desarmaron, como si hubieran sido tres virtudes que se imponían, severas y contundentes. En un decir Jesús, preparó en el laboratorio una agua verdosa y con marcado sabor a menta, y ofreciéndola a Candelaria, le dijo: "No llores, tonta, que te tengo una buena noticia: he logrado componer un específico para perpetuar la juventud, en *estos buches*, y tú misma lo vas a probar. Vamos a ser ricos y felices, y tú siempre joven y hermosa. Haz buches toda la tarde de hoy, y verás el resultado".

Candelaria probó. Su imaginación ayudó a la cura, en parte; y en parte, la inmovilidad a que la condena el silencio.

Su rostro no se arrugó sensiblemente. Rosete trabajó en paz. Aunque no ha dado aún con el suero contra el *mal del pinto*, ha llegado a enriquecer, vendiendo a carretadas frascos de *Buches para la Belleza* cuya fama hizo propagar Candelaria en sus parlanchinerías. Cuando va de tertulia con las amigas no habla de otra cosa. Entonces sí que se desquita del mutismo del día. Se lo pasa con el pico cerrado, haciendo buches de agua olorosa, con esencia de menta.

Rosete, al sacar la patente de invención, declaró honradamente de qué se componen sus Buches para la Belleza, y no teme que lo moleste el Consejo de Salubridad.

EL SEÑOR DE LAS AMAPOLAS

Olvera llegó al umbral, precediendo a los dos cargadores que llevaban las angarillas, y la ancha puerta abrióse de par en par, como si manos invisibles la hubieran empujado. Entrados los tres en el zaguán, Olvera hizo, a sus acompañantes, poner en el suelo su carga, y sacando del bolsillo del chaleco un llavín, abrió con él el tosco cajón que sobre las angarillas estaba. Levantó la tapadera, y apartando los cuatro lados del cajón, como los cuatro gajos en que se parte una granada, mostró, ante los ávidos ojos del grupo que había salido a recibirle al zaguán, un Cristo de talla, tamaño como un hombre, sentado en una estaca.

Velaba castamente su desnudez, mezquina trusa de raso verde manzana, con salpuique de puntos negros que le habían hecho las indecentes moscas. Sobre la espalda, rameada de coágulos de sangre o cosa que lo parecía, caíale una menguada capa de terciopana púrpura, sin cubrirlo por detrás, ni ajustarle debajo de la barba. La corona de espinas de hoja de lata, que pretendía ceñirle las sienes, se le enredaba entre los caireles enmechudados y de antiguo grasosos. Miraba el santo, con sus ojos de esmalte, el plato de peltre que tenía en el regazo, conteniendo tlacos lisos y cuartillitas de plata, con que los fieles cristianos del 11 del callejón de Pañeras habían contribuido a su culto, cuando les hizo la visita. A los pies del Cristo estaba un ramillete de amapolas de trapo, bastante desteñidas, del cual tomó la imagen, desde tiempo inmemorial, el nombre de "Señor de las Amapolas".

Volvió Olvera maliciosamente la mirada, al zaguán, para cerciorarse de si estaban las puertas bien cerradas; y luego que se convenció de estar libre de fisgones, dijo con altanería a los que le rodeaban:

—Bien, bien: ni una vela, ni un ramo de flores, ni nada. Así pagará el Señor a los que de tal modo lo reciben.

Se desperdigaron los circunstantes como venados que columbran la escopeta del cazador. En un instante, de todos los cuartos y viviendas de la vecindad, salieron, encendidos, cabos de la Candelaria, velas de Nuestro Amo, que no suelen faltar en las familias piadosas y tal cual cera escamada, todavía intacta, de las confirmaciones recientes. De los cuatro corredores cayeron profusión de geranios, aretillos y claveles, que las vecinas arrancaban sin ton ni son, de sus macetas, temiendo el castigo del cielo.

Satisfecho Olvera, organizó la procesión con los que llevaban vela encendida. Los mozos precedían con las angarillas del Cristo, en peso; y todos, dividiéndose en dos voces, ronca y falsete, entonaron, o para hablar con propiedad, desentonaron el Alabado, marchando rítmicamente hasta el cuarto del enfermo, a quien tocaba, en turno, la visita.

Era una estancia estrecha y de insuficiente ventilación. En los ángulos más a la vista, estaban respectivamente el brasero bastante encendido y la cama del enfermo: un hombre de edad viril que daba ya las últimas boqueadas.

Para recibir decorosamente al Señor de las Amapolas, los agraciados, que lo eran la esposa e hijos del moribundo, habían colocado, en el centro de la estancia, la mesa de comer, cubierta con una sobrecama de damasco amarillo: bondadoso préstamo de la inquilina de la vivienda principal, lo mismo que los seis candeleros de cobre, surtidos de bujías, que debían arder toda la noche.

Distaba aún la puesta del sol; pero como el cuarto del enfermo estuviera embutido en un rincón oscuro del patio, reinaba en él la noche, después de las tres.

Entró la procesión invadiendo la estancia e inundándola de claridad; de lo que el paciente, ocupado en morirse como estaba, no se dio cuenta. El Cristo fue colocado en la mesa que le esperaba. Siguieron algunos rezos, a coro, tras de los cuales, Olvera mandó a los vecinos apagar las luces. Sacó del bolsillo de pecho un libro grueso y chico, untoso de mugre, en el que había una lista interminable de nombres y señas de casas, que correspondían a otros tantos devotos, solicitantes de la visita del "Señor de las Amapolas".

Varios de los presentes se suscribieron "a la visita", entregando a Olvera los veinticinco centavos que él, por ese privilegio, exigió. En el plato, que el Cristo en el regazo sostenía, cayeron monedas de valor diverso, que los vecinos fueron depositando como limosna para el culto; y cuando Olvera lo vio bien colmado de piezas de plata y cobre, trasegó el caudal del plato a sus propios bolsillos, distribuyéndolo de modo que abultase lo menos posible. Salió después, no sin recomendar los milagros del Señor, y anunciando que volvería a recogerlo, a las veinticuatro horas.

Olvera había sido toda su perra vida un parásito social, lo mismo que la autora de sus días, de quien había él aprendido a explotar la superstición del prójimo. No había conocido padre. Desde que abrió los ojos a la razón, la suya le dijo que el trabajo era la carga que Dios había echado sobre los tontos; y tonto, él no lo era. Su madre no lo había sido tampoco, encontrando, en su viudez, un medio fácil de vivir, de su pura invención. A haberle sido lícito, habría sacado para ella el privilegio de patente. La invención era sencilla: una estampa diminuta de la Virgen de la Soledad pegada con cuatro obleas, en el fondo de una caja de puros; un altarcito enfrente, hecho de tiras de cartón, forrado el todo de recortes de seda; en el altar cuatro candelabros de plomo, quitados de la casa de muñecas, con sendas cerillas a guisa de velas.

La socarrona viuda empezó a propagar entre sus amistades, que aquella sagrada imagen socorría a toda suerte de vicisitudes, obrando maravillas cuando se le acogía en la casa del necesitado y se le daba una corta limosna. La invención se tornó en industria y la industria hizo fortuna.

Madre e hijo vivieron modestamente de las maravillas de la Virgen de la Soledad, sin que la viuda pensara, ni por mal pensamiento, en dar oficio a Olvera. Este ocupaba cada día en llevar la *cajita* providencial, donde la pedían. A la muerte de la madre, Olvera juzgó muy ratonera la industria de los milagros, tal como la había heredado, y se propuso reformarla y darle amplitud. Hízose de algunos santos viejos de talla, comprados de barato; los acomodó en cajones adecuados, para su fácil transporte por las calles sin delinquir contra la ley de cultos que veda el externo; y, con ardor de misionero, fue de vecindad en vecindad, haciendo propaganda. Los que heredan la fe, como se hereda el cáncer, que son los más, cayeron en la trampa del tunante Olvera. Fue negocio redondo. Cuando Olvera ha sido presentado al lector, tiene sus casitas en la Colonia de la Bolsa. Cierto es que ya peina canas y jamás ha tenido que ver con las hijas de Eva.

El Señor de las Amapolas no hizo el milagro que se le pidió, en la casa de vecindad donde lo hemos visto entrar bajo lluvia de flores, porque al enfermo aquél no le convenía más la vida. Así lo explicó Olvera a la desolada familia. Hizo, sin embargo, otras maravillas: contagiar del tifo, cuyos gérmenes había acarreado del 11 de Pañeras, a todo el vecindario, al grado de que el Consejo de Salubridad tuvo que hacerse cargo de la casa, cuando los inquilinos, que no huyeron a tiempo, salieron para el hospital en camillas, o fueron sacados con los pies por delante.

El Señor de las Amapolas ha abierto el camino a varias Dolorosas y Purísimas que andan por allí en cajas, de vecindad en vecindad, propagando las enfermedades contagiosas para que vivan, en holganza algunos zánganos.

LA TANDA

Todos los martes, entre las cigarreras de la fábrica de "El Moro", se celebraba una famosísima "Tanda" de a cuarenta pesos; lo cual era ocasión de inusitado movimiento y alegría. La tanda venía a ser, o a querer decir, el turno que tocaba a las torcedoras, para recibir, de una vez, la suma colectada por ellas mismas a mínima prorrata cotidiana, durante cuarenta semanas. Se verificaba, poniendo cada una de las cuarenta mujeres un real diario en una alcancía. Arrancábanselo del miserable jornal, como quien se arranca una tira de pellejo.

El trabajo se les distribuía por *tareas*. La tarea las ocupaba medio día justo, recibiendo por ella dos reales y medio, que no alcanzaban a contener ningún estómago, por parco que fuese. Mujer había que no se daba abasto para despachar sus dos tareas, en la fábrica; y se llevaba el resto por concluir, a casa, donde continuaba, para ella, muchas veces hasta medianoche, la amarga faena del día. Otras, más fuertes y con suma agilidad en los dedos, dejaban, al retirarse, su labor cumplida; pero ganosas de hacer algo más de los cinco reales, se llevaban consigo otra *tarea*, o cuando menos, *media*, que traían a la fábrica convertida en haces de cigarrillos, a la mañana siguiente.

De éstas era doña Pilar. Había crecido en la fábrica, cosida a las faldas de su madre, que también había sido estanquera y aprendido el oficio desde tierna edad. Y como ni el poco tiempo que duró casada dejó de torcer, porque al marido lo agarró la leva, a los veinte días de la boda, y se lo llevaron a matar en una pelotera de *Puros* y *Mochos*, no tuvo doña Pilar ocasión de que se le agarrotaran los dedos, por falta de práctica. Sus treguas de descanso eran nones, y no llegaban a tres: una sola, cuando nació la niña, la hija única: Margarita. Entonces sí que habían sido tres meses de estar acostadita en su cama dura y numerada de hospital, con la peritonitis y otras consecuencias de la maternidad, en combinación con la miseria y los golpes de la fortuna.

Fue durante la cuarentena cuando vino el parte de los caídos en qué sé yo qué escaramuza, figurando en la lista de las bajas del regimiento, el esposo y padre. Pero doña Pilar no lo supo porque ni ella ni las almas caritativas que la habrían llevado la noticia, sabían leer, ni entendían de partes de batallas. Así se ahorró doña Pilar un dolor violento; pues el de aguardar, llena de esperanzas, la vuelta del soldado, lo escondió largo tiempo en el corazón.

El tiempo cura, y el trabajo disipa la tristeza. Los dos cumplieron divinamente su obra, en la cigarrera, en tanto que Margarita crecía, despertando en el alma inculta de su madre nuevas y más delicadas emociones.

La chiquilla no creció en la fábrica de cigarros. Al cuidado de una vecina cariñosa con cuyas hijitas jugaba de ordinario, gente menos palurda que doña Pilar, adquirió Margarita modales que no suelen tener los niños de talleres o factorías. Fue con sus amiguitas a una escuela de silabario, catecismo y dechado, de a real por semana; y cuando llegó a esa edad en que la mujer, aunque en la pila la hayan nombrado Chucha o Trinidad, siente ella que se llama Primavera, Alegría, Gloria, entró en el Conservatorio, a aprender declamación, en compañía de otras chicas que habían sido ya sus condiscípulas.

Margarita no quería ser torcedora. Para redimirse del oficio único a que la empujaban las circunstancias del medio y la necesidad de cooperar en la adquisición del pan de cada día, determinó hacerse artista. Poniéndose en lo peor —decía a su madre—, una mala cómica gana más que una buena cigarrera. Siendo honrada puede tener mejor asociación que la del estanco. Además, para el teatro tengo disposiciones, y sueño con los aplausos del público. ¿Por qué no he de llegar a buena actriz?

Doña Pilar, que veía el sol en los ojos de su hija, decía a todo amén. Con escrúpulos de madre, había ido alguna vez a hablar con el director del Conservatorio y los maestros de Margarita. Tanto el señor Bablot como el doctor Peredo, le habían asegurado que la niña tenía ingenio, gracia, y una voz, ¡vamos!, que no había instrumento musical a que compararla.

A los temores de la cigarrera, de que Margarita, con el roce de la gente de tablas, se echase a perder, Peredo añadía que con sus buenos principios y la vigilancia constante de la madre, eso no sería posible. Recordaba doña Pilar, o por lo menos intentaba recordarle, muchos casos de jóvenes decentes que habían pisado el escenario, sin menoscabar su virtud; citábale una retahíla de nombres que ella jamás había oído mentar. A fuerza de repetírselos mucho, la torcedora se aprendió el de Soledad Cordero; y por la reverencia con que el doctor lo pronunciaba, la madre convino en consentir que Margarita siguiera el camino del arte. Quizá sería ella también otra Soledad Cordero.

Margarita era con frecuencia designada en el Conservatorio, para recitar versos de los poetas célebres en esos días; y también leía discursos largos y pesados que le encargaban, en las fiestas gordas, a los cuales el buen modo de decir la expresión, el tono dulce de la voz, y la belleza y juventud de la recitadora quitaban mucho del aburrimiento. ¡Cuánto debieron agradecer a Margarita los autores de esos mamarrachos, que el público no les hubiese arrojado por la cabeza los cojines de las butacas!

Con la cabeza llena de sueños, de coronas y laureles, Margarita sentía la pobreza de su condición social, rayana en miseria, ligera como un ramo de flores. Esperaba confiada y valerosa en el porvenir.

Su primera esperanza, en algo concreto, era en la Tanda. Cuando le llegara a doña Pilar el turno de los cuarenta pesos, además de que muchas necesidades domésticas iban a remediarse, la futura Soledad Cordero tendría un vestido blanco que su madre le había prometido y algunos ejemplares de comedias. Sobre todo, las de Bretón. Debía estrenarse en el teatro con la Marcela.

Un sábado por la tarde, Margarita regaba las macetas en el corredor, bañado todavía de melancólica luz crepuscular, cuando la acometió una congoja, después un golpe de sangre y por último un desmayo. Las amiguitas de la vecindad le prestaron cuidados, mientras doña Pilar regresó de la fábrica, a la hora acostumbrada. Como loca corrió la infeliz en busca de un médico; pero esos ministros de la ciencia, que no suelen salir a curar a desconocidos, sin preguntar más que el catecismo, no acudieron al lecho de Margarita. Alguno prometió ir a la media hora, pero todo quedó en jarabe de pico.

La habitación de la cigarrera, un cuartucho angosto que parecía cerbatana, estuvo tres días con sus noches, como piña; pues el vecino que no acudía con el linimento o la taza de manzanilla, traía una imagen de santo milagroso o alguna vela bendita. Por fin, entre varias mujeres iniciaron la colecta para la visita del médico, y se consiguió que uno viniese a recetar la extremaunción. Era un caso de tisis galopante, dijo, y se marchó.

La maestra de la fábrica trajo el miércoles temprano a doña Pilar, los cuarenta pesos de la Tanda que le había tocado la víspera. Los vecinos cosieron a toda prisa el vestido blanco, y, en vez de comedias, compraron muchas flores con que cubrieron el sepulcro de Margarita.

SEGUNDA PARTE

DOS ESCRITORAS DE VUELTA DE SIGLO

Reencuentro con María Enriqueta

María Rosa Fiscal

María Enriqueta Camarillo y Roa de Pereyra (1872-1968) o simplemente María Enriqueta, nombre con el cual firmó sus obras, es poco conocida en el ambiente literario del México actual y tal vez completamente desconocida por el público en general. Quizás algunos hayan escuchado su nombre alguna vez; otros —entre ellos, yo— la encontramos por vez primera en la escuela primaria cuando se nos enseñó a leer en sus *Rosas de la infancia*, serie de libros de lectura preparados especialmente para los niños y que se usaron en México durante muchos años.

Los que leímos *Rosas de la infancia* tal vez recordemos únicamente la versión moderna de las fábulas clásicas, cuentos como el del rey Midas recreado con personajes más de nuestro tiempo, poemas en los que se nos exhortaba a decir siempre la verdad, a ser caritativos, a cumplir sin desmayo con nuestro deber. Ésa es acaso la imagen que guardamos en nuestra memoria. Pero María Enriqueta es mucho más que eso: es una mujer con una larga vida —noventa y seis años—, con una extensa obra literaria, en prosa y en verso, que comprende novelas, relatos, cuentos infantiles, poemas, libros de viajes y de viñetas, artículos periodísticos y traducciones —una obra ignorada y casi desconocida en el país. Este olvido es en cierta forma explicable porque María Enriqueta vivió muchos años en el extranjero —treinta y dos de ellos en España (de 1916 a 1948)— y porque en su obra casi no se observa la presencia de México.

Se puede afirmar que esta escritora ha sido poco estudiada porque, por ejemplo, en la *Literatura mexicana*, de María del Carmen Millán, ni siquiera se la menciona. Alfonso Reyes tampoco le ha dedicado ni una línea y, según dicen los que trataron a Reyes de cerca, miraba la obra de María Enriqueta con condescendencia. No obstante, Reyes distinguía con su aprecio a

María Enriqueta, mujer;¹ vivió en su casa en Madrid durante su exilio y, cuenta don Francisco Monterde, amigo de ambos, que Reyes opinaba que "María Enriqueta era como un prado florido, una tierra dispuesta siempre a dar sus flores y sus frutos, y que cada vez que producía esas flores, Pereyra pasaba como una plancha, secándola".²

Carlos González Peña se ha mostrado un poco más interesado; en su *Historia de la literatura mexicana*, le dedica dos párrafos: en uno hace mención de su poesía y en el otro la incluye en la categoría de la novela psicológica. Afirma también, y esto es algo sobre lo que volveremos más adelante cuando nos ocupemos del análisis de su narrativa, que "La obra novelesca de María Enriqueta es bella y copiosa, pero casi toda ha sido escrita en el extranjero y, salvo el sentimiento personalísimo que la inspira, no tiene sabor ni color mexicanos."³ Por su parte, José Emilio Pacheco afirma, en la nota biográfica incluida en su *Antología del modernismo*, "que es la única poetisa de alguna significación que hay en el modernismo antes de Juana de Ibarborou y Alfonsina Storni y, a diferencia de quienes van a seguirla, escribe una poesía frágil, pudorosa, de sencillez coloquial a la manera inglesa".⁴ No da, sin embargo, ninguna opinión sobre su obra en prosa. Para críticos más recientes, como Martha Robles, la "obra de María Enriqueta es un discurso moral; sus personajes, abstracciones de las creencias y prejuicios dominantes en la sociedad porfirista".⁵

Por otra parte, en su *Breve historia de la poesía mexicana*, Frank Dauster también la menciona y la clasifica entre los poe-

---

¹ Véase, como ejemplo, la salutación de la carta que le dirigió Reyes el 7 de mayo de 1957 para agradecerle el envío de sus diez libros y del estudio de Yakovlev Baldin sobre su obra. En ella dice: "Mi admirada, querida y siempre recordada María Enriqueta". Esta carta se conserva en el archivo de Reyes en la Capilla Alfonsina y me fue mostrada por Alicia Reyes.
² Palabras textuales de don Francisco Monterde pronunciadas en una entrevista que le hice a propósito de María Enriqueta el 20 de julio de 1983, en su casa. Esta entrevista fue publicada con el título "A propósito de María Enriqueta, autora de *Jirón de mundo*", en *Dos Valles. Revista del Estado de México* (Toluca, México), vol. I, núm. 1 (1988), pp. 93-96.
³ Carlos González Peña, *Historia de la literatura mexicana*, 12a. ed., Porrúa, México, 1975, p. 228.
⁴ José Emilio Pacheco, *Antología del modernismo. 1884-1921*, UNAM, México, 1970, t. 2, p. 98.
⁵ Martha Robles, *La sombra fugitiva. Escritoras en la cultura nacional*, UNAM, México, 1985, t. 1, pp. 95-121.

tas modernistas "por la forma y técnica de sus versos"; observa también que, con el correr de los años, logró "purificarse" del "exagerado sentimentalismo" de sus primeros libros.[6]

En su momento, María Enriqueta tuvo una distinción: junto con la pianista Alba Herrera y Ogazón fue invitada a formar parte de ese selecto grupo de intelectuales que, agrupados en el Ateneo de la Juventud, se preocuparon por redefinir y reorientar la cultura nacional en los albores de este siglo. Al lado de preparatorianos ilustres o profesionistas recibidos, encontramos a María Enriqueta, nacida en Coatepec, Veracruz, en 1872, que careció de educación formal. Salvo sus estudios en el Conservatorio y el diploma que recibió allí en 1895, como maestra de piano, ni siquiera hay constancia alguna de que haya terminado la escuela primaria. A pesar de ello, escribió varios libros de poesía, tres novelas, dos libros de cuentos infantiles, cuatro libros de relatos, un libro de impresiones de viaje, dos libros de recuerdos de su vida, seis libros de lectura para niños —la serie *Rosas de la infancia*— y numerosos artículos periodísticos. Asimismo, tradujo por lo menos seis libros del francés al español.

María Enriqueta no dictó ninguna conferencia para el Ateneo y su colaboración en las actividades de esta asociación tuvo que ser por naturaleza breve: el Ateneo se fundó en 1909 y al año siguiente María Enriqueta viajó junto con su esposo a La Habana, Cuba, en donde Pereyra había sido designado Encargado de Negocios de México. Sin embargo, sí colaboró en las revistas literarias de la época. Por ejemplo, Francisco González Guerrero, fundador de *Nosotros*, recuerda que la página inaugural del número 1 de la revista presentaba el retrato de María Enriqueta, seguido de su poema "Abre el libro". En la página siguiente aparecía otro: "Ofrenda".[7] Más tarde, desde Bruselas, María Enriqueta envió para su publicación en la revista, varios poemas más; dos de ellos, "Misterio" y "Paisaje", se cuentan quizá entre los poemas más representativos de su producción poética.

Si hemos decidido incluir a María Enriqueta en una antolo-

---

[6] Frank Dauster, *Breve historia de la poesía mexicana,* Eds. de Andrea, México, 1956, pp. 131-132.

[7] Véase F. González Guerrero, "Cómo conocí a María Enriqueta", recogido por Salvador Ponce de León, en *María Enriqueta y su retorno a México,* Edits. Mexicanos Unidos, México, 1961, pp. 120-122. La fotografía de María Enriqueta apareció en *Nosotros*, núm. 1, t. I, diciembre de 1912.

gía de escritoras del siglo XIX es porque, como señala muy atinadamente José Alvarado en una nota escrita a su muerte, la mentalidad de María Enriqueta pertenece más bien a ese siglo y no al XX. Dice Alvarado:

> El prestigio de María Enriqueta es de la primera década de este siglo y ella detuvo los días de ese tiempo, sus rumores, sus palabras y sus luces dentro de su alma. Todo lo posterior le fue siempre extraño. No lo sintió, ni le preocupó y mantuvo a su imaginación encerrada en esas horas.[8]

Los personajes de María Enriqueta corresponden a estereotipos muy bien delineados: el caballero pulcro y elegante, siempre distinguido, amante de los libros y de la cultura; las mujeres bellas, por lo general rubias y débiles, totalmente dependientes del hombre; los obreros y los sirvientes son invariablemente respetuosos y aceptan sin chistar su posición en la escala social.

María Enriqueta fue educada con severidad en la religión católica y en la obediencia; se le enseñó, igualmente, que los dictados de la Providencia eran incuestionables. De ahí, su conformismo y su resignación. Éstas, que podrían haber sido virtudes loables en el siglo pasado, fueron la causa de que su obra transitara siempre por los mismos caminos y le impidieron ocupar el sitio que debía haber sido suyo en la literatura mexicana del siglo XX.

Noventa y seis largos años

María Enriqueta Camarillo y Roa nació en Coatepec, Veracruz, el 19 de enero de 1872. Su único hermano, José Leopoldo, había nacido dos años antes. Fue hija de don Alejo Camarillo Rebolledo y de doña Dolores Roa Bárcena de Camarillo, hermana del distinguido escritor y político veracruzano José María Roa Bárcena. De su madre y de su tío heredó seguramente su afición por la literatura pues cuando tenía apenas nueve años, recibió de la primera como regalo un largo ensayo titulado *A mi pequeña y*

---

[8] Cf. José Alvarado, "La muerte de María Enriqueta", en *Visiones mexicanas y otros escritos*, FCE/SEP, 1985, pp. 130-132.

adorada hijita María Enriqueta, escrito con la intención de que fuera "la brújula que debe marcarle el Norte de la vida".[9]

Sus primeros años transcurrieron plácidamente en su pueblo natal, donde estuvo siempre en contacto con la naturaleza. Gustaba de cultivar el jardín de su casa y disfrutaba con sencillas actividades campiranas. Según Valentín Yakovlev Baldin, autor de una biografía de María Enriqueta,[10] no hay constancia de que haya concluido la escuela primaria; se sabe, sin embargo, que en su casa aprendió francés, solfeo, piano, dibujo y bordado. También en estos años se hizo ya evidente su amor por la música.

En 1879 su padre fue electo diputado federal, lo que obligó a la familia a trasladarse a la ciudad de México donde se instalaron en las calles de Tacuba. El cambio parece haber afectado profundamente el espíritu sensible de María Enriqueta. En 1887 ingresó al Conservatorio Nacional; fue admitida como alumna del maestro Carlos J. Meneses para cursar el tercer año de la carrera de pianista. En 1895 recibió su diploma de "Maestra de Piano". En 1894 publicó su primer poema, "Hastío", en *El Universal*, bajo el seudónimo de Ivan Moszkowski. Al año siguiente su primer cuento, "El maestro Floriani", fue acogido por la *Revista Azul* y publicado con su nombre.

En 1895 sobrevino un nuevo cambio de residencia porque don Alejo Camarillo fue nombrado Administrador del Timbre[11] en Nuevo Laredo, Tamaulipas. Para María Enriqueta no fue larga la ausencia de la capital: el 7 de mayo de 1898 casó con el historiador Carlos Pereyra y regresó a la ciudad de México. En 1907 apareció *Rumores de mi huerto*, su primer volumen de poesía, el cual fue cálidamente recibido por la crítica.

En 1910 viajó por vez primera al extranjero porque su marido fue nombrado Primer Secretario de la Embajada de México en La Habana, Cuba. Este viaje marca una etapa en la vida de la escritora, ya que en ese año comenzó su larga estancia fuera del país. De ahí se dirigieron a Washington, donde Pereyra desempeñó otro cargo diplomático.

En 1912 la Casa Bouret encargó a María Enriqueta la prepa-

---

[9] Dolores Roa Bárcena de Camarillo, *A mi pequeña y adorada hijita María Enriqueta*, Edit. "Mi Mundo", México, s.f., p. 7.

[10] Valentín Yakovlev Baldin, *María Enriqueta Camarillo y Roa de Pereyra. Su vida y su obra*, tesis de maestría, UNAM, México, 1956.

[11] El "Timbre" significaba un sello estampado por el Estado en el papel donde se extendían algunos documentos públicos, indicando la cantidad que debía pagarse al fisco por concepto de derechos.

ración de los cinco libros de lectura *Rosas de la infancia*, los cuales después serían adoptados por la Secretaría de Educación Pública como libros de texto para las primarias de la República Mexicana. Esta serie fue galardonada en 1930 con el Diploma de Honor de la Exposición Iberoamericana de Sevilla.[12] El sexto volumen fue elaborado en 1949 también por encargo de la propia Secretaría.

En 1913 Pereyra fue designado Ministro de México en Bélgica y Holanda, con residencia en Bruselas. Esta vez el matrimonio viajó acompañado de la madre de María Enriqueta —quien fallecería pocos meses después en Bruselas—, de Leopoldo, el hermano, nombrado vicecónsul de México en Amberes, y de Carlos Pereyra, sobrino del historiador y a quien ella dedicaría su novela infantil *Mirlitón*. Al estallar la primera guerra mundial y dado el desarrollo de la Revolución Mexicana, Pereyra renunció a su cargo; decidieron entonces establecerse en Lausana. Ahí, los tres —Pereyra, María Enriqueta y Leopoldo— daban clases de español y ella también de piano.

En 1916 se trasladaron a España y se establecieron en Madrid, donde María Enriqueta permanecería durante treinta y dos años. En 1923 tuvo la oportunidad de volver a México pero prefirió el exilio al lado de su marido hasta la muerte de éste, ocurrida en 1942. Seis años después, María Enriqueta regresó a su patria, depositó las cenizas de su marido en Saltillo, Coahuila (lugar de origen del historiador), y se instaló en la colonia Santa María donde había vivido antes de partir para el extranjero.

Los años de estancia en Madrid coinciden con el periodo de la gran producción en prosa de María Enriqueta. En 1918 apareció *Mirlitón*, una novela para niños que pronto fue traducida al francés. Al año siguiente se publicó *Jirón de mundo*, que narra la historia romántica de Teresa del Río y que contiene apreciaciones valiosas sobre la música y el arte en general. Su tercera novela, *El secreto* (1922), corrió con mejor suerte aún.[13] La novela está dirigida a un público adolescente y muestra una marcada preocupación psicológica.

---

[12] Esther Hernández Palacios da esta información en el "Prólogo" a la antología de cuentos de María Enriqueta, *Llegará mañana...*, Universidad Veracruzana, Xalapa, 1985.

[13] Según la misma Esther Hernández Palacios, la traducción al francés fue hecha nada menos que por Agathe Valéry, hija del autor de *El cementerio marino*. Indica asimismo que *El secreto* fue la "primera obra mexicana de este género que se traducía al francés".

Sorpresas de la vida, su primer volumen de cuentos, fue publicado en 1921; reúne los relatos de su experiencia en Suiza y la vida personal de la autora aparece reflejada en algunos personajes femeninos. En 1924 salió de las prensas su primer volumen de cuentos infantiles, *Entre el polvo de un castillo*, al que siguió *Cuentecillos de cristal* (1928). En 1926 vieron la luz otros dos libros de relatos: *El misterio de su muerte*, de tono más bien pesimista y trágico, y *Enigma y símbolo*, cuyos textos tienen como denominador común el arte o algún aspecto de la actividad creadora del hombre. Ese mismo año se publicó *Álbum sentimental*, un nuevo tomo de poesía.

En 1927 apareció otro libro de relatos: *Lo irremediable*, nueva muestra de la preocupación de María Enriqueta por el destino. Por último, en 1929, *El arca de colores* vino a ser el último libro de cuentos de la escritora veracruzana. Su producción, sin embargo, no se detuvo ahí. En 1931, *Del tapiz de mi vida* fue el fruto de sus recuerdos de infancia; *Fantasía y realidad* se publicó en 1933 y ya en México, en 1950, se imprimió *Hojas dispersas*. A su regreso al país siguió trabajando incansablemente, pero esta vez se orientó al periodismo; sus colaboraciones aparecieron incluso en *La Prensa*, de San Antonio, Texas, y en *La Opinión*, de Los Angeles, California.

María Enriqueta fue muy reconocida en España y objeto de varias distinciones. En 1927 se le confirió el título de "Correspondiente de la Real Academia Hispano-Americana de Ciencias y Artes de Cádiz". Veinte años después, en 1947, fue condecorada con el "Lazo de Isabel la Católica" y en 1948, poco antes de abandonar España, se le otorgó la "Gran Cruz de Alfonso el Sabio". En México, sus admiradores trabajaron con fervor para rendirle homenaje y el 14 de junio de 1956, en el auditorio de Televicentro, se le dedicó el programa "Ésta es su vida".

María Enriqueta falleció en su departamento de las calles de Ciprés el 13 de febrero de 1968. Vivió, en pocas palabras, una vida intensa, dedicada al trabajo y a la creación literaria y artística (compuso incluso algunas piezas para piano), aunque el desconocimiento en México de su copiosa obra en prosa haya sido la causa de que sólo se le conozca como poeta y como la autora de *Rosas de la infancia*.

Prefiero... lo que nunca habrá de ser o lo que ha tiempo pasó

Según Yakovlev Baldin, quizá el investigador más acucioso de la obra de María Enriqueta, pueden distinguirse tres épocas en la evolución de su poesía: la primera, de 1894 a 1898, recoge sus poemas tempranos y finaliza el año en que contrae matrimonio. La segunda abarcaría de 1898 a 1913, o sea, su producción en México y los versos escritos durante sus primeros viajes al extranjero. La última comprendería de 1913 a 1923, año en que ocurre la muerte de su hermano Leopoldo. A partir de entonces, María Enriqueta deja de escribir poesía.

Su primer libro de poemas, *Rumores de mi huerto* (1908), fue escrito y publicado en México antes del inicio de sus viajes. Más tarde fue reimpreso en Madrid junto con la primera edición de *Rincones románticos*. Estos versos corresponden cronológicamente al periodo comprendido entre 1898 y 1910 y aparecieron en revistas y periódicos de la época. El segundo libro parece ser una continuación del primero, sólo que más refinado y con un tono más mesurado. *Álbum sentimental* (1926) incluye algunos poemas todavía no publicados hasta esa fecha y una selección de otros —evidentemente preferidos por la autora— que habían sido editados mucho tiempo atrás. *Fantasía y realidad* (1933) contiene cuentos, máximas filosóficas, comentarios diversos, apuntes y algunos poemas. *Poemas del campo* (1935) es una colección de ocho poemas, todos ellos dedicados a sus paisanos de Coatepec. Cuatro de estas composiciones son de naturaleza plenamente bucólica y tienen también un desarrollo narrativo. En todos sus versos, ya sea escritos en su patria o en el extranjero, María Enriqueta se mantiene con los ojos vueltos hacia su "jardín interior" y un tanto alejada del mundo exterior.

La melancolía y la tristeza, presentes también en su narrativa, son las características dominantes de su poesía. No hay alegría en sus versos, sino dolor, desamparo, melancolía, nostalgia. Desde muy pequeña sufría intensamente por todo y este sufrimiento permea su obra. No parece haber una razón específica que explique esta propensión a la tristeza y los escasos estudios sobre ella nada dicen al respecto. Se limitan a señalar lo que es evidente. Sólo podemos, pues, aventurar algunas hipótesis. No creemos que se trate de una complacencia morbosa en el dolor; más bien, podríamos suponer que obedece a otras causas. Ella misma reconoce el tono sombrío de sus versos, aunque tampoco encuentra el origen. En su "Autocuestionario", donde se formula preguntas a las que da respuesta, dice:

> Al escribir poesía, ¿he cultivado alguna vez el género festivo? Nunca, mis primeros versos fueron amargos, como son los que escribo ahora. Quede para espíritus menos sombríos cantar la Alegría y la Vida: yo sólo cantaré el Dolor y la Muerte.[14]

Si hay tristeza, cierto es también que en su poesía no hay desesperación. Diríamos, incluso, que las pasiones están controladas y dominadas por un espíritu de cristiana resignación, de una aceptación incondicional de lo dispuesto por Dios. Surge a veces alguna nota desgarrada que pareciera escaparse de lo más íntimo de su alma, como sin que ella lo advirtiera o pudiera someterla al orden que dominó su vida. Así encontramos algunos poemas de amor no correspondido como "Misterio" o "Gota amarga" o "Paisaje", plenos de nostalgia y de hondo lirismo.

Para plasmar su inspiración poética, María Enriqueta prefirió los versos cortos, el pentasílabo y el octosílabo recurriendo especialmente a este último para aquellos poemas largos en donde hay un desarrollo narrativo. Para temas más profundos se valió del endecasílabo, de ritmo más solemne. El metro, pues, está en estrecha relación con el tema.

Algunos de sus críticos más entusiastas —cuyas opiniones sirven a veces de prólogo a sus libros— llegaron a decir que la obra de María Enriqueta tenía un "sello muy personal". No podemos estar de acuerdo con esta opinión, aunque reconozcamos el valor de su producción poética, incluidas sus limitaciones. María Enriqueta nos parece, más bien, seguidora de la poesía romántica tradicional, en temas, motivos y recursos. Veamos, por ejemplo, la siguiente estrofa, tomada de "Corola humilde", poema en versos octosílabos a su padre:

> Nunca vi que el jardinero
> tras de regar los hinojos,
> pusiera una vez sus ojos
> sobre la flor que prefiero
> la florecilla risueña,
> la florecilla morada,
> por pequeña,
> desdeñada.

[14] María Enriqueta, "Autocuestionario", en *Del tapiz de mi vida*, p. 237.

En esta estrofa salta a la vista el empleo de la repetición paralelística y del encadenamiento. Los versos finales, "por pequeña,/desdeñada", de cuatro sílabas, funcionan a manera de estribillo. Los motivos —ojos, florecillas y jardinero— son también comunes a la lírica popular española.

En otros casos, se vale de algunos versos rescatados tal vez de la memoria, oídos en alguna velada literaria o aprendidos en la infancia, para construir un poema, glosándolos. Por ejemplo, la composición "El sembrador":

> —Era tan buen sembrador—
> me dijo la gitanilla—,
> que hasta de mala semilla
> sacaba una linda flor...
>
> Y pensé con gran dolor
> y con despecho también,
> que eres tú ese sembrador
> a quien todo nace bien:
> sembraste en mi alma
> *desdén*,
> y cosechas hoy *amor*.

Tampoco busca María Enriqueta rimas novedosas ni originales efectos sonoros; prefiere, más bien, seguir las normas de los poetas románticos. Así, siente especial afición por los motivos del campo y la naturaleza, el camino, las carretas, los árboles y las flores; sobre todo, las rosas. Hay un poema, "Vana irritación", que canta a un árbol frondoso y que claramente recuerda a su padre; tal como corresponde a un tema para ella predilecto, María Enriqueta ha utilizado el verso endecasílabo. Los versos finales dicen:

> —Hay un árbol inmenso, majestuoso,
> de altísimo follaje rumoroso;
>
> en él, como serpiente, está enredada
> una gigante yedra enamorada...
>
> —Tú eres ese árbol majestuoso y fuerte:
> ¡deja que en ti me apoye hasta la muerte!...

El árbol, majestuoso y fuerte, es símbolo de don Alejo Camarillo en tanto que la "yedra enamorada" es María Enriqueta-niña, la cual ha quedado también plasmada en otro de sus personajes, Pablo, protagonista de su novela *El secreto*, que nos permite encontrar un registro autobiográfico y nos sirve un poco de llave para atisbar apenas el alma de esta mujer.

La familia de Pablo se compone del padre, la madre, la abuelita y la hermana. María Enriqueta parece haber encarnado en Pablo; de hecho, y siendo ella mujer, resultó el personaje fuerte de la familia Camarillo; Leopoldo era más débil y dependiente y las cualidades de la pasividad y la dulzura van bien a la niña Ladia, hermana de Pablo. La imagen de la mujer adulta, quizás la señora Camarillo en la vida real, juega un doble papel: por un lado, es Clarisa, la esposa dulce y abnegada, y por otro, es la abuelita también dulce, pero más optimista y valerosa. Andrés, el padre, reúne todos los atributos del padre bueno y justo, aunque no por ello menos enérgico. Su figura, ausente y presente, colma las vidas de todos.

María Enriqueta intenta en esta novela adentrarse en la psique de su personaje. Para hacerlo, recurre a gran variedad de datos de su propia vida. Veamos. Al sobrevenir la ruina económica de los padres de Pablo, la familia se ve obligada a abandonar la casa bella, espaciosa y con amplio huerto —como la de los Camarillo en Coatepec— para habitar en una sombría, húmeda y apenas con un pequeño patio. La novela *El castillo de Florián*, escrita por la abuelita y que ella lega a su adorado nieto, es el primer cuento de María Enriqueta, "El maestro Floriani", que ella leyó, tímida y titubeante, en honor de su maestro de piano, el doctor Carlos Meneses, el día de su santo y que después apareció en la *Revista Azul*.

Las pistas psicológicas y autobiográficas que la autora revela, consciente o inconscientemente, en esta novela son muchas; sin embargo, lo más interesante es la relación de Pablo con su padre, o sea, la relación de María Enriqueta con don Alejo Camarillo. Pablo es un niño travieso, con poca dedicación a la educación formal (recordemos que María Enriqueta tampoco la tuvo, salvo la del piano, y ella misma reconoce que escribía sus versos como si platicara, pues nunca había estudiado retórica ni gramática). No obstante, Pablo posee un talento especial para la cerámica y el dibujo (como María Enriqueta), y es precisamente la cerámica la que le permite ganarse la vida en tiempos difíciles (tal como la autora lo hizo con la música).

El padre es, como hemos apuntado, bueno, enérgico y justo, y, para abrirse nuevos caminos en la vida, se ve obligado a emigrar a la Argentina. El desmayo sufrido por su madre después de la lectura de una carta llegada de la Argentina hace suponer a Pablo que su padre ha muerto, cosa que la madre niega pero que todo parece comprobar. Pablo tampoco se atreve a cuestionar a la madre abiertamente y se afana entonces por ser el sostén de la familia. Pero este secreto y la represión de su verdadera inquietud lo hacen caer enfermo, con lo que es presa de delirios y de sueños alucinantes. En uno de estos delirios, cuando siente que ya no puede escapar de la tenebrosa caverna adonde iba a ser arrojado, "dos manos fuertes, pero de seda, me desviaron de aquel sitio, me guiaron, seguras, entre la sombra, y me sacaron de la caverna. Una vez fuera del antro, en plena luz, reconocí aquellas manos piadosas: eran las de mi padre".[15]

Veamos ahora lo que, fuera de la ficción, ha escrito María Enriqueta en una viñeta titulada justamente así: "Las manos de mi padre".[16] Por una parte, eran "casi gigantescas"; tenían el don de indicar siempre el camino correcto porque "el dedo de mi padre no se equivocaba jamás" y "parecía señalar en todo instante los caminos y rumbos del cielo".[17] Las manos "estaban allí para defenderme de todos los peligros",[18] fueron sus dedos los "que me revelaron la maravilla de las siete notas"[19] y una tarde, dotadas de fuerza hercúlea, detuvieron una carreta desbocada que a punto estuvo de causar la muerte a la familia. Recuerda María Enriqueta: "El cuerpo arrogante de mi padre se interpuso, de un salto, entre el peligro y nosotros, y sus férreas manos, tomando por el freno a las broncas mulas, pudieron volverles la razón, librándonos de su terrible encuentro[...]."[20]

La mano de su padre también la reconfortó cuando estuvo lejos, escribiéndole palabras de aliento. Un día, sin embargo,

[...]sus dedos, apretados a los míos para darme apoyo, perdieron la firmeza. Con asombro miré en rededor, buscando causas[...]

[15] María Enriqueta, *El secreto*, p. 245.
[16] María Enriqueta, "Las manos de mi padre", en *Del tapiz de mi vida*, pp. 105-109.
[17] *Loc. cit.*
[18] *Ibid.*, p. 106.
[19] *Ibid.*, p. 108.
[20] *Loc. cit.*

La Muerte estaba allí, serena, inmóvil, acechando en la sombra...[21]

Tras una estructura sin complicaciones y un manejo lineal del tiempo, *El secreto* encierra claves preciosas para conocer mejor a su autora. El tratamiento de los aspectos psicológicos constituye, en nuestra opinión, un valioso intento de su parte, considerando que fue publicada en 1922. El interés por la psicología se había manifestado ya un año antes en el relato "En el tranvía", incluido en la colección *Sorpresas de la vida* (1921). Aquí el narrador confiesa su inclinación por los "estudios de psicología" y, dos o tres páginas después, afirma categórico: "el estudio de los hombres y de las almas, además de interesarme de modo espontáneo, me es de una utilidad muy grande".[22]

El sueño y su función liberadora no fueron desconocidos por María Enriqueta. Así lo indica el hecho de que sus protagonistas sueñen con una situación angustiosa y, al despertar y reconsiderar lo soñado, actúen de manera diferente. Tal ocurre con Pablo que recupera la salud después de su sueño. El libro de cuentos infantiles *Entre el polvo de un castillo* (1924) presenta también algunos sueños que, por otra parte, nunca dejan de ser utilizados por María Enriqueta con propósitos edificantes y formativos. En un relato posterior, "Viajero que vuelve a partir" (*Lo irremediable*, 1927), María Enriqueta va más allá: intenta un fluir de la conciencia, señal de búsqueda de otras técnicas narrativas.[23]

---

[21] *Ibid.*, p. 109.
[22] María Enriqueta, *Sorpresas de la vida*, p. 111.
[23] Cf. *Ibid.*, "Viajero que vuelve a partir", pp. 148-151. En 1924 se publicó en París una novela de una escritora venezolana que apenas ahora empieza a ser conocida por el gran público: *Ifigenia. Diario de una señorita que escribió porque se fastidiaba*, de Teresa de la Parra. Dicha obra narra la historia de una muchacha rica venida a menos, nacida en Venezuela y educada en París con gran libertad por su padre viudo y que, al regresar a Caracas después de una larga ausencia y del fallecimiento del padre, se estrella contra una sociedad totalmente decimonónica en sus principios, actitudes y tradiciones, ante la que termina por rendirse. En esta novela, Teresa de la Parra penetra en la mentalidad de su protagonista, se vale del sueño como principio de salvación en forma semejante a María Enriqueta y logra una obra romántica en muchos aspectos, pero que muestra, asimismo, que las escritoras latinoamericanas, residentes o educadas en Europa, no eran ajenas a las tendencias de su momento histórico. Teresa de la Parra, *Ifigenia. Diario de una señorita que escribió porque se fastidiaba*, 2 ts., pról. José Luis González, Edit. Offset, México, 1987. Para la función liberadora del sueño, véase particularmente la última parte del segundo volumen.

En cuanto a la imagen sobreprotectora del padre que presenta *El secreto*, revela, además de una confianza plena en el sistema patriarcal, una sobrevaloración del hombre y una aceptación de las estructuras sociales. Por ello, José Alvarado dice: "Ninguna revolución, ni la social, ni la económica, ni la científica pasó por la puerta de su casa. Ella vivía y escribía como dentro de un globo de vidrio, con su propia música y su propio aire, sin la presencia de voces ni vientos adventicios."[24] Pero quizá este vivir en una situación inexistente y esta insistencia en una visión idealizada de la humanidad sean el origen y la explicación de su nostalgia, de su tristeza, de sus múltiples alusiones a la muerte como el único recurso para encontrar la tranquilidad.

María Enriqueta utiliza con frecuencia la narración en primera persona. Como en el caso de Pablo, escoge con mucha frecuencia narradores masculinos. ¿Por qué? Porque ella misma no confía en la capacidad de la mujer para salir adelante. Cuando envía su primer cuento para publicación, lo firma con el seudónimo de Iván Moszkowski. No encuentra en ese momento ningún nombre femenino que la satisfaga y tal vez haya pensado que si firmaba con un nombre de mujer, sus posibilidades de triunfar se reducirían. Otra hipótesis sería que quizá la elección se haya debido también a las tendencias extranjerizantes de la sociedad porfiriana. Pocas mujeres podían descollar en ese entonces y sí eran muchas las que cumplían con su función de esposas y madres silenciosamente y en la sombra. Ésas son las mujeres que pueblan sus relatos. Esa historia de impotencia es la de Teresa del Río, la protagonista de *Jirón de mundo* (1919), que tiembla cuando camina por la calle apresuradamente y con los ojos bajos y que opta por regresar al convento, cuyos fuertes muros la resguardan de los peligros del mundo. La mujer fuerte en las narraciones de María Enriqueta es la abuela que, ya anciana y ajena a las inquietudes de la sexualidad, puede ser más afirmativa y creativa.

María Enriqueta renunció desde muy temprano a luchar contra el sistema patriarcal prevaleciente en la sociedad porfiriana y a defender su capacidad de mujer de letras, no obstante que trabajó, ganó dinero, obtuvo premios y reconocimientos. Al negarse a sí misma, al renunciar a sus raíces (lo que explica la ausencia de México en su obra en prosa) y al no cuestionar el poder representado por el hombre, perdió la oportunidad de haber en-

---

[24] José Alvarado, *op. cit.*, p. 131.

trado en la historia de la literatura mexicana por la puerta ancha.

Otro aspecto interesante de *El secreto* tiene que ver con la hispanización de María Enriqueta, fenómeno que no es exclusivamente suyo ni tampoco de esta obra, sino común a toda su prosa y que se revela de distintas maneras. A nivel sintáctico, observamos que María Enriqueta emplea con soltura la segunda persona del plural (vosotros), la cual ha desaparecido prácticamente del paradigma verbal del español de México. En ocasiones, el orden de la frase corresponde más al español peninsular. Desde el punto de vista del léxico, habla de "la americana" por "el saco"; de la "huesa" por "fosa" o "sepultura"; o del "aya" por la "nana"; prefiere los diminutivos en "uelo", como "chicuelo", o en "uco", como "Juanuco" y "casuca". Por lo que toca a las costumbres, sus personajes campiranos calzan zuecos, y no huaraches, o visten "la blusa azul del obrero", pero no la indumentaria del mexicano. México, pues, ha desaparecido no sólo de esta novela, sino prácticamente de toda su obra narrativa, a excepción de tres relatos: "Primera pena de amor", recogido en *Lo irremediable* (1927) y "Patria" y "Los árboles", que forman parte del volumen para niños *Cuentecillos de cristal* (1928).

El primero, escrito en Washington cuando María Enriqueta y Pereyra residieron ahí, narra la dolorosa separación de dos niños vecinos —el uno, español; la otra, mexicana— que deben alejarse porque su familia lo manda a él a España; cuando él olvida anotar la nueva dirección en su carta, se interrumpe la comunicación entre ambos. Es uno de los pocos relatos en que se advierte la tristeza por el alejamiento de la tierra natal. En "Patria", un niño francés y otro mexicano discuten acremente por la belleza de los bosques de Bolonia y Chapultepec respectivamente. Por último, en "Los árboles", aparece de nuevo el árbol bueno, amigo, el "yolozóchitl", capaz de curar los males del corazón.

¿Cómo podríamos explicarnos esta negación de las propias raíces? Si recordamos que María Enriqueta vivió treinta y dos años en España, casada con un historiador hispanista y conservador, podríamos entonces aventurarnos a decir que la negación o la represión —consciente o inconsciente— de sus raíces le facilitaba su asimilación a lo hispano, disminuyendo así el sufrimiento y la lejanía. Entonces sí le era posible describir el mundo que la rodeaba. La otra hipótesis consistiría en suponer un alejamiento de lo español, un mantenerse a distancia, lo que le facilitaría en igual forma la descripción, es decir, la autora adopta un punto de vista objetivo, en tercera persona, y narra en un tono desapegado y distante. Quizá esta última suposición también explicaría en parte su falta de crítica a la sociedad burguesa o aristócrata que casi siempre aparece reflejada en sus cuentos. Algunas veces aparecen labriegos u obreros que aspiran a tener otro oficio, pero por lo general María Enriqueta prefiere ocuparse de la clase media alta. La única que siempre le merece críticas cuando deja de ser un ama de casa hacendosa, dulce, ordenada y comprensiva, es la mujer. Y la imagen de la mujer que nos presenta no admite términos medios: o se es buena y honrada o se es hipócrita y mala. No hay otra posibilidad.

Otro dato interesante de *El secreto* es el desconocimiento del continente americano, real o inventado por María Enriqueta, dado su alejamiento del país. Sea cual fuere la respuesta, lo cierto es que América aparece pintada como la tierra promisoria, de naturaleza exuberante y regiones exóticas (de acuerdo con la visión española de la Conquista).

Por último, la novela habla de un cambio en la sociedad: las familias aristocráticas cuya fuente de riqueza era la tierra y la minería van desapareciendo para dejar lugar a aquellas cuya fortuna proviene del comercio. Este cambio se refleja igualmente en los estudios que debe seguir Pablo: ya no interesa el francés —tradicionalmente la lengua de la cultura— que va siendo desplazado por el inglés; los estudios clásicos ceden su lugar a la taquigrafía, la mecanografía y la contabilidad. Esta transformación social es vista con tristeza y desconfianza por el narrador, quien añora el orden social anterior.

En prosa y poesía, María Enriqueta da innumerables muestras de sus inclinaciones románticas. Si en su obra poética no parece haber buscado nuevas formas de expresión, en su prosa ocurre lo contrario. *El secreto*, como hemos visto, revela una honda preocupación psicológica. En *Sorpresas de la vida*, intenta dar al final de sus narraciones un sesgo sorpresivo que desconcierte al lector. En *El misterio de su muerte* (1926), observamos su deseo por frecuentar el género del suspenso.

Corresponde a María Enriqueta ser la primera escritora mexicana del siglo XX porque su obra fue editada en las primeras dos décadas de éste. No obstante, su estilo, siempre cuidadoso y elegante, pertenece más bien al siglo XIX, como también sucede con su enfoque tradicional, didáctico y moralizante. Su léxico es abundante, aunque quizá peque de una adjetivación excesiva. Su incapacidad para comprender los cambios sociales que se operaban en el mundo y a los que ella debería haberse enfrentado, parece haber sido determinante para la creación de su obra y explica su rechazo del orden nuevo y su necesidad de aferrarse a un mundo ya en proceso de desaparición. El siguiente poema ("Escucha", *Rincones románticos*, 1922) revela esta actitud un tanto evasiva:

> Alguien dijo desde el puerto,
> señalando hacia un vapor:
> —¡En viaje de bodas van,
> ebrios de dicha los dos!...
>
> ...Yo, que soy un poco extraña,
> no envidié tal goce, no.
> Aunque te asombres, escucha:
> prefiero, en viajes y amor,
> lo que nunca habrá de ser,
> o lo que ha tiempo pasó.

Veamos ahora otra faceta interesante de María Enriqueta: su insistencia en las flores, pero, sobre todo, en las rosas. Su antología de lecturas para niños se llama *Rosas de la infancia*; el chotis que compuso lleva el nombre de "Entre rosas"; regala rosas a su madre y escribe, a su memoria, una viñeta titulada "Las rosas"; las "santas mujeres" de sus versos se asemejan a "rosas marchitas". A las mozas lozanas se les obsequian "rosas de abril". Y así *ad infinitum*. Rosas, rosas, rosas. ¿Por qué siempre las rosas?

En la simbología de las flores, la rosa está considerada como la reina de todas ellas. La rosa es también símbolo del amor, emblema de la luz y símbolo de la aurora y de la primavera. Rosas y dolor. Ambos aparecen casi con seguridad en cualquier página abierta al azar. ¿No hay una contradicción? ¿No existe una oposición entre el dolor y el amor representado por la rosa? De hecho, es así. María Enriqueta, al no poder vivir la alegría, la simboliza a través de la flor y ávida de dar amor a todos, deja caer rosas por doquier. María Enriqueta temía al amor. Para defenderse de sus peligros, lo anula, junto con la primavera —de ahí también su obsesión por el otoño, las hojas muertas y la luz gris y mortecina de los días nublados— y se refugia en el dolor, la muerte y la nieve. Hay en ella un fuerte sentimiento de fatalidad, de imposibilidad de escapar al destino.

Ya hemos visto qué imagen guardaba María Enriqueta de su padre. Sabemos, asimismo, que amaba entrañablemente a su madre, que era un ser débil. Por ello, son débiles sus heroínas. Son siempre bondadosas, caritativas, cristianas, dulces y abnegadas, pero débiles, dependientes e incapaces de hacer frente a la vida. Por ejemplo, cuando hay que tomar una decisión o enfrentarse a la dura realidad, sus personajes femeninos suelen llorar, perder el conocimiento o enfermarse por tres semanas; o sea, hay una evasión de la realidad. María Enriqueta no es como ellas. Si lo hubiera sido, quizá no habría llegado hasta los noventa y seis años. Su fortaleza y su valentía las recibió de su identificación con el padre. La madre le transmitió el instinto de muerte, contrarrestado por la figura paterna. En una conversación con la doctora Estela Franco, psicoanalista y estudiosa de la literatura, ella expresó la opinión de que María Enriqueta fue capaz de aceptar la muerte y de hablar de ella con naturalidad, porque tenía una gran fuerza vital.[25]

María Enriqueta no tuvo hijos —ella que había sido educada, ante todo, para ser guía espiritual. A cambio, educó a los niños de México. Sublimó su falta de fertilidad biológica a través de su vasta obra literaria y de su profunda y arraigada religiosidad. Dotada de aguda inteligencia y de gran sensibilidad, María Enriqueta encontró su salvación a través de la escritura. Su creatividad literaria, que es vida, contrarrestó la tendencia de muerte que pudo haberla destruido.

Leída hoy, más de cincuenta años después de la publicación de su última obra significativa, es posible acercarse a ella con otros ojos. No es la suya una obra de genio ni de grandes avances; pero tampoco merece ser relegada al olvido por su afán didáctico y moralizante. Merece, simplemente, ser comprendida y juzgada como producto de su momento histórico, a caballo entre dos siglos, con los alcances y limitaciones que éste le impuso.

Para esta antología hemos elegido dos capítulos de *El secreto* porque nos parece la obra más importante y representativa en la bibliografía de María Enriqueta. Así lo indica el hecho de

---

[25] Estela Franco es autora de *Rosario Castellanos. Semblanza psicoanalítica. Otro modo de ser humano y libre*, Plaza & Janés, México, 1985.

que, poco después de su aparición, haya sido rápidamente traducida al francés, con lo que se convirtió, según Esther Hernández Palacios, quien preparó una antología de María Enriqueta con el título *Llegará mañana*... (Universidad Veracruzana, Xalapa, 1986), es la primera novela mexicana traducida al francés. Además, apunta la misma Hernández Palacios que la traducción fue hecha por Agathe Valéry, hija del poeta Paul Valéry. Poco después se tradujo al italiano y al portugués. Fue, además, seleccionada en París como la mejor novela femenina hispanoamericana y se publicó dentro de la colección francesa *Les Cahiers Feminins*. Está dedicada a su padre Alejo A. Camarillo y a su hermano Leopoldo; de ahí su interés por crear un personaje masculino atractivo, fuerte y admirable a pesar de sus travesuras infantiles.

María Enriqueta Camarillo

EL SECRETO*

Capítulo IV

De nuevo me vi en el jardín, abandonado a mis tristezas y al disgusto de mis malos actos.
    ¿Qué hacer para enmendarme, Dios mío? El mismo genio que derramaba los frascos en mi alcoba, parecía sugerirme los desatinos y los malos procederes. ¿Como librarme de él? ¿Por qué yo no podía, como mi hermana, estar en paz con todos, libre de reproches duros? Aquello me parecía un misterio. ¿Habría yo nacido en un mal día, bajo el influjo de un astro fatal? Sería preciso comprar algún libro que me pusiese en el camino de la verdad. Quizá en mi catálogo estuviese anunciado. Llevé la mano al bolsillo y saqué de él, entre algunos papeles ajados, un cuadernillo pequeño, todo marcado y anotado por mí. Pero en él no había nada que pudiese ilustrarme sobre ese punto. Los libros que yo había señalado con una cruz para comprarlos poco a poco, eran de índole diversa: *El Cancionero de un Trovador, La Vida es Sueño, La Cerámica, Una Ala en Viaje, El Globo de Antaño y el Globo de Hogaño, Química fácil, El Llamamiento del Bosque*... Al llegar a este último título, me detuve para saborear despacio todas las sensaciones que aquellas palabras me sugerían. ¡Qué pequeños me parecían los bosquecillos de los cuentos junto a ese inmenso bosque verdadero que tenía una voz tan fuerte para llamar!... Mi abuelita me había contado la inquietud del hermoso perro, hijo de lobo, que arrancado pequeñito a las entrañas del negro bosque por un cazador que perseguía venados, es llevado a la ciudad, donde crece y se apega a su amo, pero en donde vive intranquilo, siempre inquieto, luchando entre el cariño que tiene por su dueño y el llamamiento continuo que le hace el bosque. Un día por fin, en que amo y perro vuelven de la caza, el animal, que ha ido retrasándose más

---
* Capítulos 4 y 26 de *El secreto*, Edit. América, Madrid, 1922.

y más en el camino, después de una larga lucha que le obliga a lanzar grandes aullidos dolorosos, vuelve de pronto la espalda a su dueño, emprende una carrera loca, y desaparece a lo lejos: es que ha obedecido, por fin, al llamamiento del bosque, del bosque negro donde están sus escondrijos y su raza...

¡Qué libro tan hermoso debía de ser aquél!

—Jack London, el autor —me repetía a menudo mi abuelita—, es un escritor de fama, que siente la Naturaleza como pocos.

¡Ya lo creo que debía de sentirla, si yo, sólo con leer el título de su libro, ya percibía en mi derredor los fuertes olores de los matorrales salvajes!

El recuerdo de lo que ese relato me había impresionado, despertó en mi mente y en mi cuerpo un deseo loco de huirme de mi casa y emprender el camino hacia los montes. Acaso yo, como el perro-lobo, tenía mi guarida en algún rincón agreste. Mi hermana era de la ciudad; eso se veía al instante; todo lo decía: sus finas manos, su fino cuerpo, sus finos ojos grises, como los de mi madre. Pero yo, con mis burdas manos encallecidas a fuerza de tallar figuras de madera, a fuerza de tirar pedradas, de subirme a los árboles, de saltar la garrocha, de traficar con hierros, con palos y con arena; yo, con mis ímpetus, con mi fuerza, con mis movimientos bruscos y hasta con mis inquietudes, era —como el perro-lobo— del monte, sólo del monte...

Debía, pues, partir hacia allá.

No bien acababa de formular esta conclusión, cuando vi a mi abuelita que venía hacia mí.

—Pablo, hijo mío: he abogado por ti, y estás nuevamente perdonado. Sube conmigo a mi alcoba para que allí esperemos la hora del almuerzo.

Mi abuelita tenía por mí una predilección especial. A menudo se interponía entre todos para salvarme cuando yo me había perdido con alguno de mis actos.

De buena voluntad le tendí la mano que me pedía, y juntos los dos empezamos a desandar las veredas del jardín.

—¿Qué es lo que lees, hijo mío? —me preguntó, mientras caminábamos lentamente.

—Es mi catálogo.

—¡Ah, sí! —dijo mi abuelita, que tenía bien conocido aquel librejo donde ella misma había puesto algunas señales—. Como te portes bien en estos días, te prometo regalarte uno de esos hermosos volúmenes. Y arriba —añadió—, ya está sobre la

mesa de mi cuarto el último libro que escribió mi padre, para que lo hojees a tu gusto mientras nos llaman a la mesa.
—¿*El Castillo de Florián*? —pregunté con ansiedad.
—El mismo.

Aquel libro, escrito por mi bisabuelo y que estaba siempre guardado en una vitrina con otras obras, suyas también, formaba mis delicias, tanto por sus hermosos grabados, como por el derroche de imaginación que había en él.

Aquel castillo donde se aparecían fantasmas, donde había duelos de caballeros, frailes enmascarados y llantos misteriosos de una princesa encerrada, me hacía vivir vida de fiebre. Todas mis inquietudes, atadas como un haz de nervios, recogidas como un caño de agua, se aplicaban sobre el libro, y después de correr mansamente dentro de él, hallaban salida caudalosa en aquellas luchas de caballeros, en aquellos gritos de dueñas doloridas, en aquellos lamentos de princesas encerradas.

El pensamiento de que iba a tener en mis manos el *Castillo de Florián*, puso un completo olvido en cuanto me rodeaba, y dando saltos de placer y locos gritos de alegría, avancé hacia el corredor, siempre delante de mi abuelita.

—¡De prisa, de prisa! —le decía yo, pareciéndome que nunca llegaríamos a su alcoba.

Y ella se apresuraba, levantando los pliegues de su bata oscura con las puntas de los dedos, finos como los de mi madre.

Mas al desembocar en el cubo de la escalera, los dos tuvimos que detenernos: seis hombres bajaban trabajosamente, cargando un mueble pesado, con el que apenas podían: era el gran piano de cola, que se llevaban ya de la casa.

Mi abuelita, más pálida que de costumbre, quedó apoyada en el muro, repitiendo de tiempo en tiempo, como si hablase para sí:

—¡Pobre hija mía! ¡Pobre de mi Clarisa, tan santa!...

Y yo, olvidado ya del *Castillo de Florián*, quedé también inmóvil, con el pensamiento inactivo, mirando con cuánto trabajo bajaban paso a paso aquellos hombres. El piano debía de pesar enormemente. Todos iban con el rostro enrojecido; se les veía el esfuerzo. Al terminar la escalera, hicieron descansar el instrumento en los baldosines del corredor, sobre pequeños cojines de paja, mientras los hombres se ponían las gorras y recogían algunos cordeles y otros objetos que estaban regados por el suelo. Después, listos ya, alzaron a un tiempo el piano, se despidieron y avanzaron hacia la puerta. Yo, sin saber por qué, les seguí hasta el dintel, y desde allí, sintiendo ya que un nudo me apretaba la garganta, les vi cómo se alejaban por en medio de la calle, a pasos lentos e iguales, llevando en los hombros una cosa larga y negra, que semejaba una caja de muerto... Las gentes se detenían para ver pasar el grupo, lo mismo que se hace en los entierros. Yo sentí que un calosfrío me recorría la espalda; sin saber que lo hacía, me signé, y sintiendo al mismo tiempo que las lágrimas comenzaban a subirme a los ojos, di media vuelta y entré en la casa. Mi abuelita, oculta en el cubo de la escalera, estaba de cara a la pared, con un pañuelo en el rostro.

—Abuelita —le dije quedamente—, es horrible, horrible... Parecía un entierro...

Entonces ella, volviéndose a mí, bañada en lágrimas, me dijo sencilla y gravemente:

—Sí, hijito mío; es el entierro de la fortuna de tus padres.

—No, no —le respondí más quedamente aún—. Si parecía un entierro de verdad... Y como salía de casa...

—¡Cállate, por Dios! —exclamó mi abuelita, calosfriada, tapándome la boca con el pañuelo.

Y yo me callé por darle gusto, pero cuando ya estuvimos arriba, no quise hojear el *Castillo de Florián*, sino que me senté en un sillón y allí volví a ver claramente aquel entierro solo, sin cortejo alguno, que se alejaba por en medio de la calle, y que había salido de nuestra puerta... ¿Quién podía ir en aquella caja tan grande? ¿Una niña? No. ¿Una mujer joven? No. ¿Una anciana? Tampoco. ¿Un hombre, entonces?... ¿Un hombre alto, fuerte, elegante... moreno...? Sentí que el corazón me daba un vuelco terrible, y sin saber lo que hacía, salí como un loco de la alcoba de mi abuelita, gritando, mientras recorría la casa en todas direcciones:

—¡Papá! ¡Papá!...

Estaba en su laboratorio, escribiendo sobre la gran mesa incrustada.

—¡Papá! —repetí en un supremo grito—. Y me eché en sus brazos, todo tembloroso.

—¿Qué tienes, hijo mío? —me decía mi padre, asombrado, examinándome con los ojos y palpándome con las manos—. ¿Te has hecho mal? ¿Te han hecho daño?... ¿Qué es lo que te pasa?

Mi madre había acudido también, a los gritos, y Ladia aparecía ya por la puerta.

—¿Qué es lo que le sucede? —preguntaban todos, asombrados.

Pero de mis labios no salía, no podía salir la verdad.

—¡Habla, explica, di lo que te pasa!...

Mas era imposible decir aquello... Se me detenía en la garganta.

Y mientras menos hablaba yo, más me apretaba contra mi padre.

—¡Vamos! Hay que ver lo que tiene —dijo mi madre, tirando de mí para arrancarme de los brazos de su marido—. Es preciso enterarse...

En ese momento entraba mi abuelita.

—¡Dejadle, dejadle! —explicó—. Es que la salida del piano le ha impresionado mucho...

Entonces todos los brazos vinieron hacia mí, para consolarme, y mi padre dijo, fingiendo un tono fútil:

—¡Vamos, hijito! ¿Eso es todo?... Pues lloras por nada...

—Eso es todo, eso es todo —se apresuró a decir mi abuelita.

Y yo, como un eco de su voz, dije también:

—Eso es todo...

Pero no; aquello no era todo: había más, mucho más...

Y ese *más* me tuvo todo el día cabizbajo, vagando por los rincones, acechando desde ellos a mi padre, para ver si su rostro no se había desmejorado, si su cuerpo estaba erguido como siempre, si sus ojos tenían aún todo su brillo, toda su firmeza, todo su imperio...

Capítulo XXVI

Tres años hacía ya que en una mañana de invierno riguroso, junto a un tren que partía, mi padre se había inclinado hacia mí para dejarme en la frente un beso de infinito amor. Hasta aquella caricia prodigada con ternura, era una de tantas espinas que se me clavaban en el alma.

—Bien lo sintieron mi cuerpo y mi corazón —pensaba yo a menudo—: era el beso postrero... Sus labios, batidos por la nieve y por el viento, estaban helados... Ese frío ha de acompañarme hasta la muerte...

Y era imposible contener mis lágrimas. Dicen que no es de los hombres llorar. (Yo estaba ya más alto que mi madre.) Pero lo que se lava con llanto, limpio queda. Y las aguas lustrales de mis lágrimas tenían que lavar mis errores pasados, ya que en el presente yo no había vuelto a cometer ninguno.

Mi madre y mi hermana encontraban en mí un apoyo y un consuelo; y mi tío Leonardo no se cansaba de repetir lo muy satisfecho que su hermano Andrés se hallaba —porque la comedia continuaba todavía— al saber que yo estaba salvado por fin.

—Sí —me decía a mi vez—, salvado, por fin, del alma—. Y luego añadía: —aunque el cuerpo no marche bien...

Efectivamente, mi salud andaba mal. Durante las mañanas y a prima tarde, trabajaba en todas mis labores con ardor, principalmente en la cerámica, que había sido escogida por todos como la carrera que definitivamente debía yo seguir; pero al llegar las sombras de la noche, un fino calosfrío y una gran languidez se apoderaban de mi pobre cuerpo, que ya tenía bastante que llevar.

Nuestro gran amigo el doctor Cañez, se había encargado de curar aquel mal.

—Este muchacho necesita seguir un tratamiento. Padece un poco de hipocondría... ¿Tienes algo que te afecte?

Y yo respondía lo de siempre:

—No, señor; no tengo nada.

Pero el doctor me observaba con fijeza.

—Mira que hasta lo blanco de los ojos comienza a tomar un color azufroso.... Algo tienes, indudablemente.

—No, señor; nada tengo.

Algunas veces me veía tentado de arrojarme en brazos del doctor y hacer a gritos la confesión de lo que me estaba royendo las entrañas. Pero la presencia de mi madre, a cuyas mejillas no había vuelto más el color, me impedía todo movimiento. Cierto que yo hubiera podido hablar a solas con el señor Cañez, pero el pensamiento de oír de sus labios una confesión que estuviese de acuerdo con la mía, me helaba la sangre en las venas; así, prefería seguir prestándome al engaño y engañar yo mismo. Por eso cerraba mis labios a todas aquellas preguntas y, con la vista en el suelo, repetía como un monomaníaco:

—No, señor; no tengo nada.

Se me recetaron vinos, ejercicio, baños. Y todo se cumplía con rigor, pero mi salud no mejoraba. Esto no interrumpía mis labores, porque en las mañanas y durante una gran parte de las tardes, la fiebre me dejaba libre, y yo no perdía momento para adelantar en la cerámica.

Hacía ya mucho tiempo que la alcoba de mi abuelita estaba convertida en taller provisional. Mis ánforas y vasos, enfilados sobre largas repisas fijadas en los muros, presentaban un aspec-

to abigarrado que alegraba todos los ojos, excepto los míos.
Con el rostro y el cuerpo de mi padre había yo hecho guerreros, dioses, cazadores, capitanes de fragata, pescadores de ballenas, luchadores, héroes, tribunos. Y los rostros de mi madre y de mi hermana me habían servido para hacer madonas y alegorías delicadas. Todas estas figuras formaban los asuntos de mis jarrones y vasos, teñidos siempre con colores armoniosos y discretos. Gustaba también de hacer grandes planchas alargadas, con escenas en bajorrelieve: una vega de pastores, al caer la tarde, con el sol casi al ras del horizonte; una procesión de vestales avanzando por un camino pendiente en cuyo fondo se alzaba el templo de su diosa; un torneo; las Parcas, un golfo del Mediterráneo azul, sembrado de velas blancas; un trozo de bosque; alguna escena cortesana en los jardines de Versalles; las hilanderas de la leyenda... En fin, los motivos no me faltaban. Algunos eran tomados de libros, otros, copiados de los modelos de mi maestro, otros, ideados por mí. Agradábame el género romántico. Mujeres con la cabeza entre las manos; despedidas al borde de algún sendero; una tumba olvidada; una vieja leñadora que cae bajo el peso de su haz; un soldado que llora mientras lee una carta; un perro sobrecogido que aúlla a la muerte; un árbol retorcido y escueto, como único habitante de una llanura desolada... Ese era mi género. Con él mostraba claramente lo que tenía en el fondo de mi espíritu.

Y alineados, lo mismo que las vasijas y jarrones, llevaba en el interior del pecho mis recuerdos, mis remordimientos, mis esperanzas perdidas, mis dolores todos. Pero éstos no tenían fácil salida, como la tenían mis vasos: estaban escondidos bajo llave, y nadie tampoco hubiese querido comprar semejante colmena de avispas. No así las ánforas, que eran transportadas cada ocho días al taller del maestro, donde se cocían en los hornos y luego se ponían a la venta en los escaparates de la Infanta, de los cuales partían a poco tiempo, dejando en su lugar bellas sumas que yo me apresuraba a poner en las manos de mi madre, siempre enternecida al recibirlas.

Mi carrera estaba ya definida claramente. Conocía la contabilidad, el inglés y la taquigrafía; pero eso no podía proporcionarme los recursos y la independencia que me ofrecía la cerámica; así, dejé de asistir al colegio, con plena aquiescencia de todos, entre ellos don Blas, quien se quedó muy conmovido el día de la despedida, y me dediqué por completo a esas labores.

El tío Leonardo, siempre a nombre de mi padre, hablaba ya

de hacer los cálculos para saber a cuánto ascendería la suma que costase instalarme un taller en toda forma.

El señor Cañez sería comisionado, al llegar el momento, para entenderse con mi profesor y tratar esos asuntos.

—Francamente —decíame el doctor— yo nunca pensé que tan pronto se pudiera ganar dinero, amasando muñequillos de arcilla; pero lo cierto es que tus trabajos tienen un sello particular muy exquisito. Yo te aconsejé una vez que te dedicaras a la ciencia; pero tu abuelita se empeñaba en que era el arte por donde tú despuntarías; y ya vemos que tenía razón. Ahora, lo que importa es que te cuides y que te nutras lo mejor que sea posible.

He olvidado decir que mi garganta se rebelaba cada vez más a tragar los alimentos. Esto me tenía delgado y propenso a los vahídos. Mis manos ganaban en habilidad, pero mi cuerpo y mi espíritu desfallecían.

Cuando al caer la tarde comenzaban las sombras a descolgarse por los tejadillos, la tristeza que me envolvía era mortal. Los gritos lastimeros que lanzaba la carretilla del pozo al sacar el agua, parecían aserrarme el corazón, dividírmelo en secciones... Y no resistía la vista de aquella fuente, siempre llena de hojarasca, semejante a un túmulo, donde parecían estar enterradas tantas cosas perdidas para siempre. Los muros, descascarados por la lluvia; las puertas, cuyo barniz se habían comido el sol y el agua, casi deshechas por la polilla; los matojos, los cardos, los murciélagos..., aquel cuadro, remedo exacto de lo que era mi vida interior, me estaba matando lentamente por fuera y por dentro. Pero como el martirio había comenzado de tiempo atrás, yo me sentía ya completamente minado y en riesgo de caer para no levantarme.

Y no debía de ser solamente una mera preocupación de mis sentidos, porque el doctor Cañez, días más tarde, ordenó que suspendiese mis trabajos y que tomara descanso.

La fiebre me arrojaba ya casi de continuo en el lecho o en el sillón, y durante ella, mi vida pasada estaba siempre a la vista, como un calidoscopio de colores sombríos.

Las cartas de Buenos Aires recomendaban ya que me atendiese; y habían llegado recursos especiales para que no se reparase en gasto ninguno. Mi madre y mi hermana, lo mismo que dos hadas buenas, me rodeaban de cuidados; pero mi mal era muy hondo y no estaba al alcance de ninguna mano. Venía de lejos y parecía querer llevarme muy lejos también.

—¿Qué sería bueno hacerle? —preguntaba con gran ansiedad mi madre, cada vez que el señor Cañez se presentaba.

—Cambiaremos de medicinas —respondía el doctor.

Y me daban, en vez de la quinina, nuevos remedios contra la fiebre, y régimen distinto.

—Que salga por las mañanas; que respire otro aire.

Y, acompañado de mi madre, salía yo para arrastrar mis huesos por las calles, o nos llegábamos en tranvía hasta el parque de la Reina, donde yo, desalentado, como si soñase, miraba jugar a los niños bajo las arboledas, o mecerse los cisnes sobre el cristal del agua.

Pero todos aquellos cuadros, en vez de hacerme bien, acentuaban, por el contraste, mi estado. Prefería estarme quieto sobre el sillón, en la alcoba de mi madre o en la biblioteca de mi padre, cuyas paredes había yo adornado con mis mejores trabajos de cerámica.

En otro tiempo, y en la antigua casa, aquella biblioteca era museo, laboratorio y salón de lectura; pero al venir la pobreza, cuadros, instrumentos y libros habían partido, dejando los muros escuetos y el piso desnudo de tapices. ¡Pobre padre mío! Yo no había tenido entonces una sola palabra de consuelo que dirigirle para mitigar su pena por aquellas pérdidas. Muy tarde, cuando él no estaba ya a mi lado, pude notar que su hermosa biblioteca se había transformado en un cuarto escueto, con una mala mesa en el centro y unos cuantos volúmenes en un estante de pino...

Era imposible que el dolor me abandonase. Mi mal era una planta venenosa que al fin asomaba sus puntas en la superficie de la charca, pero que venía de lo profundo y cuyas raíces estaban hundidas en el espeso légamo del fondo.

EL PIADOSO MORABÚ

El desierto parecía interminable; únicamente el cielo limitaba su extensión; ni una palmera, a cuya sombra reposar un instante; ni una fuente donde calmar la sed...

Morabú, el negro mercader de dátiles, dejaba entrever aún bastantes energías en sus vivos y ardientes ojos; pero su compa-

* *Sorpresas de la vida*, 1921.

ñero de viaje, fatigado, casi desfallecido, comenzaba a arrastrar los pies.

—¡Ánimo! —le decía Morabú—. Pronto llegaremos...

Y con palabra fácil e insinuante voz, comenzó a contar a su compañero la historia de *Las tres palmeras*; y luego le relató *La aventura en el desierto,* y concluida ésta, le refirió el maravilloso viaje de *Los Argelinos,* pintando con brillante fantasía las peripecias de los tres viajeros en las llanuras arenosas, su encuentro con los leones, la deliciosa aparición del oasis y el diálogo con la fuente...

El compañero de Morabú, fascinado, confortado por la voz de su amigo, hallaba nuevas fuerzas que le ayudaban a seguir la trabajosa marcha.

Y Morabú, mirando que no eran vanos sus relatos ni la dulzura de su voz, seguía diciendo:

—Los Argelinos, tras de mucho andar por aquella extensión donde no había ni un pájaro, se detuvieron de pronto, exclamando: "¿Quién eres, ¡oh, mansa fuente!, que nos sales al paso, como una amiga, para ofrecernos el frescor de tu agua transparente y pura?" Y la fuente respondió: "Soy la pupila encantada de Gerifa, desdichada joven que por haber llorado tanto en vida, quedó convertida en fuente para continuar su llanto después de muerta. Pero cada vez que un caminante bebe en mi linfa, cesa en mi alma un dolor... ¡Bebed, viajeros; sed generosos con Gerifa! Y cuando lleguéis a vuestros hogares, contad mi historia, para que todos aquellos que se apresten a cruzar estas vastas soledades, conozcan el rumbo donde me hallo y vengan a librarme de dolores, bebiendo en el cristal de mis ojos..." Los Argelinos bebían, y bebían también los dromedarios y los avestruces, todos cargados con pesadas cajas donde iban las más abigarradas telas y el corazón prensado de las más dulces frutas. Después, los Argelinos daban la voz de partir, y la caravana se ponía inmediatamente en marcha, siguiendo el rumbo que llevaba el viento.

Morabú, con su voz pastosa y bien timbrada, con su imaginación fecunda, bordaba historias y refería maravillas para distraer a su compañero de viaje para hacerle olvidar que el sol quemaba, que la arena ardía, que el desierto se hacía interminable.

Y no en vano se esforzaba Morabú en ir regando por el camino las flores de su fantasía y en dejar caer sobre el ambiente el timbre confortante de su voz, porque el compañero del mercader de dátiles, aunque nada respondía ni comentaba, marchaba menos fatigosamente y alzaba de cuando en cuando sus ojos para fijarlos en Morabú con gran dulzura y reconocimiento.

Así, el mercader desplegaba más y más el abanico maravilloso de su imaginación y buscaba en él las más interesantes descripciones de paisajes, los más ricos relatos de sucedidos y cuentos, sólo con objeto de alentar a su compañero fiel, de distraerle en un camino tan penoso, de ayudarle, de confortarle...

¡Ch! Aquel negro Morabú, no parecía un mercader de dátiles, sino un generoso y noble caballero que hacía de la piedad su enseña, que hacía de la compasión su norma.

—Pero —me diréis—, ¿quién era ese compañero por quien tanto se esforzaba Morabú? ¿Era, quizá su hermano?

¡Oh, no! Si hubiera sido su hermano, Morabú le habría llevado en hombros hasta caer por tierra, exánime.

—¿Quién era entonces? ¿Quién?...

Era su camello.

LA LOTERÍA DE LA TÍA CLEMENCIA

—¡Abuelita! —decía la chicuela—. ¡Qué muñeca he visto en sueños!... Así, grande como una persona... ¡Y pensar que nunca la tendré!...

—Cuando me saque la lotería —respondía la anciana—, lo primero que he de comprarte ha de ser una muñeca más grande que tú, y que yo y que tu madre... Aguarda, aguarda, chiquilla; Dios no ha de querer que me marche de este mundo sin ver esa lotería que le pido hace tanto tiempo. No hay que perder la fe. Lo que en un día no vino, puede llegar al siguiente. Todo consiste en saber esperar y en tener paciencia. Vendrá la lotería, y tú llevarás en brazos esa muñeca; ya verás, ya verás...

Y la viejecilla, después de dar el maíz a las gallinas, entraba en su cuarto, limpio y reluciente como el oro, y se dirigía hacia el rincón, donde una Virgen de los Dolores, encuadrada en un modesto marco, alzaba hacia el cielo sus hermosos ojos.

—¡Madre mía! —exclamaba la tía Clemencia postrándose ante el cuadro—. ¿Qué podrás tú pedir que no lo alcances? ¡Dame esa lotería!... Piensa que con ella no compraré ni una cofia para mí... Recuerda que ya está repartida: la huerta para mi

* *Lo irremediable*, 1927.

Juan; la casa para su mujer; las ovejas para los nietecillos; la muñeca para Lilí; el carro del tío Lucas; la vaca para María la vecina; las veinte misas por el alma de aquel santísimo hombre que fue mi marido; los manteles para el altar mayor de la iglesia; el pago de las promesas no cumplidas por escasez, y tanta, tanta limosna como habrá que dar a cuantos pobres mendiguen en tres leguas a la redonda... Lo sabes bien, madre mía —repetía humildemente la vieja—; para mí, ni una cofia, ni una cofia... ¡Dame ya el premio, Señora!...

¿Cuántos años hacía que la tía Clemencia esperaba esa lotería? No podía contarlos. De chiquilla, soñaba ya con ella; sólo que entonces hubiera querido el dinero para comprarse muchísimos juguetes, tantos, que juntos hicieran una montaña más alta que la que formaba el maíz en el granero de su padre. Pero después, jovencilla aún, comprendió por impulso de su generoso corazón, que en este mundo no hay nada que satisfaga tanto como dar. Y desde entonces daba cuanto tenía: cintas, monedas, ropa, zapatos, pan, alfileres, baratijas... cuanto a sus manos llegaba. Su madre la reñía a menudo por esa esplendidez, que a veces le dejaba el baúl vacío. Pero el refrán lo dice: "Genio y figura..." Y así, Clemencia, que no se enmendaba, llegó a encontrar insuficiente lo que tenía para dar, y pensó que sólo una lotería podía calmar aquel deseo insaciable de su corazón.

Desde entonces, mes a mes, compraba un billete; y desde entonces, mes a mes, abría los ojos con sorpresa dolorosa cada vez que el tendero, después de examinar cuidadosamente la lista, exclamaba:

—¡No vino por hoy la suerte; quizá más tarde...!

Clemencia se llevaba las manos al corazón, viendo derrumbarse de un golpe aquel castillo de donaciones que había levantado en su mente... ¡Todo por tierra!... Pero al siguiente día, compraba de nuevo un billete, y el castillo, bajo el milagro de la esperanza, volvía a levantarse, tan fuerte y tan alto como el anterior. Así, en esa fiebre de espera, Clemencia había cruzado por la vida como una sonámbula, fija la vista en aquel premio que no llegaba nunca. Se había casado, había tenido hijos, había tenido nietos, y todos esos seres queridos que se movían a su rededor, le habían aumentado el deseo de obtener aquel premio. ¡Qué de cosas bellas hubiese comprado para aquellos pedazos de alma!... Era preciso, sí; era preciso seguir probando la suerte... Y en pos de esa suerte que no quería darle la cara, la tía Clemencia había envejecido, y caminaba ya con paso rápido hacia la tumba.

Juan, su hijo, e Isabel, la mujer de éste, sufrían en silencio, testigos de aquel anhelo nunca logrado. ¡Si Dios quisiera dar a la tía Clemencia el premio antes de que ella se fuera de este mundo!... Pero Dios no quería; y había que conformarse con su santísima voluntad.

—Cuando la abuelita se saque el premio —decían los niños, ilusos como la viejecilla—, tendremos más juguetes que los hijos de don Blas.

—¡Quiera Dios que la señora Clemencia tenga pronto la buena suerte —exclamaban los pordioseros— para no mendigar tan duramente por los caminos!...

La lotería de la tía Clemencia estaba distribuida de antemano; y todas aquellas buenas gentes se creían con derecho suficiente para reclamar su parte. ¡Era tan seguro que la tendrían si el premio entraba en aquella casa!... Pero, ¡ay!, el tiempo pasaba y los billetes, inútiles, ajados y rotos, iban a aumentar la basura que el viento alzaba en las veredas... La suerte no quería llegarse allí. Y lo triste era que ya la tía Clemencia, rendida por aquella lucha de tantos años, comenzaba a desconfiar... Cuando abría el portamonedas para pagar el billete, sentía que un frío sutil bañaba su mano temblorosa; y un gran descorazonamiento se le entraba hasta el fondo del alma. La duda fría ganaba terreno en aquel corazón, antes ardiente y lleno de fe. Largas horas pasaba en meditación silenciosa, contando el número de veces que había comprado un billete para aquella rifa en la cual sólo parecían jugarse decepciones y penas. Si aquel dinero gastado tan inútilmente se hubiera dado a los pobres... Mas si al menos viniera ya el premio, se les podría resarcir de todo lo que se les había quitado... Pero, ¡ay!, era preciso ver las cosas frente a frente: el premio no llegaría. Y como si esta confesión formulada en palabras, fuera su sentencia de muerte, la tía Clemencia sintió de pronto que las fuerzas faltaban en su cuerpo. Los huesos se le molían dentro de él. Aquel saco informe y dolorido, reclamaba una cama. Y fue preciso llevarlo a ella...

¡Pobre tía Clemencia! Daba pena verla bajo la colcha rameada, hecha un ovillo, con los ojos empañados de tristeza. Los que la habían visto antes, afanosa, yendo y viniendo por toda la casa, cuidando las gallinas y los gansos, visitando a las vecinas enfermas y repartiendo el puchero a los pobres, bajo el soportal de la casa, no podían comprender cómo, en tan pocos días, la tía Clemencia había tenido que renunciar a sus habituales costumbres. Y era que la viejecilla no se alimentaba nada más con las viandas que nutren a los otros mortales: ella vivía de un sueño. Caído ese sueño, el cuerpo de la tía Clemencia desfallecía y moría.

Juan y su mujer estaban desolados; aquella viejecilla, que mecía y cuidaba a los niños, que no se reservaba nada para sí, que era inofensiva como una mata de albahaca y dulce como las palomas, se les iba de las manos...

El médico del pueblo, que no era un psicólogo, diagnosticó la enfermedad simplemente: la tía Clemencia se moría de vieja, y para ese mal... tenía pocos remedios. Había que conformarse.

Hasta aquí llegaban las cosas, cuando un suceso imprevisto sacudió el corazón de Juan y de su mujer. Esta, contagiada por la manía de la tía Clemencia, había caído en la tentación por una sola vez, y había comprado un billete de lotería. La suerte le dispensaba sus favores, y el billete había sacado el premio.

Isabel, la mujer de Juan, que tenía un rostro muy bello, y el corazón más bello que el rostro, al verse dueña de aquel tesoro inesperado, tuvo una feliz idea: poner una buena parte del dinero en manos de la tía Clemencia, y hacerle ceer que al fin el premio se le había colado por la puerta. Juan, al oír el plan de su mujer, la abrazó llorando. Y los dos, después de ensayar entre lágrimas la comedia, pusieron manos a la obra.

La tía Clemencia estaba aletargada en su lecho cuando los esposos entraron en la alcoba; pero al ruido de aquellos apresurados pasos, la viejecilla abrió los ojos y levantó la cabeza.

—¡Madre, madrecita! —le dijo Isabel yendo hacia ella con aquel fajo de billetes que costaba trabajo contar—. ¡La lotería, la lotería!... Don Manuel avisó que tu billete había salido premiado, y esta mañana se fue Juan a la ciudad para cobrarlo... Aquí está; mira, mira, madrecita; palpa con tus propias manos... Un fajo enorme, que pesa tanto como una criatura.

La tía Clemencia, con los ojos abiertos de asombro, escuchaba todo aquello sin saber si era un sueño o una realidad lo que oía.

—¡Tienta, tienta! —repetía Isabel—. Un tesoro, un dineral, que no vas a saber qué hacer con él...

La viejecilla, absorta, asombrada, veía a Isabel, veía a Juan, veía aquel fajo de billetes que su nuera le entregaba radiante de alegría... No pudo más: sacó de la colcha las enflaquecidas manos y las extendió hacia el paquete con ansiedad inmensa; después, llevándolo a su pecho, lo apretó contra él y dio rienda suelta a la voz... ¡Conque al fin, conque al fin le había llegado el premio!... ¿Era posible? ¿No sería un sueño que iba a desvanecerse en ese mismo instante, dejándola con las manos vacías?... No, no era un vano sueño: allí estaba el tesoro, allí lo tenía entre los dedos... ¡Qué dicha! ¡Pero qué dicha, Dios santo!... Al fin el cielo había escuchado sus fervientes peticiones... Ya, ya podía morir tranquila... Pero antes, ¡a la obra, a la obra inmediatamente! La huerta para Juan; la casa para Isabel; las ovejas para los niños; la muñeca para Lilí... no había que olvidar la muñeca... así... grande como una persona... Se la había prometido a la niña, y había que cumplir la promesa; luego, las mandas que se debían a la Iglesia; y una misa, una misa solemne en acción de gracias. Que los manteles para el altar fueran de lo mejor. No había que olvidar la vaca para María; esa pobre mujer necesitaba ayuda, y ella se la había ofrecido. Tampoco debía olvidarse el carro para el tío Lucas; y menos aún, las misas, las veinte misas para ese pobre muerto de su marido, que fue tan honrado y bueno. A los difuntos, bienes para el alma, y a los mendigos del pueblo, la puerta siempre abierta. Dios bendice las casas donde se protege a los pobres... Esos eran sus encargos, y no tenía sino pedir que se cumpliesen al pie de la letra. Para ella nada quería; que no se le comprase ni una cofia... ni una cofia. Así lo había prometido a la Virgen, y no se arrepentía de su promesa; nada deseaba, nada quería; con regalar a los demás, se regalaba ella misma...

Isabel y Juan, con las manos sobre el rostro, escuchaban, llorando, los encargos de la tía Clemencia.

Se cumplirían, se cumplirían religiosamente; pero para esto era preciso que ella se levantase de aquella cama. Ese no era su lugar: había que ir de puerta en puerta anunciando la buena nueva y llevando a los pobres su regalo... Había que levantarse, y pronto.

Los ojos de la tía Clemencia, ante la perspectiva deliciosa de ir con la bolsa repleta de dinero llamando de puerta en puerta, se iluminaron con fulgores de dicha... ¿Sería posible? ¿Llegaría a levantarse de aquella cama? ¿Podría ir en persona, llevando a cada una de aquellas gentes queridas un consuelo?... Sí, sí; era preciso. Se levantaría. Aún no era tiempo de morir: le faltaba eso. Había que hacerlo, y ya después, que Dios dispusiera de su existencia.

La pobre vieja sentía que nuevas fuerzas entraban de pronto en su cuerpo. Era como si hubiese recibido una inyección de vida. Se irguió, se recostó sobre los almohadones, arregló sus cabellos, sonrió, y pidió lo que hacía muchos días que no pedía: una taza de caldo.

Isabel y Juan, que a menudo se llegaban a la enferma para rogarle con las más cariñosas palabras que tomase los alimentos hechos para ella con todo esmero, y que no conseguían a veces ni una respuesta de la moribunda, quedaron atónitos al ver que la tía Clemencia se incorporaba en el lecho, sonreía, y pedía una taza de caldo.

Los dos esposos corrieron a la cocina. Precisamente en esa mañana se había puesto dentro del puchero la más hermosa de las gallinas. El momento era propicio.

La tía Clemencia quedó sola, saboreando su dicha entre sonrisas plácidas.

Y la noticia de que la abuelita quería una taza de caldo, alborotó la casa entera. Aquella nueva se hizo sentir hasta en el gallinero. Lilí entró corriendo al cuarto de la enferma, fatigada por la precipitación, jubilosa, con las mejillas rojas, con los ojos fulgurantes...

—Lilí, niña mía, ven acá —le dijo la tía Clemencia—. Prepárate a llevar en brazos una muñeca más grande que tú. ¿No sabes, chiquilla?... El premio ha llegado ya... ¡Me he sacado la lotería!...

—¿Tú, abuelita?... ¿También tú te has sacado el premio?... —dijo la niña, encantada.

—¡Cómo *también* yo... —exclamó la tía Clemencia enderezándose y dejando que la sonrisa se apagara en sus labios—. Pues, ¿quién... otro se ha sacado la lotería?

—Pero abuelita, ¿no lo sabes? —dijo la niña con sencillez—. ¿No te lo han dicho todavía?... Pues es mamá, mamá Isabel... Se ha sacado el premio... Papá y ella han llorado de júbilo...

La tía Clemencia, de un golpe, comprendió cuanto pasaba. No era ella, no, la que se había sacado la lotería: había sido Isabel. Y todo, todo aquello... no era sino una comedia piadosa... El rasgo de Isabel no podía ser más generoso, ciertamente; pero ella, la tía Clemencia, no había podido nunca dar a su nuera ni un ovillo de hilo... Y ya no le daría la casa... ni a Juan la huerta... ni la muñeca a Lilí... ¿Qué le restaba? Morir... Sólo eso.

La viejecilla sintió que su cuerpo se aflojaba. Retiró los cojines, se extendió a lo largo del lecho, y cubrió su rostro con los almohadones...

Ya era verdad: la tía Clemencia se iba de este mundo...

Cuando Isabel y Juan entraron presurosos, con la taza humeante y los panecillos calientes, encontraron una escena bien distinta de la que habían dejado: la tía Clemencia, estirada, con el rostro bajo los almohadones, roncaba con extraño estertor, mientras Lilí, junto a la cama, pálida de susto, la miraba con los ojos agrandados por la sorpresa, puestas las manos en alto y la boca abierta de asombro...

La escena del pajarillo estrangulado por la mano del niño inocente se había verificado allí: Lilí acababa de matar a la tía Clemencia.

Washington

PIQUIÑO*

Cansado estoy de llevar mi casa a cuestas —dijo Piquiño, el caracolillo que vivía en el huerto del hortelano Andrés—. Esto de no poder introducirse en la tierra (como lo hacen los gusanos o las hormigas); esto de no sentirse ligero para correr (como las lagartijas, por ejemplo, que van y vienen alegremente con precipitaciones de relámpago); esto, en fin, de no estar nunca libre, como las mariposas o el viento, sino por el contrario, obligado de por vida a cargar en los lomos un cajón pesado, que os molesta la espalda, que os ahoga, que os quita el movimiento y hasta la iniciativa, no parece sino un duro castigo, aplicado por pecados graves, cometidos de tiempo atrás. ¡Si yo pudiera (de una coz, como hacen los caballos cuando les estorba la silla), lanzar muy lejos de mí esta concha, esta campana de buzo, esta cáscara que me asfixia y que me tiene fastidiado!...

No bien acababa Piquiño de dar al viento este discurso, cuando vió delante de sí a un personaje diminuto y extraño que a corta distancia le observaba atentamente. Aquel entecillo semejaba un gnomo.

—¿Conque estás fastidiado de llevar a cuestas esa concha? —dijo el enano a Piquiño.

* *Cuentecillos de cristal*, 1928.

—Completamente fastidiado —respondió el caracolillo, agitando bruscamente los cuernos para manifestar con ello su desesperación—. Esta casa que cargo en hombros, me tiene ya rendido, física y moralmente; por eso mi marcha no es la que llevan los demás animales, sino este paso lento, apático, que me conduce a ninguna parte.

—¿Querrías, entonces, desprenderte de esa concha? —dijo el gnomo.

—¡Ya lo creo! —respondió al instante Piquiño—. Sería yo feliz sin ella. Me sentiría, por la ligereza, lagartija, mariposa, golondrina... Mas esto no será. La Dicha nunca se alcanza; vuela delante de nosotros, se nos muestra con sus hermosos colores, baila, se agita para que la veamos por todos lados, pero no se deja tocar jamás... Menos que ninguno puedo yo alcanzarla, yo, que ni siquiera camino, sino que sólo me arrastro...

Piquiño lanzó un suspiro profundo; y el gnomo fijó los ojos en el caracol, como si estuviera ideando un plan.

—Me has dado lástima —le dijo después de un momento—; y si tú lo quieres —agregó—, te quitaré de encima ese peso que forma tu desesperación. Puedo hacerlo fácilmente. Ya tú dirás...

—Digo que me lo quites al punto —gritó Piquiño, pretendiendo dar un salto para hacer más expresivo su deseo—. ¡Quítamelo en el acto!

El gnomo se inclinó hacia el caracol, manipuló de un modo extraño en la concha del animalejo, y después de hacer algunos signos cabalísticos, Piquiño sintió que el sueño, un sueño invencible y pesado, caía sobre él quitándole fuerzas e ideas.

El caracolillo quedó bien pronto sumido en un letargo profundo; y el gnomo, de puntillas, poniendo sigilosamente un dedo en sus labios, se incorporó lentamente, se caló el bonetillo rojo que se había quitado al comenzar la operación, y después de avanzar hacia el emparrado vecino donde Andrés, el hortelano, y su hijo Manolín estaban en esos momentos durmiendo la calurosa siesta, se deslizó furtivamente entre ellos, pasó al otro lado de la enramada, y desapareció tras los follajes.

El silencio del huerto era absoluto. El viento se había dormido. Hasta la fuente callaba. Tal parecía que el jardín entero se hallaba encantado. Ni los troncos se estremecían, ni las hormigas cruzaban los senderos, ni las hojas revolaban, ni los gorriones daban al viento su algarabía. Todo semejaba estar en suspenso. Hubiérase dicho que las cosas esperaban un acontecimiento interesante. Parecían tener oídos y observar...

Repentinamente, como en los teatros suena de pronto entre bastidores una campanilla que indica el cambio de la decoración, en el huerto de Andrés vibró, con timbre estridente y rápido, el canto de un mirlo.

Piquiño, despertado súbitamente de su profundo sueño, abrió los ojos y vio con ansia en rededor.

El gnomo había desaparecido. Recordó, de pronto, su conversación con él, sus peticiones, la oferta que le hiciera el enano... Pero... ¿qué era aquello que sentía?...

Una gran frescura, una suavidad, una ligereza no experimentada hasta ese momento, se extendía por todo su cuerpo, dándole nuevas energías. ¿A qué se debía semejante cambio?

La respuesta no se hizo esperar. Una voz misteriosa, de timbre extraño, murmuró entre la espesa arboleda estas cortas pero concisas palabras:

—Piquiño, el cambio que observas se debe a una sola cosa: tu concha ha caído. No llevas ya la casa a cuestas. Has quedado libertado de ella, como lo ansiabas.

El caracolillo vió con asombro que, en efecto, su cuerpo había sido cuidadosamente separado de la concha. ¡Qué felicidad tan inesperada!... Por la primera vez de su vida había logrado alcanzar las alas de la Dicha. ¿Sería posible tal cosa? Sí, no cabía duda alguna. Su cuerpo estaba por fin librado del peso fatal de aquella coraza opresora que no le dejaba movimiento. ¡Qué sorpresa tan dulce!... Pero... la coraza, la concha, ¿dónde estaba? ¿Qué había sido de ella?

Piquiño volvió los ojos con curiosidad, para ver si la descubría por alguna parte. En efecto, no muy lejos de él se hallaba, cuidadosamente colocada junto al cercado.

Le dirigió una mirada más despreciativa que un latigazo, y volviéndole violentamente la espalda, se alejó de prisa por la vereda.

Le parecía imposible deslizarse así, con tanta ligereza, entre la hierbecilla menuda que alfombraba el huerto. ¿Conque era verdad tal cosa? ¿Conque podía correr como los otros animalejos? Tanta fué su sed y ambición de movimiento y de aventuras, que hasta le vino a las mientes huir del huerto de Andrés. Era preciso lanzarse a recorrer nuevas tierras, viajar, explorar, conocer el mundo. Pero Piquiño, que tenía un gran corazón, y que era, además, muy fiel, se acordó en ese momento de Ruf, un caracolillo amigo suyo, con quien departía continuamente sobre muchos temas, y a quien quería con inmenso cariño fraternal. ¡Imposible abandonarle!

Pero... ¿dónde estaba Ruf en aquel instante, que aun no se enteraba del cambio extraordinario que acababa de verificarse en Piquiño? Sería preciso buscarle inmediatamente.

El caracol se lanzó afanoso en pos de su amigo. Bien pronto lo descubrió acurrucado junto a unas piedras. Casi a saltos llegó a su lado.

—Ruf —le dijo precipitadamente—, abre los ojos y ven a ver a tu hermano Piquiño.

Pero Ruf, que en efecto, abrió los ojos, después de examinar asombrado al que le hablaba, le dijo en áspera voz:

—No te conozco. Eres un monstruo horrible. Mi amigo, mi hermano Piquiño es un caracolillo gracioso, que lleva encima una artística concha, muy semejante a la que la Providencia quiso otorgarme a mí. Somos amigos desde la infancia. Le conozco, pues, perfectamente: puedes, por tanto alejarte, porque yo no quiero nada contigo.

—Pero ¿qué es lo que estás diciendo? —exclamó Piquiño, acongojado—. Mírame bien; soy tu amigo de la niñez, el mismo Piquiño de siempre que tanto te quiere...

—¡Imposible! —dijo Ruf—. Piquiño es un animalito artístico, lleno de gracia y de simpatía. Tú eres un animal deforme, pegajoso, repugnante... ¡Vete de aquí!

Piquiño, herido, desconcertado ya por las duras frases de su amigo, no acertaba con las palabras que podían explicar su transformación.

—Es que..., ¡vamos!... tengo que decirte...

—Nada tienes que decirme sino que eres un impostor. Quieres valerte del nombre de mi buen Piquiño, quizá para algún objeto poco honrado que aún no te atreves a exponer. Pero guárdate de hablar, porque no te escucharé. ¡Márchate! ¡Márchate al instante!

Ruf era un torrente de palabras. En vano Piquiño quería explicarle los acontecimientos. Aquello era imposible. Ruf no le escuchaba. Ruf no quería escucharle.

Y como Piquiño se empeñase en perorar, en interrumpir a su amigo para hacerle entender la verdad, Ruf, indignado, le dijo:

—No intentaré escapar, porque habrías de seguirme; pero con entrar en mi concha, tengo bastante.

Y así diciendo, se encogió cuanto pudo, y se hundió en el fondo de su caracol.

Sin quererlo, Piquiño pensó que aquella concha era verdaderamente una salvadora admirable.

En ese instante mismo, el cielo, que se había ensombrecido sin que Piquiño se diese cuenta de ello, se iluminó violentamente con la viva luz de un relámpago, y en seguida un trueno formidable hizo retemblar todos los ámbitos del huerto. La tempestad se avecinaba, y la lluvia estaba allí. Gruesas gotas, como cuentas de cristal, caían ya sobre los árboles, taladrando sin compasión las hojas y las flores. Era tiempo de buscar un refugio.

Piquiño, atemorizado, dirigió los ojos en rededor. Las gotas caían sobre su cuerpo, tan duramente como si fuesen piedras. Jamás pensó el caracolillo que el agua, a la que tan dulce y gratamente había visto siempre caer, hiciese tanto daño... Además, el viento le cortaba la piel, como si fuera un cuchillo afilado.

Terribles calosfríos comenzaron a recorrerle. Su cuerpo, helado y entorpecido, no quería correr, no acertaba siquiera a moverse; tal parecía que una férrea mano le detenía en mitad de la vereda, pretendiendo convertirle en blanco de todos los golpes.

Para colmo, el agua se tornó bien pronto en terrible granizo...

Cada pedruzco de aquellos parecía llevar el propósito de matar a Piquiño.

—¡Ten piedad de mí! —gritaba el caracol cuando a su lado veía pasar en fuga veloz alguna lagartija—. ¡Préstame tu ayuda para huir de aquí! ¡No puedo más! ¡Ve que llevo el cuerpo hecho pedazos!

Las lagartijas se detenían un momento, con intención de dar auxilio al que lo pedía; pero al ver de frente aquel bichejo extraño, informe, viscoso, con un par de cuernos rematados por dos ojos de expresión terrorífica, huían a escape y desaparecían violentamente detrás de los matojos.

—¡Me muero! —gritaba Piquiño, sintiendo en verdad que su fin había llegado—. ¡Me muero!...

Y entonces, sin darse cuenta, por una apremiante necesidad de todo su ser, por instinto, agregaba en tono de arrepentimiento y de angustia:

—¡Mi concha!... ¡Si yo tuviera mi concha!...

Para mayor sufrimiento, arroyos de agua helada pasaban sobre él, buscando más bajos declives. El caracol rodaba como un huso, temiendo por momentos morir ahogado.

Después de una larga lucha, con un esfuerzo titánico, Piquiño logró abandonar la vereda, por donde ya las corrientes iban mugiendo como ríos caudalosos; y tras un lento y rudísimo trabajo, empujado sólo por la necesidad de salvar la vida, pudo escalar una piedra, logrando sostenerse dentro de una pequeña hoquedad que en ella había. Cierto que allí pudo defenderse de ser arrastrado por las aguas; pero la granizada impía, con un furor salvaje que no parecía terminar jamás, apedreó bárbaramente a Piquiño, dejándole convertido en un verdadero guiñapo.

Si el caracol hubiera tenido fuerzas aún, habría gritado en todo instante:

—¡Mi concha!... ¡Mi concha!...

Pero a Piquiño le faltaba la voz. Casi desmayado quedó sobre la piedra, sintiendo que la vida se le escapaba por instantes.

Afortunadamente la tormenta cesó de pronto, y media hora después, el cielo estaba límpido y bello como un irisado y gigantesco diamante. El sol lució de nuevo; temblaron por última vez las ramas de los árboles, sacudiendo con indolencia el agua que había quedado en sus hojas; salieron de sus escondrijos los gusanos, los camaleones, las lagartijas; y una tórtola dejó caer su melodiosa voz, acabando de apaciguar con ella el ambiente del huerto.

Piquiño, amparado, reconfortado por la calma que reinaba en rededor, abrió los ojos e intentó hacer algunos movimientos para cerciorarse de que aún estaba con vida. Ciertamente que podía moverse; pero todo su cuerpo era un completo dolor... Y sin buscarlo, volvió a estallar en su boca la única exclamación que traducía todas sus ansias:

—¡Mi concha! ¡Mi querida concha!...

Piquiño, convencido ya de que no podría volver a ser feliz si no recuperaba su concha, si no se veía nuevamente dentro de ella, como un rey en su palacio, resolvió emprender la marcha para ir a buscarla inmediatamente.

Recordaba muy bien el sitio en que el gnomo le había separado de su bello caparazón. Había sido a la vera del cercado, poco antes de hablar con Ruf, su amigo.

Haciendo un esfuerzo terrible, porque le dolía hasta la raíz del cuerpo, bajó como pudo de la piedra, y estirándose y encogiéndose entre gemidos dolorosos, emprendió su trabajosa caminata. Mucho tardó en llegar al seto. Jamás pudo pensar que un trayecto tan corto, sería alguna vez recorrido en un tiempo tan largo... Era que, verdaderamente, Piquiño casi no podía moverse. El dolor y la fatiga le paralizaban.

Pero como todo tiene fin en este mundo, el animalejo iba ya logrando arribar al sitio de sus ansias. Unos cuantos metros más, y se vería ya entrando nuevamente en su querida concha. Allí estaba ésta, a la orilla del cercado, apoyada en un terrón musgoso. La reconoció en el acto. Y al contemplarla, al recordar que dentro de ella había vivido tan dulcemente y por tan largo tiempo, sintió que ardientes lágrimas de emoción le nublaban las pupilas... ¿Era posible? ¿Iba por fin a verse de nuevo bajo el techo amado que tan bien sabía resguardarle de peligros?... ¡Oh, ventura incomparable!... Un poco más de esfuerzo, y estaría ya en el sitio ambicionado.

Piquiño hizo un último llamamiento a su energía, y sobreponiéndose a los terribles dolores que le asediaban redobló la marcha para llegar cuanto antes; pero en aquel momento mismo, Andrés el hortelano, y su hijo Manolín aparecieron en la vereda.

—¡Mira! —gritó el chicuelo, dirigiéndose a su padre—. ¡Mira qué concha tan bonita! Parece de nácar.

Y diciendo así, Manolín se inclinó, extendió con ansiedad la mano, y levantó del suelo la concha de Piquiño.

Este sintió como si en aquel instante le hubiesen arrancado el corazón...

—Me la llevo —añadió el chiquillo, observando la concha con alegría—. Ella será mi mejor juguete.

Las palabras del chicuelo hicieron a Piquiño más daño aún que el granizo.

—La pondré en mi mesa —continuó Manolín—. O más bien, la guardaré dentro de la vitrina, para que no se pierda. Es preciso cuidarla, pues como es tan bonita, podrían robármela.

—Permíteme verla —dijo Andrés, interrumpiendo la charla de su hijo.

Manolín pasó la concha a su padre, y el hortelano, después de examinarla, añadió gravemente:

—Es una concha abandonada por su dueño...

Piquiño hubiera querido gritar:

—Ese dueño soy yo. ¡Devolvedme mi concha, por piedad!...

Pero Piquiño sabía muy bien que el lenguaje de los animales no ha sido nunca entendido por los hombres; así, se guardó de hablar palabra. Además, tuvo miedo de hacerse visible en la vereda, porque uno de aquellos pies que estaban cerca de él, podía avanzar rápidamente —como lo había hecho la mano del niño al apoderarse de la concha—, y podía caer sobre su cuerpo infeliz, aplastándole vilmente.

Pero Andrés y Manolín no vieron ese dolor hecho carne, que se arrastraba cerca de ellos.

—¡Dame mi concha! —gritó con impaciencia el chiquillo, dirigiéndose a su padre—. ¡Quiero mi concha!...

—He pensado —dijo Andrés en tono reflexivo y con serena voz—, he pensado que, como esta concha ha sido seguramente abandonada por su dueño (algún caracol sin juicio que no ha sabido apreciar las hermosas ventajas de tener un techo propio, una casa, un bendito y dulce hogar); he pensado —repitió el hortelano— que ese necio caracol, arrepentido de su locura, advertido quizá por algunos golpes que la experiencia le haya dado, puede verse compelido a desandar cuanto antes el camino falso que haya emprendido, y vuelva precipitadamente para recuperar su hermosa casa. Si tal sucediere, piensa, querido Manolín, lo que sería para ese desgraciado caracol, llegar ansioso en busca de su concha, y encontrar que ésta ha desaparecido... Sentiría lo mismo que tú y yo si, a la vuelta de un viaje, nos encontráramos con que el huracán se había llevado nuestra casa... ¿Te agradaría que aconteciera semejante desventura? No, ciertamente. Pues bien, hijo mío, no desees a tu prójimo lo que no quieras para ti. Y un caracolillo merece también nuestra compasión. No hay nada tan hermoso como practicar la justicia. Ponla en acción tú mismo, depositando inmediatamente esta concha en el sitio que guardaba.

Manolín, bellamente transfigurado por la luz que ilumina todo rostro cada vez que se practica un acto noble, tomó cuidadosamente la concha que le ofrecía su padre, y la colocó respetuosamente junto del seto.

Entonces Piquiño, emocionado hasta el fondo de su corazón, ebrio de dicha, y comprendiendo además que no estaba entre enemigos, sino entre amigos, avanzó resueltamente hacia el cercado, y después de ver con ojos de profundo reconocimiento al hortelano y a su hijo, llegó a la concha, puso en ella un beso reverente, y se introdujo en su fondo, resuelto a no salir jamás de aquel dulce recinto que iba a prestarle hermosa casa en vida, y que le ofrecería sarcófago elegante a la hora de la muerte.

Una vez en su concha, el caracol cerró los ojos, aprestándose al descanso; Andrés y Manolín se alejaron por la vereda de lilas; y en la paz de la tarde, la tórtola, con su voz melodiosa y convincente, hizo el elogio más dulce del huerto y de la casa.

Dolores Bolio:
figura literaria de vuelta de siglo

SARA POOT HERRERA

Nace con el modernismo en la penúltima década del siglo XIX, y la poesía se enraiza en su persona creciendo con ella, lo que convierte a Dolores Bolio en una figura literaria. Vivió —romántica y modernista— la vuelta del siglo y fue trazando casi como costumbre el itinerario de su existencia de viajera, al anotar el lugar y la fecha de conclusión de muchos de sus textos, publicados entre la segunda década de este siglo y mediados de 1940.

Mérida, capital del estado de Yucatán, fue el lugar de su nacimiento y de su muerte, y la estación permanente de sus frecuentes viajes —unos breves y otros de estancias prolongadas— que, entre otros sitios, realizó a Cuba, Estados Unidos, Francia, España y la ciudad de México. Después de Mérida, este último fue el lugar donde vivió durante varias etapas de su vida.

Sus viajes contribuyeron a una perspectiva más amplia de las cosas, lo mismo que su conocimiento de otras lenguas —sobre todo el inglés y el francés—, así como la amplia y sólida formación artística y humanista que tuvo en forma particular durante su infancia, y que ella amplió con sus inquietudes.

Educada a la manera decimonónica, propia de las hijas de las familias ricas de ese siglo, fue también independiente e interrogante, lo que la hizo ser distinta a la mayoría de las mujeres de su clase social y de su época.

Parte muy importante de su conocimiento y aprecio por la cultura universal corresponde a la cultura yucateca, básicamente maya, desde su pasado glorioso hasta las costumbres, creencias, leyendas y el idioma de este pueblo que Dolores conoció y valoró en su vida diaria y en su creación.

De ambas, vida cotidiana y creación artística, Dolores Bolio hizo una sola forma de existencia, en la que vivió y creyó con intensidad y pasión. Junto a ella siempre el piano, los libros, su cuaderno de escritura. Abrió sus sentidos a la vida y al arte, y su gran capacidad sensorial le permitió vivirlos con plenitud. Ni la gradual pérdida de la vista —hasta perderla totalmente— le impidió crear y vivir de esa manera.

Su gusto por objetos finos y exquisitos —herencia familiar europea, influencia porfirista, sensibilidad artística— nace desde la infancia y da lugar a pequeñas y bien seleccionadas colecciones que pueblan sus textos. Espejos, cajas de marfil, pañuelos, grabados, abanicos, cartas, costureros, álbumes de autógrafos y fotografías, encajes, perfumes, camafeos..., cumplen funciones diversas en sus espacios poéticos y narrativos.

Este amor y gusto por el objeto delicado se ve en sus pequeñísimos libros, como son *En silencio, Un solo amor, Confidencias de poeta, La cruz del maya* y *Wilfredo el Velloso*, miniaturas que muestran el amor de la escritora por el libro como objeto estético, como cuerpo literario y cuerpo de la escritura.

El cuidado por el objeto que guarda los recuerdos y fija y revive el pasado ha dado lugar a dos testimonios de época. Uno, de carácter regional, es el *Autographs*, encontrado en Mérida por José Esquivel Pren en un puesto de libros viejos.[1] Según el estudioso,[2] en el álbum de Lolita Bolio se encuentran poemas

---

[1] "Érase uno de aquellos álbumes de que en los finales del siglo XIX y primera década del XX no podía carecer ninguna dama o damita de la 'buena sociedad' que se estimase. Y ningún poeta de la localidad, que también se estimase, podía dejar de manuscribir en sus páginas... Pero aquel álbum era diferente y de un valor inestimable. Porque era el álbum de 'Lolita Bolio'. Lo adquirí por una bicoca, y lo conservo con amor y devoción extraordinarios. ¿Cómo fue a parar tan íntimo y familiar tesoro a aquellos lugares que son como alcantarillas del comercio citadino?" José Esquivel Pren, *Historia de la literatura en Yucatán*, Universidad de Yucatán, México, 1975, p. 205 ss. Martha Robles, que ha publicado uno de los pocos estudios sobre Dolores Bolio, comenta también este hallazgo, "Dolores Bolio", en *La sombra fugitiva. Escritoras en la cultura nacional*, UNAM, México, 1985, t. 1, pp. 122-133.

[2] Esquivel Pren ha incluido en sus estudios a Dolores Bolio, sobre todo su poesía. Escogió cuatro de sus poemas en el libro publicado con Filiberto Burgos Jiménez, "La entrega", "Mutilado", "Por las ovejas", "Voz del silencio nocturno", en *Antología de poetas yucatecos*, Nueva Cultura, México, 1946, t. 3, pp. 83-85. En 1975 le dedica un capítulo, "Dolores Bolio Cantarell", en *Historia de la literatura en Yucatán* (pp. 203-230), ya citada en nota

de escritores yucatecos que estuvieron cerca de ella: José Peón Contreras, Antonio Mediz Bolio, Luis Rosado Vega... La dedicatoria de un soneto de Ricardo Mimenza Castillo, que cierra el álbum, contiene un dato importante, el seudónimo de Carmen Castillo utilizado por Dolores Bolio.[3]

El álbum, que ofrece una pequeña muestra de la poesía yucateca de esa época, es un testigo diminuto del cambio de siglo: comenzó a llenarse de firmas, dedicatorias y recuerdos en 1891, cuando Dolores Bolio tenía 11 años, y concluyó en 1917. El álbum cruza silenciosamente y al margen del porfiriato y la Revolución. Del álbum, Lolita pasa a sus propios libros, que empieza a publicar en ese mismo año.

El otro testimonio, que considero extraordinario y único, es el mantel de lino de firmas bordadas, de creación y propiedad de Dolores Bolio, al que me he referido en otra ocasión.[4] El mantel preserva firmas del modernismo mexicano: José Santos Chocano, Amado Nervo, Salvador Díaz Mirón..., y fija una época cultural y literaria.

Dolores Bolio pidió las firmas e hizo de éstas una textura literaria, literalmente, un bordado de la escritura, a partir de las tertulias que reunían a sus amistades; muchas de ellas eran intelectuales, provenientes en su mayoría del siglo XIX, y eran parte de los cambios históricos, culturales y literarios de principio de siglo.

Como integrante que fue de ese grupo intelectual y artístico, nacido en el siglo XIX, es importante saber cuál es la visión his-

---

anterior. En su amplia sección sobre literatura, que aparece en la *Enciclopedia Yucatanense* (2a. ed., Edición Oficial del Gobierno del Estado de Yucatán, México, 1977), le dedica también algunas páginas. En este trabajo, menciona otros nombres (José María Valdés Acosta, José María Bada y Eduardo Zamacois) que en la década de los veinte comentaron la obra de Dolores Bolio. En sus estudios, Esquivel Pren define algunas de las características de la poesía de Dolores Bolio: presencia del pensamiento de Kempis, abandono cristiano, total y humilde entrega a Dios, plena de emoción y subjetivismo, de rica y fecunda vida interior.

[3] Este seudónimo se deriva del nombre y del apellido de su madre que se llamaba María del Carmen Cantarell Castillo.

[4] "Testimonios femeninos en el Ateneo de la Juventud", ponencia leída en el Primer Encuentro de Literatura Mexicana y Chicana, El Colegio de la Frontera Norte, Tijuana, 22, 23 y 24 de abril de 1987. El trabajo fue publicado en *Actas del Primer Encuentro de Literatura Mexicana y Chicana*, A. López González, A. Malagamba y E. Urrutia (eds.), El Colegio de la Frontera Norte-El Colegio de México, Tijuana, 1988, pp. 151-158.

tórica y literaria de Dolores Bolio que, si bien hunde sus raíces en el siglo XIX, al mismo tiempo es resultado de los acontecimientos en los que, desde su clase social, "la casta divina" yucateca, participó.

Escribió poesía, novelas, cuentos y ensayos. Fue traductora, crítica de arte y cronista.[5] Dos libros de 1917, uno de poesía y otro de prosa, la dan a conocer como una de las primeras escritoras del siglo XX en México. El primero es una recopilación de poesías escritas durante cinco años. *A tu oído*,[6] que dedica los primeros versos a Cuba, anuncia desde ese momento una de las características fundamentales de su obra: la intimidad y la cercanía con una segunda persona a la que le habla la voz poética.

El tono de secreto que tiene el título de este libro, compuesto de dos secciones, se refuerza con la segunda parte denominada *Voces escondidas*. En las ruecas de la creación de Dolores Bolio se hilan sus versos que, discretos, aluden a un ayer poético que es el mismo que se desgrana en su narrativa: la casa familiar, los espacios del recuerdo, la ronda de las estaciones, la vitalidad sensorial, los amigos de toda la vida, el misterio de la muerte, los silencios nocturnos y las melancolías.

Esto puede verse en *Aroma tropical*,[7] también de 1917, publicado con el seudónimo de Luis Avellaneda. Ocultar el nombre verdadero responde a ese modo de ser silencioso y oculto que proponen sus versos.

Lo que sí se hace abiertamente es absorber la esencia, los olores del trópico mexicano, de los que Dolores tanto gustó. Desde el título de *Aroma tropical*, libro de cuentos y leyendas, se anuncia la recreación de ese trópico que aparece en algunos de sus libros: platanales, cañas y palmeras, bejucos y bambúes,

---

[5] Publicó *Rumores de arte y vida* (crónicas de prensa) y *De mis memorias* (capítulos de prensa).

[6] *A tu oído. MMCXII-MCMXVII*, Imprenta Militar de Hnos. Pérez, La Habana, 1917.

[7] México, 1917. Como casi todos sus libros, *Aroma tropical* fue publicado por la propia escritora. Martha Robles ofrece el dato de otra edición, *Aroma tropical. Leyendas y cuentos mexicanos*, pról. D. Bolio C. de Peón, Newman Brothers, 1917 (*op. cit.*, p. 133). Esquivel Pren, cada vez que se refiere a este libro, lo titula *Alma tropical*. Es interesante la frase de Eduardo Zamacois, que sobre este libro y Dolores Bolio, cita Esquivel Pren: "Este libro encantador es, en mi memoria, como una ventana florida a la que asoma una mujer que tenía los ojos muy negros y los dientes muy blancos, y una sonrisa bella y triste... que hacía pensar en una historia de 'dolor'", *Enciclopedia Yucatanense*, p. 528.

ríos ocultos, flores de mayo, flamboyanes, lluvias de oro, olor a naranja... Calor y color, humedad de trópico, líneas que se mecen como hamacas, tormentas y lloviznas... Ya desde esos dos primeros libros, *A tu oído* y *Aroma tropical*, Dolores Bolio trasciende la experiencia inmediata para combinarla con elementos que despliegan situaciones y temáticas, en tiempos y espacios lejanos a los del momento de la escritura.

En 1919 publicó otro libro de poemas, *De intimidad*,[8] que se mantiene muy cerca de *A tu oído*. De nuevo, los pliegues del alma, la intimidad del tú, los secretos afines. Después de otro libro de versos, *Yerbas de olor*,[9] Dolores Bolio escribió *En silencio*,[10] que recoge poesías escritas entre 1916 y 1936, fechadas en México, Nueva York, Mérida, Veracruz, Madrid, París y Barcelona.

En este libro, que conforma una unidad temática, una tríada de acercamientos —*A tu oído, De intimidad, En silencio*—, y toca de cerca la poesía que se desprende del tronco yucateco de *Yerbas de olor*, la palabra es oración, la oración es poesía y la poesía, canto y plegaria al amor y al dolor, que éste conduce a la sabiduría y a la comprensión.

La voz lírica de Dolores habla en voz baja a una segunda persona, a quien no se le pide más que amor. Esta segunda persona es casi siempre Dios, un tú divino que es referencia permanente de la invocación amorosa y de la fe, la alusión al alma, el recuerdo y el sueño.

Sin embargo, en medio de esta poesía en la que predomina el tono religioso está "La leyenda de una bruja",[11] dedicada a Satanás. La voz poética, fuerte, intensa y provocativa, justifica su adoración a Satanás por la falta de amor del mundo hacia este ser. El amor y lo que de él deriva, incluso el desamor, es uno de los temas recurrentes en la obra de esta escritora. Alrededor del amor está la poesía, el dolor, el misterio y la muerte.

---

[8] Edición de la autora, México, 1919. Desde sus primeras publicaciones, Dolores acostumbró regalar sus libros a sus amigos. *De intimidad* se agotó casi inmediatamente después de su publicación.

[9] Dolores Bolio, *Yerbas de olor*, Cía. Tipográfica Yucateca, Mérida, 1924.

[10] Edición de la autora, México, 1936.

[11] "La leyenda de una bruja" apareció primero en 1917, en *A tu oído*. En 1936 aparece en *En silencio*, con una advertencia de la autora sobre su asombro al leer, años después de haber escrito y publicado su poema, los versos de Baudelaire.

La poesía de Dolores Bolio se diluye en su prosa[12] y, como ésta, busca lo oculto, el revés de las cosas, los espacios interiores de la intimidad. Dolores relaciona el revés del canevás, "amo el revés del lino que he bordado...", con el proceso de su creación, "amo los borradores de mis versos...", y muestra así los andamios interiores de su escritura.

Una hoja del pasado,[13] novela concluida en 1918 y publicada en 1920, explicita esta idea en sus primeras líneas: "Misteriosa como un sentimiento, bella como la poesía, respetable como el dolor" (p. 13). Estas palabras definen al personaje, definen el libro y postulan la ética y la estética de la producción de Dolores Bolio.

Esta novela es clave primordial de la obra, y de ahí podemos entresacar los rasgos fundamentales de la visión histórica y literaria de esta escritora nacida en el siglo XIX y del personaje femenino que, a partir de este momento, será una de sus preocupaciones fundamentales.

Además de considerar *Una hoja del pasado* uno de los textos mejor acabados de Dolores Bolio, y el más representativo, creo que es una de las primeras novelas de este siglo que, escrita por una mujer, ofrece de manera interesante y reveladora la visión de un personaje femenino acerca de la situación de México en la segunda mitad del siglo XIX, específicamente, durante el gobierno de Benito Juárez.

Una hoja del pasado aborda la temática republicana, vista desde los grupos que han perdido el poder en México y que se han declarado enemigos del gobierno. Destaca la figura de doña Edelmira Gómez del Valle, miembro de ese grupo, pero que se declara a favor del gobierno republicano.

La novela consta de 36 capítulos; es narrada en primera persona por un personaje femenino, en recuerdo y como homenaje a doña Edelmira, dama de compañía de Carlota de Habsburgo. La narradora, dama de compañía a su vez de doña Edelmira,

---

[12] Aunque lo que interesa para los fines de este trabajo es la narrativa de Dolores Bolio, he considerado pertinente hacer algunos comentarios sobre su poesía, lo que me sirve de introducción para el análisis de su prosa.

[13] Dolores Bolio, *Una hoja del pasado*, Andrés Botas e Hijo, México, 1920. Casi 30 años después, una editorial yucateca incluyó esta novela en una colección de libros que reeditó: Dolores Bolio, *Una hoja del pasado*, Editorial Club del Libro, Mérida, 1949. En este trabajo, utilizo la edición original de 1920. A partir de este texto, cada vez que cite, pondré entre paréntesis el número de página del libro al que me refiera.

inicia el relato desde un presente que evoca como una obsesión o como un sueño ese pasado.

Una complicidad entre estos dos personajes recorre el tiempo —el presente desde donde se narra y el pasado que se narra. La narradora asume, como en un sueño, la historia que ha vivido. Y la asume al creer oír repetidas veces la voz de doña Edelmira, "habla, habla" (pp. 14, 21 y 22).

El relato se deriva de una caja de marfil que guarda unas cartas (aquí de nuevo el misterio encerrado en el pasado, que marca en parte la obra de Dolores Bolio), herencia significativa que le dejó doña Edelmira a Concha, la narradora. La voz y la caja de marfil generan el texto.

En *Una hoja del pasado*, los personajes femeninos ocupan el primer plano. Todos se mueven en un ambiente cortesano, aristocrático y católico. La narradora es una joven provinciana e ingenua, deslumbrada por la corte: "Nutrida en el culto a la nobleza de sangre y educada en los principios rigurosos del catolicismo sentíame orgullosa de alternar con esta sociedad" (p. 37). Su punto de vista sobre los sucesos del país —fin del imperio francés, triunfo del México liberal— responden en un principio a esa formación conservadora.

Feliz aprendiz del ambiente cortesano, con ansias de mundo aristocrático, la visión histórica de la narradora coincide con la de los grupos opuestos al gobierno de Juárez. Esta visión es contraria a la de su ama, que desea el bien de México y piensa que la república es lo que más se aproxima al ideal de gobierno de un país.

Aun con esta diferencia fundamental, la narradora admira profundamente a doña Edelmira —es su ideal, sin su ideología— y reproduce en su novela con fidelidad los diálogos sostenidos con ella:

> Amaba a Maximiliano por causas naturales de corazón, pero transitorias; rendía mi alma ante el bien de México por causas eternas. Si el emperador hubiera podido hacerla grande y fuerte qué dicha! Su actitud de conciliación prematura probó su incapacidad militar y política. El sol se pone pero después del cenit. El presidente Juárez, admirablemente[...] (p. 78).

Ante estas palabras, la narradora responde: "—Ah señorita! me horrorizo de oírla disertando así. Es inconcebible!" (*id.*).

La aspirante a aristócrata, damita de sociedad, que ofrece sus "nobles servicios" a la gran señora, se horroriza ante las palabras de ésta que, siendo realmente aristócrata, acepta la caída del imperio y el fin de los intereses de la pretendida monarquía mexicana.

Doña Edelmira, con ideales de universalidad, "qué daría por colocar alguna vez ante la humanidad la armonía del conjunto universal" (p. 39), representa el personaje que tiene conciencia crítica de la situación de la mujer de clase alta del siglo XIX en México: "A las mujeres aristocráticas de mi tiempo no les era otorgado el don del pensamiento: nuestros saberes se reducían a idiomas y bordado, técnica musical y dibujo; recitación y baile" (p. 40).

Este personaje tiene ideas propias, y discute y defiende su postura en relación con el gobierno liberal y republicano. Lo hace incluso con su confesor —conservador y conspirador— que es su consejero y guía espiritual.

Doña Edelmira, el personaje con más convicciones en la novela, es el único que tiene una clara visión histórica y política y quien acepta que una etapa ha concluido, y un fin y un principio de siglo se aproximan, diferentes y cambiantes. Toda ella, en su manera de pensar y de sentir, representa un modelo de personaje femenino, que corresponde a la visión y al ideal de la escritora.

Es dama caritativa y comprensiva de los dramas humanos, un personaje del siglo XIX que piensa y analiza, y que tiene una visión equilibrada respecto del mundo. Como excepción de su clase, a la que está arraigada toda su historia, está del lado de un gobierno que defiende los derechos de la patria y que intenta acabar con los privilegios de unos cuantos. En términos concretos, doña Edelmira Gómez del Valle es una mujer liberal, pero no liberada de su clase social.

Todos los personajes de la novela —mujeres y hombres— giran alrededor de este personaje y de su casa, donde hay reuniones frecuentes y se discute sobre la situación del país: el punto de vista de doña Edelmira contra el de los demás.

En una de las tantas conversaciones sobre Maximiliano y Carlota, uno de los personajes femeninos menciona a Iztaccíhuatl, lo que da lugar a que la narradora reflexione sobre la leyenda y la enfermedad de Carlota: "Yo no he podido desechar la visión de la nieve y la locura; y al otro día desde mi vidriera sueño que en la mujer blanca encadenada sobre su trono de roca hay unas líneas semejantes al rostro de Carlota" (p. 33). Dos tragedias —la de la leyenda que apunta hacia la eternidad y la de la locura que apunta hacia la muerte— se conjuntan en estas palabras y presagian dolor y fatalidad.

A partir del cuarto capítulo de la novela empieza a perfilarse el drama individual —varias mujeres alrededor de un solo hombre—, ubicado en una problemática histórica: el conde, hermano de doña Elvira, que aparece en este capítulo, conquista a los personajes y de este modo el conflicto se arraiga en la seducción donjuanesca, teniendo como fondo una situación política desarrollada en un espacio cortesano.

El conde se aprovecha de la ingenuidad de la narradora. Esta relación da lugar a escenas eróticas y sensuales, que poco o nada tienen que ver con la sensiblería y el recato de una buena parte de la novelística de los escritores, sobre todo escritoras, nacidos en el siglo XIX: "[...] me abrazó estrechamente y con la boca buscó lugar en mi nuca para quedarse besándola o comerla[...]. Yo desperté como de choque en un latigazo candente[...]" (p. 61); "Al borde de la revuelta cama sentado él y yo en sus brazos, en sus labios, en sus cabellos: En él" (p. 130); "Fernando riendo se echa a mis pies, me descalza y me los besa" (p. 221); "[...] y subieran a encontrarme en las rodillas del Conde" (p. 223).

Casi todas las mujeres de la novela se involucran en un sentimiento amoroso y doloroso, que tiene antecedentes en el de doña Edelmira, sufrido años antes. De esto nadie se entera, sólo Concha, y esto sucede tiempo después, cuando la historia que se narra ha concluido.

Doña Edelmira comparte su secreto con ella, quien lo descubre en el medallón que le ha regalado. Entre las cartas recibidas en la caja de marfil, una de ellas le revela su fracaso amoroso. El medallón y las cartas de la caja sustentan la petición, "habla, habla", que revelan el texto.

A lo largo de éste, la visión de doña Edelmira va influyendo en la de la narradora, que se va transformando de acuerdo con los sucesos que ocurren a su alrededor. De interesarse sólo por sus sentimientos amorosos, de lo que sí es consciente —"mi señora sigue disertando gravemente. Cuán pequeña soy entregándome a la pasión" (*id.*)—, después, en su estancia en Nueva York, defiende con pasión a su país y critica la actitud de muchos expatriados.

Su facultad de observación le permite describir algunas situaciones:

> [...]de visita venían también varios expatriados que juraron no aceptar el lugar que les permitiera el triunfo de sus enemigos, pero en todos, la frase de entusiasta amor a la patria poníales dolorosa humedad en los ojos... Las ancianas suspiraban sin consuelo por Chapultepec, por su recibidor lleno de luz y flores, por la Virgen de Guadalupe; las jóvenes gozando la libertad sajona americana, al oír de la severa sujeción nuestra se santiguaban y ponían su grito en el cielo[...] la desconfianza manifestada a la mujer latinoamericana tenía que denigrarla y la objetividad eterna tenía que atrasar el despertar de su conciencia! (p. 177).

La descripción sobre la forma de vida de los expatriados, que se sienten muy patriotas fuera de su país, incluye la situación de la mujer que vive en los Estados Unidos y la que vive en México, comparadas con frecuencia por los otros personajes.

Las conversaciones frecuentes sobre la situación política de México y los Estados Unidos derivan, precisamente, en el tema de la mujer y la pareja. Si en la política el ideal liberal tiene su modelo en los Estados Unidos, lo mismo sucede con la situación de la mujer.

En una de las reuniones doña Edelmira discute con su hermano, quien opina: "Es que la naturaleza los ha formado [al hombre y a la mujer] según su fin, a ella débil, para ser propiedad del hombre, a él fuerte y ambos diferentes entre sí" (pp. 178-179). A este planteamiento, doña Edelmira responde:

> El hombre ha inventado que él es león y ella paloma y luego pretende hacer uniones felices cuando el interés de una paloma jamás puede andar acorde ni con los gustos, ni con los intereses de un león: y qué se dirá del amor de un león por una paloma!... Eso podría llamarse más bien: hambre (p. 179).

Poco a poco la narradora, por medio del discurso de su ama, va tomando conciencia de la mujer mexicana de esa época y de la situación política de México. Al final de la novela, expresa su interés por lo que sucede en su país, "una carta más voluminosa me comenta los progresos de la paz en México y la reunión en uno solo de los corazones. La paz en México! 1918. Mérida" (p. 310).

La narradora hace a un lado su situación personal, que es frustrada y dolorosa, y concluye su historia con una reflexión de carácter social. Éste y los demás personajes femeninos de la novela no responden pasivamente a su dolor, sino que tienen una respuesta rotunda, aunque sea autodestructiva, como es el caso de un personaje que, engañada también por el conde, no se deja morir, sino que busca la muerte. La narradora, con el dolor de su soledad y depresión, escribe la historia, respondiendo al mandato de doña Elvira. Y este personaje nunca deja traslucir su dolor de juventud, sino que se desprende de su secreto para dar lugar a una historia de amor y de dolor, una historia en la que ella hace a un lado sus sentimientos para enfrentar críticamente la situación del país.

Al final, la escritora toma la palabra en una sección reveladora titulada "Lector: dos palabras y una petición", que, a modo de epílogo,[14] cierra la novela (pp. 311-315). Allí Dolores Bolio explica que "*Una hoja del pasado* está dedicada a México, a sus mujeres, a sus intelectuales" (p. 313), inspirada por el espíritu de su raza, "la misma de años atrás!". La historia de México sirve de contexto a esta historia de amor, desgarradora para el personaje femenino.

En segundo lugar, Dolores Bolio hace una reflexión, a manera de pregunta, sobre el papel de la mujer escritora:

> Lector: Si tú, a ejemplo de muchos hombres, no buscas en la obra literaria de una mujer sino a la mujer (no entiendo por qué razón esto, a la inversa de lo que buscas en la del hombre, que es la literatura fuera de aquél, puesto que ellos y nosotros nos servimos de los mismos utensilios de trabajo), digo, que si tú buscas a la mujer en su creación, desearía yo que me dijeras claro a cuál de estos diferentes y aun opuestos tipos se te ocurriría compararme como creadora de ellos (pp. 313-314).

Lo importante que hay detrás de la petición —¿cuál personaje de la novela podría representar a Dolores Bolio?— es su reflexión sobre cómo el lector diferencia de antemano la literatura escrita por hombres y la escrita por mujeres. Para ella debería ser lo mismo. Lo principal, según dice, es que el misterio en la creación es la clave de la escritura.

Finalmente, desarrolla su concepción de la novela:

> La novela breve, sencilla de lenguaje, honda, pero no sentimental, si es posible concisa; que describa con dos palabras, que pinte con

---

[14] En la edición de 1949, este epílogo aparece como prólogo.

dos toques de acuarela, que filosofe en un corto diálogo y *que no atormente ni premie para moralizar*; la novela, esa forma literaria espejo claro de las épocas en que deben reflejarse "los seres que no pertenecen a la historia"[...]; esos a quienes no ocurre en su vida nada extraordinario, o, si les ocurre, jamás se divulga (p. 315, las cursivas son mías).

Una hoja del pasado responde en cierta forma a esa propuesta de brevedad, sencillez y concisión. La concepción literaria de la escritora está allí explícita. Por otra parte, en su personaje femenino están puestas la visión y las palabras críticas sobre un episodio de la historia, preocupación de Dolores Bolio.

Cuando concluye su novela (1918), en México se viven los años inmediatos a la Revolución. Sin embargo, a excepción de una referencia (p. 198), no hay signos de este movimiento en ella, incluso se habla de una "paz" que vive el país. Dolores elige un suceso anterior, insertado en el siglo XIX. Su interés está puesto en un suceso del siglo pasado, y el punto de vista de su personaje, y casi seguramente de ella, responden a esa visión decimonónica que, en esta novela, se caracteriza por ser liberal.

Una de las particularidades de *Una hoja del pasado* —el dolor amoroso de los personajes— da lugar a la segunda novela de Dolores Bolio, que publica 17 años después. Se trata de *Un solo amor. Confidencias de poeta*[15] que, aunque apareció en 1937, Dolores la había mencionado en su epílogo a *Una hoja del pasado*:

> Esta pequeña novela [se refiere a *Una hoja del pasado*] es principalmente estudio de figuras femeninas no exentas de viso estético, lo contrario de mi novela titulada *Un solo amor* donde pasa, a modo de visiones fugitivas, desdibujadas y un poco amorfas, una serie de mujeres y queda forjado por mi fantasía al golpe del buril de mi observación lo que fue el amor de un espíritu de poeta (p. 311).

Estas palabras indican que en 1920 ya existía *Un solo amor*. Aunque el dolor está presente en las dos novelas, podría decirse que el argumento de una es, de alguna manera, contraejemplo del de la otra.

En *Un solo amor*, la historia no toma en cuenta en absoluto

---

[15] Dolores Bolio, *Un solo amor. Confidencias de poeta,* edición de la autora, México, 1937.

el contexto histórico, como sucede con *Una hoja del pasado*. Si en esta novela varios personajes femeninos están enamorados de un solo hombre, en *Un solo amor*, el protagonista, en otra época un don Juan, se enamora apasionadamente de la hija de su amante, quien se la recomienda antes de morir. De nuevo aparece el tema —un viejo poeta enamorado de casi una niña— conocido en la literatura y en la vida real de algunos poetas.

En *Un solo amor*, la voz narrativa corresponde al personaje masculino, un poeta cuya pasión va unida a su proceso narrativo. Su nombre, Rubén (es obvia la referencia a Rubén Darío) y su vida personal y creativa coinciden en gran medida, y de acuerdo también con lo que opina Esquivel Pren,[16] con la vida de Amado Nervo. El tipo de personajes, situaciones y lenguaje corresponden al modernismo y al romanticismo, que tanto influyeron en los escritores de fines del siglo XIX y principios del XX.

Un poema del escritor español Francisco Villaespesa introduce la novela, que se desarrolla a lo largo de 13 capítulos. Al final —¿artificio literario?— hay un epílogo en el que Dolores Bolio "confiesa" que el manuscrito de la novela era de un amigo poeta que la hizo confidente de su vida sentimental. Los unía una "fraternidad que se llama dolor, la amistad y la poesía" (p. 304). Con el poeta, aclara la escritora, hablaba de Pitágoras, Marco Aurelio, Santo Tomás y leía a Corneille, Dante, Voltaire, estos dos últimos de gran influencia en él.

Según Dolores, ella le pidió a su amigo publicar el manuscrito, a lo que él accedió, pero que se hiciera sin publicar su nombre en esa "comedia amorosa; enredo de fin de siglo" (p. 302), que finaliza con la muerte del poeta. De nuevo el cierre del siglo, la clausura de un pasado que sólo deja un testimonio literario.

Si bien no hay mucha similitud entre el estilo de *Una hoja del pasado* y el de *Un solo amor* —el uso del lenguaje, directo en uno, la frase adjetivada en otro—, las escenas eróticas son igual de intensas y el lenguaje logra en ambas un tono sensual que retrata el acercamiento de los cuerpos.

En *Un solo amor*, la intimidad de los personajes sugiere el nacimiento de una relación erótica:

> La transparente camisa encantada como la sedosa envoltura de una caja de bombones resbaló de mis manos sobre sus formas

[16] Esquivel Pren, *Enciclopedia Yucatanense*, t. 10.

rectas y mis dedos suaves y más temblorosos que una pluma de viento resbalaron también. Estremecidos desabrocharon la túnica, luego se detuvieron en una caricia casi religiosa (p. 61).

Este acercamiento entre los personajes —ella de 13 años, hija de la amante muerta del poeta; él, un hombre maduro, que se hace cargo de la huérfana— sugiere veladamente una relación incestuosa. Si bien la niña propicia la relación hombre-mujer, y el poeta siente en un principio que ella es la reencarnación de la amante, después la niña pierde el interés por el poeta y él se va enamorando más, hasta volverse loco de amor. Pareciera que la hija venga una deuda amorosa, la de su madre, al desdeñar y despreciar al poeta. Mientras tanto, en su sufrimiento, él vive la etapa más creativa de su vida.

El modo en que el poeta concibe la relación entre el hombre y la mujer: "Después de la posesión de una mujer siempre formulamos la última palabra nosotros. (Esto entre paréntesis)" (p. 79), se ve invalidado por la joven que, como parte de una nueva y diferente generación, decide que será ella la que cancele o continúe la relación. Escoge lo primero al iniciar su propio historial amoroso, sin importarle los sentimientos del poeta.

Un solo amor. Confidencias de poeta, que comienza con la muerte de la amante de Rubén y finaliza con su propia muerte, se circunscribe solamente a una historia de amor, vista y sentida desde el poeta. Pero esa historia da lugar a su "obra poética más depurada de egoísmo y sensualidad, más severa" (p. 103). El dolor, al que da lugar el amor, produce la obra poética y produce la novela.

En 1941 Dolores Bolio publica *La cruz del maya*,[17] novela que había concluido en París en 1922. Como sucedió con *Un solo amor*, esta novela fue publicada más de veinte años después de haber sido escrita. Con *La cruz del maya* se publican diez relatos. En algunos de éstos se recrean leyendas populares que aún perviven y en otros se cuentan fábulas de animales de la región yucateca.

La cruz del maya consta de 20 capítulos y una presentación, en la que Dolores Bolio describe amorosamente a Yucatán. La novela está escrita como homenaje a la mujer maya, que recoge el estoicismo y la inmortalidad de su raza.

[17] Dolores Bolio, *La cruz del maya*, A. del Bosque Impresor, México, 1941.

Trata del amor entre un joven de una familia —si bien arruinada— de gran prestigio social, y una joven india maya. Hay escenas, como en las otras dos novelas, de erotismo y sensualidad: "Dos pasos adelante dio el mancebo y la aprieta en sus brazos. Revuélvese la cabellera resbalando por los hombros, arrúgase el envolvente ropón indio y una especie de gemido gutural y delicioso sacude la naturaleza" (p. 34). La unión entre los jóvenes se frustra por la muerte de la joven, consciente siempre de la imposibilidad de su amor.

Las escenas describen la pobreza de los indígenas, la sencillez de su vida, sus costumbres, sus creencias y sus mitos, así como la sordidez, la miseria y la desesperanza; sin embargo, frente a éstas, resalta la dignidad de dos mujeres.

Estoicas, obedientes, serenas, los dos personajes son modelos de la mujer maya: Tona se convierte en "Antígona de su casta, toda sublimidad y dolor" (p. 203); Mucuy, en leyenda poética, que aparece en el epílogo:

> Si pusieres [sic] tu atención en mis cantares, lector mío, irás a Izamal, triste y bella ciudad de los cerros, ahí, en su camposanto humilde hallarás cubierta y amorosa por las hierbas de olor esa tumba de Mucuy —reencarnación de paloma torcaz— cuya alma gime a través de la sierra y la campiña; escucharás su acento amante que repite dolorosamente dos notas —tónica y tercera— siempre en tono menor con que suspira el corazón de la mujer enamorada y sin fortuna.
>
> Mucuy... Mucuy... Mucuy... (pp. 206-207).

La milenaria leyenda se vuelve novela y la novela vuelve a sus orígenes legendarios. Predomina en la novela una visión sublimada de la aristocracia. En esta novela, Dolores Bolio no cuestiona ni critica la injusticia social.

Casi todos los demás textos de *La cruz del maya* centran su atención en el personaje femenino. Por ejemplo, "Numen de la selva" (pp. 209-234)[18] es la tragedia de una joven casada con un hacendado. Viven en la selva tabasqueña, y ella pierde la vida —asfixiada por un pitón— por una broma que le juega su marido. Su muerte provoca la locura de él.

"Jala tu mecha" (pp. 301-310) describe una escena en la que el marido golpea a la mujer. El narrador la defiende y resulta

---

[18] Este relato fue premiado en 1939 por la Universidad Nacional Autónoma de México. Es sorprendente su similitud con los textos de Horacio Quiroga.

agredido por ella: "—Toma, hijo mío, jala tu mecha— y pone un gajo de su hirsuto pelo en las manos crispadas del macho, quien la mira despreciativo y luego aparta la vista de ella para mirarme a mí con arrogante desafío" (p. 310). Aquí, Dolores Bolio recrea un pleito de maridos en el que, como se sabe, "el redentor sale crucificado".

"Una justicia" (pp. 321-329) es la injusticia que sufre una joven indígena cuando pretende aprender a leer y escribir. Su marido se opone, "—Tina: te prohibo tocar un libro; esa es la justicia, porque tu primera obligación es obedecer a tu marido" (p. 328). La voz narrativa concluye el relato con "Qué triste me ha dejado el alma la justicia" (p. 328). El texto, sin moralizar, concluye con una justicia narrativa.

Dos años después de *La cruz del maya*, Dolores Bolio publicó *Wilfredo el Velloso*,[19] que reúne una novela, con el mismo nombre, y dos relatos. La temática de estos textos y los espacios corresponden a otras culturas y a otros países.

En el prólogo, Dolores Bolio, ya ciega, reflexiona sobre la Segunda guerra mundial, dedicando su novela a México y a los países aliados. Habla de una gran Confederación de América, que debería existir después de la guerra. Asume el ideal del gran libertador de América, al decir: "Veremos realizado el sueño de Bolívar que es el de esta oscura mujer que se llama DOLORES BOLIO" (p. 10). Su ideal latinoamericano es el mismo de la generación de los ateneístas, sus contemporáneos.[20]

Wilfredo el Velloso recrea la historia y la leyenda acerca de la independencia de Barcelona. Escrita con elementos mitológicos e históricos, es un homenaje a Wifredo de Arria, padre de la libertad del condado de Barcelona. A lo largo de trece capítulos se desarrolla su vida, desde su nacimiento —hijo de Hércules— hasta su muerte, como monje del Monasterio de Ripoll.

Con esta novela publica "La polla de oro" y "Edelwis de fuego", dos historias de amor. "Edelwis de fuego" conjunta la creación literaria y la creación musical, desarrolladas ambas en

---

[19] La edición es de la autora, México, 1943. En este libro y en *La cruz de maya*, publicado dos años antes, se anunciaron como inéditos *La gobernadora, La locura del amor* y *La blanca Ixtlacíhuatl*. Es la única información que encontré sobre estos títulos.

[20] Ya me he referido a su relación en otro trabajo (art. cit., nota 4).

el misterio y clausuradas con la pérdida de los sentidos y la muerte.

El prólogo de este relato, recreación de una leyenda europea, lo escribe supuestamente un periodista —crítico de arte—, quien comenta que la historia se la contó y le pidió que la escribiera Eric Noel Hansen, primer violinista de la Orquesta Sinfónica de México, amigo "del gran artista Fredy Venger, a quien sus imitadores pusieron por nombre 'El Edelwis de Fuego'" (pp. 432-433). Como en el caso de *Un solo amor. Confidencias de poeta*, el prólogo acentúa el misterio del relato.

De 1944 es *Mamá grande cuenta que...*.[21] Es plena Segunda guerra mundial y Dolores, como en *Wilfredo el Velloso*, advierte sobre ella, al publicar en primer lugar la letra y la música de una "Balada en tiempo de guerra". El libro es una recopilación de cuentos, poesías y memorias.

Los personajes femeninos de estos relatos, aunque de manera diferente, se distinguen por su autonomía, libertad e independencia. Tienen su propia opinión y saben defender sus derechos. Cuando son víctimas o tienen la verdad, el punto de vista narrativo está de parte de ellos.

"Lo que no hay entre faldas" (pp. 37-49), por ejemplo, es el "relato de una crónica semipicaresca publicada en el 'Ilustrador Americano' que circuló hacia mediados de 1814 fines de la etapa colonicia" (p. 37); muestra el valor y la astucia de doña Leona Vicario, que esconde debajo de su falda a su esposo, don Andrés Quintana Roo, a quien perseguía el ejército. Dolores Bolio elige para recrear un tema y un personaje histórico femenino que admira por su firmeza de carácter, su solidaridad y su valor.

En "Lunar" (pp. 54-56) el punto de vista narrativo se inclina a favor del personaje femenino, a quien su marido le envidia su belleza, sus virtudes y su talento. El lunar del que se burla su esposo es el mismo que tiene en su cara la Virgen del Lunar que llega al pueblo.

---

[21] Imprenta Mexicana, México, 1944. Es interesante para la historia de la literatura escrita por mujeres, un sello que esta edición trae en la portadilla: "Editorial 'MI MUNDO'. LITERATURA SELECTA DE ESCRITORAS MEXICANAS. URUGUAY. ERIC. APARTADO 7170. MÉXICO, D.F.". La presentación del libro la hace Mathilde Gómez, quien menciona una exposición literaria de 1936 en el Instituto Científico "Motolinía", inaugurada por Federico Gamboa, en la que participaron escritoras de esa época, Dolores Bolio entre ellas.

Después de 1944 Dolores Bolio publica *Luciérnagas*,[22] recopilación de 47 textos, en los que predomina el interés y la preocupación por la estética del arte. Este libro ofrece información sobre acontecimientos importantes en la vida literaria de la mujer en las décadas de los treinta y los cuarenta en México.

En uno de los últimos textos, Dolores declara su admiración por Emilia Pardo Bazán, quien fue para ella uno de los más importantes modelos literarios. Cuenta también un diálogo con Jacinto Octavio Picón, referido a uno de los temas que más le apasionaron, la mujer.

Consciente de su búsqueda personal y de su búsqueda en el ámbito de las artes, especialmente en la literatura, en este libro recuerda las palabras que un amigo le dijo, "que yo era Sigfrid (el héroe de los Nibelungos) que yo lo era nada menos, porque no había tenido miedo de buscar sola mi camino" (p. 6).[23]

Luciérnagas reúne estudios con propuestas estéticas, así como relatos, poesías, críticas de arte, de pintura y de música, reseñas de libros, recuerdos literarios y traducciones. Dolores se dedica a reflexionar sobre lo que deben ser las características de la obra literaria: originalidad, vigor, fuerza, lozanía y, más que nada, "presentar en el ejemplo de la humanidad alguna concepción alta del espíritu" (p. 18).

Refiriéndose a la estética, a la que dedica gran parte de su labor como crítica de arte, escribe, entre otros temas, sobre la belleza, lo sublime, la flexibilidad —que le permite entremezclar elementos diferentes y opuestos en su creación— y la sencillez, cuyos modelos idóneos son los griegos.

Caracteriza a *Luciérnagas*, y con este libro a toda la obra, la invocación a Dios, las referencias bíblicas y filosóficas. Del claustro materno a la divinidad, pasando por lo humano. Gran parte de las reflexiones estéticas y filosóficas de Dolores Bolio, muy cerca de las fuentes originales, giran en torno a las Ideas (con alusiones a Platón, Aristóteles, San Agustín), sobre todo

---

[22] Edición de la propia autora, México, s.f. Tres de los textos aparecen fechados a mediados de 1945, por lo que es muy probable que el libro se haya publicado en 1945. Sin embargo, apareció anunciado en *Wilfredo el Velloso*, de 1943.

[23] Estas palabras son del académico de la lengua, Alfonso Bonilla y San Martín. En *Luciérnagas* aparece una reseña de él sobre la primera novela de Dolores Bolio, "Al margen de *Una hoja del pasado*. Novela de costumbres mexicanas, Juicio de D. Adolfo Bonilla y San Martín, de la 'REAL ACADEMIA ESPAÑOLA'", pp. 162-164.

a las ideas abstractas que, según ella, sólo se pueden conocer por la intuición y que se manifiestan en el arte. "Para cada idea —dice— hay una imagen. Esta imagen es la que usa estéticamente el arte" (p. 15).

Al reflexionar sobre la idea de la obra literaria, opina que ésta llega en forma repentina:

> Las ideas son el origen de los pensamientos, de los aforismos, de los refranes, de las canciones, y los dicharachos, de las blasfemias y las obscenidades, de los recuerdos y de las coplas. Y por último de las oraciones en que sube la plegaria, pero la oración sin palabras y sin ideas es la que nos une mejor con la Divinidad (*id.*).

De nuevo, como en toda la obra creativa y crítica de Dolores Bolio, está el referente divino, su referente fundamental. Y de nuevo también, la idea de silencio, que aparece desde sus primeros libros, publicados casi treinta años antes.

Dolores propone que el dolor, al igual que la belleza y el amor, son aspectos fundamentales en su concepción de la realidad, doblega los sentidos y hace superior la voluntad.

La belleza, así como la justicia y la libertad, de acuerdo con su concepción de la vida que ella califica de cómico-trágica, debe vivirse como alegría y emoción de esperanza, lo mismo que, inevitablemente, con ilusiones fugaces, cuyo excesivo amor da lugar a los desengaños.

Cuando habla de la poesía, Dolores Bolio se refiere a ella como la palabra misteriosa y enigmática, acompañada de una imagen y un estilo. La poesía, dice, debe sentirse, y de aquí deriva también la delicia de los sentidos, "aquellos vasos comunicantes, ventanales entre el ser y la realidad".

Hay dos textos en *Luciérnagas* que se refieren directamente a Dolores como mujer y como escritora. Uno de ellos es "Imágenes" (pp. 16-17), que es una ironía a su condición de mujer; el otro es "Al fin!..." (pp.165-166), que reúne los rasgos de su obra y de su vida.

Este texto, que cierra el libro y toda la obra, es una despedida a la vida y a la escritura. En sus entretelas se unen la vida y la muerte; ambas son para Dolores ideas "sorprendentes y místicas". De estructura poemática, en "Al fin!...", la voz se dirige a una segunda persona. También aparece de nuevo la cruz, que simboliza el sufrimiento, pero ahora "es una cruz de palo seco, sin pulir, pero llena de aroma entrañable y sagrado"

p. 165). Otra vez está presente el aroma, y el sentido que huele y se llena de vida y de muerte.

Dolores alude a su cajón de muerta que, como aquella caja de la infancia y de su creación, estará también "lleno de cartas". "Al fin!..." marca un pasaje de lo conocido a lo desconocido, de la vida a la muerte, que, para Dolores, no será un cortejo fúnebre sino un "cortejo nupcial y misterioso" (p. 165). Y aquí aparece su idea de la muerte, a la que concibe como comunión de cuerpos y como misterio al que se vuelve.

Finalmente, Dolores mira y siente su cuerpo como espacio poético y textura para la escritura, "[...]en mi piel escrita va una carta de amor de lo Comprendido a lo Ignorado!" (p. 166). El objeto literario, sea álbum o mantel, se convierte metafóricamente en cuerpo literario, el de Dolores Bolio, figura literaria de vuelta de siglo.

Si bien hay elementos débiles en su creación, no deja de ser significativa en la historia literaria y cultural de México. Dolores Bolio es representativa de una conciencia femenina que cuestionó y trató de comprender su realidad. Tuvo conciencia de su intelecto y de su sexualidad, con lo que fue transgresora de su clase social y de su época. Su obra nos revela su búsqueda como mujer y como escritora.

Dolores Bolio

UNA HOJA DEL PASADO*

Capítulo i

Doña Edelmira del Valle

Misteriosa como un sentimiento, bella como la poesía, respetable como el dolor; tal fué la dama en quien esta hoja de mi pasado, está adherida. Quisiera poner a doña Edelmira Gómez del Valle, de relieve, con la delicadeza diáfana con que dora una nube la luz del sol, y a instantes vacilo, temerosa de profanar siquiera con el ala del pensamiento la espiritual figura de mi antigua señora. ¿A qué se debe la resolución de conservar patente su recuerdo en estas páginas?

He aquí el motivo.

Vuelta a mi pueblo natal y en posesión de la hacienda que mi único tío materno me legara, dedico los no cortos momentos de ocio provinciano a revivir aquel pasado, buscando en la comparación del ayer con el hoy, un lenitivo a mi soledad.

Cierto crepúsculo nublado mientras las campanas desgranaban su arpegio en el viento inquietador, tuve un sueño; sueño sí, pues no podría llamarle con más definido nombre.

Tenía yo en la mano una caja de marfil: en su chapa de plata leíanse tres iniciales, E.G.V. Como si la materia marfilina se cristalizara de pronto pude ver el interior: un paquete de cartas y un medallón con dos retratos en miniatura.

¿Cómo llegó el tallado cofrecillo a mí?

Levanto los ojos: Una ráfaga de aire atormentado empuja

---

* Capítulos 1 y 22 de *Una hoja del pasado*, Andrés Botas e Hijo, México, 1920.

una explosión de hojas marchitas al centro de la pieza. . . ¡Oh! ¡No era viento! Era. . . una mujer impalpable que arrastrando por el pavimento su ropaje nebuloso, hacía crujir las hojas. Crucé con ella mi atención: no sé si ella me miraba o me envolvía en la suavidad tenue y aromática de su aliento; no sé si pude escuchar vagamente su voz, no sé si me tocó las manos, acariciándome. Sentí, como se experimenta la fuerza todopoderosa de la fe, en el cerebro ciego y en el corazón mudo, sentí firmemente un mandato de doña Edelmira: ¡Habla! ¡habla!

Tan veloz fué aquel arrobo, que sólo terminado, pude darme cuenta de que había soñado con la célebre dama de honor de Carlota, Emperatriz de México. ¡Cuántas veces mientras a su servicio estuve, atrajo mi curiosidad respetuosa pero vivaz, aquella caja escondida entre el ropero de maciza caoba que exhalando aromas de leyenda se abría al son de tres campanillazos. Entonces mis manos resbalaban devotamente por el rumoroso tafetán, se hundían, en el fresco doblez del lino, acariciaban los legítimos encajes, se dormían sobre el terciopelo, y haciéndolos cintilar más vivamente, colocaban a la luz del mediodía los diamantes del joyero. . . Por doquiera en este armario mis ojos se recrearon; mis dedos cada seis meses fueron quitándole el menor asomo de polilla según orden expresa de su dueña. . . Como cualquier científico pudo medir y pesar un cuerpo analizándolo hasta la partícula insignificante sin alcanzar el punto de apoyo del pensamiento, así yo me consideraba casi burlada ante el tallado marfil hermético y amarillo de la caja misteriosa.

De nuevo me siento en mi casa. Toda la velada sigo meciéndome en el sillón de cañas. No podía retirar de mí la impresión de aquella caja; me pareció un descubrimiento ¡cosa extraña! y al mismo tiempo, era como si yo hubiera guardado siempre en la memoria junto con la forma de la caja el conocimiento de lo que en ella se conservaba. Cartas y retratos. . .

El nublado se aclaró más tarde. Hacia las diez, «mi nana», una anciana robusta y pelicana con acento plañidero vino a decirme:

—Niña Concha. ¿Pero qué haces así, sola? ¡Piensa y piensa en medio de la oscuridad. . .! ¡Te estás acordando de tu novio? Te advierto que los difuntos se aparecen cuando más quitados de pena estamos.

Yo hice reclinar aquella frente apergaminada sobre mi corazón. Se había arrodillado la indígena y me abrazaba. . . Puesta en pie, continúa así, mientras yo aprieto los labios para no suspirar:
—¿Cuántos años de muerto tiene?
En lugar del suspiro brota en mí irónica sonrisa.
—Como un siglo, viejecita Pía;. . . Ya no hay riesgo de ver su fantasma.
—Y, ¿por qué no buscas otro novio, «entonces»?
—Mira: en vez de desearme futuro marido. . . prepárame un chocolate humeando.
La vieja sale de la habitación. Silenciosamente sus desnudos pies se la llevan y al abrirse la puerta de cedro, su ropaje suelto, ondula.
—Niña, no pienses tanto: se te va a aparecer;— escúchase su voz, alejándose.
Vuelvo a quedarme como un silencio en el pentagrama: Existiendo.
Nunca fuí supersticiosa: Ahora la voz de «mi nana» me hace la pesada sensación de una congoja inmotivada. Recuerdo un antiguo libro de la India, tratado de espíritus encarnados que se «desdoblan», es decir, «pensamientos de personas ausentes tan fuertes y conscientes que llegan a tomar cuerpo y manifestarse a nosotros como seres más o menos materializados» y esta idea viene a prestar a la amenaza de Pía una posibilidad. Pero ¡cá! Mis cejas se levantan, mis hombros se encogen. . . ¡No! ¡El no viene! ¡Mi novio. . . y de otras!
La imagen de doña Edelmira envolviéndome, en el intervalo de dos vaivenes de la mecedora, sí me parecía una verdadera visión.
En ella se concentra mi mente no sé cuántos minutos. Rompe de pronto la unidad del sosiego, pito agudo y continuado que va desgranando los puntos suspensivos de su voz. Es un llamamiento de policía que me vuelve a la realidad.
—Aquí viene tu «bebida». . . Nunca la he batido mejor. . . Joaquina se lució en esta molienda de cacao, niña.
La buena mujer trae sobre argentada bandeja, la jícara japonesa más preciosa de mi colección. Alzase de ella ligera espiral oliendo a canela. Dos dedos de espuma, casi desbórdanse de la taza.
Mi nana me acompaña después al lecho, descálzame las zapatillas de tafilete; con una rama de ruda, sacude rocío de agua

bendita en torno mío, y responde vaga y susurrante clavando los chinescos ojos en una imagen de Murillo a la cabecera de mi cama:

Santa María madre de Dios ruega señora por nosotros...

«Amén» se crée escuchar en la nocturna calma.

Capítulo XXII

El sello de la patria

Noticias de México. ¡Ah! Los sellos de la patria fascinan como signos cabalísticos si en el extranjero se nos presentan sobre el enigma de una carta. Parece que nosotros sólo sabemos sentirnos verdaderos patriotas desde una tierra extraña. Pronunciamos el nombre de nuestra nación con orgullo y durante las épocas aciagas de su historia se nos acrecienta el amor y sale de nuestros labios el himno nacional, uno de los más bellos del mundo al par que despuntan lágrimas en nuestros ojos.

Una girl del cuarto me había pedido sellos de mi país y al ponerlos en sus manos me dijo extrañada:

—Estas no son estampillas de su patria.

Yo repuse:

—¿Por qué no? Si soy mexicana.

—¡Mexicana! ¡Qué horror! Imposible, Miss Conchita; allí no hay gente civilizada, sólo bandidos.

Yo me indigné, pero reflexionando tomo mi partido y pregunto:

—¿Pues qué nacionalidad me achacaba usted?

—Usted, es europea, de España.

—Sí, ciertamente, respondo, esta es la raza de allá, hispanoamericana, como aquí es la angloamericana; nuestra raza, y los aborígenes, la raza de bronce, entre la cual existieron pueblos cultos con civilización diferente a la europea, es verdad, pero de gran esplendor.

La girl contesta:

—Perdone, señorita; ese país es revoltoso; allí se matan los hombres por nada. Aquí he tratado con varios mexicanos que me cuentan horrores unos de otros. La política de allí no es más que pillaje.

—¡Oh! Miss; las revoluciones siempre dejan algo de eso, pero verdaderamente la culpa de esta mala opinión que el extranjero se ha formado la tenemos nosotros mismos, los que venimos de paseo o emigrados. En las guerras civiles sucede que cada componente de un partido es todo lenguas y plumas para atacar a cada uno de los componentes del otro; no sólo en su vida pública, que eso está permitido sino en su vida privada y en sus familiares; a esto añádase que se forman partidos constantemente con diversos fines y en todos reina gran excitación. De esta «morigerada» costumbre resulta que en un país vecino al nuestro y que debiera conocernos mejor se pregunte: ¿Dónde están los mexicanos dignos del nombre de civilizados? La opinión popular de ustedes sobre nosotros es la que nosotros le traemos acá, fruto del rencor producido por nuestros disturbios. Los anglo americanos que han permanecido el tiempo suficiente en nuestra hermosa tierra vuelven hechizados; se enamoran especialmente de nuestra ciudad capitalina, del trato cortés y dulce, del ingenio, fantasía e inteligencia natural de nuestra gente.

—Pero el carácter, ¿don't yo now? Es lo que hace la grandeza, la solidez y el poderío del pueblo, como es lo que hace al hombre. Si ese pueblo estuviera educado, tal vez...

—Es posible, Miss, respondo, que emulara en arte al ateniense, y en valor al espartano, pero no hay que precipitar con el deseo, el curso normal de la evolución... eso vendrá Miss; México es tan grande, tan rico (¡oh! aquí me olvido de matar la pasión como doña Edelmira me aconseja!) ¡México es tan bello! Miss, ¡qué saben ustedes! ¡no quieren saberlo! No posee la Unión americana un estado que equivalga al de Veracruz. Allí se ven los climas todos, del pino a la palmera, del trigo a la caña de azúcar, exuberante y pródigo aquel suelo basta para alimentar...

—Well, well, señorita, sí; para alimentar al ejército ruso... pero entonces, ¿la culpa entera de las penalidades de su nación pertenece a la incompetencia de los mexicanos? Nosotros sabemos aprovechar el Niágara tanto para fascinar a los extranjeros, cuya curiosidad satisfecha queda entre nosotros convertida en oro, cuanto para mover maquinarias. Nuestro orgullo patrio se cifra en ser útil y agradable. Lo hermoso se duplica con hacerlo beneficioso. Ustedes se conforman con sentir el orgullo, la fiereza de su gran país... salvaje ¿no es verdad?

Yo escucho con más dolor que rabia aquella ironía de la girl. ¿Contra quién hubiera estallado mi cólera?

Lector: dos palabras y una petición

«Una hoja del pasado» está dedicada a México, a sus mujeres, a sus intelectuales. Este relato me lo inspiró el espíritu de mi raza ¡la misma de años atrás! Es lo que veo, lo que escucho conversar: el drama íntimo, secreto, en medio del drama nacional no abarcado por el vulgo, no desapasionadamente estudiado por nosotros. Una mujer orgullosa, noble y enamorada, que no puede vivir callando su deshonra, ingéniase para morir sin escándalo mientras el culpable impune... como de ordinario. El Duque rompió el alma pura, recia y cristalina de Doña Edelmira del Valle, y Don Fernando su hermano, mucho después, vino a segar en flor la existencia de la joven Duquesita.

¿A dónde van en el misterio las consecuencias de nuestras acciones? El mundo parece estar formado así: así debe ser justo aunque nosotros no lo penetremos: «Unos la hacen, otros la pagan» o ¿la pagamos nosotros en ellos?

Lector: Si tú a ejemplo de muchos hombres, no buscas en la obra literaria de una mujer sino a la mujer (no entiendo por qué razón esto, a la inversa de lo que buscas en la del hombre, que es la literatura fuera de aquel puesto que ellos y nosotros nos servimos de los mismos utensilios de trabajo) digo que si tú buscas a la mujer en su creación, desearía yo que me dijeras claro, a cuál de estos diferentes y aun opuestos tipos se te ocurriría compararme como creadora de ellos?

Esta pequeña novela es principalmente estudio de figuras femeninas no exentas de viso estético, lo contrario de mi novela titulada «Un Solo Amor» donde pasa, a modo de visiones fugitivas, desdibujadas y un poco amorfas una serie de mujeres y queda forjado por mi fantasía el golpe del buril de mi observación lo que fue el amor en un espíritu de poeta. (Yo he sido confidente de muchos poetas, se entiende.) Sin embargo, paciente lector: tú, filósofo, poeta, tal vez médico, pero no muy loco (lo justo para compararte alguna vez con D. Quijote), no crées reconocer a cierto amigo tuyo en el carácter de D. Fernando? Si así fuese dímelo. El mayor relieve de un personaje será que le encuentren copiado del natural sin que su autor siquiera lo hubiese intentado.

Lector, te ruego, enséñame a conocer mi trabajo, es decir mi posibilidad —ilusión de mi penosa vida— para que yo progrese y un día dado que el dolor me lo permita, logre realizar a tu vista el ideal de mi novela. La novela breve, sencilla de lenguaje, honda, pero no sentimental, si es posible concisa; que describa con dos palabras, que pinte con dos toques de acuarela, que filosofe en un corto diálogo y que no atormente ni premie para moralizar; la novela, esa forma literaria espejo claro de las épocas en que deben reflejarse «los seres que no pertenecen a la historia»... ni al melodrama; esos quienes no ocurre en su vida nada extraordinario, o, si les ocurre, jamás se divulga.

¿Me ayudarás, en mi tarea, oh Crítico?... siquiera por contribuir a que la mujer no continúe siendo un enigma atormentador.

La Autora

NUMEN DE LA SELVA

> Premiado por la Universidad Nacional de México y leído por radio el 25 de diciembre de 1939.

¡Qué dramas espantosos representa la naturaleza a orillas del risueño Grijalva!

Por entre los copudos ébanos enlazados de sinamomo flexible, a través de los troncos de caoba robusta que embriaga el bosque de resina y hunde su raíz en el agua maléfica de los pantanos, salen vapores vivientes de mosca verde, cantárida, y de zancudo malaria; ahí donde se arquea el tigrillo y la serpiente de coral se prende adornando los bejucos de lazo de cinta roja; ahí donde el cocodrilo persigue al sapo asqueroso, donde el colibrí es una flor del aire y la libélula compite con las voluptuosas orquídeas, ahí todo es deslumbramiento y horror, belleza y tortura!

Un soplo de fuego serpentea bajo la niebla y entre la llovizna caliente que hace crecer en días la caña de azúcar y tuesta la costra del cacao; madura el arroz y abrillanta los colores del rojizo cafeto. Allá el hombre posee tesoros de que no puede disfrutar porque la misma naturaleza le presenta armas en contra.

Así considerando, cada conquista humana en los bosques vírgenes de Tabasco merece un cántico. No lo entonaré: En cambio voy a referir uno de tantos episodios que he escuchado por mis viajes de un lado a otro de la península Yucateña.

A la ribera cercada de platanares y de cafetos se ve aún cierta vasta residencia campestre en la que en un tiempo ocurrió la tragedia. Mas hay que revivirla al presente sin restarle evocadora fuerza... ¡Si nos fuera dado!

Señó Juan Blanco es un mestizo adinerado, releído; (como buen tabasqueño es decidor, ingenioso y apasionado) cuerpo de cedral, pie de venado, mano atrevida, frente espaciosa guarnecida de bucles color nuez; ojo perspicaz con brillo de onda, filosa dentadura y oreja fina como la de un alano; carácter y salud de toro y de felino su acometividad. Ningún obstáculo había para él. Nunca le preocupó el problema del futuro porque sabía ser apto para luchar contra el poder exuberante de su terruño y había encontrado a la mujer delicada, amorosa y sencilla con la que soñó en años mozos.

Primero que ninguna otra empresa, realiza sus ansias de dominio tratando de torcer el natural de su tierna consorte.

—Lila: ¡Qué lástima que no te hubiera educado tu madre! No debía haber alpiste para un canario silvestre, pero, ¿qué quieres que yo haga de una criatura que le tiembla a un mosquito? ¡Chiquilla! Yo no he de morirme sin enderezarte el magín...

Lila sonríe como una niña; sus pupilas de sombra y agua, imitando las de una gacela se resguardan en la cortina de la pestaña abundantísima, y un suspiro silente se le escapa de los labios color de mamey.

Señó Juan hace un anillo con el azabache de un gajo de pelo de su mujer y se lo enreda al índice, luego la contempla con adoración. Ella nunca tiene nada que añadir a las represiones severas o irónicas de su marido, pero un miedo irracional domina su femenino corazón, medroso ante cualquier riesgo que pudiera venir de fuera de la casa: un rayo, un aguilucho o una fiera; pero más que a nada le tiembla su alma de horror al solo pensamiento de que pudiera acercarse uno de aquellos reptiles ofidios.

—¿Caprichillos tenemos? ¡Yo te daré fantasmitas! ¡Como si no fueran nuestros hermanos todos esos bichos! Tengo cuarenta años de vivir en medio de esta selva y estoy vivito y coleando. Tú apenas hace uno: Ya tus dieciséis de edad debían tomar larga experiencia de mis cuarenta.

—Paciencia, señor, paciencia! ¡Yo no tengo la culpa! Me tiemblan las piernas, los ojos se me nublan y me zumban las sienes...! Te aseguro, Juanito, que no me tengo la culpa. Mi miedo es como mi hambre y mi sueño... Es cosa natural en mi sangre.

—Pues yo debo enseñarte a que comas y duermas a su hora.

A que tengas miedo a los hombres y a las mujeres chismosas y a que yo te muerda. . . pero no a los animalitos buenos como ellas!

Relampaguean las pupilas amarillentas de Juan, y la frente de Lila se inclina tristemente.

Acaso el combate más rudo de la vida se efectúa entre el hombre y la mujer precisamente porque fueron creados para prestarse ayuda y armonizar como la semilla y la tierra: La desarmonía de la pareja humana resulta el primer pecado cometido contra las fuerzas de la naturaleza.

Todos los días, la esposa pequeñita y dulce se inclinaba en medio de sus sirvientas como la espiga en el cañaveral. No sabía mandar, pero todas ellas la querían y, viendo en ella a un ser inofensivo, la servían con aquella suavidad con que baja la ola del río. Solamente Juan Blanco trataba de luchar con esa flor de caña.

Por aquellos días de cosecha del cacao, Don Roberto Merino ha llegado. Es el comerciante que controla toda la producción del Estado. Su almacén recibe con ventaja la recolección, dado que el mismo dueño va de rancho en rancho ajustando previamente la entrega.

Juan Blanco y Roberto Merino eran íntimos amigos a pesar de no ser muy bien quistos los españoles en aquella región. Don Roberto era padrino de la boda.

Alguna vez Merino se atrevía a aconsejar a Blanco sobre la manera de tratar a su esposa, pero éste, con aquel carácter dominante y agresivo, se debatía en razones de más o menos.

—Que la he de enseñar, o no soy hombre, ¡caray!

—Pero si no puede ser más buena la infeliz. Yo soy hombre y también les tengo miedo. No me gustaría pasarme la vida en medio de esta selva espeluznante ni estar escuchando este río que parece querer tragarnos. ¿Por qué no la trae a la ciudad?

—Le aseguro que la llevaré cuando aprenda a vivir aquí y a no temblar por cosas que no han de suceder. Las ventanas están enrejadas y cuando hay mucho calor descorro las puertas de alambrado. Le juro que no tiene ningún fundamento.

—Pero, ahijado mío, ella sufre y usted debía ser más compasivo; ¡es tan joven!

—Por lo mismo, sé que la educaré y no me diga usted más, caray!, porque para ser hombre me basto y me sobro: He de conseguir que aprenda a disparar una pistola, que monte un potro y tenga una de esas en el jardín. . . ¡o me pela Ud. las orejas!

La discusión apuntaba.

Los dos hombres miraban con diferentes ojos: al fin eran el hombre primitivo pero ilustrado de los campos, y el europeo emigrante en pos de fortuna... pero los peones, las criadas y el visitante, sentían del mismo modo y no era casualidad!

Cierto día, Lila estuvo más blanca, más silenciosa y más sonriente que nunca. Después de la comida Juan Blanco había asegurado a su amigo que aquella tarde serían las pruebas de educación y que su esposa (él estaba seguro) llegaría a graduarse en el arte de ser toda una mujer, que dejaría de ser niña para siempre.

Don Roberto Merino movía enigmáticamente la cabeza dura y bien dibujada en medio del cielo color añil que se veía a través de la puerta por donde entraban alegremente parloteo de pericos a coro con el guacamayo, chillidos de mono y los rumores del Grijalva casi amenazador.

—No sabe Ud. he cazado una especie de anillos; un precioso ejemplar pitónide muy pequeño pero de escudos brillantes y manchas rojas en lo gris de acero, su cola prehensil de lo más fino y su cabeza chata no están aún bien desarrolladas. Mi madre domesticó una igual con la que yo jugaba de niño. La he puesto en mi cuarto como si estuviera entrando de la ventana hacia la mitad de la pieza. Tengo cerrado el cuarto. Lila no sabe que he puesto ahí ese animal muerto. A la caída de la tarde, hora en que ellas dejan su guarida en las piedras para buscar alimento, en que no pueden distinguirse bien los ojos, voy a mandar a mi mujer a que me traiga mi caja de puros que habré dejado olvidada... ya verá Ud. el escándalo que arma, ¡cómo nos vamos a reír, cómo vamos a gozar de la broma! seguro estoy de que se le quita esa aprensión para siempre!

Se ha nublado. Enmudecen las aves y la corriente es cada vez más agitada. El vaho de la tierra sube impregnado con olor de plátanos maduros, vainilla fresca y salitre. Comienza a caer una tarde inmensa del trópico. Arde el suelo.

Desde una galería larga como un palacio, en sendas mecedoras, los dos hombres sorben café y rico habanero de nanche; fuman tabaco de la hacienda y charlan del comercio, de la agricultura, de la ganadería; de frustrados esfuerzos y de ambiciones nunca llenas.

Lila escucha mano sobre mano, ambas parecen colocarse a gusto de un pintor, pues la postura luce la piel morena y satinada, los dedos finos y la uña de nácar. De vez en cuando cambia sin alterar su belleza agitando una cola de pavo real en forma de abanico. Los tres sillones de cuero claveteado y cedro se mecen a compás; de pronto Señó Juan Blanco manda:

—Lila, corre a mi cuarto y tráeme el cajoncito de habanos con que me obsequió don Roberto. Está en mi escritorio. ¡Anda!

Al decir esto guiña un ojo a su visitante, asoma ligeramente su afilado diente y mira la silueta fina con derroche de amor. Lila avanza a lo largo del corredor con el paso de un niño cándido y feliz, Merino, sin saber porqué se estremece y el buen educador se solaza exclamando:

—¡Cómo nos vamos a reír cuando ella confiese que le tembló al pitón muerto! Ja, ja, ja! Esta es la hora más emocionante de mi vida! Si esta chiquilla no se corrige y se avergüenza después de la broma, caray! soy un bruto o un marido digno de ser ahogado como una pulga, ¿verdad? Pero, usted padrino mío, qué cara de mico ha puesto! si parece usted un chiquillo en falta!

Don Roberto queda inmóvil después de apartar la copa de sus labios y mal a su pesar confiesa:

—Le aseguro a usted que estas chanzas me hielan, ignoro porqué.

No quiero pensar que temo por mi sobrinita, no, pero únicamente estoy intranquilo y no le digo a usted más... porque... Bueno. Yo no sé lo que digo, eh? ¡Claro hombre, claro!

A este punto repercute por los ámbitos de la casona un aterrorizado grito sin fin. Juan Blanco se carcajea gozosamente. Merino siente que le brota en la frente un sudor helado y hace ademán de ponerse en pie.

Los ecos van repitiendo aquellos gritos, sollozos e imploraciones de la pobre criatura. Conmoverían a un pedernal.

—Juan, Juanito, socorro, por piedad, socorro! por tu madre! sálvame, por Dios! te lo ruego! Padrino! Padrino! Me mata la boa, me estrangula la boa! ¡Perdón! ¡Que me salven! ¡Me muero! ¡Me... ahogo... oh...!

El chirigotero marido se mece con fruición, lleva a sus labios el rico habanero de caña, echa humo por las narices y continúa riendo estrepitosamente en tanto la voz ronca se quiebra en pavoroso gemido.

Don Roberto se lanzó precipitadamente hacia la habitación donde el crepúsculo ha penetrado con paso de plomo. Juan le sigue a carrera abierta para detenerlo: cierra con llave la puerta evitando así que el padrino abra. Forcejean ambos y desde adentro un ruido siniestro crepita.

—¡Desgraciado, rompo la puerta o le mato a usted! ¡Asesino!

—No sea usted de tanto genio, hombre de Dios, que no hay motivo para ello. Todo es una chanza. Adoro a mi mujercita...

Merino forcejea y como es alto, fornido y ducho en romper cajas de madera, con una silla en la mano, quién sabe cómo ha logrado hacerse paso en la habitación.

¡No hay palabras con qué describir la tragedia!

Junto al pitón muerto yace Lila, la inocente y dulce esposa estrangulada por el macho que rastreando el olor de su compañera ha venido; se introduce por la ventana abierta y en rapto de desesperación al hallar exánime a su hembra, se desquita ferozmente apretando en sus anillos el cuerpo delicado de la pobre Lila que avanzaba en medio de la sombra... Sollozos, alaridos, imprecaciones!

Todos los sirvientes de la casa acudieron y rodearon a Juan que continuaba en medio de sus carcajadas repitiendo:

—Ve usted, padrino, ja, ja, ja, ja! como al fin se ha curado del miedo! ¡Se convirtió en niña buena!... ¡Niña valiente!

Echado está de bruces sobre su esposa sin mirar la cabeza chata del monstruo que oprime cada vez más y más la figura de Lila y mientras los circunstantes se inclinan para matar al culebrón, Juan Blanco, ríe, ríe, a carcajadas y besa y se agita formando los tres un solo cuerpo.

Roberto Merino me refirió temblando de angustia esta horrible tragedia de un campesino ilustrado y rico de aquella región y al terminar su relato añade:

—El desgraciado Juan Blanco en su celda del manicomio pasa la vida arrebatándole al boa su presa y carcajeándose entre sollozos y lágrimas.

UNA JUSTICIA

Por la vereda serpenteadora henchida de rumores desde el remoto caserío, asoma la erguida figura de una joven indígena cuyo suave ropaje al modo primitivo ondula mecido por la brisa.

Sus brazos broncíneos estrechan rojo cántaro de barro que se balancea sobre la robusta cadera al compás de los pies desnudos.

—Señor: —susurra tímidamente la muchacha— he venido a que me hagas justicia.

Mientras que sus ojos parecen rebuscar en el tupido henequenal una invisible huella de serpiente.

—¿Qué ocurre, Tina? Dime sin temor... ¿Quejas de Juan? Tu choza fue siempre apacible, él y tú siempre se han querido...

—Señor, yo crecí, como tú sabes, en casa de mi madrina; ella me inculcó voluntad de ser cuidadosa y trabajadora. Yo quiero tener algo de dinero para comprar ropitas a mis hijos y leche y medicinas cuando se enfermen. Sólo por eso! Aquí pagan todas las noches a la tía Pab, que viene de Maní a rezar novenas a los santos, cincuenta centavos que, yo podría fácilmente ganar aprendiendo a leer... Por eso, después de cumplir con mis obligaciones llevando a mi Pablito en brazos, empecé a estudiar un rato en la escuela que nos dio el gobierno. Señor, ya casi puedo leer y sumar; conozco todas las letras de carta... pero Juan no quiere que yo aprenda más.

—¿Por qué Tina?

Crujió el suelo de rojiza tierra bajo las alpargatas del buen Juan, mi vaquero.

—Señor, yo tengo razón. No quiero que sepa leer ni escribir, porque yo no sé absolutamente, y si ella se empeña en aprender, señor, la quiero mucho, pero voy a devolvérsela a su tata —exclama con energía el mocetón.

—¡Señor! —gimió la joven— si el dinero será para los dos! Además, podría yo luego apuntar lo que gastamos y la edad de mis chiquitines. Yo no sé ni cuántos años tengo; recuerdo que ví cosechar la milpa de mi padre dieciséis veces, pero antes?... ¡quiero saber, señor, quiero ganar dinero!

—Pues ya lo sabes, Tina— respondió el marido con actitud colérica de que no le hubiera creído capaz —si tú insistes te arrojaré de mi casa.

—Tina, tiene razón Juan: él es tu marido; él te mantiene, debes obedecer. Confórmate con lo que él gana; Dios lo quiere así... El Código de la ley del matrimonio lo manda.

—¿Y voy a perder mi trabajo, señor? Ya casi leo —interrumpe la chica plegando sus abultados labios mientras dos lágrimas le despuntan entre sus pestañas —era tan lindo, me divertía tanto! Estudiando olvidaba yo el trabajo y hasta el hambre, otras mujeres beben anís; yo no, yo no.

—Tina: te prohibo tocar un libro; esa es la justicia, porque tu primera obligación es obedecer a tu marido.

El indio enseñó dos hileras de apretados dientes iguales al madurado grano de elote y tomando a su entristecida consorte por los flecos del rebocillo de algodón añil, se la llevó paso a paso hasta la vieja noria. Allí la jarra fresca se llenó de líquidas perlas y de nuevo sobre la cadera robusta fue mecida por los brazos de bronce fuerte y satinado.

El paso de la pareja desgarrando las hojas secas, cruje como el cauteloso deslizar de una serpiente. Las sombras han envuelto el campo, y en cada copa obscura hay un sordo rumor de quejas.

Suspiré, sintiendo en mi pecho la fría presión de una laja, una de esas lajas que convierten mis llanuras en desierto.

¡Qué triste me ha dejado el alma la justicia!

Tercera Parte

MEMORIAS DE MUJER Y VIAJERAS LABORIOSAS

Memoria de mujer.
Concepción Lombardo de Miramón, testigo de sí misma

CARMEN RAMOS ESCANDÓN

A Carmen Ángeles, por 34 años, Vda. de Escandón, en memoria.

Concepción Lombardo de Miramón constituye un caso excepcional puesto que se trata de una mujer del siglo pasado que dejó un importante testimonio autobiográfico sobre su vida. Sus *Memorias*[1] son, sin duda, un notable documento de primera mano que nos permite asomarnos a la vida decimonónica desde una perspectiva distinta: la visión personal de una dama de la época, mujer sensible y culta, que se preocupó por dejar constancia de su vida, la cual, por tratarse de una mujer que se encuentra muy cerca del poder, se vuelve un testimonio único que nos permite conocer los aspectos de la vida cotidiana del México decimonónico. Al mismo tiempo, las *Memorias* ilustran un determinado momento histórico y nos permiten asomarnos de cerca a la complicada relación entre la vida pública y la vida privada desde la perspectiva de una mujer. El texto de Concepción Miramón es de una enorme riqueza por la variedad de aspectos que incluye sobre su forma de ver su mundo personal y político. La señora Miramón incluye tanto acontecimientos de la vida pública del país como retazos de la vida personal al lado de uno

---

[1] El libro fue publicado por primera vez en 1980. Véase Concepción Lombardo de Miramón, *Memorias*, Porrúa, México, 1980. A pesar de que la publicación es reciente, el manuscrito fue usado anteriormente por algunos historiadores como José Fuentes Mares, quien lo incluyó como parte de sus fuentes para la elaboración del trabajo: *Miramón, el hombre*, Joaquín Mortiz, México, 1975.

de los hombres públicos más importantes del momento: Miguel Miramón.

En general, en la historia nacional, las voces que se dejan oír sobre la vida política son las voces de varones. Es sumamente excepcional que se puedan oír voces femeninas. En el caso de Concepción Miramón, se trata de una voz de mujer que se preocupa sobre todo por contar, desde su perspectiva personal, su propia historia, su vida. Sin embargo, esta vida, única como es, no se da en un contexto aislado, sino que refleja las tensiones políticas, económicas y sociales del momento y el efecto que éstas tienen sobre la vida femenina. La de la Miramón fue cambiando al ritmo agitado de los acontecimientos políticos de la época y se extendió desde 1835, año del nacimiento de la autora, hasta 1921, año en que murió en Toulouse, Francia. Su texto cubre sólo la parte medular de su vida, desde 1835 hasta el inicio de su largo exilio europeo, aproximadamente en 1869.[2]

El periodo al que se refieren las *Memorias* es uno de los más complicados y menos estudiados de la historia mexicana. Se trata de un momento en el que el país atraviesa por serios conflictos de inestabilidad política e inclusive una guerra extranjera. No es de extrañar, pues, que la versión sobre los hechos políticos que nos ofrece la señora Miramón se preste a la polémica, al cuestionamiento. Sin embargo, el valor del texto radica en sus posibilidades interpretativas: precisamente porque se trata de un testimonio, *personal, femenino* de su tiempo y de su mundo. La voz de una mujer se hace oír por encima del mutismo en el que estaban sumidas las mujeres de la época. Una voz femenina cuyos registros incluyen matices más personales, más íntimos, más cálidos, que los de un historiador que aspirase a la objetividad absoluta.[3]

---

[2] Las *Memorias*, están firmadas en Barcelona en 1917, pero es muy posible que Concepción Miramón iniciara su redacción desde mucho antes. Ya en 1891 se hizo una mención a la existencia del manuscrito en las *Cartas* de José Manuel Hidalgo, uno de los más importantes miembros del partido conservador, que fue ministro de Maximiliano en París. Véase José Manuel Hidalgo y Esnaurrizar, *Cartas. Un hombre de mundo escribe sus impresiones*, Porrúa, México, 1980, p. 173.

[3] La historiografía sobre el periodo es abundante y polémica, sobre todo en lo que se refiere a memorias de personajes de la época, correspondencia diplomática e impresiones de viajeros que vinieron al país como parte de la comitiva de Maximiliano. Para una discusión más completa de los trabajos sobre el Imperio, cf. Martín Quirarte, *Historiografía sobre el Imperio de Maximiliano*, UNAM, México, 1970.

Si bien ha habido autoras europeas que han escrito sobre la Intervención y el Imperio, Concepción Lombardo es la única mujer mexicana que dejó testimonio sobre sí misma. En sus *Memorias*, es discernible no sólo su voz en cuanto mujer, la cual expresa sentimientos, vivencias, añoranzas y recuerdos, sino también en cuanto mexicana, puesto que al opinar sobre los conflictos internacionales del país, declara que lo hace en razón de lo que ella considera los intereses de México.[4] Si la perspectiva es parcial, esto no le resta validez al testimonio de Concepción Miramón.

El mundo en femenino

Concepción Lombardo declara que su motivación central para escribir es el rescate de la parte de su vida como esposa de Miguel Miramón. Sin embargo, el texto revela otra cosa: ya desde sus líneas iniciales se ubica a sí misma como una mujer excepcional. Única entre sus 11 hermanos y hermanas: "yo completé la primera media docena. Siendo tan numerosos, fui distinguida por la Providencia, y me han contado que para mi bautismo, se inauguró en mi casa un Oratorio y que, con gran pompa, fui bautizada en él."[5]

En la distinción providencial a la que se refiere, radica su autoconvicción de ser excepcional. Educada en la enseñanza católica, su providencialismo resulta casi protestante en la medida en que ella considera que cada una de sus acciones está señalada por la providencia, la cual se manifiesta hasta en el más insignificante de los actos cotidianos, a través de la presencia de signos y de la constante intervención de santos.

Para ella, la presencia de los santos se revela en los detalles

---

[4] Entre los escritos de visitantes y viajeros se incluyen los de algunas mujeres, tales como la condesa Reinach Fossemagne, cuya obra *Charlotte du Mexique* (Plon, París, 1925), reúne y transcribe material de importancia basado en la correspondencia de la abuela y la madre de la emperatriz Carlota. Otro ejemplo de este tipo de libro es el de Bertha Harding, *Phantom Crown*, en donde al decir de Martín Quirarte hay una deformación consciente de la información. También el de Agnes de Salm Salm, *Apuntes del diario de una princesa*, es otro libro escrito por una mujer europea sobre el tema. En la mayoría de los casos, su motivación obedece a un afán de explicar los sucesos, defendiendo la imagen de Maximiliano o los intereses nacionales de las autoras. Martín Quirarte, *op. cit.*, p. 171.

[5] Lombardo, *op. cit.*, p. 1.

más mínimos y cuenta con ellos como aliados para sus intereses
personales:

> Me acuerdo que andaba yo preguntando a todo el mundo cuál era
> el Santo más milagroso del cielo. Una señora me dijo que San An-
> tonio. Desde ese día me dediqué a rezarle y a pedirle ¿qué cosa?
> que se murieran todas las maestras. No sé si mis ruegos llegaron
> al cielo, lo cierto es que pocos días después de los temblores (tal
> vez del susto) se enfermó y murió la tía Pepita, la vieja que ejecu-
> taba las sentencias. En los nueve días de luto estuvo cerrada la
> Amiga, y yo en mis glorias jugando en mi casa, y dándole gracias
> a San Antonio del primer favor que me había hecho.[6]

San Antonio en la primera etapa de su vida y más adelante
San Rafael, son figuras que la Miramón evoca constantemente
y a quienes agradece lo que ella considera como intervenciones
específicas a favor de determinados deseos o protección frente
a situaciones de peligro. Este sentido providencial de la vida se
revela a lo largo del texto y le proporciona a la Miramón una
gran seguridad en sí misma y en la legitimidad de su mundo,
cuya permanencia no cuestiona nunca.

La autora: Concepción Lombardo de Miramón

Concepción Lombardo Gil de Partearroyo, nació en la ciudad
de México en 1835; fue hija de un prominente abogado conservador, quien, aunque también nació en México, procedía de una
familia irlandesa con ramas en España y Grecia. Concepción
anota:

> La otra parte de la familia se fue a España y se fijó en La Rioja,
> donde nació mi abuelo Don Francisco Lombardo. A fines del año
> 1700, mi abuelo pasó a Nueva España (México) en compañía de
> mi abuela Doña María de la Peña, la cual murió al dar a luz a mi
> padre. Por tales circunstancias no he conocido ningún pariente de
> mi padre.[7]

También por el lado materno Concepción Lombardo tiene
origen europeo, pues su madre, Germana Gil de Partearroyo,

---

[6] *Ibid.*, p. 12.
[7] *Ibid.*, p. 2.

provenía de una familia andaluza que decidió casarla a los 15 años, apenas salida del convento de la Enseñanza donde se educó.[8] Su hija, Concepción, en cambio, no se educó en un convento, sino que asistió a una "Amiga".[9]

Allí, la única instrucción que recibió fue la considerada importante para las mujeres de su tiempo, es decir, la lectura, conocimientos religiosos y sobre todo las llamadas tareas mujeriles, como el bordado, el deshilado, las labores manuales, las cuales eran altamente apreciadas en la época y consideradas indispensables para la buena educación de una mujer de su condición social.

> La instrucción que nos daban se reducía a la lectura, el catecismo del padre Ripalda y el Fleury, que nos obligaban a aprender de memoria como si fuésemos pericos, y sin hacernos la menor explicación. Poco o nada se aprendía allí, pues todo consistía en repetir de memoria lo que nos enseñaban, y como no nos hacían la menor explicación, no podíamos conservarlo fácilmente en la memoria.[10]

En el contexto de su época, lo importante no es la instrucción formal sobre conocimientos teóricos, sino el conocimiento empírico de las tareas femeniles, en este caso el bordado, con los diversos tipos de complejidad y conocimiento:

> Pues si la instrucción faltaba allí por completo, las labores de

---

[8] La autora añade que el matrimonio de su madre, a tan tierna edad, fue decidido por su abuela, quien vio en Lombardo un excelente partido, sin que el abuelo tuviese voz ni voto en el asunto. La madre de Concepción, "educada bajo el régimen español de estricta obediencia a sus padres, agachó la cabeza y se sometió a la voluntad que se le imponía", *op. cit.*, p. 2.

[9] "Amiga" es una escuela de instrucción elemental, ubicada en la casa particular de alguna mujer o mujeres dedicadas a la instrucción de niñas. En sus *Memorias*, Concepción Miramón dice en una nota: "Amiga es el nombre que dan en México a las escuelas primarias", p. 3. La asistencia a la "Amiga" era la forma de instrucción más común para las niñas y se dice que "casi por lo general son las maestras unas ancianas tan poco instruidas en leer bien y de luces tan limitadas en los principios de la religión y doctrina cristiana que salen las niñas muy poco adelantadas en estos rudimentos que son tan esenciales y lo mismo sucede con las labores de aguja y demás tareas mujeriles". Véanse Pilar Gonzalbo, *Las mujeres en la Nueva España. Educación y vida cotidiana*, El Colegio de México, México, 1987, p. 143; Dorothy Tanck de Estrada, *La educación ilustrada, 1786-1836*. El Colegio de México, México, 1977, pp. 161-198.

[10] Lombardo, *op. cit.*, p. 4.

mano que enseñaban aquellas maestras eran de gran mérito y sumamente difíciles. Cada una de las niñas tenía que hacer un "dechado" (especie de muestrario) de diversas puntadas; dobladillo de ojo, calados con hilo y con seda, rendas y bordado en blanco.[11]

Las maestras con las que Concepción recibió su educación, las señoritas Peñarroja, eran mujeres de clase media, ex compañeras de convento de su madre, pero al caer en "desgracias de fortuna, se habían puesto a enseñar".[12]

No es de extrañar, pues, que no tuvieran ninguna capacidad didáctica y que su método fuera autoritario y memorista, centrado en la instrucción religiosa. A pesar de su falta de preparación escolar formal, la señora Miramón revela, a lo largo de sus *Memorias*, una amplia cultura y una inteligencia natural, despierta e interesada, capaz de juzgar situaciones políticas con buen juicio y perspectiva.[13]

En sus antecedentes familiares hay ya indicios sobre el porqué de su interés en la política. Su padre fue el abogado José María Lombardo, ministro en uno de los gobiernos de Santa Anna en 1844, que fue hecho prisionero cuando este gobierno cayó, debido a que se opuso a Mariano Paredes, el general que se había pronunciado contra Santa Anna.

Cuando estuvo preso su padre, Concepción, que era la hija favorita, rogó que le permitiesen visitarlo en la prisión.[14]

La impresión que esta visita pudo causarle —tenía 9 años— sin duda la sensibilizó a los problemas de la vida política y a los efectos que ésta podía tener en la vida personal. Más adelante, como esposa de un general famoso, que ocupó la presidencia de la República en medio de una guerra civil, Concepción Miramón tuvo acceso a información y familiaridad con sucesos de la vida pública en mayor grado que otras mujeres de su misma clase social.

Aunque repetidamente se queja en sus *Memorias* de que las responsabilidades públicas le impedían a Miramón pasar más tiempo con ella y por ende descuidaba sus obligaciones familia-

---

[11] *Loc. cit.*
[12] *Ibid.*, p. 3.
[13] Según la propia autora, su marido, condenado a muerte junto con Maximiliano, declaró poco antes de morir que se encontraba en dicha situación por no haber hecho caso a su mujer, cuyo juicio político reconocía. *Op. cit.*, p. 665.
[14] *Ibid.*, p. 10.

res, no debe olvidarse que la cercanía al poder le permitió interesarse aún más en la política.

Por otra parte, el periodo durante el cual transcurre su vida es de suma inestabilidad y la persecución por motivos políticos era bastante común. Ya en su adolescencia, a los 13 años, Concepción y su familia se vieron obligados a huir de la ciudad, y a refugiarse cerca de Toluca, por temor a la entrada del general norteamericano Winfield Scott a la ciudad en 1847.[15]

Dos años después, el padre de Concepción fue perseguido por sus simpatías hacia Santa Anna y según ella misma cuenta: "Muchas veces tenía que dormir fuera de casa, porque le daban aviso de que lo iban a aprender. Otras veces tenía que pasar varios días fuera de la ciudad y se vivía en gran zozobra".[16]

Esta efervescencia política, obedece a la falta de hegemonía entre el grupo dirigente y ocasiona múltiples conflictos en su interior.[17]

El acceso al poder o la pérdida súbita del mismo, eran bastante frecuentes y la buena posición social no era garantía de inmunidad política; por el contrario, la enorme inestabilidad de la élite provocaba continuos movimientos de ascenso o descenso social entre sus miembros.

En el caso de la familia Lombardo, el padre, que era un prominente abogado conservador, miembro del primer Congreso Constituyente (1824) y convencido partidario de Santa Anna e Iturbide, tuvo una situación social privilegiada. Sin embargo, la pérdida del poder de su grupo político y su muerte súbita, modificaron drásticamente la posición social de la familia. El abogado Lombardo dejó a sus hijas algún dinero depositado en un banco inglés, pero las hermanas no pudieron encontrar la documentación que probaba el depósito y perdieron su herencia. Esta falta de recursos, obligó a las hermanas Lombardo a modificar su estilo de vida, reducir el número de sus criados, carruajes y sirvientes, además de mudarse a una casa más modesta y reducir el tren de su vida social y de sus gastos.[18]

---

[15] *Ibid.*, p. 14.
[16] *Ibid.*, p. 31.
[17] Para una interpretación reciente de la vida política mexicana en el siglo XIX, véase Donald Stevens, *Origine of Inextability in Early Republican Mexico*, Dulle University Press, 1991.
[18] Lombardo, *op. cit.*, p. 64.

Las presiones sociales de la pobreza

La pérdida de riqueza y posición también tuvo efectos en la vida personal y en el futuro de las hermanas Lombardo, quienes vieron reducidas sus posibilidades de efectuar un buen matrimonio por falta de dote. Sin el padre presente, se convirtieron en mujeres solas que no tenían apoyo material y moral, lo cual hacía muy precaria su condición, pues estaban expuestas a las continuas críticas sociales. La preocupación de Concepción al respecto se traduce en el cuidado que pone en su conducta, sobre todo en su relación con varones. Amigos o pretendientes resultaban potencialmente peligrosos. Es por ello que la conducta personal de ella y sus hermanas requería de la supervisión de otro varón, que es quien vigila y establece los parámetros de lo correcto y de lo incorrecto: el confesor. En el caso de Concepción, esta presencia resulta sumamente clara y manifiesta. Para protegerla de un pretendiente protestante, su confesor determina que entre temporalmente a un convento, para probar, al mismo tiempo, la rectitud de intenciones del [pretendiente] enamorado.[19]

Así, de acuerdo con las ideas de la época, la mujer debía encerrarse, aislarse, hacerse inaccesible para probar y aumentar la iniciativa del varón. Sin embargo, al sumir a las mujeres en un aislamiento conventual, se les privaba de la poca libertad de que gozaban, y a Concepción en particular se le impuso un encierro de seis meses, que recuerda a los recogimientos para mujeres de siglos anteriores.[20]

El compromiso de Concepción Miramón con Mr. Perry finalmente se canceló, pero lo interesante del episodio es el conflicto social y religioso que le provoca a la autora, a pesar de que el problema religioso estaba formalmente resuelto con la autori-

---

[19] *Ibid.*, p. 64.

[20] La práctica de depositar a una mujer en un convento temporalmente para protegerla de un pretendiente, o mientras se encontraba en litigio con su esposo, era bastante común en la Colonia. Al parecer, la práctica conservaba vigencia en el México de 1840. Los recogimientos para mujeres y niñas, que en un principio se fundaron con carácter de colegio (principios del siglo XVI), cambiaron de carácter más adelante. Josefina Muriel los clasifica en "recogimientos de protección y ayuda a la mujer y recogimientos de corrección. Los primeros son de tipo voluntario y los segundos, como penitenciarios que son, los que reciben a las mujeres sentenciadas por diversos tribunales de la Nueva España". Josefina Muriel, *Los recogimientos de mujeres, respuesta a una problemática social novohispana*, UNAM, México, 1974, p. 45.

zación de Roma para efectuar el matrimonio. A pesar de ello, Concepción Miramón estaba llena de dudas y en sus *Memorias* reconstruye los sentimientos angustiosos que esta relación le provocaba. Su ansiedad obedece, no a un conflicto moral profundo emanado de la diversidad de convicciones, entre ella y Perry, sino más bien a que "el mundo hablaría si no me casaba".[21] Es decir, la preocupación sobre el deber ser social que su medio impone a las mujeres, resulta central para normar su conducta personal, y la fuerza coercitiva de ese medio es tan fuerte, que en el caso de Concepción Miramón, determina incluso sus sentimientos personales, que se someten a las convenciones sociales.

Así pues, Concepción Lombardo se ve atrapada dentro de la rígida prescripción de un deber ser avalado por la religión, por un lado, y por el otro, por sus deseos individuales y su capacidad de autodeterminación personal. Siendo una mujer fuerte, con iniciativa y deseos de vivir, terminó por casarse con Miramón, pero hay que señalar que su caso es más bien excepcional, puesto que la autodeterminación no era frecuente en el mundo de las mujeres de principios del siglo XIX, y la continua inestabilidad política no fue muy favorable para la situación femenina.[22]

La religión como política

Las mujeres habían tenido una cierta importancia en el movimiento de independencia.[23] Una vez obtenida ésta, había ya un reconocimiento de la importancia de la mujer en el bienestar del país[24] y de su participación social. En ese contexto, resulta sumamente interesante la experiencia que sobre la vida del convento reconstruye la señora Miramón.

Durante los 6 meses que pasó recluida en el convento, tuvo ocasión de presenciar las ceremonias privadas que en honor de la Virgen se llevaban a cabo en el convento. Existía la costumbre de sacar a la Virgen de los Remedios de su santuario afuera de

---

[21] Lombardo, *op. cit.*
[22] Silvia Arrom, *Las mujeres de la ciudad de México*, Siglo XXI, México, 1988.
[23] *Ibid.*
[24] *Ibid.*, pp. 62-66.

la capital y llevarla de visita a los diversos conventos de la ciudad.²⁵

Estando Concepción Miramón en el convento, la Virgen de los Remedios fue llevada a visitarlo y tuvo lugar una ceremonia curiosa, que llamó la atención de Concepción Miramón.

> Reunida toda la comunidad de monjas, pensionadas y criadas, me dijeron que se iba a hacer la elección de la Abadesa; todas las madres echaron en una urna de plata su voto, luego lo pusieron las criadas, me llamó la atención, que también las domésticas del convento tuvieran voto y pensé en que iría a parar aquello. La Abadesa y la Vicaria abrieron la urna y una novicia abría el papelito que le daban y gritaba: ¡María! esto se repitió varias veces al fin de lo cual la abadesa dijo: "Queda electa superiora de esta respetable comunidad nuestra amada Madre María, Santísima de los Remedios"!, más de cien voces gritaron ¡que viva! ¡que viva María la Abadesa!, y la Vicaria, acompañada de las cuatro ancianas definidoras, se dirigieron al trono adonde estaba colocada la Virgen, se hincaron delante de la imagen, besaron el suelo y pusieron a sus pies las llaves del convento: tras ellas, todas las religiosas en perfecto orden, de dos en dos, se postraron delante de la virgen y le presentaban un ramo de flores, luego seguían haciendo la misma genuflexión las criadas y las niñas, entre tanto el coro entonaba la magnífica. Yo no pude cantar, porque la emoción me ahogaba, aquella sencilla e inocente ceremonia, aquella profusión de luces y de flores y aquellas cien voces humanas alabando a María me arrancaron copiosas lágrimas y mi voz no pudo salir del pecho. Toda aquella noche se pasó en el coro velando a la Santísima Virgen y remudándose las veladoras cada dos horas, a mi me tocó velar acompañada de algunas coristas, de las doce de la noche a las doce de la mañana y pasamos el tiempo rezando y cantando alabanzas a la Virgen.²⁶

En este relato, Concepción Lombardo nos informa sobre la fuerte sobrevivencia de una cultura religiosa femenina que se centra alrededor de la mujer y que permanece en el interior de los conventos, a pesar de la disminución en importancia de los mismos.²⁷ Esta cultura, por otra parte, según lo que describe la

---

²⁵ No debe olvidarse que la imagen de la Virgen de los Remedios fue nombrada "generala" por los españoles peninsulares en la época de la guerra de Independencia, en oposición a la imagen de la Virgen de Guadalupe, escogida por Hidalgo como estandarte de su movimiento.

²⁶ Lombardo, *op. cit.*, p. 112.

²⁷ Silvia Arrom, *op. cit.*, p. 65.

Miramón, tiene un contenido político, así sea a nivel simbólico, en donde el voto se ejerce directamente y por todas las mujeres miembros del convento. Si bien la ceremonia descrita no afecta de manera efectiva la forma de organización, sí revela un tipo de sistema simbólico, mucho más igualitario que el imperante en la sociedad de la época.

El texto

Las *Memorias* se componen, en realidad, de dos partes bien definidas y diferentes. La primera es propiamente el texto de las *Memorias*, que se inician con el nacimiento de su autora en 1835 en México y finalizan después de 1867, cuando Concepción Lombardo huyó a Europa, después del fusilamiento de su marido, condenado a muerte junto con Maximiliano de Habsburgo. La otra parte del texto son las cartas que Miramón le envió a Concepción a lo largo de los años de su matrimonio.

En el primer texto, de carácter básicamente narrativo, se intercala una historia militar del periodo de 1838 a 1860, escrita por Domingo Ibarra.

La autora cita ampliamente este texto para apoyar su narración, sobre todo en lo que se refiere al aspecto de la carrera de su marido. Al citar ese testimonio, la señora Miramón hace un esfuerzo por demostrar la objetividad e imparcialidad de sus juicios, en especial, respecto a la valentía y capacidad militar de su marido. También con la preocupación de probar la verdad de sus afirmaciones, intercala párrafos de las cartas que Miramón le dirigió, las cuales están transcritas en su totalidad al final del texto de las *Memorias*.

El intenso uso de estos dos tipos de documentos revela la preocupación de la autora por apoyarse en un testimonio masculino que certificara la veracidad de sus juicios y comentarios. Hay, pues, una preocupación por la objetividad histórica entendida como la posibilidad de recuperar la verdad absoluta, tarea por lo demás imposible, pero que revela toda una mentalidad y la influencia del positivismo en la autora.[28]

---

[28] En este sentido, a pesar de que tradicionalmente se ha dicho que la influencia del positivismo en México no se inicia sino con el establecimiento de la Escuela Nacional Preparatoria en 1867, la lectura de autores franceses y la influencia del positivismo como actitud intelectual es anterior, y Concepción

Concepción Miramón no parece darse cuenta de que al percibir las *Memorias* como un alegato en defensa de su marido, está defendiendo ya una posición, lo cual implica una toma de partido y, por lo tanto, una lejanía de la pretendida objetividad.

Contra lo que su autora declara, el valor de las *Memorias* no radica en su pretendida objetividad, sino en el valor testimonial. El texto es el único hasta ahora conocido en el que una mujer de su clase y de su época se dedica a expresar, públicamente, sus juicios sobre los acontecimientos políticos del momento.

La persistencia de las *Memorias*

A pesar de que las *Memorias*, según dice su autora, tienen por objeto defender la figura de su marido, el texto, concebido como unas memorias personales, es de carácter privado, por lo cual nos entrega una voz más íntima y subjetiva, pero al mismo tiempo en el texto se adivina una voz irrefrenable, la de su recuerdo, la de la reconstrucción en la memoria de la experiencia vivida.

Concepción Miramón se empeña en evocar y reconstruir una vida y una emocionalidad que ya no existen, pero que ella se niega a perder, a la que no quiere renunciar.

Hay en ella un esfuerzo por revivir el pasado, haciéndolo presente desde una perspectiva preñada de nostalgia. Al tratar de recuperar el pasado, a través de la evocación, al imaginar un mundo que ya no existe, lo recrea en la memoria como una forma de volver a vivirlo.

En esta reconstrucción de su pasado, Concepción Miramón se esfuerza por volver a verse, por rescatar la imagen de sí misma vista en el pasado. Al justificar sus acciones, su vida, su amor por su marido y su posición política, Concepción Miramón está reinventando una imagen de sí misma que, tal vez, no corresponda puntualmente con la Concepción que sus contemporáneos vieron en la época; se trata de una imagen de sí en la que ella selecciona sus rasgos característicos, sus sentimientos, sus humores, su belleza, acaso ya inexistente, en el momento en que escribe.[29]

Miramón refleja esa actitud en su afán por documentar el mayor número de detalles y apoyarse en otros testimonios documentales.

[29] Uno de los aspectos más difíciles del texto es el de poder dilucidar

Nos entrega así, una Concepción Miramón consciente de su belleza, pero modesta, ignorante de sus capacidades, interesada en el mundo y ansiosa por participar en él, por conocerlo. Relata, por ejemplo, su asistencia a una ceremonia de premiación de bordado cuando era jovencita, felicísima con su vestido nuevo y un tanto inconsciente sobre el hecho de que el presidente de la República premiara sus esfuerzos de bordado. La ceremonia misma, en lo familiar y provinciana, evoca una sociedad poco compleja y estable; con clara identificación de grupos y personas, es, en suma, la sociedad de los propietarios, la sociedad de unos cuantos.

En ese año 1850 hicieron en México una Exposición Nacional,[30] y como era una nobedad había un positivo entusiasmo por asistir a la premiación. Nosotras estábamos invitadas para la fiesta, llegó el día fijado cuando nos preparábamos para asistir a ella, se presentó en casa un empleado del ayuntamiento trayendo un oficio dirigido a mí en el cual me notificaba que tenia yo que asistir a la Exposición. Al principio me asusté, luego lo tomé por una broma, pues no podía ser premiada no habiendo expuesto nada. Mis padres pensaron que aquello era un equívoco, y sin pensar más en ese incidente nos fuimos a la Exposición.

En la plaza principal de la Capital, que llaman la Plaza de Armas, habían improvisado un precioso jardín formado con infinidad de plantas y de flores de todas especies, y cubierto con una gran lona.

Los productos del país estaban artísticamente colocados en secciones separadas; en el centro había un dosel adonde estaba el Presidente, que lo era entonces el Gral. Santa-Anna, con todos sus ministros, gran número de Generales y hombres políticos y todo el cuerpo diplomático.

Armonisaban la fiesta varias bandas de música y formaban la guardia los alumnos de la Escuela Militar, en cuyas filas se encontraban el joven Miramón. Todo lo más selecto de la sociedad estaba allí, ribalizando en lujo y elegancia. En esa época no se usaban sombreros y todas las Señoras llevaban vestidos claros y mantillas.

Yo tenía un vestido color de rosa con muchos olanes, y una mantilla blanca de encaje, como era la primera vez que me vestía

---

cuándo lo escribió. Si bien en varias ocasiones declara que le interesa reivindicar la memoria de su marido, las noticias que da José Manuel Hidalgo en 1891 en el sentido de que Eagon Corti consultó el diario de la señora Miramón, y las cartas y documentos de su marido, no indica cuándo fueron redactadas las *Memorias*. Cf. *supra*, n. 2.

[30] Lombardo, *op. cit.*, pp. 36-37.

así, me parecía ser la reina de la fiesta. Se me había olvidado por completo el oficio del Ayuntamiento, y sólo pensaba en lucir mi trage.

El presidente comensó a dar los premios, uno de los Regidores nombraba a los agraciados, y cual sería mi sorpresa al oir gritar: "La Señorita doña Concepción Lombardo primer premio de bordado!... Me quedé fría ¿luego no había sido una broma, ni un equívoco, sino una realidad?... Yo premiada! ¿y por qué si nada había presentado? Me reusé a alzarme de mi asiento negándome a las instancias de mi padre; el público me esperaba, todas las miradas estaban encima de mí! qué momento tan horrible pasé!... Entonces el Presidente me mandó buscar con el Gral. Dn. Santiago Blanco, su ministro de Guerra, que me tomó del braso y me conduzco a recibir mi premio. "Señorita, me dijo el Presidente, felicito a U. por su artístico bordado". Me dio un diploma y una gran medalla de plata que con gran cariño concervo.

Terminada la repartición de los premios, todo el público pasó a visitar la Exposición, yo ardía en deseos de saber por qué me habían premiado, fui a la sección de bordados y ¿qué cosa me encontré allí?... mi barco en medio del mar que había hecho poner allí nuestro viejo Doctor Torres!

En el proceso de reconstrucción de esta sociedad, de este mundo ya perdido, el sentido del tiempo y sobre todo las fechas exactas, que Concepción se esfuerza en anotar, parecerían ser una especie de camisa de fuerza, una guía que la constriñe a cierto orden cronológico, a una lógica secuencial. Pero esta lógica resulta completamente ajena a la lógica de la memoria, al orden del recuerdo, a la ruta de la imaginación, que se dispara por caminos diversos e inexplorados a los que la conducen el recuerdo del gozo, del dolor, y de la nostalgia en especial.

En esta añoranza, en este deseo de reconstruir un mundo desaparecido para siempre, hay un profundo deseo de mirar al pasado y de recuperarlo a través de su registro minucioso. La memoria de la señora Miramón supera el tiempo, puesto que recupera el pasado, pero no lo recupera como fue, sino que ella lo imagina desde su perspectiva añorante de muchos años después.

Lo que Concepción Miramón consigue al escribir sus *Memorias*, es recuperar una verdad que no es sino *su* verdad, la de los valores de su medio social y la de la imagen de sí misma. Al escribir nos proyecta su autoimagen y la de su mundo, alterada por el recuerdo que ha persistido durante 50 años. La autora lleva a cabo un proceso de recreación, de reconstrucción a través de la palabra, de una realidad que se niega a desaparecer y vuelve a tomar forma en la construcción voluntaria, personal de una época y de un mundo ya inexistentes. Al reconstruir los acontecimientos de su juventud, de su vida de casada y de la guerra civil y las pugnas políticas en las que el país vivió envuelto en aquellos años, está evocando una realidad a la que dota de sentido al reinterpretarla, al revivirla en su memoria personal.

Al escribir, está dando sentido a su vida, y paralelamente, desde su posición personal, está interpretando un periodo de la historia de su país, el cual, desde el extranjero, cobra una significación especial. La añoranza es doble, se añora el pasado propio y se añora el proyecto nacional que desaparece con el Imperio de Maximiliano.

Hay pues, en las *Memorias* de Concepción Miramón, un intento de recuperación de sí misma, de rescatar una autoimagen que paralelamente se va construyendo en la medida que se relatan los acontecimientos evocados. Ella se va inventando, al recrearse en la memoria imaginativa. Para esta empresa, Concepción Miramón elige la evocación.

La Miramón penetra así en lo que se ha considerado la única forma posible de autoconocimiento, la imaginación, pues "sólo nos comprendemos a nosotros mismos cuando nos imaginamos".[31]

En este sentido, la autobiografía, las *Memorias* son la única forma posible de autointerpretación.

En el caso de Concepción Miramón, el texto se detiene en los acontecimientos inmediatamente posteriores a 1867, y desde entonces hasta su redacción final, en 1917, lo cual significa que recordó durante 50 años, largos años de exilio en los que la persistencia de la memoria, matizada por la imaginación, le permitieron filtrar la evocación y repasar la construcción de sí misma.

En esta larga tarea, la memoria emotiva parece persistir con la agudeza y la penetración de un fistol. La Miramón se empeña por dar a su relato una secuencia cronológica, pero la memoria emotiva relata por encima de la voluntad y de la lógica y los recuerdos se encadenan en la emotividad, no en la secuencia cronológica.

En los largos años de exilio, a solas con su memoria, Concepción Miramón se dejó vencer por el recuerdo y en las

---

[31] Jean Pouillon, *Tiempo y novela*, Paidós, Buenos Aires, 1946, p. 49.

Memorias se acumula el detalle aparentemente insignificante, el recuerdo de los sentidos que describen los paisajes, los sabores, pero, sobre todo, prevalece la memoria de la emoción, la cual describe miedos, gozos, encuentros con personas y sentimientos. La memoria política describe también su mundo, un proyecto de país y de gobierno que desapareció en el Cerro de las Campanas.[32]

En las *Memorias* de Concepción Miramón, está presente un modo de recordar en femenino, en donde los matices de la emoción y la sensibilidad obedecen a una forma de ver el mundo desde la perspectiva de la mujer, condicionada como estaba por las catalejos oscurecidos de la censura social, pero que no le impidieron, sin embargo, sentir al recordar y reconstruir al evocar. Al recordar, ella vive de nuevo y da un sentido diverso a la experiencia vivida, dotándola de una significación que acaso no tuvo en su momento.

En este esfuerzo de afirmación de sí misma radica el valor del testimonio de Concepción Miramón y la vigencia de unas *Memorias* que nos permiten asomarnos al mundo de las mujeres de ayer a través de una voz que se hace oír con ecos que resuenan en nuestro presente.

---

[32] Una vez derrotado el proyecto político de los monarquistas, muchos de ellos se exiliaron en Europa, y sólo mucho más tarde accedieron a recordar sus experiencias políticas. Tal es el caso de José Manuel Hidalgo, que empieza a escribir a los 73 años, cuando los recuerdos son ya borrosos. Cf. Sofía Verea de Bernal, "Palabras preliminares", en José Manuel Hidalgo y Esnaurrizar, *Cartas*, Porrúa, México, 1960, p. ix.

Concepción Lombardo de Miramón

MEMORIAS*

La vida en la escuela

La instrucción que nos daba se reducía a la lectura, el catesismo del Padre Ripalda y al Fleury que nos obligaban a aprender de memoria como si fuéramos Pericos, y sin hacernos la menor explicación.

Poco o nada se aprendía allí; pues todo consistía en repetir de memoria lo que nos enseñaban y como no nos hacían la menor explicación, no podíamos concerbarlo fácilmente en la memoria.

Pero si la instrucción faltaba allí por completo, las labores de mano que enseñaban aquellas maestras, eran de gran mérito y sumamente difíciles. Cada una de las niñas, tenía que hacer un dechado. Este se hacía en un género blanco de tela de un tamaño poco más o menos de 80 centímetros o media vara. Se comensaba por hacer el dobladillo de aquel género que había de ser dobladillo de ojo, y allí comensaban las primeras lágrimas, y los primeros castigos; luego seguía el lomillo que debía rodear todo aquel género, luego se comensaban a copiar diferentes dibujos de lomillo, más o menos difíciles, seguían los calados, con hilo, con seda, las randas de diversas maneras y luego los bordados en blanco, en fin aquello era un verdadero mosaico; pero de grandísimo mérito, pues que esos trabajos valen hoy fuertes sumas, y sé de algunas Señoras que han bendido sus dechados por 100 y hasta por 200 pesos. Yo concerbo aún el mío, que no tengo memoria de la edad que yo tenía cuando lo comensé, y aunque me causa cierta satisfacción el ver mi obra, también recuerdo con horror los castigos y lágrimas que me costó.

Se terminaba este trabajo con esta inscripción *Lo labró Conchita Lonbardo.* Por el apellido Lombardo verán mis lecto-

* Fragmentos de los capítulos 1, 2, 3, 4, 5, 7, 10 y 11 de *Memorias*, Porrúa, México, 1980 (*Biblioteca Porrúa*, 74). Los subtítulos son de Carmen Ramos. Se conservó la ortografía original.

res la ortografía de mis maestras del Hospital de Terceros.
Cuando no sabíamos nuestras lecciones, se encolerizaba, arqueaba las sejas, arrimaba su cabesa a las nuestras y a grito tendido, repetía palabra por palabra, lo que no sabíamos decir. No contentándose con aquellos gritos que nos asustaban, los acompañaba con una lluvia de dedalazos en nuestras pobres cabezas.

La maestra de costura en blanco se llamaba María de Jesús, la llamábamos Chuchi por cariño ¡oh ironía! Esa debía tener sus 60 años. Era sorda, miope y tenía sólo tres pelos en la cabeza. También era terrible y me impuso tales penitencias, que un día, habiéndome hecho perder completamente la pasiencia, le heché en su calva cabeza un Gato.

De la tercera maestra nunca supe el nombre pues la llamábamos comadre y según mis recuerdos, era más humanitaria que las hermanas. La cuarta y sin disputa la más dulce de carácter, era una muger que pasaba de cuarenta años; pero como era la más joven de las maestras, la llamábamos Da. Pepita la chica.

Esa no enseñaba nada, y recuerdo que pasaba largas horas leyendo, o conversando con una de las hijas del Director del Hospital que con mucha frecuencia venía a la Amiga.

No recuerdo la edad que tenía yo cuando entré a esa casa, pero debía yo ser muy pequeña, supuesto que al uso de la razón, me encontré allí sin saber cómo.

Les tenía yo tal miedo a mis maestras, que temblaba yo toda cuando me llamaban para tomarme la lección.

Salíamos de mi casa a las ocho de la mañana mis tres hermanas y yo acompañadas de nana[1] Dolores, la más vieja de las cuatro nanas que había en casa, y en la cual mi madre tenía más confianza.

Llevávamos primero a mis dos hermanas a casa de su maestro y luego nos dejaban a nosotros en la Amiga.

Apenas entrábamos allí, nos arrodillábamos y recitábamos el Bendito[2] la oración Dominical, el Ave María y la Salve. Después nos sentábamos en el suelo con las piernas cruzadas a manera de turcas; pues era prohibido allí el usar las Sillas más que para adornar los cuartos y para las visitas cuando venían.

En aquella posición estudiávamos tres horas, con intervalos

---

[1] Nana es el nombre que se les da en México a las criadas que cargan a los niños y que en España llaman niñeras.
[2] Una especie de Alabado que se dice en México diariamente y particularmente al fin del rosario.

cortísimos en los cuales buscábamos toda clase de pretextos para estar en pie. A las 11 y media llegaban los almuerzos y allí, en el mismo cuarto adonde estudiávamos nos los servían en mesitas pequeñas y muy bajas, pues también comíamos sentadas en el suelo.

Una o dos recreaciones teníamos en el día, pero si no las merecíamos no tomábamos parte en ellas.

Estas consistían en formar una rueda sentadas todas en el suelo y en jugar juegos de prendas que acababan por una o dos de nosotras castigadas.

El gran premio que se nos daba cuando éramos *muy buenas* y sabíamos bien nuestra lección, era el ir a visitar a Da. Pepita la grande y asistir a su almuerzo. Yo temblaba de recibir este premio porque aquella optuagenaria fumaba y tenía los dedos hazta la palma de la mano, amarillos del humo del tabaco, y cuando recibía una de nuestras visitas, para demostrarnos su satisfacción, tomaba un pedaso de pan, lo bañaba con sus sucios dedos en un caldo de frijoles que comía y nos ponía en la boca esta delicada sopa.

De la misma manera que nos mandaban al cuarto de la tía Pepita para premiarnos, nos mandaban para castigarnos y recuerdo que más de una vez recibí de su mano una zurra de azotes con una disiplina de cuero que tenía colgada junto a su cama, al lado de la fuentesilla de agüa bendita.

Además de ese castigo, cuando durante varios días no sabíamos la lección, nos ponían en la cabeza las orejas de burro. Era este peinado una especie de casqueta de fieltro color de chocolate, que nos cubría toda la cabesa hazta la frente, a los lados dos grandes orejas que nos caían hazta los hombros y por delante un par de ojos de paño negro y una lengüa colorada que tocaba nuestras narizes. En esta preciosa situación nos sentaban en una sillita (entonces sí nos daban silla) y nos ponían en el balcón de la casa que daba a una calle muy frecuentada. Pero el castigo de los castigos que les imponían a las ladronas,[3] éste consistía en sentarlas enmedio del cuarto en una silla muy alta, que sólo servía para estas ocasiones, y ponerles en la cabeza un Tompeate[4] cubierto con grandes plumas de Pollo y de otras volátiles que formaban una gran pirámide en la cabeza; pero lo

---

[3] Estos robos consistían en carretes de hilo y madejas de seda.
[4] Tompeate, nombre que dan los indios de México a una especie de canasta en forma de cubo tejida con junco, y que sirben para usos domésticos.

más terrible de este castigo, era que amarraban con una cinta el objeto robado en aquel ridículo sombrero, y en la espalda de la culpable, fijaban un cartelón de papel adonde estaban escritas estas palabras "¡Por ladrona!"

A las cuatro de la tarde venía el coche de casa con una de las nanas y nos llevavan a pasear, generalmente íbamos a un Jardín llamado de Tolsa que pertenecía a mi padre, allí me desquitaba de las largas horas que había pasado sentada en el suelo.

Endulsaba un tanto mi pena, y el temor que tenía de aquellas tiranas maestras, el que anualmente mi madre tomaba en el campo una casa y nos mandaba a mí y a mis hermanas a pasar un mes de temperamento fuera de la capital. De preferencia íbamos a un pueblecillo llamado Tizapán, en el cual hay un lugar pedregoso adonde pastean infinidad de cabras y al cual le dan el nombre del Cabrío. Al pie del pedregal, está una especie de glorieta cercada de árboles, y una pequeña casa que mi madre alquilaba; contigua a esa casa, había una gran cabaña adonde vivía su propietaria, una anciana Doña Pachita, que pasaba los ochenta, y que bendía la leche, los quesos y los requesones que era el producto de las cabras.

El rapto como forma de seducción

Una mañana a las ocho, como de costumbre, acompañadas de la nana Dolores[5] (que era la de más confianza de mi madre) nos pusimos en camino para la amiga; habríamos andado diez minutos, cuando al pasar por una barbería en cuya puerta se encontraba un coche de camino con cuatro mulas[6] salieron de la puerta de la barbería cuatro hombres que poniéndonos mordazas en la boca y pistolas al pecho a mí, a mis hermanas y a nana Dolores, nos arrebataron a la joven que venía con nosotras. Ella perdió el sentido y dos de los raptores (de los cuales uno era el novio) la cargaron, la metieron dentro del coche y entrando ellos serraron la portezuela. Los otros dos hombres montaron en el pescante y hecharon a galopar las mulas.

---

[5] En casa había cuatro nanas, todas nos sirvieron muchos años, pero Dolores fue la más fiel y murió a nuestro servicio después de 45 años de estar con nosotras.

[6] En México se usaba en esa época viajar en unos coches grandes cubiertos con una camisa de tela o lona y generalmente eran tirados por cuatro mulas.

El otro hombre que entró en el coche amigo del novio y que principalmente lo ayudó al rapto era Eugenio Chavero.[7]

Cuando vimos desaparecer el coche, corrimos como locas a casa y al lector dejo pensar la sorpresa y desesperación de sus padres. Se puso luego en mobimiento la policía y esa misma tarde descubrieron a los enamorados en una axesoria[8] a las orillas de la Capital. Estaban también allí un Sacerdote y dos amigos del novio que debían servir de testigos para el matrimonio que ivan a efectuar. La policía llegó a tiempo para impedirlo.

A la joven se la llevaron depositada a casa de sus tías y al raptor lo metieron a la cárcel con sus amigos.

Se le formó causa al raptor y yo me hise una gloria de ir, a mi edad, a dar mi declaración al Juez.

A los tres días del rapto de aquella joven, hubo en México más terremotos.

Fueron éstos benéficos a la familia de la joven robada, pues el público tuvo otra cosa de qué ocuparse y se calmaron las hablillas de la sociedad.

Yo seguía yendo a la amiga y allí me encontraba, cuando a las diez de la mañana se sintió el primer temblor. Fue tan violento el mobimiento, que algunas de las niñas que estaban en pie perdieron el equilibrio y calleron al suelo. Los trastos de la cocina que estaban en un Tinagero[9] fueron rodando al suelo, las puertas se balanceaban con violencia y los techos rechinaban como si se fueran a desplomar. Todas las maestras, así como las niñas perdieron la cabeza y entre los gritos y los rezos, parecía aquello el juicio final.

Sólo yo concerbé mi sangre fría y viendo que se me presentaba una brillante ocasión para salir de allí; librarme de las maestras, conquistar mi libertad e irme de la amiga, tomé de la mano a mi hermana Mercedes, y sin temor de lo que nos podría suseder, heché a correr hasta mi casa.

---

[7] Eugenio Chavero es hoy Venerable de la Logia Escocesa establecida en México, y persona influente en el partido liberal.

[8] Cuartuchos en los pisos bajos que ocupan los obreros y la gente más miserable del pueblo.

[9] Tinagero es una especie de aparador sin puertas que están en las cosinas y adonde se ponen los trastos. En algunas casas las ponen en corredores interiores con tinajas finas y otros trastes que fabrican los Indios.

El ideal femenino o la nueva maestra

No sabía yo escribir, apenas sabía leer, mi gran temor era volver al Hospital de Terceros, pero por fortuna San Antonio me había hecho la gracia de llevarse al cielo a tres de mis maestras, la que sobrevivía, serró la escuela.

En esos días había abierto una casa de educación una Señora viuda del General Múzquiz; este General había tomado parte en la guerra de independencia, había sido Presidente de la República y su equidad lo llevó pobre al sepulcro, dejando su familia en la miseria. Esta hubiera podido subsistir con la pensión que le correspondía, pero el Gobierno no pagaba a las pobres viudas.

Con esa Señora me puso mi madre y puedo decir que fui una de las fundadoras del Establecimiento, pues cuando yo llegué éramos sólo ocho niñas.

Mi nueva maestra era una muger de unos 58 años, de baja estatura, de talle fino y torneado como el de una joven; su cutis era delicado y blanco como el marfil, sus cabellos comensaban a blanquear y en sus disecadas mejillas y en sus hermosos ojos negros se descubrían las trazas del llanto y del dolor.

Si no hubiera tenido una nariz demaziado grande y mal formada, se hubiera dicho que había sido una muger bonita.

Llevaba siempre un vestido de lana negro algo corto, el cual dejaba descubrir sus diminutos y grasiosos pies.

Su carácter era dulce y afable y sus modales de una gran Dama.

Nunca le oí alzar la voz y cuando nos reprendía nos llamaba a solas a su cuarto y allí nos hasía sus observaciones.

Había sido casada dos vezes, la primera con un Señor Campillo de Puebla, del cual tubo nueve hijos. Cuando enviudó se casó con el General Múzquiz y tubo otros diez hijos. De toda esta gran familia le vivían sólo nueve, tres del primer matrimonio y seis del segundo.

Ninguno de los hijos varones se ocupaba de nosotras en la Escuela.

Blas el mayor de los Múzquiz era un hermoso y exelente joven; tenía un modesto empleo en el Comercio, con el cual ayudaba algo a su familia. Joaquín, el mayor de los hijos de Campillo, se había dado a la embriaguez, y Pedro, el menor de los Múzquiz, tenía una mala cabeza; entre estos dos hijos hasían llorar tanto a su pobre madre, que el vulgo la llamaba Santa Mónica.

De las hijas sólo tres daban lecciones, Julia Campillo era la más instruida, enseñaba la gramática, la aritmética, y la historia

Santa. Pepita daba lecciones de escritura y de bordado, en lo cual era muy práctica, sus bordados en blanco y en colores eran notables; yo tomé a esa maestra gran cariño, y lo poco que he sabido bordar, lo he debido a ella.

Lola, la más joven, enseñaba las primeras letras.

Allí no se enseñaba con azotes ni con castigos y menos con humillaciones, sino con amor y dulzura ¡Ah! si hubiera yo podido estar siempre al lado de aquellos Angeles!...

A los tres meses de haber entrado allí, aprendí a escribir, y en dos años que pasé en esa casa, me adiestré en la lectura, en la historia Santa y en toda clase de bordados.

Desgraciadamente la instrucción de esas Señoritas era limitada y no conocían el método de enseñanza, así es que poco se podía aprender, sin embargo, allí se comensó a abrir mi entendimiento, y si en esa época hubiera yo tenido buenos maestros, habría podido aprender mucho.

Con esos pocos elementos, y con mi vieja costumbre de pasar el tiempo en el osio, a los pocos meses de estar allí comensé a flojear, y como no tenía miedo de ser castigada, vivía yo sin cuidado.

Un día me llamó la Señora a su cuarto y me dijo con la mayor dulzura: "Hijita mía, tengo una pena muy grande, porque te quiero mucho y tengo que separarme de ti." "¿Porqué, Señora"? le pregunté muy asustada. "Porque no trabajas, me dijo, y tú comprendes que no puedo seguir recibiendo el dinero de tus padres de balde, por eso he pensado escribir a tu mamá para que ya no te mande." Me hiso tanta impresión esta reprimenda que me heché a sus pies suplicándole me perdonara y prometiéndole la enmienda. La idea de irme de allí y de separarme de aquella Santa muger a quien mi corazón amaba tiernamente, me afligía en estremo, así es que no volví a disgustarla más y puse tanto empeño en complazerla que después de mi cambio de conducta me ponía por modelo a mis compañeras y me llenaba de elogios por mi obediencia y asiduidad al trabajo.

Me hise muy amiga de Pepita, mi maestra de escritura, la quería tanto, que algunos Domingos en lugar de ir a pasear con mis hermanas, suplicaba a mi madre que me mandase a pasar el día con ella.

Estaba yo tan contenta en aquella Escuela, que cuando me iban a buscar por la tarde no quería volver a casa.

La única nuve que allí oscurecía mi felicidad era el miedo que le tenía a Joaquín, el hijo de la Señora, pues algunas veces, lo encontraba en la escalera completamente evrio y me asustaba tanto, que saltaba yo los escalones de cuatro en cuatro para bajar más aprisa.

Al año de estar allí, se había aumentado notablemente el número de mis compañeras y había algunas de mi edad.

El amor formal o el primer pretendiente

Con una pasiencia angelical soportaba todas mis travesuras, bien que se traslucía en su cara la ravia que le hacía, y eso era precisamente lo que a mí me divertía. Me propuso enseñarme el inglés, yo acepté y comensamos las lecciones con gran entusiasmo, a los pocos meses había yo hecho grandes progresos y comensaba a hablar algo con mi maestro. Poco a poco se fue estableciendo entre nosotros cierta intimidad, de la cual yo no me daba cuenta.

Sin decirme una sola palabra de amor, me enamoraba y yo, sin saber cómo, comprometí mi corazón a los quince años! El primer síntoma de ese amor, fue el sentir un gran disgusto cuando me dejaba para jugar el tresillo. La noche que no venía me sentía yo sola, triste, fastidiada, y mi corazón parecía salirse del pecho cuando después de un día de ausencia oía yo el ruido de su muleta que atravesaba el espasioso patio de mi casa. Hombre de mundo, conosía el corazón humano, y supo conquistar el mío sin decirme una palabra de amor. Comensé por admirar su talento e instrucción y luego esa admiración se convirtió en amor.

La primera vez que me habló de su cariño fue en unos versos que me compuso, luego me escribió una carta, luego otra, y finalmente todos los días. Al despertar por la mañana, me encontraba yo debajo de mi almoada un billetito que allí me ponía una de las criadas de mi casa; yo me apresuraba a contestar, y él por la noche traía mi carta y me demostraba las faltas de ortografía que había en ella. Cuando decía yo algún disparate fenomenal, fruncía las sejas, y demostraba su disgusto, luego me decía: "Esto es así, o esto es de este otro modo". Así me dio algunas reglas de ortografía, que mis buenas maestras no me habían enseñado.

Los primeros tiempos de nuestros amores no me demostraba disgusto porque me divirtiera, y aunque mi buen humor y alegría se habían disminuido con aquella pación, y que no encontraba atractivo en el baile ni en la sosiedad, tenía sin embargo que axeder a los deseos de mis Padres, y asistir con ellos en compañía de mis hermanas al Teatro, y a los bailes.

En esa época dieron un gran baile en la Lonja, especie de Club fundado por los ingleses residentes en México. Nosotras asistimos; Franco también; fue allí que por primera vez me vio bailar. Desde esa noche se le despertaron unos tales zelos, que no me dejaba vivir. Prohibición de bailes, prohibición de canto, prohibición de montar a caballo, disgusto si reía, enfado si estaba con mis amigas, exenas si me asomaba al balcón!. . . ¡Dios mío! aquello no era vida!. . . y sin embargo yo amaba y amaba de tal modo que me plegaba a todos sus caprichos, y aceptaba con gusto sus ridículas exijencias.

El año 1852 hubo en México un brillante Carnaval, tomaron parte en él los jóvenes de las mejores familias de la Sociedad; se organizaron carros artísticos, se formaron comparsas que iban en el día a visitar las Sras. de la buena sosiedad y en la tarde se iban al paseo de Bucareli en carros, coches abiertos o a caballo.

Mis hermanas, deseosas de ir a esta fiesta, invitaron una de nuestras amigas para que nos acompañase al paseo, mis padres se iban a sus visitas y yo, ¿qué haría?. . . me quise quedar en casa pero no me lo permitieron, tube que resignarme a ir con el temor del enfado de Franco, a quien de seguro iba yo a disgustar.

Llegando al paseo, barias máscaras se acercaron al coche a saludarnos, entre ellos había uno vestido de moro con toda la cara pintada de negro y con anteojos, se dirigió a mi hermana Angela y le dijo: "Angelita, tienes unos ojos divinos." Venía tras de nuestro coche el novio de mi hermana que más tarde fue su esposo y que rivalizaba por sus zelos con Franco. Cuando oyó aquel piropo que le hechaban a mi hermana, cual otro Dn. Quijote se lanzó sobre el pobre Moro, y le dio tal lluvia de bofetadas, que en un abrir y serrar de ojos lo hizo caer de su caballo al suelo, rompiéndole en la cara sus anteojos. Era de ver aquella cara toda pintada de negro y aquellos colorines del vestido del Moro todos manchados de sangre, y diciéndose ambos adversarios toda clase de improperios!

Allí alrededor de nuestro coche, se agolpó la gente, vino la policía y se llevó a mi futuro cuñado; al herido se lo llevaron a su casa, y la gente del paseo siguió rodeando nuestro coche.

Mi hermana Angela, por poco se nos priva, mi hermana Lupe gritando por temor de que se desbocaran los caballos, nuestra amiga tranquilizándonos y yo furiosa con el Moro, con mi hermana, con su novio y con mi mala suerte, me metí debajo de los vestidos de mis hermanas para que no me vieran y lo fuera a saber mi Moro que era de la pura raza de Otelo.

Nuestro paseo acabó en lágrimas; las lloraba mi hermana por la suerte de su novio, yo las lloraba por la mía, y por el terror que tenía de que lo supiera Franco.

Al día siguiente vino éste a casa, y nos encontró a mis hermanas y a mí en el balcón. Se había convenido entre nosotras que no se diría que yo había ido; después de saludarnos se dirigió a mi hermana Angela y le dijo: "Angelita, dígame U. cómo estubo el insidente del paseo?" ella le contó lo ocurrido, y le agregó: "Concha estaba asustadísima, y lo que me daba más cólera es que se enfadaba conmigo". Entonces él se bolvio a mí y me dijo ¿con que fuiste al paseo?... y sin esperar ni mi contestación ni mi disculpa, se metió del balcón, tomó su sombrero, saludó a mis padres que estaban en aquella Sala y se dirigió al corredor. Cuando vi que se iba perdí la cabeza, corrí tras él dándole mis razones, que no quería escuchar, lo seguí hazta la escalera y lo hubiera seguido hazta su casa si al bajar el primer escalón no hubiera yo sentido el puño de fierro de mi padre que me hiso bolver atrás.

Cuando pienso en aquello, recuerdo con horror aquel hombre y bendigo mis padres que me libraron de él.

El mundo desmoronado a la muerte del padre

Tubimos la fortuna de traspasar la casa de la calle de Cadena a Dn Antonio Escandón, que nos pagó todas las mejoras que mi padre había hecho en ella. Hisimos limpiar una de nuestras casitas que estaba en la Calle de Chiconautla, barrio feo y fuera del centro y con un caño bastante sucio enmedio de la calle. La casa era pequeña, pero una parte de ella estaba bañada por el Sol y esto la hacía alegre. Era de un solo piso, fuera de dos cuartos que estaban en la azotea, por lo cual ningún vecino teníamos. A la entrada del saguán un pequeño patio adonde había dos cuartos para criados. Se subía la escalera y al término de ella, se encontraba uno con un corredor que conducía rectamente a la sala, a la derecha de la escalera la otra parte del corredor conducía a la asistencia (es decir, a la piesa o salita de confianza, para los íntimos). La casa se componía de una sala bastante amplia con dos balcones a la calle, dos cuartos de dormir uno contiguo al otro, la asistencia, un pequeño comedor y la cocina.

Nos redujimos a una sola criada la buena Paula que guisaba y hacía todos los serbicios de la casa. Dábamos una de las piesas del patio a una pobre familia compuesta de la madre y dos hijas, Dolores, una jorobadita y Juana una pobre idiota, estas eran nuestras porteras. El otro cuarto lo dábamos al cochero, que habíamos concerbado, para cuidar de las Mulas hazta que se bendieran como de las guarniciones y uno de los Coches.

Del aseo de la sala, nos ocupábamos nosotras, teniendo cada una nuestro turno semanario. Muy duro nos fue aquel cambio de pasar de la calle de Cadena, adonde tantos años habíamos vivido con gran lujo y comodidades, a la modesta casita de la calle de Chiconautla, pero gracias a nuestro valor y sacrificio, se fueron haciendo arreglos y realizando ciertas economías que nos permitieron el contentar los acredores y el poder vivir con una relativa tranquilidad.

Tubimos también la fortuna de bender los libros a un americano, que nos dio por ellos diez mil pesos, precio bastante bajo para lo que balían; pero nos conformamos con ese nuevo sacrificio, por el arreglo de nuestros negocios.

Nuestra nueva abitación la amueblamos modestamente, el piano hacía el primer papel en la sala. El corredor lo adornamos con mazetas llenas de flores y con los Canarios y otros Pajaritos que habían sido el encanto de nuestro amado padre.

Comensó para nosotras una vida toda nueva, los desengaños se hacían sentir, la familia nos abandonaba, y momentos de gran tristeza se apoderaban con frecuencia de nuestros corazones. Nuestra única preocupación era el llevar a buen término nuestros negocios, para poder asegurar una renta con que vivir. Por las noches se nos hacía más dura la soledad y se solía apoderar de nosotras el miedo. Mi hermana Lupe, que tenía un carácter tímido y sufría de los nervios, nos ponía con frecuencia en alarma. Mis dos hermanas, Lupe y Mercedes, dormían en el mismo cuarto, yo dormía sola en la recámara contigüa a la de ellas. Algunas noches apenas me tomaba el sueño oía la vos de Lupe que me gritaba, ¡"Concha, Concha"! ¿"qué quieres"? respondía yo ¡¿"No oyes pasos?! me parece que andan en la azotea." "Vamos déjame dormir, no oigo nada." De nuevo otra y otra vez me gritaba, entonces yo ya impaciente, me lebantaba, iba a despertar a Paula y al cochero, tomaba mi pistolita de salón y subíamos los tres a la azotea. Ni un Gato se meneaba, silencio profundo, todo había sido efecto de la imaginación y del miedo.

Una noche, oímos fuertes golpes en el segundo patio, eran como las cuatro de la mañana, no había duda, estaban rompiendo una pared ¿qué hacer? había que tener valor, mis hermanas más muertas que vivas, se comensaron a vestir para correr al balcón y llamar a nuestro socorro, yo llamé a Paula y al cochero, los armé con bastones y con este ejército me dirijo, no sin grandísimo miedo al lugar de donde salían los golpes. ¡¿"Quién es?! grité con todas mis fuerzas ¿quién da esos golpes?! "Yo soy, niña Conchita, soy el albañil, el maestro Arena "que biene a limpiar el caño de la cocina". ¿"Y porqué no haz avisado? le pregunté ¿"Cómo no? si me dio la orden la niña Lupita?"

Subí furiosa la escalera protestando a mis hermanas que hazta que no viera entrar a los ladrones a nuestros cuartos, no me lebantaría yo.

Otro día estaba yo tranquilamente cociendo, y oí unos como balidos de un macho Cabrío que salían de la casa de junto, corro a mis hermanas y les digo: "hermanas mías, ¡lo que nos ha sucedido! ¿qué cosa, qué cosa? me gritaron asutadas. "Tenemos, les dije, aquí, en la casa de junto un Chibo como aquel de nuestro hermano Manuel que tiraba el carretoncito y que nos apestaba toda la casa, ¿qué bamos a hacer aquí estando tan estrechas con semejante perfume"?

Empesamos a discurrir cómo nos quitaríamos de semejante animal? una decía, lo mejor sería matarlo, la otra le perdonaba la vida, finalmente, después de mucho discurrir, decidimos el comprarlo para luego mandarlo bender. Nos agradó el proyecto, y llamamos al cochero para que fuera a hacer la propuesta. Con grandísima ancia esperábamos el resultado de nuestra empresa, cuando vimos bolver al cochero riéndose a carcajadas ¿"qué sucede, qué sucede?" le preguntábamos "ja! ja! ja! niñas, si no es chibo ja! ja! ja! ¿pues qué cosa es, qué cosa es? "Es el Señor Solares, el bajo profundo del Teatro Nacional está estudiando" y a la risa del cochero, unimos la nuestra, y todo el día lo pasamos de buen humor recordando la aventura del Chibo.

La abuela rebelde

Mi abuela era una muger de claro talento alegre y de amena conversación; había nacido en Sanlúcar de Barremeda, uno de los Puertos de mar más bonitos de la Andalucía.

En sus tiempos, fue bellísima, concerbo una miniatura suya

de cuando era joven, que lo atesta. Sin embargo de sus sesenta y cinco años, conserbaba el perfecto lineamiento de sus facciones, y la vivacidad de sus hermosos ojos negros. Al nacer, la prometió su padre en matrimonio a un tío suyo, Dn José Gil de Partearroyo (mi abuelo) hermano menor del Marquez de San Felipe que fue el mayorasgo. El Marquez dio a su hermano menor la parte de la herencia que le tocaba, y lo mandó a México para hacer fortuna. Allí, con las buenas recomendaciones que llevó de España para el Virrey, y otros personages, y con su actibidad y honrradez, en pocos años, logró hacer una pingue fortuna. Cuando mi abuela cumplió catorce años, la unieron, por poder, en matrimonio, con su tío Dn José Gil de Partearroyo, y acompañada de su hermana mayor, y de su hermano Juan, que era capitán en el ejército español se la llevaron a México para entregarla a su esposo, así se puede decir que mi abuela nació casada.

Mi abuela tubo una numerosa prole, siendo mi madre la mayor de los catorce hijos de mi abuela.

Después de varios años de viudedad, teniendo mi abuela hijos grandes, y a mi madre casada, concerbaba una gran parte de su belleza, que había sido notable y que había llamado la atención en la sosiedad de los Virreyes.

La gracia andaluza que la adornaba, su talento y su espíritu piracezco y alegre, atraían a ella la simpatía de cuantos la trataban.

Así fue, que un joven Dn Francisco Ocampo, de bella figura, y de notables y buenas cualidades, se prendó locamente de ella y la pretendió en matrimonio.

Cuando mi madre, y mis tías, supieron aquello, formaron una liga para oponerse a que se efectuara esa unión; pero mi abuela, cuyo corazón latía fuertemente por su pretendiente, se propuso llevar a cabo su matrimonio con el joven Ocampo, de manera que sus hijos no lo pudieran evitar. En México se solían hacer visitas de etiqueta, a las once de la mañana, y las Señoras se ponían un lujoso vestido de seda negra, cubriendo su cuerpo una rica mantilla de blonda, colocada graciosamente desde la cabeza.

Una mañana dijo mi abuela a mi tía Mariquita una de sus hijas mayores. "Vístete bien, María, porque vamos a hacer una visita de cumplido." Mariquita se vistió lo más elegante que pudo, y luego se presentó en el cuarto de mi abuela diciéndole "Ya estoy pronta". Mi abuela había hecho otro tanto, se había puesto una rica saya de raso negro, su mantilla española recojida graciosamente en la cabeza con dos alfileres de brillantes, dejando ver de un lado una gran peineta de carey, que completaba el peinado. Su bella tez que aún concerbaba la frescura de la juventud, estaba lijeramente rosada, sus lindos y expresivos ojos brillaban como dos luceros, y la animación de su semblante, hacía ver que su corazón ocultaba un gran sentimiento de alegría.

Salieron de la casa mi tía, y mi abuela, a eso de las once de la mañana, y se dirijieron a la parroquia de la Santa Veracruz. "¿Adónde vamos mamá?" preguntó mi tía a mi abuela, "A oír una Misa" le contestó. ¿Pero cuál sería la sorpresa, de la pobre Mariquita, cuando fue mirando allí al joven Ocampo con dos testigos, que esperaban a mi abuela para que se efectuase el deseado matrimonio? Mariquita al ver aquellas personas, quiso salir de la Iglecia, y marcharse a la casa, pero mi abuela la detubo, y le dijo: Cuando nací, me encontré que me habían casado, esta vez me caso yo con el hombre que amo, y tú serás quien lo presentará a tus hermanas. Mi abuela, después de la ceremonia del casamiento, con la mayor desemboltura, tomó del brazo a su marido, y se lo llevó a su casa donde lo presentó a sus hijos.

Dn Francisco Ocampo, bien que joven, era viudo, y tenía una hija que apenas contaba tres años; al día siguiente del matrimonio, llevaron a casa de los esposos a la pequeña Tomasa que ya conocen mis lectores en mi primer capítulo cuando nos perdimos en el cerro de Tenancingo.

De los catorce hijos que tubo mi abuela, mi madre fue la mayor, y entre las que se casaron y se murieron, le quedaron sólo dos con ella en su casa, Lola y Guadalupe, las dos pasaban de los cuarenta y se habían quedado a vestir santos. La mayor Guadalupe, era fea de encargo; alta, muy delgada y seca como un fideo; pero de buen talento, y mucha chispa; tenía una facilidad admirable para encontrar consonantes y hacía unas cuartetas como las del negrito poeta. Sus amigos que lo sabían le daban el pie y ella en el acto completaba el verso generalmente en sentido satírico.

La más joven, Lola, era todo el contrario de su hermana, de baja estatura, bastante gruesa, y le daba por el romantisismo, sin embargo, era también inteligente y de graciosa y agradable conversación.

Estas tres mugeres formaban un conjunto tan ameno y simpático, que sin ser jóvenes ni bonitas, tenían su casa llena de jóvenes que gozaban con su sociedad y la preferían a cualquiera otra diversión. La casa en que vivían era inmensa, gran cantidad de recámaras, espacioso comedor, enorme salón, y alegres corredores.

Gran hospitalidad reinaba allí, se serbían continuamente chocolates, y refrescos, y los amigos tenían la libertad de sentarse a la mesa cuando llegaban a la hora de la comida.

Siguiendo al marido

Diez días después de mi matrimonio, salí con mi esposo a dar un paseo, al bolver a casa me contó las atrocidades cometidas en Guadalajara y me dijo: "Esta noche nos vamos" ¿Cómo, tan pronto?, dije espantada. "Sí, me contestó, me llama mi deber en el interior." Llegando a casa di la noticia a mis hermanas y derramando abundantes lágrimas, arreglamos entre las tres lo mejor que pudimos mi equipage.

Pasadas las doce de la noche, oímos de lejos los cascabeles de los Caballos de la Diligencia[10] y pocos momentos después, ésta se detubo en la puerta de nuestra casa. Venían en ella el General Dn. Francisco Casanova, y del Estado Mayor de mi esposo, el Coronel Antonio Ayesterán, los Tenientes Coroneles Antonio Jáuregui y Luis Ordóñez, el Capitán Luis Alvarez y un primo de mi esposo, Dn. Antonio Grosso. La despedida con mis hermanas fue bien dolorosa. ¿Cuándo nos bolveríamos a ver? ¿qué peligros íbamos a correr mi esposo y yo?. . . un sin número de tristes pensamientos nos asaltaron, y yo animándolas, y dándoles valor, me arranqué de sus brazos, y diciéndoles Adiós, me separé de ellas y de mi amada casita de la Calle de Chiconautla, adonde había pasado días tan tranquilos, y donde había tenido la dicha de unirme con Miramón.

Al principio del viage, se atravesaron algunas palabras, luego cada uno se fue colocando lo mejor que pudo, incluso mi marido, que se acostó sobre mi hombro, y al cabo de una hora, todos aquellos Señores dormían como unos bien abenturados. Sólo yo velava; me parecía tener que guardar el sueño de aquel puñado de valientes.

¡Cuántos pensamientos se agolparon a mi mente! ¡Cuántos temores me asaltaron!. . . Si ahora, me decía yo, se presentase

---

[10] En aquella época no existían en México los ferrocarriles y el único medio de transporte era la diligencia.

una fuerza liveral, ¿qué será de nosotros? ¿cómo nos podríamos defender? nos matarían a todos, matarían delante de mí a mi esposo... entonces elebava mi alma al Cielo, y decía: No, no, Dios mío, líbranos de todo peligro, e inclinando dulcemente mi cabeza a la de mi esposo, imprimía en su frente un cariñoso beso, como si aquella caricia, unida a mi oración, le pudiera serbir de escudo.

Caminamos toda la noche y al amanecer llegamos a Cuautitlán, allí nos desayunamos y se cambiaron los caballos de la Diligencia. Seguimos nuestro camino y con la luz del día, se animaron los fatigados semblantes de mis compañeros de viage; yo comensé entonces a sentir el cansancio, mi hombro derecho se había adormecido y casi no lo sentía, por la dulce carga que había llevado toda la noche de la cabeza de mi marido.

El castillo: su casa de casada

Así llegamos mi esposo y yo, en medio de los vivas, de las músicas, de los uniformes y del entusiasmo general, al Palacio de Chapultepec, nuestra nueva residencia.

Aquellos primeros días, fueron para mí insoportables, un va y viene de gente que no dejaban a mi esposo un momento de libertad. ¿Y yo que me imaginaba al bolverlo a ver después de nuestra penosa ausencia, que podía estar a su lado y gozar de su dulce compañía?...

Me desesperaba aquel torbellino de gente, que me hacía envidiar la suerte oscura de un campesino, y la soledad de los campos.

A mi esposo casi no lo veía en todo el día, las necesidades del ejército, preocupaciones de los negocios públicos, y las exijencias de sus consejeros y amigos, absorbían totalmente su tiempo; a mí me dedicaba sólo las horas de las comidas en las cuales casi siempre estábamos acompañados. ¡Ay! la política¡ la política! qué terrible rival es para la muger!

La primera ocupación de mi esposo después de nuestra llegada a México, fue visitar al Presidente destituido Dn. Félix Zuloaga, que se encontraba refugiado en la Legación de la Gran Bretaña. Mi esposo bolvió de muy buen humor y como satisfecho de su visita. "¿Cómo está el General Zuloaga?, le pregunté, qué ha dicho?" "Mil memorias para ti, me contestó, y ya hemos convenido que lo vuelvo a poner en la Presidencia, así estarás contenta, no es verdad? porque pasado mañana me quito del sillón en que me pusieron los notables y siento en él a Zuloaga.'' Di un grito de júbilo, abrasé a mi esposo, y emocionada le dije: "¡Cuánto gusto me da esta noticia!''

La maternidad como una forma de estatus social

El día 3 de agosto de 1859 sentí al despertar los anuncios de mi próximo parto, y ese mismo día a las ocho de la noche, di felizmente a luz, mi primogénito que vino a este mundo para estrechar más, y más los lazos de amor que me unían a mi esposo.

En aquella época de gloria en que su buena Estrella lucía brillante a mi esposo, parecía salir todo a medida de sus deseos, así fue que deseando un hijo varón se lo concedió el cielo. Yo que por primera vez sentí en mi corazón el Santo Amor de madre, no cabía en mí de gozo al estrechar en mi seno aquel inosente fruto de nuestra unión.

Se pensó luego en el bautismo; pero desgraciadamente la capilla no estaba aún concluida, y fue preciso esperar hasta el día 25 de aquel mes en que se terminaron los trabajos.

El día de San Agustín, 28 de Agosto a las doce del día, tubo lugar la solemne seremonia del bautismo.

La capilla estaba espléndidamente adornada, con grandes colgaduras de brocado carmesí festonadas de flecos y galones de oro, el altar cubierto con un rico Palio de raso blanco bordado de oro, y encima grandes candeleros, y candelabros de plata con profución de luzes. Al frente del Altar sobre la pared, una bella Imagen de la Virgen de los Dolores, que con un puñal en el pecho, sus manos entrelazadas y su mirada al cielo, parecía implorar la protección de su hijo Jesús para nosotros.

El piso de la Capilla estaba cubierto con una alfombra persa de color rojo, y todo aquel conjunto, formaba un cuadro de severidad y elegancia.

Al lado del Evangelio había un docel para el Illmo. Señor Arzobispo D. Lázaro de la Garza, que debía administrar las aguas del bautismo al recién nacido. Enfrente de ese docel había otro destinado a mi esposo, y a los lados de ambos una fila de sillas para los Señores Obispos, los Ministros y el Cuerpo diplomático.

En el centro de la Capilla estaba la Fuente bautismal, dono de nuestro buen amigo Dn. Raimundo Moro, aquel rico español que sacó de México a mi esposo cuando se fugó de la Ex-Acordada.

La fuente, que aún poseo, es toda de mármol de Carrara, representa un Angel en pie sobre un pedestal sosteniendo en sus manos con los brazos alzados, una gran tasa en forma de Concha.

Delante de la Capilla, había una espaciosa sala que fue adornada con numerosa cantidad de plantas y flores; allí se colocó la famosa Orquesta de la Iglesia de la Profesa y los invitados que se componían de nuestras familias, de los principales Gefes y Oficiales del Ejército, y de las Señoras más distinguidas de la Capital, ocupando los primeros asientos los Padres de mi esposo.

Cuando el Sr. Arzobispo y todos los invitados llegaron, los Padrinos me fueron a buscar a mi habitación y atravesando la sala entramos en la Capilla de la manera siguiente: la nana Micaela, una de aquellas antiguas criadas de mi casa, que me había visto nacer, elegantemente vestida llevando al niño a los lados de ella, los Padrinos, Dn. Nicolás Ycaza y su Señora, y en seguida yo del braso de Dn. José Rincón Gallardo, Marqués de Guadalupe, padrino de la Confirmación.

Al entrar nosotros en la Sala, los cantores entonaron una piesa adaptada para la ceremonia que iba a tener lugar y que conmobió a todos los asistentes; al entrar en la capilla nos arrodillamos en un reclinatorio que había junto al Altar, y luego el Señor Arzobispo, revestido lujosamente de los ornamentos pontificiales, se dirijió al Altar y con voz sonora entonó el *Veni Creator Spiritus* que fue seguido de los cantores.

El momento sublime llegó, Dn. Nicolás Ycaza tomó al recién nacido en sus brazos, su Señora puso su diestra sobre el niño, y todos los asistentes guardaron un respetuoso silencio.

Entonces se oyó fuerte y sonora la voz del Arzobispo, que después de pronunciar las oraciones de rito, dijo bañando la cabezita del niño Miguel, Bernardo, Trinidad, Rafael, Esteban, Domingo, María, Agustín, yo te bautizo En el Nombre Del Padre y Del Hijo y Del Espíritu Santo.

Es decir, te doy la luz por las tinieblas, te doy el bien por el mal, te arranco del poder de Satanás para hacerte heredero del Cielo! Momento grande, sublime, momento dulce y consolador para mi alma que no se ha podido borrar de mi mente, y que en aquellos días en que la felicidad me sonrreía, hizo brotar de mis ojos lágrimas de gozo.

Mi esposo también emocionado me dirijió una cariñosa mirada que yo le contesté con los ojos humedecidos, queriéndole decir en ella que todos aquellos honores y aquella dicha sólo a él la debía.

Concluida la ceremonia del bautismo, Dn. Nicolás Ycaza puso al recién nacido en brasos del Marqués de Guadalupe, el cual presentó el niño al Nuncio Apostólico, que le confirió el Sacramento de la Confirmación. Terminada ésta, el Señor Arzobispo entonó el Te Deum que con escojida música continuaron los cantores. Así concluyó la parte religiosa.

De la Capilla nos dirijimos todos a un gran salón donde mi esposo y yo, recibimos los parabienes de los invitados, y luego pasamos al comedor donde se sirvió un suntuoso Lunch de ciento sesenta cubiertos que fue alegrado por las músicas de varios regimientos.

Hubo algunos brindis de los cuales doy algunos a mis lectores. El Ministro de Hacienda Dn. Octaviano Muñoz Ledo dijo: Brindo porque el niño en quien la Iglecia acaba de imprimir por medio del bautismo el noble carácter de cristiano, concediéndole también el título gloriosode heredero del cielo, sea aquí en la tierra una nueva y fecunda esperanza para la patria; para sus ilustres padres tesoro de felicidad y modelo perfecto de amor filial: y para todos los mexicanos prenda segura de unión y el iris de la paz.

El Presidente del Consejo, Dn. Manuel Larraínzar, dijo: Brindo, Señores, por el crecimiento del niño cuyo natalicio cristiano celebramos hoy; por la salud y cumplida satisfacción de su digna madre y porque el autor del universo concerve y colme de felicidad a su ilustre padre, actual Gefe Supremo de la Nación que con tanto esfuerzo ha sostenido los principios de orden y que es por mil títulos acreedor a la gratitud de los mexicanos. El Presidente del Ayuntamiento, Dn. Mariano Ycaza, dijo: Señores, brindo porque el niño que ha recibido hoy las aguas del bautismo no sólo herede el nombre glorioso del autor de sus días, sino el valor, decisión y patriotismo con que éste ha sabido defender los derechos y sentimientos más caros de los mexicanos. En una palabra, brindo porque ese niño sea una perla que corresponda a la inestimable Concha que le dio a luz. Mi esposo dijo: Señores, brindo porque me sea dable transmitir a mi hijo mis ardientes deseos por la paz de la Iglecia; por la prosperidad de mi patria, y porque ésta sea cimentada señaladamente en la

gloria del Ejército, y en las más cordiales relaciones con las naciones amigas.
Terminado el Lunch se pasó a la sala contigua al comedor donde se sirvió el café. Allí mi esposo pronunció el siguiente brindis: Señores, brindo porque los señores Generales y Gefes que mandan tropas del Supremo Gobierno observen siempre en los combates la conducta que les prescribe el Gefe del Estado: intrepidez y decisión en la hora de la lucha; magnanimidad y clemencia en la victoria. El Ministro Ingés dijo: He visto con complacencia los sentimientos humanitarios que animan al Señor Presidente; lo felicito por ellos a nombre de mi país y en el mío propio; porque en efecto, el medio más eficaz para hacer cesar la guerra civil y concervar las amistosas relaciones de México con las potencias extranjeras, consiste en el programa que acaba de indicar. Fuerte en el combate, magnánimo en la victoria.

Sería largo enumerar los nombres de las personas que asistieron a aquella brillante y religiosa fiesta; pero lo que le dio más lustre, fue la presencia allí, de todo el cuerpo diplomático; del Nuncio Apostólico, del Arzobispo de México y de los Obispos de San Luis Potosí, Guadalajara, Chiapas, Tenagra, el Gobernador de la mitra de Puebla, y otros Prelados, que encontrándose casualmente en la Capital para celebrar un concilio Provincial, nos honrraron con su asistencia.

¿NACIONALISMO O AMOR AL MARIDO?

Pocos días después de mi parto, me fue a visitar la familia Almonte. Sabiendo la opinión de Da. Dolores, y que su marido estaba en Orizaba, no le quise hablar de política ni de la guerra que la Francia hacía a nuestro país; pero como vi a aquella Señora con la cara larga y que me pareció preocupada, le pregunté si tenía noticias del General Almonte. "Pues qué no sabe U. lo que ha pasado?" me dijo. "No, le contesté, mi esposo no me cuenta nada y qué quiere U. que sepa estando en cama?" "Pues bien, continuó la Sra. Almonte, lo que ha pasado, es que después de varias batallas, el ejército mexicano ha rechazado a los franceses en Puebla". "¿De veras?", le dije, no pudiendo ocultar mi gozo. En medio de la alegría que aquella noticia me causó, un amargo dolor sintió mi corazón y me eché a llorar. "¿Cómo?, me dijo la Señora Almonte, ¿tanta pena le causa a U. el que hayan sido rechazados en Puebla los franceses?" "No, Señora, le contesté, Dios me libre de llorar por eso, lloro porque hubiera querido que mi marido hubiese ganado esa batalla." La Señora Almonte, que no esperaba esa contestación, se mordió los lavios y se puso a hablar de otra cosa.

 Mi esposo tenía un amigo ruso, el Señor Schercof, que continuamente le insistía para ir con él a Rusia, para conoser aquel país y hacer una visita a su familia. Mi esposo se había negado varias veces; pero viendo yo su tristeza y la gran pena que le causaba la inacción en que vivía, me uní al Señor Schercof y rogué a mi esposo aceptara la invitación, e hisiera en unión de su amigo ese interesante viaje.

 Bien que yo no estaba aún completamente restablecida de mi parto, pensé que a mi esposo le haría probecho haser ese viaje, y animándolo cuanto pude, lo desidí a dejar París.

A LA VUELTA DEL PRIMER EXILIO, LOS CAMINOS DE PELIGRO

Encargué al cochero que se ocupase de buscar todo lo necesario para el viaje, y se fijó la partida para el día siguiente a las seis de la mañana.

 Al momento de nuestra salida de aquella casa, ni el amo de la casa ni su mujer, nos fueron a saludar, y salí de allí con mis pobres hijitos como una apestada y sin haber recibido la menor muestra de cortecía ni urbanidad de aquella gente, de la cual afortunadamente he olvidado el nombre.

 No habiendo encontrado en aquella Ciudad sombreros de paja para repararnos de los rayos del Sol, compré unas varas de un género de tela color de rosa, con el cual, entre mi criada inglesa y yo, confeccionamos unas gorras por el estilo de las que usan las hermanas de la caridad, agregándoles unas grandes aletas que caían sobre la espalda; con este estraño sombrero emprendimos el camino por las montañas de la Sierra Madre.

 Nuestra caravana se componía de seis caballos, seis mozos y dos mulas de carga; dos de los caballos tenían sillas de montar para Señoras, en ellos cabalgamos mi criada Aneta y yo; dos de los mozos montaban otros dos caballos y llevavan con ellos a los dos niños, un mozo se ocupaba de las mulas de carga, y el dueño de los animales, mandaba y guiaba la carabana. Todos los mozos iban en buenos caballos y bien armados con pistolas y carabinas.

 Iba también con nosotros el español que había sacado del

Vapor y que compadecida de su miseria y de sus ruegos, le había yo ofrecido llevarlo a México y le compré caballo y silla para montar; una de las mulas iba cargada con un colchón, unas almoadas, varios cobertores de lana y unos largos bastones para formar una tienda de campaña, la otra mula llevava nuestros baúles y algunos comestibles, como arros, galletas, sal, azúcar, huevos y cerbeza.

A las seis de la mañana, salimos de la capital de Tamaulipas, mi criada inglesa, de lo más contenta por el viaje que íbamos a hacer por las montañas de la Sierra Madre, mis hijitos alborotados por montar a caballo, y yo, con el corazón oprimido por lo que allí había sufrido y dando al Diablo mi patriotismo que me había llevado por aquellos caminos para tener más aventuras que Don Quijote de la Mancha, y donde con seguridad, los bárbaros Tizones habían dejado algunos de sus desendientes.

A las pocas horas de camino, comensamos a subir la montaña, los caballos apenas podían andar a causa de la cantidad de piedras más o menos grandes que estaban regadas en el camino; había momentos en que aquellos pobres animales no sabían dónde poner el pie, y su paso era lento e inseguro; los ardientes rayos del Sol, nos quemaban la espalda y el cansancio se comenzaba a hacer sentir.

Como a las doce del día llegamos a un lugar donde corría un cristalino arroyuelo; el mozo que mandaba la carabana, se acercó a mí, y me dijo que habiendo allí buena agua, le parecía que nos teníamos que detener en aquel lugar para comer. Nos bajamos de los caballos y escojimos un lugar, donde los árboles nos cubrieran de los rayos del Sol, y abilitando de mesa una gran piedra, y otras piedras de sillas, nos sentamos a esperar el banquete que nos preparaban los mozos. El aire puro y embalsamado de aquellas montañas, el movimiento del caballo, y la lebantada temprano, nos abrieron de tal manera el apetito, que hubiéramos comido piedras. Nuestra comida se compuso de arros cosido con sal, de huebos duros y de galletas, alegrando nuestro frugal almuerzo un baso de cerbeza; pero todo eso nos supo tan sabroso, que no lo habríamos cambiado por exquisitos manjares comidos en un palacio. Lo que mucho nos molestó fue una nube de mosquitos que nos atacaban con furia para picarnos, obligándonos a soplarnos continuamente con unos grandes abanicos de paja para poder comer.

Después de dos horas de reposo, montamos de nuevo nuestras cabalgaduras para continuar nuestro viaje; seguimos el camino de aquel espeso bosque acompañados del alegre gorjeo de inumerables Pajarillos, y a poco andar, llegamos a otro arroyuelo más ancho que el primero; allí estaba apagando su sed un hermoso Venado, que al ruido de las pisadas de los caballos, dio un violento salto desapareciendo en la espesura del bosque. Liebres, conejos, agachonas, gallinitas salvajes y otros animales aparecían de tiempo en tiempo a nuestra vista, e infinidad de Mariposas de alas plateadas y variados colores, volaban a nuestro alrrededor haciendo gala de su belleza, y una multitud de floresillas silvestres engalanaban aquel prolongado y salvaje jardín.

¡Cuántas riquezas ensierra aquella bendita tierra Mejicana, y cuánta prodigalidad usó El Criador en aquellas amadas regiones! Quisiera yo tener la capacidad del famoso naturalista el Barón Alejandro de Humboldt para pintarlas y la poecía del Visconde de Chateaubriand para dar a mis lectores una idea de las riquezas que ensierran aquellas montañas de los Andes mexicanos que llamamos la Sierra Madre.

Mi criada inglesa iba tan contenta y admirada, que a cada paso se bajaba del caballo para cortar flores que ponía cuidadosamente en su libro de oraciones.

Caminamos todo el día, ya por espesas arboledas, ya por pedregosas y estrechas veredas, y ya por peligrosas subidas en que los mozos tenían que bajar de los caballos para empujar a los nuestros por las ancas para ayudarlos a subir las empinadas cuestas.

Aquel risueño arroyuelo que parecía seguirnos, lo atravesábamos continuamente, y gracias a sus limpias y frescas aguas, nuestros caballos apagaban su sed y soportaban la fatiga del camino y los ardientes rayos del Sol.

Moría la tarde, el Sol ocultaba sus rayos, el corto crepúsculo de nuestro cielo nos hiso desaparecer en un átomo la luz del día, y como por encanto nos encontramos en medio de la oscuridad de la noche. ¿Dónde íbamos a reparar nuestras fuerzas para el día siguiente? ¿Dónde íbamos a reposar de aquella larga jornada?...

Como a eso de las ocho de la noche, llegamos a un lugar llamado *La Mula*, allí, en lo alto de la montaña, en un pequeñísimo prado, rodeado de árboles, fue el lugar escojido para pasar la noche. Había yo terminado el 7º mes de mi embarazo, y estaba tan abultada, que sin la ayuda de los mozos, no habría podido bajar del Caballo; mi fatiga era tanta, que apenas me podía tener en pie. Mis pobres hijitos se habían dormido en los brasos de los mozos, y mi criada Aneta disimulaba su cansancio para darme valor. A duras penas conseguimos despertar a los niños para hacerles tomar un alimento, pues estaban dominados por el gran cansancio y el sueño.

Entre tanto que comíamos unas galletas y bebíamos una poca de cerbeza, los mozos colocaron sobre la yerba el colchón, las almoadas y unos cobertores, y formaron sobre el colchón una especie de tienda de campaña que lo cubría; todos vestidos nos acostamos en aquella improvisada cama teniendo por techo las estrellas del cielo. Colocamos en el centro del colchón a los dos niños y Aneta y yo nos pusimos a sus lados.

Al poco tiempo de estar acostados, vi a los mozos que ensendían el fuego, y luego vi una gran luminaria que se esparció a los lados de nuestra tienda; toda sobresaltada llamé al Gefe que mandaba los mozos y le pregunté qué cosa era aquello?, él me dijo: "Niña, ¿pues que no ha oído nada?". "No, le dije, estoy tan cansada que me estaba durmiendo"... "Oiga U., oiga U., continuó bajando la voz y guardando un momento de silencio, y luego continuó, oiga U. los bramidos de los Tigres, de los Leopardos, de los gatos monteses y de los Lobos que pueblan estas montañas"...

"¡Dios mío!, dije espantada, nos van a devorar." "No tenga U. miedo, niña, para evitar que se acerquen aquí, hemos puesto esta luminaria, pues le tienen miedo al fuego, además, estamos todos bien armados y no se acercarán a nosotros."

Participé a Aneta mis temores, y pasamos las dos la noche en vela, oyendo los rugidos de aquellas bestias feroces y pidiendo a Dios nos librara de caer en sus garras.

Cuando comensó a alvear y que apareció en el Cielo el lucero de la mañana, cezaron los rugidos de las fieras, los pajaritos entonaron sus alegres gorjeos, y yo con ellos elevé mi corazón a Dios y arrodillada le di gracias por habernos librado de aquel gran peligro.

Los mozos se comenzaron a mover y a preparar los caballos. Aneta y yo contentas de salir de aquel peligroso lugar, despertamos a mis pobres hijitos que tranquilamente dormían y ya todos prontos continuamos nuestro penoso viaje.

El camino fue poco más o menos como el día anterior, veredas estrechas, y subidas peligrosas, pequeños prados sembrados de inumerables floresillas y arbustos, y enormes peñascos que parecían se desprendían de su puesto para caer en el camino.

En una de aquellas veredas oí un ruido estraño como de una campanita, y a poco andar, vi pasar entre las patas de mi caballo una vívora que se arrastraba por lo largo del camino; uno de los mozos que iba cerca de mí, se bajó del caballo, tomó una piedra y la arrojó violentamente sobre el reptil; la vívora herida, hechó a correr y se ocultó entre la yerba. "¡Pobre animal!, dije al mozo, ¿por qué le ha hecho U. daño?" "Niña, me dijo, si era una culebra de cascabel, y si muerde a Us. o a uno de nosotros, nos mata". . . Entonces comensé a comprender mi gran imprudencia de haber hecho aquel camino donde había tantos peligros y donde había llevado a sufrir a mis inocentes hijos.

LOS ÚLTIMOS DÍAS DEL SUEÑO IMPERIAL

Todo se conjuraba contra el infortunado Príncipe.

El enemigo que no se atrevía a emprender otro asalto, se propuso tomar la plaza por hambre y doblando el sitio impidió que los sitiadores se pudiesen abastecer de los artículos más indispensables para alimentación. Se recurrió a la carne de caballo, que desde el Emperador hasta el último soldado comían. Viendo esto el Emperador, y comprendiendo lo grave de la situación, reunió una junta de los principales Gefes y Generales, la cual tubo lugar el día 14 de Mayo, siendo mi esposo quien la presidió. El Emperador demostró a la junta la gran preocupación que le causaba la difícil situación en que se encontraban y les dijo que los había llamado para que ellos, de común acuerdo, desidiesen lo que convenía hacer.

La decisión de la junta, fue la de romper el sitio y evacuar Querétaro, no teniendo ninguno de los elementos más necesarios para sostener el sitio. Maximiliano se aderió a la desición de la junta, y nombró a mi esposo para que dirijiera el mobimiento, siendo mi esposo conocedor del punto más a propósito por donde podrían salir. Mi esposo pidió al Emperador ser él el último que debía salir de la ciudad.

Se fijó la salida para el día 15 de Mayo, es decir, al día siguiente de la junta; pero el noble Soberano y sus fieles defensores ignoraban que en medio de ellos había un traidor.

El Coronel Miguel López, que había combatido en diversas épocas contra los republicanos, y que a la llegada de las tropas francesas a México, se había alistado bajo su bandera, para seguir luchando contra los Juaristas, estaba seguro de que cayendo Querétaro en manos de los republicanos, sería irremediablemente fusilado; así se había apoderado de él el miedo.

Además, estaba airado contra los Generales y Gefes que componían las tropas imperiales, porque queriendo el Emperador Maximiliano elevar a López al grado de General de Brigada, todos se habían opuesto, haciendo saber al Emperador, que el Coronel López había sido degradado por el General Santa-Anna, el año de 1847, por haber desertado del ejército Mexicano, y pasando con el enemigo americano.

Estos hechos, unidos a la avaricia que como a otro Judas, entró en el corazón del traidor, desidieron a López a tratar de la benta de Querétaro con Escobedo, General en Gefe de las fuerzas republicanas que sitiaban Querétaro.

El precio que se fijó entre Escobedo y el traidor López, por el vil comercio de carne humana, fue la suma de 30 000 pesos, que equibalen a unos 150 000 francos, que el traidor debía recibir en efectivo antes de la entrega de la plaza; pero ocurrió la dificultad de que Escobedo no tenía disponible la suma pedida por López, y tubo que recurrir al Gobernador de Guanajuato, el cual no pudo satisfacer a Escobedo sino con sólo una parte de la suma; pero como en el mundo, y particularmente en las malas axiones, no faltan hombres de buena boluntad, Escobedo tubo la fortuna de tener en su ejército dos oficiales *de afición*, que según entiendo, habían sentado plaza de Coroneles, o de Tenientes Coroneles, eso importa poco, pero lo que interesa es que esos dos individuos, viendo la dificultad en que se encontraba Escobedo, fueron en su ayuda, y de su propio pecunio le facilitaron la suma que faltaba para pagar al traidor, y para que su General pudiese entrar triunfante con todo su ejército a Querétaro. ¡¡¡Sin disparar un tiro!!!

José y Pedro Rincón Gallardo (eran los nombres de esos dos individuos), eran los hijos del Sr. Rincón Gallardo, Marqués de Guadalupe, y de su madre la Marquesa de Guadalupe, dama de honor de la Emperatriz Carlota. Además, su padre, el Marqués, era padrino de mi hijo primogénito, y ellos dos habían estado durante varios años ligados con mi esposo con una íntima y fraternal amistad. Pero ni estos títulos, ni la nobleza de su linage, ni el respeto a sus padres, ni su propio decoro, les impidió cometer tan villana acción, que manchó para siempre sus blasones con la sangre del Emperador Maximiliano, con la de mi esposo, que fue su amigo, y con la de tantos Gefes y oficiales sacrificados en Querétaro.

Hay hechos en la vida que no admiten comentarios; sin embargo, la caída del Emperador Maximiliano bien se puede decir que estubo basada en la traición y que ésta fue la principal arma de que se valió el fatal destino para acabar con el infortunado Príncipe.

Doblemente culpable fue el traidor López al hacer la infame benta de Querétaro, pues olvidó los favores y beneficios que había recibido del Emperador Maximiliano, a quien iba a traicionar.

A la llegada a México del Emperador, le fue presentado por el General Almonte, el Teniente Coronel Miguel López; los encomios que de este oficial hizo el Gral. Almonte, imprecionaron faborablemente a Maximiliano, que luego lo nombró Gefe de su escolta, asendiéndole al grado de Coronel, le dio el mando del regimiento de la Emperatriz, lo decoró y finalmente, le concedió el alto honor de apadrinar a uno de sus hijos, contrayendo así, con el que más tarde lo había de poner en manos de sus enemigos, un parentesco espiritual.

El Subteniente de Artillería Alberto Hans, cuenta en su libro titulado *Querétaro*, como testigo ocular, los detalles de la traición de López.

Dice Hans que el 14 de Mayo, estando de guardia en el Convento de la Cruz, lo fue a relevar un Sargento llamado Guzmán. No queriendo Hans dormir, se puso a pasear en la plataforma; pero la fatiga y el sueño lo vencieron, y recostándose en la cureña de un cañón, se quedó profundamente dormido. A eso de las dos de la mañana, lo fue a despertar el viejo Sargento Guzmán, a fin de poder él reposar a su turno.

"De improviso, dice Hans, me pareció oír pasos que de prisa se dirigían a la plataforma, y en el momento reconocí por su plateado uniforme, al Coronel López, que dirigiéndose a mí, me señaló la tropa que lo seguía diciéndome: 'Aquí está un refuerzo de infantería, despierte U. inmediatamente a sus artilleros, y haga U. retirar esta pieza, y colocarla volteándola a la izquierda; pero hágalo U. pronto.' Pensando, dice Hans, que era el momento de salir de Querétaro, desperté prontamente a mis artilleros; pero el viejo Sargento enfermo y extenuado por la fatiga, no se levantó violentamente como lo ordenaba López, que sin duda quería ver cómo ejecutaba yo sus órdenes, que se veía, eran de obrar de prisa. El Coronel López, viendo que Guzmán no obedecía, se encolerizó contra él, y lo llenó de insolencias. El pobre Sargento, maltratado de esa manera, no tubo más remedio que levantarse.

"López me repitió sus órdenes, y partió precipitadamente,

dejándome admirado de lo que pasaba; sin embargo, yo obedecí prontamente lo que me mandaba.

"Temiendo que el enemigo se penetrase por la izquierda, como me había indicado el Coronel, puse un paquete de metralla en la pieza y la coloqué en la dirección que se me había ordenado.

"Yo me sentía, continúa Hans, poseído de una violenta emoción que me causaba la idea de encontrarme cerca de un gran peligro.

"Un pelotón de infantería, mandado por un oficial, fue colocado por López a los lados de la pieza. En esto uno de mis artilleros, dirigiéndose a mí, me dijo: "Mi Subteniente, me han quitado mi mosquetón', 'y a mí también', dijo otro." Así comenzó el Subteniente Hans a sospechar lo que pasaba; sin embargo, recordando la confianza que el Emperador tenía en su protegido López, le parecía imposible que hubiera traicionado a su Soberano. Convencido Hans de que el enemigo había entrado a Querétaro, y viendo las tropas republicanas que se formaban en la plaza de la Cruz, pretendió salir de allí para dar aviso de lo que pasaba; pero le fue impedida su salida. Dirijiéndose al Sargento Guzmán, que estaba con él, le preguntó si era el Coronel López quien los había entregado. "Ciertamente", contestó Guzmán. Entonces replicó Hans: "¿Es él el que ha traicionado, el que va a entregar al Emperador?" "¿No lo ve U.?", replicó Guzmán. Entonces Hans, dirigiéndose al oficial republicano, le preguntó si era el Coronel López quien los había introducido en Querétaro. "Sí, Señor, contestó el oficial, pero Us. no teman, porque somos del ejército regular, y no se les hará nada; nuestros Gefes tendrán en cuenta lo bien que se han batido."[11]

Entre todas las calumnias que el partido republicano ha lanzado contra el Emperador Maximiliano, una de ellas, y sin duda la más terrible, ha sido la de querer probar que el verdadero traidor que entregó Querétaro fue el mismo Emperador Maximiliano, y que López no fue sino sólo el instrumento de la tal traición.

Obrando así los enemigos del Imperio, no sólo han tratado de arrojar esa horrible mancha sobre el desgraciado Príncipe, a quien sacrificaron, sino que han querido, cometiendo esa villa-

---

[11] Si mis lectores quieren tener más detalles sobre este hecho, pueden tenerlos en la obra que yo he consultado del subteniente de artillería, Albert Hans, titulada *Querétaro, Souvenirs d'un Officer de L'Empereur Maximilien*.

na axión, dejar a la historia una prueba de haber tomado la ciudad citada por su valor y arrojo y no por las monedas que pagaron al traidor López.

Esta infame acusación contra Maximiliano, no tiene más que estas respuestas: Si así hubiera sido, el Emperador habría salvado la vida; pero la más convincente para dudar de esa calumnia, es que López, después de la muerte del Emperador, lo hubiera publicado, y que unido a Escobedo, y a los otros Gefes republicanos, hubiera probado que no fue él el traidor, sino que sólo había obedecido a las órdenes del Soberano.

Pero los años que López sobrevivió a su infame acción, guardó un profundo silencio; quedó libre y dueño de gozar tranquilamente el fruto de su venta, y lo que es peor, soportó paciente el general desprecio de los mejicanos, que de uno y otro partido, cuando lo veían por un lado de la calle, se iban del otro para no pasar cerca de él, como si fuese un apestado. En los teatros perdían sus asientos los que estaban cerca de él, y en los cafés, si lo veían entrar, obligaban al dueño del establecimiento que lo hisiese salir, so pena de irse todos los que allí estaban si no lo hacía. Finalmente, hasta sus infelices hijos heredaron la marca de infamia que pezaba sobre él, pues que no pudieron ser admitidos en ningún colegio, ni casa de educación. Esto no lo hubiera podido soportar un hombre que se sintiera inosente de la culpa que cometió.

La muerte de López, fue como el sello de su pecado, y como el justo castigo de su negra ingratitud. Una Perrita que lo acompañaba siempre, a la cual tenía un gran amor, fue atacada de la rabia, ésta mordió a su amo comunicándole el funesto mal.

El traidor López murió pocos días despues de la Perra, rebolcándose en las combulciones de la rabia.

¿Cuál fue el Gefe privilegiado, escojido por Escobedo para desempeñar la vil misión de recibir de manos del traidor López la plaza de Querétaro? ¡El General Francisco Vélez!. . . el fraternal amigo de mi esposo, aquel que volviendo mi esposo triunfante después de la gloriosa batalla de Colima, en un momento de entusiasmo, lo estrechó Vélez en sus brasos diciéndole: *"Miguelito, ¡te hemos de coronar!"* ¡Aquel a quien mi esposo protejió y distinguió sobre todos sus amigos, a quien dio dinero, grados militares y honores!. . . este indigno ser, fue el que representó el papel de Sayón en la tragedia de Querétaro!. . . ¿Y quiénes lo acompañaban en su gloriosa empresa? D. José Rincón Gallardo, hijo de nuestro compadre, el Marqués de

Guadalupe, Chambelán del Emperador Maximiliano y de la Marquesa de Guadalupe, Dama de honor de la Emperatriz Carlota. El otro Gefe que acompañaba a Vélez, era el Gral. Feliciano Chavarría, condisípulo de mi esposo en el Colegio Militar, a quien el año de 1859 había mandado sacar del cuadro de los soldados, cuando por orden del General Márquez lo iban a fusilar, librando así mi esposo de la muerte, a su condisípulo y amigo.

Se ve que el General Escobedo, puso especial atención en la elección que hizo de estos tres dignos personages. ¿Porqué no nombró Escobedo otros de sus Gefes realmente republicanos, como Corona, Treviño, Riva Palacio u otros, a recibir de López la entrega de Querétaro, y de sus heroicos defensores?...

No sé; pero me parece que ninguno de ellos habría aceptado la innoble mición.

Recordando a la patria

Era el mes de Diciembre, y estábamos cerca del Santo día de Nochebuena, día en que todo corazón verdaderamente cristiano, salta de gozo al dulce y Santo recuerdo del Nacimiento de Nuestro amado Salvador.

Grande animación se notaba en toda la ciudad, en el comercio había un mobimiento febril y en las calles se veían inumerables transeúntes cargados de grandes o de pequeños paquetes; todo respiraba a mi alrededor gozo y alegría. Sólo en mi alma, lejos acaso para siempre de mi amada patria, sin familia y sin amigos reinaba en ella el más profundo dolor, la más mortal tristeza.

Así pasaba yo aquellos días, rodeada de mis desgraciados hijitos, que apenas me podían consolar con sus dulces caricias, cuando el ángel consolador de mi vida, aquella alma generosa de mi llorada protectora la Archiduquesa Sofía, me fue a consolar. El día 23 de Diciembre, me mandó a su Dama de honor, la Condesa Baldina Paar, por medio de la cual me mandó decir que el día 25, día de la Natividad, Su Altesa me invitaba a comer y deseaba que media hora antes de la comida le llevase a mis tres hijitos.

Esta nueva fineza de la Archiduquesa Sofía nos llenó de alegría y desde ese momento comensamos la institutris y yo, a aleccionar a mis hijitos cómo debían estar delante de Su Altesa,

"¿Cómo le hemos de saludar?", me pregunta mi Miguel. "¿Le debo dar la mano?" "Ciertamente, interrumpía mi Concha, si no te tomarían por un malcriado". "No, Mademoiselle, dijo la institutris a mi Conchita, Us. no deben dársela, si Su Alteza no se las da primero, y si les da la mano, se la tienen que besar." "¿Como hacemos con mamá?", preguntó mi Miguel. "Lo mismo", dijo la institutriz. "¿Y de qué le hemos de hablar?" volvió a preguntar mi Miguel. "De nada, le contestó la institutris, Us. tienen que esperar que Su Alteza les hable primero, y deben contestarle clara y graciosamente a lo que su Alteza les pregunte."

Mi Lupita, mi pequeñita que se había estado callada, se acercó a la institutris y tomándole la mano le dijo: "Mademoiselle, enséñeme U. una fábula para que se la diga yo a la Señora que vamos a ver mañana." Mademoiselle se sonrrió y seguimos a la segunda lección, que era la de las reverencias; y ésta sí que fue de reír, porque como en nuestro país no se usaban, fue preciso aleccionarlos diciéndoles que a las personas distinguidas y particularmente a las Princesas como a la que íbamos a ver, se les besaba la mano en signo de respeto, haciéndoles una graciosa reverencia. Mademoiselle comensó la lección formando delante de ella a mis tres hijitos, diciéndoles: "Así deben Us. saludar a Su Alteza", y diciendo esto, hizo una profunda reverencia. Los niños trataron de imitarla. Mi Miguel con una seriedad admirable, se plegó hasta el suelo, faltando muy poco para caerse; mi Conchita con una gracia especial, hizo tales mobimientos, y tales grasejadas que acabó por tierra; mi pequeñita, queriendo imitar a sus hermanos, dio un traspiés y fue a caer junto a sus hermanos. La institutris y yo, nos moríamos de risa, y los disípulos quedaron cortados; pero fue preciso consolar a mi Lupita, que estaba en tierra hecha un mar de llanto.

Los disípulos no perdieron valor e hisieron que la institutris continuara la lección; este ensayo duró barias veces, hasta que bolviéndose juego, la institutris se puso seria y logró poner en corriente a mis tres hijitos, a fin de que supieran saludar a la Archiduquesa.

Desde por la mañana del día 25, comensó la alegre ajitación de mis amados híjitos, que pasaron el día contando las horas, y los minutos que faltaban para salir del Hotel. A las cuatro de la tarde nos dirijimos al Palacio de la Burg, donde ya nos esperaban en el gran salón de la Archiduquesa sus dos Damas de honor, la Condesa Baldina Paar y la Condesa Teresa Langrave de Fürstemberg, así como el Conde de Szecsen, gran Chambelán de la Archiduquesa Sofía; había otros dos Señores cuyos nombres no recuerdo, pero que pertenecían a la corte del Archiduque Carlos Luis, y a la del Archiduque Víctor. Estaba también la buena y amable condesa María de Goessi, Dama de honor de la Archiduquesa María Annunziata, esposa del Archiduque Carlos Luis.

Al verme entrar allí con mis tres hijitos en gran luto, hubo un momento de general y notable emoción; pero repuestos luego de ella se dirijieron luego a saludarme, dándome todos muestras de la mayor simpatía; luego hablaron y acarisiaron a mis hijitos, que les contestaron con gran desemboltura. La institutris les habló en su lengua, y aquellas Señoras quedaron muy complacidas de la fina educación de Mlle. Augusta, y de su bella pronunciación en alemán.

En el exilio para siempre

Terminada mi cura, y notablemente mejorada de mi mal, desidí mi vuelta a París, y de acuerdo con mi compañera de viage, la Señora de Rumania, cuyo nombre no recuerdo, después de beinte días de gozar del puro y balsámico aire de los Pirineos, nos marchamos a París.

El Dr. Leblanche luego que supo mi llegada, me fue a ver, y quedó admirado del activo y saludable efecto que las Aguas Buenas habían producido en mi enfermedad. "Está U. muy mejorada, me dijo, pero para quedar completamente curada, tiene U. que dejar la Bélgica, e irse a vivir a un país de clima templado, así se fortalecerán sus pulmones." Con esta receta, y con mi notable mejoría, violenté mi vuelta a Bruselas, separándome de aquella buena amiga que me había salvado la vida por medio de su inteligente Doctor.

La Señora de Rumania con quien había yo viajado, se marchaba también para su país, y como debía pasar por Bruselas, nos arreglamos para irnos juntas hasta aquella ciudad, donde definitivamente nos separaríamos.

¡Oh! secretos del corazón humano! ¡Oh! sublime sentimiento del verdadero cariño!, cuando volví a estrechar en mis brazos a mi querida amiga Augusta, cuando pensé que me debía separar de ella, mi corazón se oprimió en estremo, y pensé renunciar a salir de Bruselas. Sin embargo, mis deberes de madre me decían lo contrario, y así comensé a pensar en el nuevo viage que debía emprender. ¿Pero adónde ir? ¿En cuál punto de Europa encontraría un clima dulce y benéfico para recobrar la salud, y que al mismo tiempo, me proporcionara los elementos necesarios para continuar la educación de mis hijos?. . . Muchos consejos me daban; pero lo que yo quería no se encontraba. Sabiendo que nuestro Arzobispo de México, Don Pelagio de Labastida, con quien yo tenía buenas relaciones, se encontraba en Roma, le escribí una carta suplicándole me diese un consejo; su contestación fue consisa y violenta. "Venga U. a Roma, me dijo en su carta, aquí hay todo lo que U. necesita, clima dulce, Colegios buenos, y amigos que la consolarán.

Esta carta del Arzobispo, me llenó de consuelo, y luego desidí marcharme para Roma.

Comensé por vender mis muebles, pero ¡qué fracaso!, no digo la mitad, pero ni siquiera la quinta parte de su valor me dieron por ellos, y lo más doloroso era que con esa suma contaba yo para hacer mi viage.

El día que se llevaron mis muebles de casa y que me encontré con la miserable suma que me entregaron los que hisieron la benta, me fui a casa de mis amigos Prisse, a desahogar con ellos mi corazón, contándoles, anegada en llanto, mi amarga pena.

Augusta, que era toda fuego y cariño, se demostró indignada, y trató de consolarme, tomando viva parte en mi pena; pero el Barón, que se encontraba sentado en un sillón junto a la chimenea con un periódico en la mano, no desplegó los lavios, y no demostró el menor interés en mi aflicción. ¡Qué frialdad de estos Belgas!, pensé en mi interior, ¿y yo que a este hombre lo había creído mi verdadero amigo?. . .

Salí de casa de los Barones Prisse, más triste de lo que había entrado, y con la gran preocupación de no saber cómo podría con tan poco dinero emprender el viage.

El día siguiente, poco antes de las doce de la mañana, se presentó en el hotel donde yo me había alojado, el Baron Prisse; me sorprendió su visita, temiendo que alguna cosa desagradable me fuese a anunciar; pero cuál sería mi asombro, al ver que el Barón Prisse, después de saludarme, fue sacando de su cartera, dos mil francos que me mandaba el Rey Leopoldo?!!!. . . El Barón Prisse no pudo resistir al ver mi pena; siendo ayudante del Rey, lo fue a ver, le habló de mi cituación y de la dificultad en que me encontraba yo de poder partir, y consiguió que el corazón de aquel avaro monarca, se conmoviera y me mandase esa pequeña suma, que fue la sola que recibí del cuñado del Emperador Maximiliano, y hermano de la infeliz Emperatriz Carlota, con quien su esposo me había dejado recomendada.

Ya resuelto mi viage, salí con mis hijitos de Bruselas, a fines del mes de Diciembre del año 1869 con dirección a Marsella. Después de tres días de viage, llegamos felismente a ese puerto para embarcarnos en el Vapor que salía para Civitavecchia, y de ese punto seguir a Roma.

Mis amables lectores, me permitirán que aquí ponga punto final a estas memorias, que han ocupado una gran parte de mi vida; quisiera contarles la segunda parte de ellas, que sería mi viudedad, pero el tiempo no me alcansa; sin embargo, prometo hacerlo si el Cielo me concede otros ochenta y un años de vida con tan buena salud, y cabeza como la que ahora tengo.

Barcelona, Agosto 7 de 1917.

C. DE MIRAMÓN

Enriqueta y Ernestina Larrainzar, crónicas de viaje[1]

CECILIA OLIVARES MANSUY

Durante el siglo XIX, pocos mexicanos podían darse el lujo de viajar por el puro placer de hacerlo. Tal vez a ello se deba, en parte, la costumbre de llevar un diario de viaje. Se viajaba, por lo general, con una finalidad: trabajo diplomático, investigación científica, motivos religiosos, destierro, enfermedad, para especializarse en algún estudio, para conocer las manifestaciones artísticas de la "cuna" o del "centro" de la civilización, o simplemente con el objetivo de más tarde escribir y divulgar las costumbres y los paisajes de ciertas regiones desconocidas para la mayoría de los coterráneos.

El recuento del viaje, escrito pensando en la publicación y en los posibles lectores, reafirmaba la utilidad de la "aventura". Para el escritor era una muestra tangible y perdurable de lo apre(h)endido en otras tierras, para el lector una fuente de conocimiento de historia viva y de geografía: como diría Altamirano, "en esta materia enseñan más los libros de viajes que los libros metódicos en que se contienen datos, aunque precisos, áridos para la imaginación, difíciles para la memoria".[2]

Por otro lado, los viajes no eran tan comunes —ni en frecuencia, ni en calidad— como hoy en día. Los relatos comenzaban, generalmente, desde el momento en que se salía de la casa,

---

[1] La portada de cada uno de los cinco volúmenes que componen la obra dice: *Viaje a varias partes de Europa por Enriqueta y Ernestina Larrainzar, con un Apéndice sobre Italia, Suiza y los Bordes del Rhin por su hermana Elena L. de Gálvez*. T. 1, Tipografía literaria de Filomeno Mata, México, 1880, 552 pp.; t. 2, Tipografía literaria de Filomeno Mata, 1881, 620 pp.; t. 3, Filomeno Mata impresor, 1881, 720 pp.; t. 4, Imprenta de Astiazeran y Comp., 1882, 946 pp.; t. 5, Imprenta de M. Astiazerán, 1882, 745 pp.

[2] Ignacio M. Altamirano, "Introducción al *Viaje a Oriente* de Luis Malanco", en *La literatura nacional, revistas, ensayos, biografías y prólogos*, ed. y pról. José Luis Martínez, Porrúa, México, 1949, t. 3, pp. 95-122.

pues ir, por ejemplo, al puerto de Veracruz era ya en sí una aventura memorable que tomaba en 1866, por diligencia y ferrocarril, cuatro días y tres noches. Los mismos medios de transporte proporcionaban emociones dignas de relatarse: la diligencia, que comenzó a hacer trayectos regulares aproximadamente en la década de los cuarenta, era una "estrecha cárcel" en la que el polvo ahogaba a los viajeros "en sus espesos torbellinos" (p. 25, t. 1). El ferrocarril, que en el año de 1866 sólo iba desde Paso del Macho hasta Veracruz (Paso del Macho dista aproximadamente 90 km del puerto), representaba el "vértigo de la velocidad" y la posibilidad de comunicarse y trasladarse con mayor comodidad y seguridad. Era un "férreo" símbolo del progreso y por eso las señoritas Larrainzar consideran necesario explicar en nota al pie de página, al narrar su llegada a Veracruz, que "La distancia de Veracruz a México se salva hoy [1880] con los trenes del hermoso y espléndido ferrocarril que se ha construido" (p. 75, t. 1). Y el barco de vapor que comenzó a funcionar en el Golfo de México a mediados del siglo, aunque presentaba grandes ventajas respecto de la navegación a vela, dependía casi totalmente de la pericia del capitán y del clima. A pesar de que incluso los aspectos desagradables podían poseer un lado positivo —como cuando las señoritas Larrainzar hablan del mareo: "Esta enfermedad, según la opinión más general, se convierte en una verdadera medicina, que influye inmensamente en la salud [...] pues es mucho el bien que proporciona, limpiando completamente el estómago" (p. 130, t. 1)—, el mar podía también deparar sorpresas tan desagradables, como las narradas en las novelas de aventuras sobre náufragos y naufragios. Porque un barco de vapor podía, después de una tormenta, perder el rumbo y encontrarse en alta mar sin saber qué dirección tomar, como les sucedió a las Larrainzar en su travesía de Veracruz a La Habana; o el mar podía penetrar en el barco sin previo aviso como le sucedió a la condesa Kolonitz, que viajaba con Maximiliano y Carlota a México: "Me desperté, oí un ronco murmurar, extendí la mano y la sumergí en el agua. Mis pantuflas nadaban como barquitos[...] Del mío [camarote] sacaron más de veinte cubetas de agua."[3]

Durante la mayor parte del siglo XIX, los medios de transporte y los caminos en México eran incómodos y peligrosos, po-

---

[3] Paula Kolonitz, *Un viaje a México en 1864*, FCE-SEP, México, 1984, p. 56.

cos eran los que se aventuraban a recorrer distancias largas, y menos todavía los que, venciendo sus temores, tenían el privilegio de poder ir a Europa, Asia o África. "Los mexicanos viajan poco, y los que viajan no escriben ni publican sus impresiones o sus recuerdos",[4] se lamentaba Altamirano en 1882. No son muchos, realmente, los testimonios publicados sobre viajes al extranjero; la mitad de ellos se refieren a los Estados Unidos y el resto es sobre Europa o sobre Egipto y Palestina (Tierra Santa).[5] Tampoco son muy numerosos los relatos de viajes por México escritos por mexicanos; de hecho, fue mucho mayor el número de extranjeros que, por diversos motivos, recorrieron nuestro país y escribieron acerca de él. Entre los mexicanos viajeros por su tierra que dejaron recuentos de sus travesías, se cuentan Ignacio Ramírez, que recorrió los estados del norte; el ingeniero Antonio García Cubas, que viajó por diversas localidades de la República por razones de trabajo, y Manuel Payno y Guillermo Prieto quienes colaboraron en las revistas *El Museo Mexicano* y *El Liceo Mexicano* con varias crónicas de viajes.[6]

En cuanto al texto que nos ocupa, *Viaje a varias partes de Europa*, es uno de los contados libros de viajes escrito y publicado por mujeres en México. Consta de cuatro tomos escritos por Enriqueta y Ernestina Larrainzar y un apéndice debido a la hermana mayor, Elena L. de Gálvez, quien habla acerca de las regiones que sus hermanas no conocieron, con el afán de proporcionar al lector una visión completa de todos los países de Europa (excepto España y Portugal, omisión acerca de la cual no se hace ningún comentario).

Los cuatro tomos de las señoritas Larrainzar se publicaron por entregas, durante dos años, de 1880 a 1882. No sabemos cuándo comenzaron a escribir, pero deben haber terminado a principios de 1880, pues en el prólogo —fechado mayo de

---

[4] Altamirano, *op. cit.*, p. 95.

[5] En la antología de Felipe Teixidor, *Viajeros mexicanos (siglos XIX y XX)* (Porrúa, México, 1982), encontramos diez relatos de viajes al extranjero. Altamirano, en la "Introducción..." citada asegura que los libros de esta materia se reducían, en 1882, "a nueve o diez". Si añadimos el de las señoritas Larrainzar, que él no menciona, suman once.

[6] Los viajes de I. Ramírez son mencionados por Altamirano, así como los de García Cubas de quien se editó en 1981 el *Álbum del ferrocarril mexicano*, (1887), Editorial Innovación, México. De Manuel Payno también se han publicado recientemente dos crónicas de viaje: *Un viaje a Veracruz en el invierno de 1843*, Universidad Veracruzana, Xalapa, 1984 y *Memorias e impresiones de un viaje a Inglaterra y Escocia*, Fontamara, México, 1988.

1880— apuntan que escribir la obra "ha sido la ocupación favorita de nuestra vida, y a ella hemos dedicado las más gratas horas de nuestra existencia[...] Concluido este trabajo, lo presentamos al público[...]" (p. 6, t. 1).

Sabemos que el viaje comenzó el 2 de febrero de 1866, cuando salieron de la ciudad de México hacia Veracruz. Volvieron en 1873, ocho años después de su partida y siete años antes de comenzar a publicar sus memorias. Tan largo alejamiento no se debió a los deseos de las hermanas Larrainzar, pues ellas eran "sólo unas niñas" cuando partieron con su padre de viaje. Aunque en el *Viaje* explican que el padre quería permanecer en Europa (finalmente van a vivir a Guatemala), es más probable que el motivo por el que no regresaron antes a su patria haya sido político pues, como veremos más adelante, el señor Larrainzar había partido de México como embajador del Imperio de Maximiliano. La idea de escribir las memorias también se debió al padre, que las "instigó y animó" a tomar apuntes desde la salida de México.

Son pocos los datos existentes sobre la vida de las hermanas Larrainzar; mucho más se sabe acerca del padre, diplomático e historiador, de quien se conserva una biografía publicada en México en 1884.[7] Puesto que la influencia de don Manuel Larrainzar fue definitiva para la carrera literaria de Enriqueta y Ernestina, vale la pena detenerse brevemente en algunos pormenores de su vida.

Manuel Larrainzar nació en 1809 en Ciudad Real, hoy San Cristóbal de las Casas. Miembro de una de las principales familias de Chiapas, estudió letras en su estado y más tarde se recibió de abogado en la ciudad de México. En 1835 se casó con Manuela de Córdova, "de familia distinguida de Guatemala", con quien tuvo dos hijos y tres hijas.

Desde 1836 ocupó varios cargos públicos. En 1852 fue enviado por Santa Anna a Washington para detener una invasión norteamericana a Tehuantepec; de ahí viajó a Europa con la misión de solucionar los problemas que México tenía con el Vaticano. Al parecer, durante la estancia en Roma, según comenta-

---

[7] *Biografía del Sr. Lic. D. Manuel Larrainzar*, Ignacio Cumplido, México, 1885. Fue publicada por primera vez en Ginebra en *Historia general de los hombres más notables del mundo, muertos o existentes en el siglo*, "amplificada y traducida" por Amado López para la edición mexicana en homenaje a Larrainzar, quien había muerto en 1884.

rios de Elena L. de Gálvez en el *Apéndice*, nacieron Enriqueta y Ernestina, que no pudieron conocer Italia ni Suiza, pues "estaban recién nacidas". El año de su nacimiento fue el de 1854 y es muy probable que hayan sido mellizas:[8] tanto su hermana como Filomeno Mata —en la presentación del *Viaje*— se refieren a las dos como si fueran una sola. Por otro lado, todas sus obras conocidas fueron escritas y firmadas por ambas "jóvenes autoras", quienes jamás individualizan sus comentarios, hablando siempre en primera persona del plural.

En cuanto al viaje que da origen a las memorias, sabemos, nuevamente por la biografía de Manuel Larrainzar, que en 1865 fue nombrado por el emperador Maximiliano "Enviado Extraordinario y Ministro Plenipotenciario en las cortes de Rusia, Suecia y Dinamarca". En 1866 se embarcó en Veracruz con destino a San Petersburgo, llevando consigo a su esposa y a sus tres hijas. Enriqueta y Ernestina debían tener entre 12 y 13 años. Poco menos de un año estuvo la familia Larrainzar en la corte rusa; con la muerte de Maximiliano en 1867 ("los tristes acontecimientos de México", p. 10, t. 4), desaparecía la representación diplomática en San Petersburgo, pero no era posible regresar a México todavía.

La creación de embajadas innecesarias había sido una de las tantas medidas censuradas por los enemigos del emperador:[9] seguramente Larrainzar sabía que si volvía con su familia se expondría a las represalias del gobierno de Juárez. Su deseo era instalarse durante algún tiempo en Italia, Francia o España, pero decidió finalmente ir a Guatemala, desde donde la familia regresó a la ciudad de México justamente después de la muerte de Juárez.

Manuel Larrainzar publicó varios libros sobre cuestiones mexicanas, entre ellos uno que escribió al regreso de Europa y Guatemala, *Estudios sobre la historia de América, sus ruinas y*

---

[8] En la *Enciclopedia de México* ("Larrainzar, María Enriqueta", *Enciclopedia de México*, Enciclopedia de México-SEP, 1987, t. 8, pp. 4623-4624), la breve nota biográfica sólo habla de la fecha de nacimiento, en Roma, de Enriqueta, sin mencionar a Ernestina, sobre quien informa únicamente que escribió en colaboración con su hermana. La información es incompleta y algunos datos, erróneos: se dice que Enriqueta llegó a México en 1868, como si hasta la fecha hubiera vivido en Italia. Esta fecha tampoco coincide con la de su regreso a México, 1873, según el *Viaje*.

[9] Cf. Lilia Díaz, "El liberalismo militante", en *Historia general de México*, El Colegio de México, México, 1981, t. 2, pp. 872 *ss.*

antigüedades, comparadas con lo más notable que se conoce del otro continente. Uno de los hijos, Federico Larrainzar, fue también diplomático y publicó algunos "opúsculos" sobre derecho internacional. En lo que se refiere a Enriqueta y Ernestina, además de *Viaje a varias partes de Europa*, publicaron *Horas serias en la vida* (1879) y *Misterios del corazón* (1881).[10] Posterior al *Viaje*, es una novela en dos tomos titulada *Sonrisas y lágrimas*. El prefacio está escrito en enero de 1883, dos meses después del último pliego de sus viajes. Esta novela intenta ser "una pintura del corazón humano en nuestro siglo materializado".[11] En realidad son cuatro historias independientes alrededor del tema del honor de la mujer; el estilo acaramelado, la intención moralizante y la poca preocupación que sienten las autoras por la verosimilitud, son elementos presentes también en las "anécdotas positivas" que insertan en el relato de sus viajes. Se conserva además —anexa a la biografía de Manuel Larrainzar publicada en México— un breve texto elegíaco: "A la sagrada memoria de nuestro inolvidable padre". Ernestina Larrainzar, además, fue fundadora en 1885 de una congregación religiosa: Hijas del Calvario, que "cuenta con 58 casas: 15 en México, 5 en Cuba, 7 en España, 23 en Italia, 1 en Jerusalén y 7 en Rodesia".[12]

Viaje a varias partes de Europa es una obra ambiciosa —tal vez la más ambiciosa de las producidas por las hermanas Larrainzar, en lo que se refiere a la estructuración del relato, pues ellas confiesan que cuando escribían novelas no se proponían "plan ninguno en especial" sino sólo un "fin general".[13] Su intención en el *Viaje* era describir todo "lo más notable" del continente europeo, "sus grandiosos edificios, sus bellas poblaciones, sus grandes establecimientos", lograr que los lectores se transportaran, como si lo hubieran visitado, al "centro de la civilización" y servir, en caso dado, "al viajero de guía en sus excursiones" (pp. 7-8, t. 1). Además, las autoras intercalan entre

---

[10] Los títulos de estas obras aparecen en la *Enciclopedia de México*. No he podido, hasta ahora, localizar estos libros, por lo que no sé si se trata de obras de ficción o de reflexiones sobre temas religiosos, pero seguramente Filomeno Mata alude al primero de ellos cuando dice en el prospecto del *Viaje* (p. 3, t. 1) que "las otras producciones" de las jóvenes autoras habían tenido una "feliz acogida".

[11] "Prefacio", en Enriqueta y Ernestina Larrainzar, *Sonrisas y lágrimas*, 2 ts., Imprenta de Ignacio Cumplido, México, s.f., p. 3.

[12] *Enciclopedia de México*, t. 8, p. 4623.

[13] "Prefacio", en *Sonrisas y lágrimas*, p. 4.

los capítulos dedicados al viaje dos "anécdotas positivas" para "amenizar la aridez" de su relato (pp. 11-12, t. 1). En la creación de estas novelas, las autoras dejan volar libremente la imaginación; en la descripción de los lugares visitados, en cambio, su intención es proporcionar al lector datos exactos y un panorama lo más completo posible.

En el *Viaje*, las autoras narran sus peripecias desde que salieron de la ciudad de México una madrugada de febrero de 1866.[14] El primer tomo (20 capítulos) comienza con su viaje en diligencia y ferrocarril hasta Veracruz, pasando por Puebla, Orizaba, Córdoba y Paso del Macho; continúa con el traslado en barco a La Habana y la estadía en ese puerto, el viaje marítimo a Nueva York y la descripción de "lo más notable" de esa ciudad, y finalmente la travesía hacia Liverpool. En este tomo se encuentra completa la primera de las "anécdotas": la vida desdichada de Marta, compañera de viaje hasta Nueva York, contada por ella misma a las Larrainzar. En los últimos capítulos da comienzo la segunda anécdota, la de Genaro, escrita en unos pliegos que las hermanas encuentran en el cementerio de Brooklyn. Comienzan a leerlos durante el viaje hacia Inglaterra y comparten, como hicieron con la vida de Marta, el relato con el lector.

En el segundo tomo (31 capítulos) las viajeras entran a Europa por Liverpool, van a Londres y de ahí viajan a París, cruzando el Canal de la Mancha; en París visitan "todo", incluyendo los alrededores; a continuación se dirigen a Bruselas, de ahí a Berlín y a Varsovia, donde toman el tren que las llevará a San Petersburgo. La novela de Genaro es retomada al salir de París.

El tercer tomo (38 capítulos) comienza con la llegada a la ciudad de San Petersburgo, en mayo de 1866. Todo el volumen está dedicado a su año de estancia en Rusia. Se suceden las fiestas y reuniones diplomáticas (en las que ellas no toman parte por ser "muy niñas", pero cuyos detalles comparten sus padres y su hermana con ellas), las visitas a palacios y palacetes, las festividades populares del Carnaval y Semana Santa, la llegada de la princesa de Dinamarca y su boda con el duque heredero (Alejandro Alejandrovich). Siguen intercalándose los capítulos que cuentan la vida de Genaro.

---

[14] El *Apéndice*, aunque concebido como parte complementaria del *Viaje*, es en realidad una obra independiente, pues está escrito por la hermana mayor y rompe, además, con la cronología seguida por los cuatro primeros tomos.

El cuarto tomo (80 capítulos) narra el regreso a América: de Rusia se dirigen a Austria, pasando por Polonia. Visitan Viena, los reinos de Wurtemberg y Baviera, Stuttgart, Munich y Baden Baden. De ahí van a París a la Exposición Universal de 1867, descrita detalladamente. Se embarcan hacia América en Southampton, cruzan el Istmo de Panamá y navegan hasta Guatemala, donde residen durante algunos años. A principios de 1873 emprenden el viaje hacia la ciudad de México, cuya situación y transformaciones también describen.

México antes de Europa

En 1866, México es tan desconocido para Enriqueta y Ernestina como cualquiera de los países por los que viajarán. Las ciudades importantes visitadas en el camino a Veracruz son descritas con datos tomados del "atlas de la República Mexicana" (nota al pie, p. 31, t. 1). Acerca de Puebla nos dicen: "Estando rodeada por los ríos de Atoyac, San Francisco y Alzezeca, tienen las aguas una corriente fácil, que proporciona la ventaja de que poco tiempo después de una lluvia fuerte, pueda transitarse por sus calles libremente." Así cumplen con uno de los objetivos señalados en su prólogo: "procurar la mayor exactitud".

No todo ese México visitado de paso hacia Europa es el dato "árido" de la geografía (y si gran parte corresponde a ello se debe, por un lado, al afán totalizador de las autoras, y, por otro, al desconocimiento del país que los lectores compartirían con ellas);[15] los pequeños poblados que contemplan desde la diligencia las atraen por su sencilla belleza: "Sus calles son hermosas avenidas de palmeras y sus risueñas casitas parecen ocultas dentro del verde follaje" (p. 34, t. 1). Sus impresiones y apreciaciones sobre la vida y los habitantes del campo son necesariamente ingenuas: la naturaleza les "infundía el deseo vehemente de gozar de la vida campestre tan llena de encantos y exenta de las mil amarguras que se tienen que sufrir en las grandes pobla-

---

[15] Al respecto dice Altamirano: "[...] causa más agrado la descripción del país extranjero, que la de una localidad mexicana, y por eso no es raro, sino muy frecuente, encontrar lectores que saben dónde están los Alpes y cómo son, y que no saben dónde está el Nayarit y qué cosa es; que conocen la descripción de las ruinas de Pompeya y que no tienen idea de las ruinas de Uxmal o de Mitla", Altamirano, *op. cit.*, p. 114.

ciones" (p. 50, t. 1). Desde el tren, el paisaje se acerca, para perderse de vista en seguida, y curiosamente los indios forman parte de ese paisaje: "Las chozas de los indios, con éstos en las puertas formando varios grupos, nos entretenían igualmente" (p. 72, t. 1).

La visión de las chozas indígenas da lugar a una digresión histórica, por la que se disculpan inmediatamente las autoras: "no debemos nosotras entrar en pormenores sobre la historia de la conquista, y nos olvidábamos que escribíamos un viaje" (p. 73, t. 1). Este arrepentimiento retórico es curioso —la mayoría de los viajeros incluyen digresiones históricas en sus relatos— y nos señala dos cuestiones importantes acerca de la visión de mundo y la escritura de Enriqueta y Ernestina Larrainzar: el reconocimiento de su condición de mujeres a las que se les permiten ciertas digresiones "literarias" mientras no se inmiscuyan en el terreno de la historia. La justificación que se sienten obligadas a adelantar —por haberse atrevido a hablar de la "desdichada" situación de los indígenas—, apoyándose en sus lecturas de historia, es un recurso que utilizarán a menudo para explicar la razón de ser de su escritura. Se sitúan —desde el prólogo del tomo 1— en una posición subordinada respecto de los "hombres de letras" con quienes, afirman, no pretenden equipararse. Y, sin embargo, de vez en cuando se les "escapan" afirmaciones controversiales sobre las situaciones observadas. Afirmaciones que, en realidad, sí son pertinentes en un relato de viajes, cosa que ellas saben aunque les convenga fingir lo contrario.[16] Por otro lado, sus comentarios sobre los indios y la historia (entre otras cosas dicen: "¿No verán con un secreto horror a los que vinieron a arrancarlos de sus hogares y del seno de sus familias para sepultarlos en la nada?", p. 72, t. 1) se incluyen con la intención de que el lector conozca el lugar desde el que escriben: las autoras son criollas (es decir étnicamente europeas), miembros de un sector privilegiado y católicas fervientes.[17] Su mirada no es muy diferente a la de ese innombrable sujeto "ellos"

---

[16] Véase Josefina Ludmer, "Las tretas del débil", en *La sartén por el mango. Encuentro de escritoras latinoamericanas*, eds. Patricia Elena González y Eliana Ortega, Ediciones Huracán, Río Piedras (Puerto Rico), 1985, pp. 47-54.

[17] Los siguientes datos nos ayudan a formarnos una idea de lo privilegiadas que realmente eran las Larrainzar: en 1867 México tenía 8 millones de habitantes. "Más de seis eran cerriles, habitaban en miles de pequeños mundos inconexos[...]. La población era escasa, rústica, dispersa, sucia, pobre, estan-

de la cita anterior, aunque se acerca más a la de los misioneros que a la de los conquistadores. Por otro lado, es interesante cómo en este momento hablan de "esta pobre raza hoy tan despreciada", cuyo resentimiento desaparecería si fuera educada y civilizada según los preceptos de "nuestra santa, única, verdadera e inmaculada religión" (pp. 73-74, t. 1), mientras que al volver de Europa su visión de los indígenas es totalmente romántica, idílica y de empatía, lo que no significa que sus convicciones religiosas hubieran menguado en absoluto.

México después de Europa

A primera vista, parece como si a su regreso de Europa la perspectiva de las autoras hubiera cambiado totalmente. Pero, en realidad, lo que sucede es que ha adquirido un barniz cosmopolita. "El *gentleman* que ha viajado a Europa contempla a su propio país con mirada europea",[18] dice David Viñas, hablando de los viajeros argentinos del siglo XIX. Sucede lo mismo a las Larrainzar, pero no porque su mirada se haya vuelto condescendiente o desdeñosa, sino porque ahora las cosas poseen un nuevo valor, condicionado, a la vez, por el orgulloso reencuentro con lo propio y por los recuerdos de lo apropiado durante el viaje.

Para volver a México, la familia Larrainzar viaja desde Guatemala en barco hasta Puerto Ángel, Oaxaca. De ahí se trasladan a Veracruz, en litera y a caballo. Durante ese viaje "Nos veíamos privadas[...] de toda clase de comodidades; con nuestras propias manos condimentábamos nuestro alimento en los ranchos de las indias sobre un montón de leña y ceniza" (pp. 710-711, t. 4). Para ellas este corto viaje significa "un paréntesis en nuestra vida", y lo disfrutan con "jovial alegría" (p. 172, t. 4). Ya no les inquieta la suerte de los indios, comparten su comi-

---

cada, enferma, mal comida, bravucona, heterogénea, ignorante y xenófoba". En lo que se refiere a la población indígena: "se usaban entre indios cien idiomas diversos. Un millón hablaba únicamente el nahua; medio millón el otomí; un cuarto de millón el maya[...]", y por supuesto una gran mayoría seguía, aisladamente, practicando cultos prehispánicos. Luis González, "El liberalismo triunfante", en *Historia general de México*, t. 2, pp. 914, 916.

[18] David Viñas, *Literatura argentina y realidad política*, Jorge Álvarez Editor, Buenos Aires, 1964, p. 50.

da y sus casas, envidian su humilde bienestar: "en ellas [las mujeres indígenas] se veía confirmado de lleno el hermoso pensamiento de Chateaubriand: 'Dichosos los que no han visto el humo de las chozas extranjeras, y sólo se han creado en los festines de sus padres'" (p. 714, t. 4).

Su cosmopolitismo se revela, sin embargo, más claramente en la nueva perspectiva que adoptan para hablar acerca del México europeizado que encuentran a su vuelta. Ya nada puede sorprenderlas, después de haber vivido varios años en Guatemala, México incluso les trae recuerdos del viejo continente: "llevábamos tantos años de no ver una Locomotora, que cuando el tren de Veracruz se presentó a nuestra vista con su penacho de humo[...] sonreímos de placer y nos creíamos transportadas por un momento a Europa" (p. 791, t. 4). Pueden equiparar su país a Europa, porque están —más legítimamente, si así puede decirse, que antes de su partida— por encima de él, más allá del asombro o la admiración, en el lugar donde se pueden permitir una sonrisa cómplice con el ferrocarril, al que ya conocen y dominan. Como conocen y dominan el arte de viajar en primera clase, pero también sin comodidades ni lujos y disfrutando los pequeños placeres de la vida rural.

Como dominarán desde el primer vistazo la ciudad de México, moderna y próspera, que casi no reconocen en 1873. Así, desde las calles del centro "con su animado comercio, su continuo movimiento y varios establecimientos de importancia que dan una alta idea de la capital" (p. 813, t. 4), contemplan y valoran las "bellezas y posibilidades de México"; constatan cómo éstas "atraen una afluencia inmensa de extranjeros" y presagian con notable exactitud el futuro del país durante el porfiriato: "Grandes capitales que no encuentran ya en que ocuparse[...] o que están del todo ociosos de Europa y Los Estados Unidos del Norte, vendrán a México a iniciar y fomentar varios ramos de industria" (p. 887, t. 4).

El orden y el progreso

Si Europa será valorada por sus grandiosos palacios, magníficas bibliotecas y museos riquísimos, el progreso y el orden definen a los Estados Unidos, nación llena de "poder y riqueza" en la que reinan "el orden, la limpieza y el lujo" (p. 473, t. 1). Ninguna otra ciudad provoca tantas exclamaciones de admiración como Nueva York: "jamás nos habríamos imaginado una realidad tan bella" (p. 223, t. 1).

No obstante su conservadurismo en materia religiosa y política, las hermanas Larrainzar consideran suyas ciertas ideas del positivismo: "Comte trató de demostrar que 'no hay orden sin progreso, ni progreso sin orden'. Es decir, trató de mostrar que caben ambos sin contradecirse."[19] Para las Larrainzar orden y progreso ciertamente van de la mano, de la mano de Dios; en su visión estos tres factores no se contradicen entre sí, ni les parece contradictorio encontrarlos reunidos en un país no católico: Central Park es un ejemplo de cómo "el tiempo, la constancia, el cuidado y el dinero bajo la firme voluntad del hombre entendido, han logrado vencer las insuperables dificultades que la ingratitud del suelo ofrecía, cambiando hasta el aspecto raquítico de su vegetación primitiva. Tan cierto es que la mano del hombre, con la industria y el dinero, obra maravillas cuando sus empresas son sostenidas por la mano de Dios" (p. 358, t. 1).

Eficiencia, elegancia, limpieza, comodidad, belleza, "¿Qué cosa puede faltar en poblaciones como Nueva York? Nada, absolutamente nada" (p. 264, t. 1). La comparación con México, desfavorable para éste, es inevitable: "Allí no existe el defecto que se nota en nuestras ciudades, de ser unas casas más grandes que otras y desiguales, lo que da a las poblaciones un aspecto tan feo y desagradable" (p. 233, t. 1).

En Nueva York, como harán más adelante en Europa, todo es examinado minuciosamente, se toma nota de los detalles que permitirán una visión del conjunto, que quiere ser objetiva. A pesar del orden y el progreso, existen la miseria y la criminalidad, y las autoras se proponen mencionar algunos aspectos desagradables de la ciudad. En un tono moralista y puritano, que no logra ocultar la atracción que les provocan ciertas escenas, describen los barrios bajos y la prisión de Nueva York. En un callejón observan y, con la ayuda de la imaginación, recrean: "Operarios sin trabajo, ladrones sin ocupación, ebrios de ambos sexos [...] criaturas prematuramente envejecidas tal vez por falta de aire y alimento[...] ¡Ah, el espíritu no puede menos que oprimirse al contemplar espectáculos tan dignos de compasión" (p. 312, t. 1). "Las Tumbas" es la prisión "más notable" de Nueva York, las autoras —que tenían entre 12 o 13

---

[19] Leopoldo Zea, *El positivismo y la circunstancia mexicana*, FCE-SEP, México, 1985, p. 41.

años— la visitan con tanto horror como fascinación. Contemplan a los presidiarios que "sonríen y se entretienen agradablemente", se imaginan los horribles crímenes que habrán cometido: "cuando se reúnen con sus compañeros ¡qué conversaciones tendrán lugar entre ellos!" (pp. 305-306, t. 1). La pobreza y la delincuencia, imagen y asiento del vicio y el pecado, las atraen porque representan lo opuesto a su mundo y a lo que consideran digno de abierta admiración: la "suntuosidad" que hallarán en Europa.

Lo suntuoso

El momento más brillante del viaje de Ernestina y Enriqueta tiene lugar en San Petersburgo. Desde el prólogo anticipan: "haremos mención de las suntuosas fiestas que nos tocó presenciar, con motivo del matrimonio del gran duque heredero, y el lujo que entonces se desplegó" (p. 19, t. 1), permitiéndose una pequeña alteración de los hechos, que será aclarada más adelante en su texto. Las autoras, en realidad, no pueden asistir a las fiestas, pues su "edad era muy corta", sin embargo asisten los padres y la hermana mayor, Elena, y mediante sus comentarios es como las autoras construyen su relato. Incluso apelan a la simpatía del lector pues su sufrimiento y amargura fueron muy grandes: "Figúrese el lector cuál sería nuestra tristeza, en no poder concurrir por falta de edad a tantas y tan suntuosas reuniones" (p. 660, t. 3). No viven el punto culminante de su viaje, pero no por ello se despojan, para narrarlo como si efectivamente hubieran estado ahí, de la mirada conocedora que han adoptado en Rusia: "¡Qué cuadro tan precioso podría haber pintado el inspirado pincel de un artista sobre los efectos maravillosos que la luz hacía en esta sala adornada con tantas obras grandiosas y brillantes de riqueza, por cualquier parte a que se dirigiese la vista!" (p. 656, t. 3).

La nobleza europea, sobre todo la nobleza gobernante, también las deslumbra. En su visión, estos seres encarnan las mayores virtudes, en ciertos momentos sus figuras se acercan a la divinidad. Privilegio accesible a muy pocos, el contacto con la nobleza las hace experimentar el "íntimo placer y satisfacción" que sólo pueden comprender quienes se hayan encontrado "en medio de ellos" (p. 594, t. 3).

Si es directo, y lo es para ellas a través de la hermana, el contacto es motivo de orgullo: "¡Cuántas veces en una cuadrilla, las manos de Elena se enlazaron con las de los futuros soberanos de la Europa y los Grandes Duques de Rusia!" (p. 708, t. 3); o puede ser comentado al pasar, entre el recuento de los sucesos cotidianos, como los encuentros que en sus paseos tenían con el zar Nicolás II: "jamás tenía escolta o escuderos que siguiesen su carruaje, casi diariamente lo encontrábamos así en nuestro paseo y siempre nos saludaba con la amabilidad en el semblante y la sonrisa en los labios" (p. 719, t. 3).

Suntuoso, elegante, rico, estos adjetivos califican en Europa todo lo que las autoras consideran "notable", le sirven "de límite al arte porque más allá reaparece el mal del que hay que distanciarse, son los valores que el viajero estético exalta con mayor complacencia".[20]

En cuanto al arte que encuentran en los museos, el de gloriosos tiempos pasados —el de su época, desplegado en la Exposición Universal de París de 1867, es "deslucido, descolorido, sin acento" (p. 448, t. 4)—, o los cientos de libros que forman las bibliotecas de condes, duques y príncipes europeos, son la demostración visible, palpable de la "cultura". Se proporcionan enumeraciones y cifras, catálogos en los que el arte es contabilizado. Si es posible se proporciona el costo de las colecciones —como también el costo de construcciones o restauraciones de palacios e iglesias— como si éste, junto con el nombre del coleccionista, explicara el verdadero valor del arte mejor incluso que los nombres de los autores. Al narrar su visita al Museo del Hermitage dicen: "Los cuadros más notables de esta galería, son los de Houghton Hall y se componen de 89 de la Escuela Italiana, 75 alemanes, 7 españoles y 5 de la inglesa. La tercer colección contiene entre sus numerosas pinturas 11 obras maestras que eran de la galería Choiseul compradas en el precio de 650 000 francos" (p. 113, t. 3).

El entusiasmo despertado por la opulencia de los edificios, muebles, adornos, tapicerías, vestidos, bailes, joyas, no se limita a cuestiones "civiles", incluye la exaltación del militarismo y de la fastuosidad que lucen algunas iglesias rusas. Nuevamente —como en el caso del orden, el progreso y Dios— elementos difícilmente conciliables se reúnen en la visión de las autoras, sin que para ellas sean visibles las contradicciones. Mientras visitan las fortalezas del golfo de Finlandia, sienten deseos de contem-

[20] David Viñas, *op. cit.*, p. 58.

plar una batalla: "¿No veremos nunca[...] los encarnizados combates[...]? ¡Cuán *solemne* será el imponente espectáculo de una batalla!" (p. 389, t. 3), fantasías que no impiden que dos páginas más adelante anoten sus reflexiones sobre la irracionalidad de la guerra: "La guerra es el acto más *espantoso* que puede cometerse; no debía ya existir en nuestros tiempos" (p. 391, t. 3). Después de recorrer los templos de San Petersburgo resumen sus impresiones: "La *riqueza* que encierran, los metales y piedras preciosas de que están adornadas casi todas las imágenes y el *rico* material de que están formadas; famosa es esta *riqueza* y *suntuosidad* que revelan el lugar prominente que en ese pueblo han venido ocupando la religión y la *pompa* de su culto, la importancia que le da, y el respeto con que se ven las casas de oración, en las cuales se busca *recogimiento* y *santidad* para implorar la protección del Ser Supremo" (p. 35, t. 3, las cursivas de esta cita y la anterior son mías).

Más allá de la seguridad y firmeza que representa lo suntuoso, está lo popular, lo ajeno, considerado "feo" y menospreciable.

Lo otro

Lo ajeno es en principio temible. Antes de conocerlo y darse cuenta de que las sociedades de otros países son bastante similares a la mexicana, Enriqueta y Ernestina sienten un profundo temor al tener que dejar su país. Temor no reconocido, expresado en una escritura lacrimosa que confunde al lector, haciéndole creer que las autoras emprenden solas el viaje. Ni los padres, ni las hermanas son mencionados sino hasta la llegada a Nueva York. Las viajeras aparentemente van sólo acompañadas de su tía, pero en Veracruz deben separarse puesto que la tía se reúne con su esposo: "¡Eran las dos únicas personas que nos quedaban allí, en ellas veíamos representada a la familia toda! [...] Fue preciso decirles adiós y nos arrojamos en sus brazos[...] ¡Los arrancaron de nuestro lado y permanecimos solas!" (p. 106, t. 1).

Más adelante lo ajeno provoca otros sentimientos: las costumbres y el "carácter" de los habitantes de los países visitados son contemplados con una mirada curiosa y crítica. La mirada más crítica se dirige a las clases bajas, las que forman el pueblo estrictamente separado de la "primera sociedad". No puede ser de otra manera, ellas —respetuosas de las jerarquías— con quienes conviven es con los miembros de la clase alta y con ellos se sienten obligadas a ser comprensivas. De tal modo, admiran la liberalidad que reina en las familias norteamericanas (de clase alta): "Las americanas gozan de una libertad absoluta y son muy independientes en su carácter, en el seno de una misma familia cada una de las personas que la componen tienen una religión diferente muchas veces; y por consiguiente distintas prácticas, creencias y costumbres: el uno, sin embargo, no hostiliza al otro, y reina entre ellos la mayor y más imperturbable armonía" (p. 370, t. 1).

En cambio, al referirse a las costumbres religiosas de otras clases sociales, las diferencias las molestan, por ejemplo, en Nueva York en un templo protestante notan cómo un hombre "nada decente" es quien ocupa el púlpito. Recuerdan que sus "queridos padres" les han contado que una vez el cochero que les sirvió era también sacerdote metodista. "¡Oh y cuánto abunda esto en el protestantismo! ¡Qué diferencia con nuestro clero!" (p. 296, t. 1). Y algo parecido les sucede en Rusia, donde vuelven a reparar principalmente en los rituales y no en la esencia de la religiosidad: "nosotras observábamos todas estas ceremonias[...] y compadecíamos a aquel pueblo desventurado, religioso por esencia envuelto en las tinieblas del engaño y el error" (p. 490, t. 3).

La escena más pintoresca y exótica que contemplan durante su viaje no se las proporcionan, sin embargo, los habitantes de ninguno de los países que visitan, se topan con ella en la Exposición de París. En el pabellón japonés se puede ver a "tres jóvenes japonesas[...] ricamente vestidas". Observadas desde todos los ángulos, mientras hacen cigarros —de una manera que recuerda nuestra observación de los animales en un zoológico—, son objeto de los comentarios de las autoras. Según ellas "Estas jóvenes a pesar de la fealdad de su raza no se veían mal[...] eran a nuestro modo de ver, comunes, no sino de las notabilidades en hermosura en su país, por lo cual esas figuras rechazantes no se veían feas; sino por el contrario extrañamente simpáticas" (pp. 434-435, t. 4). Tanta *diferencia* las confunde y ello se refleja en su escritura.

Este tipo de opiniones son características de la visión de Enriqueta y Ernestina. A lo largo de todo su viaje han buscado no descubrir, sino confirmar, por ello su relato carece justamente de lo que podría interesar a un lector crítico: especulaciones y no juicios categóricos, intentos de encuentro con el otro y con uno mismo. Y lo que más extraña es que no hayan reflexionado, o no hayan incluido en el texto sus reflexiones, en el momento de escribir. El episodio anterior, que vivieron en 1867 y sobre el que escriben aproximadamente diez años después, es narrado sin tomar distancia, como si hubiera sucedido el día anterior. Tanto las experiencias del viaje como el tiempo transcurrido entre éste y la redacción de sus memorias, podrían haberles permitido reconsiderar sus propias sensaciones. Sin embargo, el propósito era relatar hechos y sentimientos con la misma frescura y espontaneidad con la que los habían anotado en sus apuntes. Tanto sus recuerdos como sus prejuicios se mantuvieron intactos.

La literatura en el viaje

El valor de esta obra reside ante todo en que es un documento importante para la reconstrucción de la visión de mundo de dos mujeres mexicanas que decidieron escribir y publicar sus escritos, actuar y utilizar su capacidad intelectual, colocándose, aunque sólo parcialmente, fuera del esquema en el que por ser mujeres —miembros, además, de una clase alta con tendencias aristocratizantes— estaban insertas. Según Asunción Lavrin, "la educación como un logro personal era considerada como un adorno de la femineidad, como una adquisición que no debería chocar con los conceptos tradicionales del más alto destino de la mujer como madre y como esposa".[21] Si bien es indiscutible que las Larrainzar no consideraban su educación como un simple "adorno", también es cierto que el trabajo de escritoras sí era visto como un "ornamento de su vida". Así, aunque se cuentan entre las pocas mujeres mexicanas del siglo XIX que dedicaron muchos años a elaborar una sola obra, su *Viaje* carece hoy de valor literario porque el afán de mostrarse espontáneas predominaba sobre un afán —inexistente— de profesionalismo.

Es por eso por lo que, en relación con la literatura, interesa más la visión que de ella tenían —plasmada en los textos que ellas explícitamente reconocen como de ficción— y cómo se articula ésta con el hecho de su pertenencia a una clase social que no puede categorizarse como burguesa ni aristócrata, pero que

---

[21] Asunción Lavrin, "Introducción", en Asunción Lavrin (ed.), *Las mujeres latinoamericanas. Perspectivas históricas*, FCE, México, 1985, p. 21.

adopta varias de sus actitudes y creencias, y con el hecho de formar parte del "bello sexo", el que según José Ma. Vigil sólo "ha hecho oír su voz en son de súplica o protesta cuando ha creído lastimadas sus ideas religiosas y amenazados ciertos intereses morales que se ligan estrechamente con la estabilidad de la familia".[22] Podemos, entonces, decir que las Larrainzar son doblemente conservadoras y ello está, por supuesto, presente en la creación de los personajes, situaciones y lenguaje estereotipados de sus "anécdotas positivas". Son éstas, relatos repletos de sentimentalismo, en los cuales el destino del héroe o heroína se halla en manos de la providencia y a quienes sólo su incuestionable rectitud moral permite finalmente salir bien parados. Son relatos que se sirven de las tribulaciones de los protagonistas para exaltar los valores de los que hablaba Vigil: la pureza de la mujer, el respeto a la autoridad, la familia y el hogar como únicos espacios legítimos de felicidad, y la bondad de las creencias y prácticas de la religión católica.

La inserción de estas historias tiene como fin explícito proporcionarle al lector variedad, no abrumarlo con interminables descripciones de monumentos, pero tal vez las autoras las incluyen no sólo preocupadas por el lector sino porque a ellas mismas les resulta más estimulante la creación de ficciones. Como escriben en el prefacio de *Sonrisas y lágrimas*, al comenzar una novela "no sabemos[...] ni quiénes serán los personajes, ni el papel que jugarán en la trama", así el argumento podía alargarse indefinidamente con sólo acumular sucesos y personajes. Y debía ser esto mucho más divertido que reunir datos siguiendo un estricto orden cronológico. Por otro lado, la única relación que guardan con el relato de viaje son los recursos ficticios con que introducen, interrumpen y retoman las historias. Estos recursos son verosímiles y le indican al lector que habrá un cambio de na-

---

[22] José Ma. Vigil, "La mujer mexicana", en José Ma. Vigil (ant. y pról.), *Poetisas mexicanas, Siglos XVI, XVII, XVIII y XIX*, est. prel. Ana Elena Díaz Alejo y Ernesto Prado Velázquez, UNAM, México, 1977, p. LXXV. Vigil, difusor de la poesía escrita por mujeres, impulsor de una literatura nacional y uno de los dos "hombres" que comentó el *Viaje* de las Larrainzar, consideraba que la mujer aunque adquiriera conocimientos no debería perder su "carácter moral" y que "al través de la literata, la artista, la poetisa, se encuentra siempre a la mexicana, es decir, a la hija, a la esposa, a la madre que, con sus gracias y ternura, embellece y vivifica el hogar manteniendo en cierto nivel la moralidad pública y privada, que constituye la base fundamental de la dicha y prosperidad de los pueblos", p. LXXVIII.

rrador, el cual en ambas anécdotas habla en primera persona de singular y es el protagonista de la historia que cuenta. Así, por ejemplo, después de describir el "vapor" en el que harán la travesía de Veracruz a La Habana y la tormenta que no le permitía zarpar, escriben las autoras: "serían las diez de la mañana cuando nos reunimos con Marta, que como buena amiga había ido a buscarnos; nos trasladamos al salón de las señoras y sentándonos a su lado, le suplicamos nos continuase la relación de su interesante historia; ella como siempre, accedió a nuestro deseo y continuó de esta manera su relato" (p. 109, t. 1); y para interrumpir el relato de Marta: "Aquí se encontraba Marta de su relación [sic] cuando vinieron a llamarnos para comer; juntas nos dirigimos al comedor, y después nos separamos, entregándonos el resto del día a nuestras meditaciones" (pp. 120-121, t. 1).

Con la utilización de la técnica del folletín, las autoras interrumpen el relato en un punto clave de modo que el lector, si quiere conocer la continuación de la historia, debe leer también los pliegos sobre el viaje, pues no hay un patrón fijo de intercalación de las novelas.

La explicación de las autoras sobre su *método* ("no sabemos ni quiénes serán los personajes[...]") para construir novelas nos habla de los sentimientos ambivalentes que el papel de escritoras les produce. Están tan orgullosas de sus escritos como de su poca profesionalidad. Parecen pedir disculpas por haberse internado en el campo de las letras, ellas no son "autores notables", ni pretenden hacer "ciencia profunda", "tarea propia y digna de hombres de letras". Ellas intentan únicamente proporcionar al lector "momentos de recreo, de distracción y solaz" (pp. 6-7, t. 1). Se adelantan a sus posibles críticos y les piden a quienes "pasen la vista" por su obra que sean "galantes e indulgentes". Agradecen —en la última parte del tomo 4— a José Ma. Vigil y a José Sebastián Segura sus opiniones acerca del *Viaje*, pues éstas "revelan la exquisita galantería y benévola indulgencia de nuestros compatriotas" y sus elogios son "el escudo que nos guarda y las más preciosas flores que nos coronan".

Resulta difícil no recordar aquí a otras hermanas, que escribieron casi cincuenta años antes en la Inglaterra victoriana: las Brontë. Charlotte —cuya vida converge con la de las Larrainzar en un punto representado por el escritor inglés Thackeray, a quien Enriqueta y Ernestina citan en su *Viaje* y a quien Charlotte dedicó la segunda edición de *Jane Eyre*— explicó en su prefacio a la segunda edición de la novela de su hermana Emily,

Cumbres Borrascosas, la razón por la cual en sus primeras publicaciones habían utilizado seudónimos masculinos: no querían que sus obras fueran juzgadas con ideas preconcebidas, no deseaban que por ser mujeres se las quisiera "premiar" con "un piropo, que no es un verdadero elogio".[23] Deseaban que sus poesías y novelas recibieran opiniones imparciales, pues sabían que el género sexual de los autores influía irremediablemente en la opinión de los críticos. Contrasta esta posición con la de las hermanas Larrainzar: a pesar del esfuerzo y el tiempo dedicados a la redacción y publicación de su *Viaje* ("grandes han sido los sacrificios y quebrantos que hemos tenido que hacer para concluirla. En México[...] no se costean las impresiones y el que escribe se ve sujeto a muchas contrariedades y disgustos" (pp. 889-890, t. 4), consideran "inmerecidos" los "elogios" y las "finas ponderaciones" a sus "humildes trabajos que son sólo los débiles ensayos del niño que comienza a dar sus primeros pasos" (pp. 890-891, t. 4).

Es claro que no puede hacerse una correspondencia, desde un punto de vista estricto, entre la situación de las escritoras (y los escritores en general) de la Inglaterra y el México del siglo pasado. Las Brontë, por otro lado, eran hijas de un pastor protestante, hijo de campesinos, que había asistido a la universidad gracias a sus propios méritos. Su religión, la clase social a la que pertenecían y el medio rural que habitaban, las impulsaban a ver el estudio como un instrumento de trabajo y un medio para "enriquecerse espiritualmente". Inglaterra poseía además una importante tradición literaria de siglos y, a mediados del XIX, cuando se publicaron las obras de las Brontë, muchas otras mujeres escribían y participaban activamente como lectoras de sus contemporáneas.

El entorno familiar y social es definitivo para la creación de obras literarias, pero son las características individuales del escritor las que le darán a una obra la fuerza necesaria para mantenerse viva a pesar del paso de los años. En el caso de las Larrainzar es problemático hablar de sus características individuales, pues nunca en su obra llegan a asumirse como sujetos, a pesar de ser su relato de viaje explícitamente autobiográfico. Son, entonces, un autor dual que, además, tiene una idea mucho más puritana de lo que debe ser la escritura femenina que

---

[23] Charlotte Brontë, "Biographical notice of Ellis and Acton Bell", en Emily Brontë, *Wuthering Heights*, Penguin Books, Harmondsworth, 1986, p. 31.

las victorianas hermanas Brontë. Ambos grupos de autoras derrochan imaginación en sus creaciones, pero mientras las diversas novelas de las Brontë provocaron comentarios como el siguiente: "No recordamos ninguna otra novela que contenga una fuerza tan indiscutible y un gusto tan espantoso al mismo tiempo",[24] o recibieron calificativos como "extraña", "sin arte", "soez", "perniciosa" e "inmoral"; en lo que se refiere al *Viaje* de las Larrainzar, José Sebastián Segura hacía hincapié en que a pesar de todos los conocimientos adquiridos las autoras habían "sabido conservar el perfume de las buenas costumbres en medio de las cortes más deslumbradoras del Viejo Mundo" y opinaba sobre la primera anécdota: "La historia de Marta es bellísima y está sembrada de preciosas lecciones morales. La imaginación de nuestras viajeras es fecunda y animada y su corazón tierno, apasionado y bondadoso" (pp. 897-898, t. 4).

Tanto las Brontë como las Larrainzar vivieron en sociedades en las que se consideraba que por su *naturaleza* la mujer debía dedicarse a ciertas tareas y el acceso al mundo del arte se les presentaba como una graciosa concesión; se daba por descontado que su trabajo literario ocuparía sólo un lugar secundario o temporal dentro de sus vidas. Robert Southey, editor de Charlotte Brontë, le escribió en 1837: "La literatura no es la ocupación principal de una mujer y no podría serlo."[25] Y ya hemos visto lo que Vigil pensaba de la mujer mexicana. ¿Por qué las Larrainzar se conformaron con hacer una literatura encuadrada dentro de los límites permitidos? ¿Por qué eligieron presentarse a sí mismas y a sus personajes con una serie de frases (e ideas) hechas que dejan traslucir tan claramente su falta de oficio? Las preguntas pueden parecer ociosas, pues la respuesta obvia y tautológica es que la sociedad de la época no podía ofrecerles ni permitirles más de lo que les ofreció y permitió.

Para Simone de Beauvoir las mujeres que se han rebelado y nos han enriquecido con su visión del mundo (Emily Brontë, George Elliot) son en realidad las excepciones, ya que la mayoría "no comprenden los problemas que plantea su deseo de comunicación: y es esto lo que explica en gran parte su pereza. Se

---

[24] En una reseña sobre *Jane Eyre*, cit. en Amy Cruse, *The Victorians and their books*, George Allen & Unwin, Londres, 1962, p. 265.
[25] Sandra Gilbert y Susan Gubar, *The madwoman in the attic. The woman writer and the nineteenth-century literary imagination*, Yale University Press, New Haven y Londres, 1984, p. 8.

consideran siempre con grandes dones; creen que sus méritos provienen de la gracia que las habita y no imaginan que el valor se puede conquistar. Para seducir sólo saben manifestarse; su gracia actúa o no actúa y ellas no tienen ninguna influencia sobre su éxito o fracaso".[26] Esta especial pasividad tiene sus bases en la cultura y no en la naturaleza; la mujer escritora que no es consciente de este hecho, producirá una literatura que se amolde a lo que su sociedad considera "femenino" y, aun más, en el caso de las Larrainzar, su actitud ante la propia obra acabará por ser denigratoria de su mismo trabajo.

A manera de conclusión

Los diversos elementos de *Viaje a varias partes de Europa* analizados a grandes rasgos aquí —y los no analizados, como el punto de vista de las narradoras y la innovación, por llamarla de algún modo, que aportan al género de relatos de viaje al incluir textos de ficción— nos dejan ver la complejidad de la visión de mundo de estas escritoras: en ella se superponen, entremezclándose, diversas y, en ocasiones, contradictorias creencias; alusiones y omisiones difíciles de desentrañar; prejuicios y juicios que despiertan en el lector de hoy sentimientos encontrados.

Y a esos sentimientos, que se colaban por todos lados aunque se intentara mantener cerrada la puerta a la subjetividad, quiero referirme. Las hermanas Larrainzar pertenecieron a su época y ello se refleja en sus escritos. Es apasionante leerlas, pero no porque hayan enriquecido la literatura mexicana —a pesar de lo que dijera Vigil— sino por otras razones. La primera es su discurso, tan poco genuino; y, sin embargo, ellas vivían inmersas en esa serie de clisés, desde su veneración por la nobleza europea hasta la aceptación y defensa de los valores que por naturaleza se consideraban femeninos. La segunda, ligada a la primera, es que creo que este texto enriquece nuestra comprensión de los mecanismos mediante los que funcionaba el pensamiento conservador que mantenía (mantiene) a las mujeres contentas con su subordinación. Y estas mismas razones que hacen al texto atractivo, me impidieron analizar su ideología y su lenguaje con mayor objetividad; creo que es imposible hacerlo con respecto a un siglo tan lejano y tan cercano a la vez.

[26] Simone de Beauvoir, *El segundo sexo*, t. 2, *La experiencia vivida*, Siglo Veinte, Buenos Aires, 1987, p. 494.

Enriqueta y Ernestina Larrainzar

VIAJE A VARIAS PARTES DE EUROPA*

Capítulo VIII

Se dá una idea de los buques de vapor, en que por lo común se hace la navegación.— Separación de las personas que nos acompañaban á bordo, y sensaciones que experimentámos en esos momentos.— El viento norte en el golfo, y retardo que sufrimos en nuestra partida. Marta continúa el relato de su historia. Renovación de las sensaciones que experimentámos al volver á ver entre nosotras personas queridas y decirles el último adiós, y las que se experimentan al alejarse de la patria.

No nos proponemos hacer una descripcion de las varias clases de buques en que se hace la navegacion, algunos de los cuales están preparados con todo género de comodidades, con bastantes garantías de seguridad; sino que nos limitaremos ahora á hablar del vapor, que debia trasladarnos á uno de los puntos de nuestro viaje, para que los que no han tenido ocasion de ver estas embarcaciones, las conozcan al menos por teoría.

Un buque de vapor es un pequeño edificio flotante, construido con fierro y con madera. Su forma exterior es la de un rectángulo con pequeñas ventanas en ambas partes, y un cómodo barandal que se encuentra sobre cubierta. Sus velas, que son anchos y largos lienzos de género grueso y maciso, estendidos por medio de cuerdas y de palos, se hallan algunas veces permanentemente desplegadas, é hinchadas por el viento segun la más ó ménos fuerza de éste, y otras replegadas en los mástiles.

De la máquina lo único que se puede ver en el exterior es un alto tubo cilíndrico, que tendrá como tres varas de circunferen-

---

* Fragmentos de los capítulos 8, t.1 y 91, t.3, Advertencia y capítulo 94 del t. 4 de *Viaje a varias partes de Europa*, México, 1880-1882.

cia, por donde se despide el humo, que al salir forma un ruido sordo, dejando en el espacio una larga nube. Vense tambien dos grandes ruedas laterales, que siguen constantemente el movimiento del vapor rectilíneo circular, batiendo de este modo las aguas, que formando una blanca y espesa espuma, presentan un nido en el oceano, recreando extraordinariamente la vista esa hermosa estela sobre las aguas.

En el interior vense los departamentos de primera y segunda clase, la bodega, y las oficinas de sobre cubierta que son las siguientes:

En el centro están situados los cuartos más ámplios y cómodos que tiene el vapor, y por lo comun sirven de habitacion al capitan, empleados principales y las oficinas como la botica y secretaría; un salon para fumar, la despensa y la cocina.

En la proa véense una especie de jaulas que contienen diferentes animales destinados al sustento, quesos, legumbres, y otros comestibles.

Los animales grandes, como vacas, caballos, etc., yacen atados á los palos.

Los granos, fruta, harina y otras cosas conservadas, se encuentran perfectamente colocadas en la despensa.

En la popa está el timon y algunos acientos para los pasageros, y en todo lo largo del buque los palos que están sosteniendo las velas para las maniobras, los botes y salvavidas, y las cuerdas graciosamente arregladas.

Se advierte en las oficinas órden y regularidad, todó se encuentra arreglado con mucho esmero y propiedad.

Se baja al interior por una escalera regularmente espiral.

En el centro, para los de primera clase, se hallan salones de señoras para la conversacion. Alrededor están los camarotes cuyas puertas comunican con unos pequeños corredores; están numerados desde el 1 hasta el 50 ó más, segun la extencion del buque.

Son los camarotes unos pequeños cuartitos que tendrán sobre tres baras en cuadro. En uno de los muros se encuentran embutidas las camas que son bien angostas, en las cuales no cabe una más que acostada; sentarse no es posible, el alto no lo permite.

En frente de estos cajones hay un pequeño sofá y cerca de él un tocador; todo esto fijo, y sin poder moverse de un lugar á otro, únicos muebles que adornan un camarote.

Sobre el sofá se halla una claraboya con su vidrio, que tendrá como media vara de circunferencia que dá al mar, por donde se recibe el aire y la luz.

De este piso se baja por otra pequeña escalera con su cómodo barandal al piso inferior, ó sea de la segunda clase, que está en el mismo órden que el primero, con la diferencia que en vez de ser todo tan confortable, tiene sus incomodidades, y en lugar de salones de recreo, se suelen encontrar allí los comedores con sus largas mesas fijas en el suelo lo mismo que los acientos, y sobre ellas, en graciosos aparadores que nacen del techo, se encuentra colocada con mucha gracia toda la bajilla de cristal, copas, vasos, botellas, etc., de un modo muy sólido.

La mejor de estas mesas y la más bien asistida está destinada á las personas de primera clase, en ella tiene su asiento el capitan.

La otra pertenece á la segunda clase, y la precide regularmente el segundo capitan, ó uno de los empleados de más categoría.

En este mismo piso se encuentran los baños que son muy aseados...

En muchos buques la primera clase está en la popa, y la segunda en la proa, pues no todos tienen este segundo piso.

El tercer piso lo constituye la bodega, y se baja á él por una pésima escalera, propia solo de marineros acostumbrados á bajar por ella.

Allí se encuentran los equipajes de los viajeros, las mercancías, y lo demás que forma el cargamento del buque, que es preciso no sea poco, para que éste no corra peligro.

La bodega ocupa, como es natural, el centro del vapor, y en los lados se hallan los camarotes, donde duerme la gente del servicio y los marineros. ¡Pobres gentes! si no fuera porque solo para dormir van allí, no se comprende como podrían tener vida en un lugar tan húmedo y oscuro, pues queda sumergido en el seno de las aguas.

[...]

Capítulo XCI

Encuentro agradable que tuvimos en San Petersbourgo; placeres y entretenimientos que esto nos produjo.—Pequeña soireé en el palacio del duque de Osuna, Embajador de España.—Reuniones y diversiones á que asistió nuestra familia, ademas de las fiestas descritas; ceremonia del juramento prestado por el Gran Duque Valdimiro: su descripcion.—Fuegos artificiales en el Golfo de Finlandia.—Solemne Tedeum en la Catedral de San Isaac, en acción de gracias, por haber salvado el Emperador del atentado cometido contra él en París, cuando estuvo allí á ver la Exposicion; se da alguna noticia de este acontecimiento, é impresion que causó en el pueblo ruso; demostraciones que se hicieron por su salvacion, y sentimientos que en ellos producian.

Otro placer inesperado tuvimos en San Petersbourgo, y fué el de tornar á ver á la maestra de piano de nuestra hermana Elena, que habia tenido durante nuestra permanencia en Roma.

Era esta una señora muy simpática, y apasionada por la música; nos referia que cuando vió anunciada en el *Diario Oficial* de San Petersbourgo nuestra llegada, apenas pudo creerla, y fué presurosamente á buscarnos para serciorarse por sí misma si seria cierto lo que le causaba tan vivo contento. Cuando nos vió y nos reconoció, no pudo contener su emocion, y al estrecharnos entre sus brazos, lloraba tiernamente.

El carácter italiano es muy sencible; en esos corazones reside realmente el cariño, de modo que Mme. Lavoureur nos profesaba una verdadera adhesion que no desmintió jamas.

Su esposo era entónces el mas afamado pintor de la corte, y habia hecho ya un buen capital, porque se habia empleado en hacer los retratos de toda la corte rusa, y como hemos dicho ya, en Rusia se paga todo á precio de oro.

Estaban, pues ricos y muy considerados. La antigua maestra de Elena no ejercia ya su profesion.

Les designó la familia un dia á la semana para que nos acompañasen á comer, pues nos consolaba tener en un país tan distante personas que se interesasen tan directamente por nosotros, y nos fué muy útil su amistad. Un dia de tantos, Mme. Lavoureur de Belloli, queriendo oír á su antigua discípula, rogó á Elena que tocase algo, lo que ésta ejecutó con gusto, y le expresó en el curso de la conversacion, la aficion que tenia por el canto; quiso oír su voz, y le gustó tanto, que le manifestó que desde el siguiente dia iria ella misma á darle lecciones, porque estaba segura de sacar una buena discípula, y como le profesaba un cariño particular, aunque ya no se ocupaba en enseñar, de muy buena gana haria, respecto de ella, una excepcion.

En efecto, desde entónces, todos los dias vino á casa Mme.

Belloli, y formó en la escuela mas pura á nuestra hermana, mostrándose cada vez mas satisfecha de ella.

En las noches, despues de cenar, teniamos en casa un pequeño concierto, ó mas bien diremos, unas veladas muy agradables, Mme. Belloli ejecutaba perfectamente en el piano, como que era una profesora de primera fuerza, teniéndonos realmente extasiadas, no solo por su maestría, sino sobre todo, por la expresión y gusto exquisito con que lo hacia.

El piano, bajo sus manos, gemía, lloraba... en fin, dominaba por completo tan bello instrumento, haciéndonos pasar noches realmente deliciosas.

Enseñáronos tambien algunos juegos rusos, llamados *Paciencias*, y que son entretenidos y curiosos.

Los esposos Belloli estaban muy bien relacionados, y concurrian á muchas tertulias particulares, y aún á las de los diplomáticos.

En una de estas reuniones particulares, fué donde hizo Elena su *debut*, cantando por primera vez en una *soireé* dada por el duque de Osuna, Embajador de España, en cuya reunion se encontraba Belloli; fué muy aplaudida aquella noche por la simpática sociedad rusa que allí se hallaba reunida, y se esforzaron todos en felicitarla muy cordialmente. La acompañó en el piano el maestro Ricci, uno de los célebres compositores contemporáneos, autor, entre otras óperas, de la intitulada: *Crispino e la comare*.

Ademas de las fiestas de la corte que tuvieron lugar con motivo del matrimonio del Gran Duque heredero, la familia tuvo ocasion de gozar de otras tambien muy notables. Habia todas las noches reuniones, ya en el cuerpo diplomático, ya en las casas de la alta sociedad rusa; en todas estas soireés, reinaba siempre la mas cordial alegría.

Cuando se encuentra uno rodeado de una sociedad escogida y sin mezcla, es cuando mas se goza, porque hallándonos en nuestro centro, todo nos invitaba al placer y á la confianza.

En San Petersbourgo los círculos sociales jamas se confunden, y como la familia solo asistía á las reuniones dadas por la aristocracia ó por la corte, nunca tuvo motivo de disgusto.

¡Cuántas veces en una cuadrilla las manos de Elena se enlazaron con las de los futuros soberanos de la Europa y los Grandes Duques de la Rusia! ¡Cuántas se veia á los soberanos entablar con sus invitados las conversaciones más íntimas en esas reuniones de confianza que se daban en el palacio del Hermitage, y en las que la corte Rusa parecia olvidar muchas de las reglas de su severa etiqueta.

Ademas de estas reuniones oficiales y privadas, la última ceremonia de la corte que presenció la familia en San Petersbourgo, fué la del juramento prestado por el Gran Duque Valdimiro al cumplir los veintiun años, y entrar á disfrutar de todos los derechos y prerrogativas anexas á su mayor edad.

Algo de notable tenía esta ceremonia puramente militar, y en la cual las señoras tomaban parte. Efectuóse en el palacio de Invierno á las doce del dia; los vastos salones se veian cubiertos de señoras en el mas riguroso traje de corte, y multitud de caballeros, todos de gran uniforme.

En la sala del trono ocupaba la familia imperial su correspondiente tribuna, rodeada por la corte, que se agolpaba en derredor del trono. El príncipe Valdimiro, vestido con el uniforme de la marina rusa, estaba al lado del Tzar, recibiendo los honores de aquella fiesta. La flor y nata del ejército ruso se hallaba reunida en el palacio; todas las banderas habian sido allí trasportadas, haciéndoles los debidos honores. El Himno imperial, que todos escucharon en pié, dió principio á la ceremonia; en seguida las damas de honor y los guerreros comenzaron á pasear las banderas por todos los salones de palacio, formando un precioso conjunto en las evoluciones militares, en las que se confundian los ricos trages de las señoras con los brillantes unifoimes de los guerreros.

Llevadas al salon del trono todas estas banderas, trofeos gloriosos de sus triunfos y testigos de tantas victorias, todos se pusieron de pié y se les batió la marcha de honor; en seguida el príncipe Valdimiro descendió de la tribuna imperial, y en presencia del Emperador, la Emperatriz y de la corte, el cuerpo diplomático, el Santo Sínodo y el ejército allí representado, puso una mano sobre los Evangelios, y juró con voz clara y firme, fidelidad y obediencia á sus soberanos, y sostener con su sangre en cualquiera circunstancia el trono de la Rusia; concluido el juramento, el príncipe recibió las felicitaciones de la corte, y poco despues las banderas volvieron á retirarse con la misma solemnidad con que habian sido traidas; veíanse algunas hechas girones por la mano del tiempo ó por el cañon del enemigo, las cuales como era natural, inspiraban más respeto y veneracion al ejército, que las guardaba como tesoros de un gran valor.

Serian las tres de la tarde cuando concluyó esa fiesta marcada con un sello puramente militar; retiradas las banderas, sus majestades volvieron á sus apartamentos, y el Gran Duque Valdimiro se quedó recibiendo las felicitaciones del cuerpo diplomático y de la corte. Este jóven Príncipe es el más simpático de los hijos del Tzar, tanto en su trato como en su figura; ha viajado mucho, y su educacion es muy esmerada y escogida.

Despues de las felicitaciones regresó el Gran Duque á sus apartamentos, y los invitados comenzaron á retirarse, llevando impreso el recuerdo de aquel dia y de aquella suntuosa solemnidad.

Otra de las cosas notables de que nos fué dado gozar en San Petersbourgo, fueron unos fuégos artificiales en el golfo de Finlandia; allí, en el centro del mar, y en el seno mismo de las aguas. Este espectáculo tenia para nosotras algo de fantástico y singular, y se efectuó en el aniversario del natalicio de la Emperatriz.

Para gozar de ellos nos trasladamos con tiempo á la Punta, a tomar un buen puesto: nuestro carruaje se detuvo frente al golfo, en la extremidad en que comienza su hermosa vista; de manera que pudimos dominar completamente todo lo que teniamos á nuestro derredor.

Era una hermosa noche; los aires primaverales comenzaban á embalsamar el ambiente, y las aguas cristalinas del hermoso Neva corrian tranquilas, mezclándose apacibles á las del golfo. Multitud de carruajes y personas se agolpaban para gozar del grandioso espectáculo que se ofreceria pronto á nuestra vista: en efecto, cuando el último rayo de sol espiró en el ocaso, y la tierra quedó envuelta en esa dudosa luz que caracteriza á las noches de verano en San Petersbourgo, un espectáculo maravilloso fijó nuestras miradas en el golfo, y ya no las apartamos un solo instante de aquel sitio. ¡Fuegos artificiales en el mar! era una de esas cosas de que jamás habiamos oido hablar ni visto escrito; pero en San Petersbourgo se vé realizado lo ideal y lo imposible; diez ó doce buques se hallaban anclados en el golfo, distantes el uno del otro, y sobre la cubierta era donde tenian lugar los fuegos artificiales; algo de mágico y fascinador habia en aquella multitud de luces, que sucediéndose las unas á las otras, se reflejaban en el cristalino espejo de las aguas, y parecian nacer y sumergirse en el seno mismo del Océano.

Los fuegos tenian lugar como hemos dicho sobre las diversas cubiertas de los buques, quemándose castillos de distintas formas unos más inmediatos y otros á larga distancia, lo que causaba un efecto maravilloso; desprendíanse de esos castillos torrentes de fuego y una lluvia de luces de colores y de Bengala, que brillando en el espacio iluminaban con sus misteriosos tintes aquel bello panorama!...

Cuando todos los castillos se hubieron quemado, se presentó ante nosotros un espectáculo imponente; era un buque inflamado, que cubierto de llamas se iba alejando lenta y magestuosamente de la playa; algo de terrible tiene un incendio en la mar; allí, en el reino de las aguas, todo el poder de este elemento no es bastante á extinguir el fuego cuando se declara á bordo; fijas nosotras en la fragata que era presa de las llamas, no apartábamos un instante la vista de aquel cuadro, que fascinaba al par que entristecia; bien sabiamos que lo que acontecia en aquel instante, no era realmente una desgracia, sino un espectáculo preparado de antemano para sorprender al público, terminando así los fuegos; este conocimiento nos ahorró muchas penas, y nos hizo gozar libremente de lo que teniamos á la vista.

La fragata inflamada navegaba al través de las aguas, pero el fuego, que habia tomado un incremento terrible, la devoraba por completo, hasta que desquiciándola del todo, vimos sumergirse la nave enrojecida despues de un corto combate, en el seno de las aguas! un grito de sorpresa resonó compacto entre la multitud, y en el mismo instante millares de cohetes brotaron de la cubierta de todos los demás buques, que brillando á un tiempo en el firmamento, lo invadieron todo por completo con sus fantásticas y variadas luces, que cual lluvia de brillantes, amatistas, esmeraldas, turquesas y rubies se precipitaban impetuosas formando el más precioso ramillete que la mente humana puede forjar!... al mismo tiempo resonó el espacio con el dulce acorde de la música, y todos los carruajes se movieron, y las barquillas que cubiertas de espectadores invadian el hermoso rio, comenzaron á surcar sus aguas de regreso á San Petersbourgo; cuando la última luz brilló en el cielo, nuestro carruaje abandonó la Punta ó extremidad del Golfo, y nos apartamos de aquellos sitios, pero fijo en nosotros el recuerdo de lo que habiamos visto; nos habia impresionado demasiado tan grandioso espectáculo, para que lo pudiésemos olvidar!...

La estacion de las flores habia vuelto á San Petersbourgo, y como hemos dicho ya, la naturaleza se vistió en un momento con su magnífico ropaje, ostentando toda su hermosura. Volvieron á animarse los jardines de la ciudad, y todo cobró nuevo vigor; fué entonces cuando tuvo lugar en la capital de Francia la Exposicion Universal que tanto llamó la atencion, y atrajo á

Paris un concurso inmenso de extranjeros.

Los principales Soberanos del mundo, se presentaron allí para admirar reunidas en un solo punto todas las maravillas de la tierra, ó dirémos mas propiamente, la industria de los hombres.

El Tzar fué uno de ellos, y con motivo de su partida, hubo gran exitacion, porque los Tzares de Rusia, lo mismo que los Sultanes turcos, no salen de sus Estados, y el pueblo supersticioso, se llenó de angustia al ver partir á su Soberano, creyendo que algo desastroso le pudiera suceder, y en parte el corazon no los engañaba.

El Tzar partió acompañado de algunos grandes dignatarios de la Corte; durante todo su tránsito fué recibiendo ovaciones, y al llegar á Paris, le hizo el Emperador Napoleon un magnífico recibimiento. Permaneció en Paris varios dias pues la Exposicion no podia verse en uno solo, y la etiqueta así lo exigía tambien.

Fué alojado en el Palacio del Louvre, y todos los dias iba no solo á la Exposicion, sino tambien á pasear por la ciudad.

Una tarde salió en carruaje abierto acompañado de Napoleon III, y sus hijos el gran duque heredero y el gran duque Valdimiro; dirigiánse hacia el bosque de Boulogne para asistir á una revista en Longchamps, y al regresar de ella, que serian como las cinco de la tarde, al pasar por el mismo bosque, fué dirigido un tiro de pistola al carruaje en que venian tan augustas personas; la alarma fué bastante grande; la bala pasó por el lado en que iba el Emperador Napoleon; pero por fortuna no tocó á ninguno, ni les causó el mas leve daño, y solo hirió al caballo del escudero que acompañaba el carruaje de los soberanos.

El autor de este atentado fué aprehendido en ese mismo momento, y el despecho del pueblo francés fué tan grande, que si no arrancan al asesino de entre la multitud, ésta, sin la menor duda, lo habria hecho pedazos.

Las autoridades en cuyas manos se puso al reo, manifestaron que el autor del atentado era originario del gobierno de Volhyni, polaco, y se llamaba, Berosowlly; que hacia dos años habia emigrado, llegando á Paris á los veinte años de edad, y que hacia ya varios dias que buscaba una ocasion para atentar contra la vida del Emperador de Rusia.

La pistola con que disparó dos tiros, se hallaba muy fuertemente cargada; por lo cual, antes de poder dirigir bien su mano, uno de los tiros se habia escapado, desviándose por consiguiente de su destino. El reo hizo su confesión completa, mostrando, segun decian los diarios de Paris, una exaltacion fanática. Así pues, un miserable, abusando de la hospitalidad que recibia en el país en que queria cometer su crímen, ultrajaba las leyes divinas y humanas, y con ellas las tradiciones de todos los tiempos y lugares, que hacen al huésped inviolable y sagrado! El no temió en la embriaguez de su furor, atentar contra la vida del Tzar, que formaba el orgullo y el amor de su pueblo, que lo respetaba y veneraba por haber decretado la libertad de los siervos, rompiendo las cadenas con que estaban aherrojados, y dándoles el mayor bien que puede apetecer el hombre sobre la tierra! cual es la verdadera libertad.

Profunda indignacion causó en Paris este atentado, y el reo pagó pronto con su vida la enormidad de su crímen.

Cuando la noticia llegó á San Petersbourgo, se apoderó de todos la mayor agitación; en todos los templos tanto de la capital cuanto de los diversos departamentos, al saber la milagrosa conservacion de la vida del Tzar, se cantaron solemnes Te-Deums, y el pueblo entraba en masa á tomar parte en estas solemnidades, como se le habia visto un año antes en el dia en que se intentó en San Petersbourgo cometer un crímen semejante.

Cuando el Tzar regresó de San Petersbourgo, se dispuso un solemne Te-Deum en la catedral de San Isaac, al cual asistieron, el Emperador, la Emperatriz, los Grandes Duques Constantino y Nicolás Nicolawitch y todos los otros miembros de la familia imperial, el cuerpo diplomático, presidido por el duque de Osuna y del Infantado, Embajador de España, y sus respectivas familias, todos los altos dignatarios y funcionarios superiores del imperio, y lo más granado de la sociedad rusa; era además tal la multitud de pueblo que invadia el templo, que á pesar de ser éste tan grande, se hallaba completamente lleno, lo mismo que la puerta, las escaleras de entrada, el átrio y la plaza en que estaba agolpada una multitud de gente, que queria por este medio demostrar su amor á su digno soberano.

Esta misma accion de gracias se repetia en las iglesias de todos los Estados, en las de las grandes administraciones públicas, y aun en las capillas particulares; estuvo muy solemne este acto, y en todos los semblantes se notaba la alegría al volver á ver entre ellos á su Soberano.

Fué incontable el número de telégramas de felicitaciones que de todas las partes del mundo recibió el Tzar con motivo de este suceso, y en San Petersbourgo se hicieron varias fiestas populares para celebrar la conservacion milagrosa de su vida.

El pueblo ruso amaba con entusiasmo á su soberano, y no olvidaba en esos momentos lo que le debia; tenia muy presente que al decretar la *libertad de los siervos*, tuvo que arrostrar con la cólera de la nobleza, la aristocracia, y ricos propietarios, que al perder sus esclavos perdian la mayor parte de su riqueza; pues al mismo tiempo que rompia las cadenas de la esclavitud del pueblo, y que éste, rebozando el corazon en entusiasmo y gratitud, se postraba á besar la mano benéfica que así lo amparaba, llenando su nombre de bendiciones; sin quererlo, heria el corazon de los grandes, que no participaban de sus generosos sentimientos, y veian con notable disgusto la enérgica resolucion que el Tzar habia tomado.

Nicolás II, lleno de valor y de nobles sentimientos, hizo un ensayo en este mismo sentido, que al fin tuvo su más perfecto cumplimiento.

El Tzar era de un carácter verdaderamente liberal, no conservaba en su persona el fausto y orgullo de la grandeza de su posicion, sino que se hallaba siempre revestido de tal sencillez y tan notable moderacion, que no podia menos que atraerle la simpatía general.

El traje que usaba frecuentemente, y con el que lo encontrábamos á menudo en su carruaje, casi en nada se diferenciaba del soldado ruso; llevaba la gran capa con que éstos se abrigan, y su mismo casco ó kepí; el carruaje en que paseaba era un cupé; iba en él sin el menor aparato, y jamás tenia escolta ó escuderos que siguiesen su carruaje; casi diariamente lo encontrábamos así en nuestro paseo, y siempre nos saludaba con la amabilidad en el semblante y la sonrisa en los lábios.

Nicolás II era muy querido en su vasto imperio; el pueblo lo idolatraba, y aunque entre los nobles habia algunos descontentos, éstos le temian y no se atrevian á atacarlo. Solo la Polonia lo aborrecia, y del seno de esta pobre nacion tan oprimida cuan desgraciada, es de donde brotaban asesinos que atentaban contra su preciosa vida.

[. . .]

Advertencia

Tocamos ya al término de nuestro viaje, y al iniciar hoy el cuarto y último tomo de nuestra obra, queremos desplegar en él ante los ojos del lector los nuevos y hermosos panoramas que ante nosotras se presentaron al emprender nuestro viaje de regreso, atravesando por grandiosas capitales europeas, deteniéndonos en Paris en la notable Exposicion de 1867, y regresando al fin al suelo patrio, pisando otra vez las fértiles playas de la América.

Incompleta y defectuosa nos pareceria nuestra obra, si nos hubiésemos contentado con describir á San Petersbourgo sin dar á conocer las notables poblaciones que á nuestro regreso visitamos; ¿cómo pasar por alto á Viena, esa risueña y grandiosa capital llena de animacion y de vida, llamada tan justamente el Paris de la Alemania? ¿Cómo no hablar de Munich, la ciudad monumental que encierra tantos tesoros en el ramo de las artes?

¿Cómo no mencionar al menos á Stugart, al poético Baden Baden en la estacion de los Baños, con su irresistible atractivo y sus fantásticas leyendas, y á Estrasburgo con sus notables fortificaciones y célebre catedral? ¿Podriamos no decir una palabra al menos sobre esa brillante Exposicion de 1867, que llamó la atencion del mundo y llevó á Paris un número tan fabuloso de personas de todas las partes del globo? ¿Y seria justo tambien que despues de haber descrito parte de la Europa, no dedicáramos unas cuantas páginas á la fértil América con su naturaleza exhuberante de vida, sus bosques vírgenes, sus cristalinos rios y sus risueñas praderas esmaltadas de preciosas flores? ¡Ah! ¿cómo no hablar al lector de nuestro regreso á la patria, cuando él fué por tanto tiempo nuestro sueño dorado y la más acariciada de nuestras ilusiones? No, lo repetimos, creeriamos incompleto nuestro trabajo si hubiéramos omitido una parte tan notable de nuestro viaje; por otra parte, faltariamos al compromiso que contrajimos con nuestros suscritores en el prólogo de esta obra, ofreciéndoles describir todo lo más notable que nos ocurrió y vimos en nuestro largo viaje, desde nuestra salida de México hasta nuestro regreso á él. Todas estas consideraciones nos han decidido á publicar en este último tomo nuestro viaje de regreso, á pesar de los sacrificios y disgustos que siempre proporciona una publicacion entre nosotros.

Nos ha parecido lo mas natural y conveniente la division que hemos dado á la obra, por eso comenzaremos este tomo con nuestra partida de San Petersbourgo, y lo terminaremos con nuestra llegada á México, describiendo á grandes rasgos todas las poblaciones antes mencionadas, y guardando en él, el mismo órden que en los tomos anteriores.

La diversidad de las materias que tocaremos, y paises que

recorramos, las épocas notables en que estuvimos en ellos y el gran interés que esto encierra para las personas cultas nos hace creer que nuestros suscritores encontrarán distraccion y gusto en la lectura de este último tomo, y esperamos que él encontrará la misma benévola acogida con que nos han favorecido en los anteriores.

Tambien intercaladas con la descripcion del viaje, leerán las últimas páginas del manuscrito de Genaro, y sabremos al fin cual fué la suerte que reservó el destino á este jóven tan interesante cuan desventurado.

Como siempre, imploramos la indulgencia del lector; y en ella confiadas, no omitiendo nada de notable, vamos, sin embargo, á grandes pinceladas á dar término á nuestro obra.

México, Marzo de 1882

Capítulo XCIV

Nuestro viaje de regreso.—Sentimientos que predominaban en nuestro corazón.—Vacilacion sobre el punto en que fijaríamos nuestra residencia antes de volver á México.—Camino de San Petersbourgo á Varsovia.

Despues de haber hablado de los países por donde habiamos pasado al emprender nuestro viaje á Rusia, por la mision diplomática de que estaba investido nuestro querido papá, restanos en esta segunda parte de nuestra obra, ocupar de los que á nuestro regreso visitamos, para que se complete el cuadro que nos propusimos trasar y llenar asi cumplidamente lo que ofrecimos al emprender esta tarea, á cuyo fin, vamos á tocar.

Los tristes acontecimientos de México hicieron forzosa nuestra partida de San Petersbourgo. La mision de papá habia terminado, preciso era emprender de nuevo nuestro viaje hasta llegar al punto donde nos condujera la Providencia.

Regresar desde luego á nuestra querida patria, habria sido para nosotras motivo de contento. Siempre es dulce volver á ver el suelo en que se ha nacido y aspirar de nuevo el aire que dió al alma un impulso á los primeros latidos del corazon, especialmente despues de algunos años de ausencia. El corazón no puede menos que conmoverse con su recuerdo; el amor patrio es un sentimiento tan natural, que lo contrario llamaria la atencion. México tenia para nosotras un secreto encanto, que su solo nombre nos conmovía. Recordabamos los felices años de la infancia, las dichas que son inherentes á esta edad, y quizá las unicas que se disfrutan, porque en esos primeros años de la vida es cuando realmente se goza sin mezcla de pesar, lo cual no vuelve nunca á acontecer...!

Por otra parte, fijábamos tambien el pensamiento en la familia, con la cual nos habian unido siempre lazos tan extrechos, y á la que volveriamos á tener el placer de extrechar en nuestros brazos, despues de haber permanecido tan largo tiempo léjos de ella; pero porque hablar con tanta certeza sobre el regreso á México... ¿acaso se verificó directamente y luego al punto? Nó; antes tuvimos que permanecer algunos años en una de las capitales de la américa central en Guatemala.

Cuando salimos de San Petersbourgo, papá tenia intenciones no de volver tan pronto á América, sino de quedarse algun tiempo en Europa, ya sea estableciéndonos en alguna de las provincias del Mediodía de Francia, ó bien en Italia ó en España.

Nuestro deseo era el de papá, es decir, perteneciamos á él con todo el corazon, y aunque la idea de regresar á México predominaba en nosotras y conmovia nuestra alma, no pudiendo, por lo pronto realizarla, preferiamos permanecer en Europa todo el tiempo que tuviesemos que estar léjos de nuestra patria querida, antes que volver á otro punto de la América; pero ya lo hemos repetido algunas veces; no todos los deseos se cumplen, y este fué uno de los que no se pudo efectuar.

Como ya hemos dicho, se pensó que nos estableciésemos en algun punto de Europa; pero muchas circunstancias nos lo impidieron, porque en Italia estaba el cólera haciendo terribles estragos, y consideramos que seria un temeridad ir á ponerse al frente de tan formidable enemigo.

En España, que tambien era el país en que nos habiamos fijado, con tanto mas placer cuanto que allí teniamos muchos parientes y muy buenas amistades, y que el Duque de Osuna habia recomendado tanto á papá y héchole algunas insinuaciones amistosas; no fué posible, porque la revolucion de Prim estaba en toda su fuerza, y de consiguiente, el desconcierto del país y el peligro alejaba la idea de visitarlo y establecerse en él.

En Francia era donde nos habria sido mas fácil establecernos; más de una vez pensó papá seriamente en esto; pero cuando estabamos en todos los arreglos de tomar casa en Paris ó en sus alrededores, que tanto nos agradaban, estuvieron á visitarnos algunas familias americanas que se encontraban entónces allí. Entre otras, tres ó cuatro de Centro-América, y fué tanto lo que nos instaron para que en vez de recidir en Europa fuésemos á Guatemala, que comensó ya á vacilar la familia, nos hallábamos en esta indesicion, cuando el Arzobispo de Guatemala, que volvia de Roma, por haber asistido al concilio, estuvo en casa á visitar á papá, y de esta visita resultó sin duda, que acabara de decidirse por la ida á Centro-América en vez de quedarnos en Europa.

Sin sentirlo la pluma se ha deslizado, anticipando la resolucion que papá tomó cuando ya estábamos de regreso en Paris; pero antes de esto, preciso es hablar de todo lo que precedió, y de los países que recorrimos.

Para esto nos trasladarémos otra vez á San Petersbourgo en los momentos de nuestra partida.

Mucho nos habia impresionado el alejarnos de aquella grandiosa capital, en la que habiamos pasado dias tan agradables: no podemos negarlo, nuestra alma estaba triste, muy triste, porque en San Petersbourgo, habiamos tenido momentos felices, horas muy placenteras...

Nuestro corazon habia recibido allí impresiones indelebles, con motivo de tantos objetos de satisfaccion; ¿cómo podria ser que nos alejásemos de esa capital con indiferencia? esto no era natural; salimos, pues, de ella con tristeza, como hemos dicho, y con el corazon angustiado.

El camino era monótono, y la campiña no nos ofrecia nada de notable; de consiguiente, lo veiamos todo revestido del mismo ropaje de melancolía, que cubria en aquel instante nuestra alma. Era además ya conocido para nosotros, pues antes lo habiamos pasado al dirigirnos á San Petersbourgo.

Nada había nuevo que fijara nuestra atencion, y solo veiamos campos incultos, algunos edificios arruinados á largas distancias, y una serie de montañas allá en el horizonte.

Como hemos hablado de este camino en la primera parte de nuestro viaje, nada dirémos ya de él.

Aleccionadas por la experiencia, procuramos que en punto á alimentacion fuera menos penoso para nosotros el viaje; y papá hizo que nos acompañaran provisiones abundantes y gustosas, para que no se repitieran las privaciones que experimentamos la primera vez por la clase de alimentos que nos presentaban, y el poco tiempo con que cuenta uno para tomarlos en las estaciones en que para el tren. La vista sola de aquellos platos rusos era tan desagradable, que preferiamos no comer.

Todo estaba preparado para nuestra mayor comodidad posible, y para que nada echásemos de menos durante el viaje; de manera que sin salir de los trenes, que son por cierto bien capaces y desahogados, pudimos con toda regularidad tomar nuestros alimentos de costumbre, y agradables, como escogidos al efecto.

Así hicimos todo el camino hasta llegar á Varsovia, donde permanecimos solo un dia, que lo empleamos en visitar lo que habia fijado más nuestra atencion la primera vez que nos detuvimos en esta capital.

Como deseaba papá que conociéramos algunas de las otras ciudades principales de Alemania que antes no habiamos visto y que más á nuestro alcance estaban, especialmente Viena y Munich; todo se dispuso para que así se efectuara, y salimos de Varsovia como á las once del dia con direccion á Viena, la hermosa capital de Austria.

Entónces comenzamos á fijarnos de un modo particular en el camino, como que él era ya completamente desconocido para nosotras. El campo seguia triste y árido, y no podia ser de otro modo, porque el invierno comenzaba á entrar, y era natural que así estuviera; sin embargo, habia menos monotonía, pues no todos eran campos incultos y desiertos por los que pasábamos, sino que de cuando en cuando se presentaban algunas poblaciones.

Atravesábamos un país pobre y poco cultivado, pero al menos más habitado que los que habiamos dejado atrás pertenecientes á Ruisa.

A cada paso se nos presentaban pequeños pueblos llenos de animacion, y en los cuales á la llegada del tren se notaba un alborozo particular; pero tiempo es ya de terminar este capítulo.

CUARTA PARTE

BIOGRAFÍAS FEMENINAS Y PERIÓDICO DE SEÑORAS

El género biográfico en *Mujeres notables mexicanas* de Laureana Wright de Kleinhans

GRACIELA MONGES NICOLAU

Laureana Wright de Kleinhans fue escritora y periodista. Nació en Taxco, Guerrero, en 1846. Fue hija del norteamericano Santiago Wright, propietario de una mina en el estado de Guerrero, y de la señora Eulalia González, de nacionalidad mexicana. Cuando Laureana contaba con apenas 6 meses, la familia se trasladó a la ciudad de México; ahí hizo sus primeros estudios y aprendió francés e inglés con profesores particulares. En 1865 escribió sus primeras poesías y en 1868 casó con Sebastián Kleinhans, ciudadano de Alsacia, residente en esta capital de tiempo atrás. En 1869 fue nombrada socia honoraria de la Sociedad Nezahualcóyotl a petición de Gerardo Silva y Manuel Acuña. Ingresó en la Sociedad Científica El Porvenir en 1872. Por petición de Ignacio Ramírez y Francisco Pimentel se convirtió en socia del Liceo Hidalgo y en 1885, socia honoraria del Liceo Mexicano y del Liceo Altamirano de Oaxaca. Fue colaboradora de la revista *Violetas del Anáhuac*, que dirigió de 1887 a 1888. La mayor parte de sus ensayos apareció en *El Estudio* y *El Federalista*. Murió en la ciudad de México en 1896.

En un estudio antológico de narrativa femenina, no podría faltar el género biográfico. En este caso se trata de la crónica y narración de la vida de mujeres célebres. Las biografías de Laureana no aportan un patrón biográfico innovador, sino que siguen la pauta tradicional de la biografía, consistente en la introducción, un cuerpo y un final. Sigue un orden cronológico en la reconstrucción de estas vidas: lugar y fecha de nacimiento, antecedentes familiares, etc., aunque generalmente nos da anécdotas expresivas o reveladoras del carácter de la biografiada. Su tono es siempre sincero, aunque en ocasiones pierde objetividad el retrato de la biografiada, como se verá en el caso de la Malintzin, donde se deja llevar por la indignación ante su conducta; o bien cae en el elogio desmesurado, como en la biografía de doña Carmen Romero Rubio de Díaz.

No obstante, en la mayoría de los casos, la autora no se limita simplemente a colocar adjetivos a sus biografiadas, sino que demuestra con la descripción de hechos reales y anécdotas específicas la bondad, la inteligencia, la capacidad de trabajo o el buen ánimo de sus personajes. Cuenta cosas reveladoras del temperamento, del carácter del personaje en cuestión, aunque no logra hacer un profundo análisis psicológico del sujeto biografiado. Sin embargo, a través de sus juicios, justificaciones o polémicas logra dar una interpretación personal del pasado de México y, más importante aún, en forma indirecta, rastrea la trayectoria de la mujer a lo largo de cuatro siglos. Laureana nos revela su forma de comprender e interpretar su propia historia como mujer en un presente porfirista al que ella pertenece.

Mujeres notables mexicanas fue una publicación hecha bajo los auspicios de la Secretaría de Instrucción Pública y Bellas Artes en México en 1910, seguramente antes del mes de noviembre ya que la última sección de la obra está dedicada a la esposa de Porfirio Díaz. El libro se publicó 14 años después de la muerte de su autora.

La obra consta de 543 páginas y 3 de índices. No tiene una introducción y no se puede saber qué criterio siguió para seleccionar a estas mujeres notables, ni las razones que la llevaron a realizar este tipo de investigación. Solamente al final del libro, en la última biografía, la autora explica cuál ha sido el objetivo de su libro: "fieles a nuestro programa de hacer que conozcan de cerca nuestras compatriotas a todas las mexicanas notables contemporáneas, a fin de que las honren e imiten su glorioso ejemplo, nos vemos en la necesidad de usar del derecho que nuestra calidad de cronistas nos confiere".[1] Con ello queda explícito que la obra ha sido escrita por una mujer para las demás mujeres, con el objetivo de "honrar e imitar" estos ejemplos y mostrar lo que la mujer puede lograr.

La obra está dividida en cuatro secciones históricas: la primera no tiene título, pero se refiere a celebridades indígenas; la

---

[1] Laureana Wright de Kleinhans, *Mujeres notables mexicanas*, Secretaría de Instrucción Pública y Bellas Artes, México, 1810. Todas las citas posteriores son de esta edición.

segunda a mujeres de la época colonial; la tercera a heroínas de la independencia, y la última a personajes contemporáneos. Cada biografía tiene un epígrafe y forman un total de 116, distribuidas de la siguiente forma: 30 indígenas, 27 coloniales, 17 independientes y 42 contemporáneas.

En la primera sección, "Celebridades indígenas", Laureana rinde una especie de homenaje o tributo a la memoria de mujeres que resistieron con estoicismo y abnegación la llegada del conquistador. En su gran mayoría, estas mujeres son concubinas del conquistador, o bien madres o esposas de algún personaje indígena importante.

Entre ellas menciona primeramente a cuatro doncellas tlaxcaltecas regaladas a Cortés. Fueron hijas de Xicoténcatl y despiertan la compasión de Laureana: "pobres víctimas de la traición y la torpe bajeza de los tlaxcaltecas". Finaliza estas biografías con el siguiente comentario: "Estas inocentes jóvenes fueron las primeras víctimas que inauguraron la esclavitud de la raza india en el suelo mexicano, por cuyo motivo, como un recuerdo histórico, hacemos constar aquí sus nombres" (p. 3).

Otra celebridad es Luisa Xicoténcatl, hija del anciano Xicoténcatl y hermana del general Xicoténcatl, que desobedeciendo las órdenes de su padre se resistió a someterse a Cortés. Después de la ejecución de su hermano fue cedida a los españoles como parte del botín de guerra. Fue dada como mujer a Pedro de Alvarado. Se dice que fue la única superviviente, junto con Cortés y Alvarado en el episodio de la "Noche triste". Laureana se conmueve por esta princesa que de soberana pasó a ser esclava y vasalla bajo el yugo español: "todo fue asesinado en torno suyo: familia, patria, creencias y personalidad".

Laureana se aparta de la historia de doña Luisa para hablar de cómo Moctezuma, al morir, encargó sus tres hijas a Cortés para que éste velara por ellas. Entre estas princesas, la hija legítima de Moctezuma fue Tecuichpo, que casó primero con Cuitláhuac y, al morir éste, fue esposa de Cuauhtémoc. Después de la caída de Tenochtitlan fue bautizada con el nombre de doña Isabel. Laureana narra la infeliz suerte de esta mujer de la que Cortés se apropió y vivió con ella para después regalársela a uno de sus enemigos, Alonso de Grado, para de esta forma congraciarse con él. Al morir Grado, pasa nuevamente a vivir con Cortés y, ya embarazada, la desposa con Pedro Gallego.

Laureana desaprueba la conducta de Cortés no solamente con Tecuichpo sino con todas las demás hijas de Moctezuma.

Para resaltar lo incalificable de su conducta cita al historiador José Fernando Ramírez:

> En cuanto a la desgraciada huérfana[. . .] baste recordar que los contemporáneos la enumeraban entre las mujeres que formaban el numeroso serrallo del conquistador; que éste se mostró siempre bastante generoso para obsequiar a sus compañeros de armas con sus desperdicios y ellos suficientemente dóciles para aceptarlos con agradecimiento (p. 12).

La desafortunada Tecuichpo enviudó por tercera vez, pasó a manos de Juan Cano y finalmente casó con Juan Andrade.

Sobre la suerte de las otras dos hijas de Moctezuma, Laureana dice que las crónicas son difusas, debido a que no mencionan los nombres indígenas de estas mujeres o bien les dan nombres diferentes. Sin embargo, agrega que el único cronista que hace constar que Cortés cumplió con la palabra dada a Moctezuma es Alamán, que menciona que Cortés las casó y les dio dote, siendo ellas el origen de varias familias muy distinguidas.

Doña Ana, doña Inés, y doña Francisca, hijas bastardas de Moctezuma, fueron mancebas de Cortés, "viviendo con las tres en la misma intimidad", dice Laureana citando a Bernal, y agrega que todos los historiadores confirman lo numeroso que fue el harem del conquistador.

De todas las celebridades biografiadas por Laureana Wright de Kleinhans, solamente una destaca, no por sus virtudes o cualidades morales, sino por su vileza y su traición. Ella es Caonina, Tenepal o Malinal, conocida actualmente como la Malinche.

Laureana inicia esta biografía con una leyenda de estilo indianista recogida por Gómara y que habla sobre el origen desconocido de esta mujer, que parece haber llegado de Cuba hasta las tierras de Yucatán junto con un esclavo llamado Ibo-Ibo. Es una leyenda de amor, separación y reencuentro de los amantes, según la cual esta muchacha india pierde a sus padres y es rescatada por el joven Ibo-Ibo, que entra al servicio de Cortés y es bautizado con el nombre de Melchor. Después viene la separación de estos jóvenes enamorados; Melchor se arrepiente de haber dejado a Cortés y finalmente vuelve a reunirse con su amante. Antes de morir, Melchor reniega de Cortés y jura ante su padre y ante ella que ayudará a exterminar a los invasores.

Al terminar la leyenda, Laureana explica el origen del vocablo "malintzin" y prosigue a situar el lugar de origen de la Malinche. Bernal Díaz del Castillo es el que da la versión que han adoptado la mayor parte de los historiadores antiguos y modernos, más exacta y verídica, de que nació en Coatzacoalcos y sus padres la regalaron a los de Xicalango, y ellos a su vez a los de Tabasco y los de Tabasco a Cortés. Sorprende la severidad y dureza con que Laureana interpreta la conducta de Malintzin hacia Cortés: "La loca pasión que le inspiró aquél y que la hizo faltar a la dignidad de su estirpe, a la fidelidad de sus creencias y a sus deberes de nacionalidad, consagrándose en cuerpo y alma al destructor de su raza" (p. 19).

Laureana destaca lo servil de su conducta y la falta de justificación que tuvo para traicionar a su pueblo:

> [. . .]arrastrándose a sus pies subyugada por el deslumbramiento que su hermosa figura le producía y contemplando sin cesar el exterminio de sus hermanos, para lo cual no le sirve de disculpa la falta de conocimiento y cultura en su educación, pues el patriotismo, la dignidad y el honor eran, no sólo conocidos sino muy acatados entre los indios[. . .] Además no faltan historiadores que le atribuyan la instigación dándola por autora de varias combinaciones guerreras de Cortés (p. 29).

Laureana da testimonio de la importancia que los cronistas Suárez Peralta, Bernal Díaz, Andrés de Tapia y otros dan a la participación de Malintzin en la campaña guerrera, pero contrapone esta importancia al desamor que Cortés sentía por ella: "Todos, ya en crónica, ya en cartas particulares, se ocupaban de la eficaz aliada, excepto Cortés, que como justo castigo a su traición y bajeza, ni siquiera la menciona al relatar los episodios de la conquista a su soberano" (p. 26). Cosa que es totalmente comprensible. Laureana no toma en cuenta que Cortés en sus *Cartas de relación* difícilmente podría haber mencionado a los reyes de España, a Juana, a quien dirige la segunda o a Carlos, la tercera, la existencia de Malintzin, testimonio fehaciente de su reprobable e ilícita conducta.

En cuanto a la biografía de Malintzin, Laureana como otros cronistas anteriores a ella, la juzga sin tregua, como si de ella hubiesen dependido los sucesos históricos. Sus conceptos son congruentes con los del siglo decimonónico, cuando el nombre de Malintzin se convierte en un símbolo, en un conjunto de abstracciones y desconocimiento que se conjugaron para formar un mito eminentemente negativo de lo que fue el mestizaje y del cual Octavio Paz habla tan extensamente en el *Laberinto de la soledad*. Nada realmente se sabe de la vida, del carácter, de las motivaciones de Malintzin. Por lo tanto cualquier juicio sobre su conducta resulta gratuito. Malintzin fue esclava desde niña y como tal fue entregada a Cortés. ¿Por qué exigirle que tuviera convicciones? ¿Por qué había de guardarle lealtad a aquellos que la privaron de su libertad? Como cualquier mercancía pasó de las manos de un amo a las de otro. Laureana la acusa de traidora y vende patrias, cuando en esa época ni siquiera existía el concepto de patria. Es absurdo e inútil pedirle cuentas a la Malinche ya que se sabe tan poco sobre ella. Lo más probable es que su única lucha haya sido la de sobrevivir ante las circunstancias que vivió.

Tlacoxhuatzin y Pamantzin fueron las últimas reinas de Texcoco y primeras en bautizarse. La primera, dice Laureana, "tuvo la vergüenza de ver que su hijo, Ixtlilxóchitl, se pusiera a las órdenes de Hernán Cortés con todas sus tropas" (p. 29). Cuando ella supo de las intenciones de los misioneros, se ocultó en uno de los templos de la ciudad. Mas Ixtlilxóchitl, su hijo, ya bautizado con el nombre de Fernando, en recuerdo del rey católico, la fue a buscar y la amenazó y obligó a que se dejase bautizar. Laureana agrega: "Como se ve, este príncipe, no sólo adicto, sino fanático por la causa española llegó a ultrajar y amenazar a su valiente madre para someterla a la dominación extranjera que su esposa, más dócil, obedeció sin resistencia." (p. 30).

Papantzin es un personaje pintoresco dentro de estas biografías. Se pensó que había muerto, pero al despertar de su sepultura contó a Moctezuma que mientras dormía había tenido un sueño en el que se le había aparecido un hermoso joven que le había anunciado la llegada de los españoles y le ordenaba que de ello diera testimonio. Fue una de las primeras mujeres en bautizarse.

En esta primera sección, en ocasiones las biografías de Laureana se vuelven confusas porque no sigue un orden cronológico. Algunas pertenecen a épocas muy remotas, otras a mediados del siglo XIV y las más al siglo XVI, con la llegada de los españoles. También mezcla lo legendario con lo histórico, sin dejar de darle crédito a los historiadores a los que recurre como fuentes.

Xóchitl, reina tolteca (1029-1034), debió haber sido conocida, según Laureana, como la Florinda tolteca. Ella fue la descubridora del aguamiel y el rey Tepalcatzi la tuvo bajo su protección para después darle un hijo. Después de enviudar se casó con ella. Laureana interrumpe esta biografía para explicar que los españoles no se preocuparon por estudiar y escribir sobre los pueblos indígenas:

> [...] confusos y escasos son los datos que de la historia de los pueblos conquistados consignaron los españoles. Éstos pasaron sobre aquellos pueblos sin investigar sus antiguas tradiciones, ya porque las letras eran extrañas a su guerrera profesión, ya porque las críticas circunstancias por que atravesaban, no se los permitieron, ya, en fin, y es lo más probable, por el gran desprecio en que a aquellas razas tuvieron (p. 35).

Laureana parece no estar tomando en cuenta la titánica labor que los cronistas religiosos, principalmente Sahagún y Motolinía, realizaron para dar a conocer la vida, las costumbres y las creencias de los pueblos conquistados; incluso ignora, aquí, las crónicas de los militares historiadores como Bernal Díaz y otros que también dedicaron muchas páginas de su obra a dar a conocer la historia de los pueblos indígenas.

Laureana gusta de establecer comparaciones o hacer paralelismos entre los personajes célebres que menciona y los de otras épocas y países. Así sucede con la biografía de Atotoxtli, princesa de Culhuacan. La vida de esta joven es una bella historia de amor en la que Laureana llama a Atotoxtli la nueva Elena de Anáhuac y a Huexotle, su raptor, el Paris chichimeca.

En 1353, en Texcoco, vivió Tepatl-Xuchitl, princesa de Aztcapotzalco e hija de Tezozomoc, que fue rechazada en matrimonio por Ixtlilxóchitl, antepasado del cronista de Indias. Ixtlilxóchitl prefirió casarse con otra mujer, Matlalxuchi y esto suscitó que el padre de la primera empezara una sangrienta guerra en la que murieron muchos hombres. Laureana establece un paralelismo entre la historia de Ixtlilxóchitl y Pedro el Cruel, en cuanto a su vida sentimental y las batallas que sostuvieron contra sus enemigos hasta llegar a su triste fin. Enaltece a Ixtlilxóchitl porque "éste aventajó a don Pedro en sentimientos generosos y fue más afortunado que él, legando a su dinastía al gran Netzahualcóyotl, del que tuvo la gloria de ser madre la reina Matlaxuchi, vencedora de la desdeñada rival".

Una de las últimas mujeres indígenas que Laureana menciona es doña María Bartola, primera historiadora mexicana. En *Las relaciones históricas* de Ixtlilxóchitl se dice que ella fue la primera cronista mujer que escribió la historia del sitio de Tenochtitlan en español y en mexicano. Laureana lamenta que "la incuria de los españoles, si no es que la persecución que, incitados por el fanatismo ejercieron contra los archivos, lo mismo aquí que en Granada, hubiese dejado perder tan curioso y honorífico manuscrito" (p. 67). Francisco Sosa, en sus *Efemérides históricas* de 1885, hace referencia a María Bartola y también lamenta que su obra se haya perdido.

La última biografía de la etapa indígena corresponde a una heroína cholulteca llamada Alabahba, que planea una conspiración en contra de Cortés. Vuelve a aparecer la funesta doña Marina, espía de Cortés, quien se entera de esta conjura. Doña Marina logra engañar a Alabahba y ésta le revela los proyectos. Doña Marina se los comunica a Cortés y el día del ataque, los cholultecas son cruelmente masacrados. Este hecho consta en los testimonios de Cortés, Bernal Díaz, Gómara, Herrera, Torquemada y Muñoz Camargo. Laureana finaliza: "[...] terminada la horrible carnicería en que perecieron seis mil mexicanos y cholulanos, sin que uno solo pensara en rendirse, pereciendo los últimos envueltos en las llamas del incendio que consumía sus adoratorios" (p. 74).

La conducta de Alabahba, heroína que al presenciar la victoria de sus enemigos valientemente se ahorca, contrasta con la de Malintzin, quien según Laureana fue cobarde traidora de su pueblo.

La segunda sección de *Mujeres notables mexicanas*, la época colonial, incluye las biografías de mujeres que fueron escritoras, filántropas, místicas y fundadoras de órdenes religiosas. Estas biografías tampoco aparecen en orden cronológico.

Una de las primeras es la de doña Josefa Vergara, que al morir legó su fortuna a la ciudad de Querétaro, y la de doña María Josefa Yermo de Yermo, rica hacendada de Cuernavaca que libertó a quinientos esclavos negros y mulatos de sus haciendas. Laureana reclama que:

> [...] varios historiadores, al relatar este hecho acostumbrados a la nulidad a que entonces se hallaba relegada la mujer, sólo mencionan como autor de él a don Joaquín Yermo, su esposo; pero es evidente que los esclavos eran suyos y fueron restituidos a la libertad de sus haciendas (p. 77).

Doña María Ana Gómez, condesa de la Cortina y madre del

conde de la Cortina (1779), fue fundadora de la comunidad de las Hermanas de San Vicente de Paul con diez hermanas españolas y una superiora. La casa matriz estaba localizada en un edificio conocido con el nombre de Colegio de las Bonitas porque ahí se albergaba a las hijas naturales, con el propósito de protegerlas de la prostitución. Esta comunidad se ramificó y tomó, bajo la dirección de la condesa, los hospitales del Divino Salvador, San Andrés, San Pablo y San Juan de Dios. La institución fue suprimida en 1874 por el entonces presidente de la República, Sebastián Lerdo de Tejada.

Francisca de San José nació en 1655. Renunció a todos los bienes materiales que le ofrecía su familia, repartía todo lo que tenía y se sometía a ayunos y fuertes penitencias que le provocaban una severa debilidad. Fue mística y Laureana la compara con Santa Teresa de Jesús. Laureana está en total desacuerdo con las penitencias a las que esta religiosa se sometía, instigada por su confesor:

> Parece increíble que a aquel débil cuerpo tan mal alimentado y tan atormentado se le impusieran todavía mayores cilicios desde los diez años en adelante por el P. Canseco su confesor, llegando hasta ceñirse la cabeza con una corona de espinas como Jesús, y todo esto lo hacía el referido confesor como prueba de sus santidades, para hacerla profesar como hermana en la comunidad religiosa del Tercer Orden de penitencia de Santo Domingo (p. 84).

Su historia fue escrita y publicada en 1729 por el jesuita don Domingo de Quiroga como un modelo de beatitud y santidad.

Sobre los milagros de otra religiosa, María Antonia de San Jacinto, Laureana se muestra escéptica y los interpreta como facultades anormales: "fenómenos ambos en que los magnetizadores y psicólogos modernos, verán de seguro el sonambulismo y el histerismo, la catalepsia y la mediumnidad analizadas por Allan Kardec, pues los mismos hechos que acreditan los espíritus actuales, aparecen certificados por las monjas y criadas del convento en que residía[. . .]" (p. 89). Esta religiosa permanecía con frecuencia en éxtasis; caía desmayada y quedaba por horas enteras en una rigidez absoluta y con los ojos abiertos. Padecía alucinaciones, y decía que los objetos que la rodeaban se acercaban o retiraban por sí solos. Se sentía flagelada por seres invisibles que la atormentaban en extremo o veía figuras que la seguían y se comunicaban con ella, a lo que ella respondía que eran, y lo escribe Laureana en letra cursiva, *"figuras que de los vapores gruesos de la tierra se le formaban"*.

Fascinante es también la vida de Isabel de Bonilla, Sor María de la Encarnación, religiosa y escritora que habiendo entrado al convento empezó a sostener terribles luchas contra "los entonces llamados demonios que se le presentaban en formas humanas y hasta conocidas por ella en la tierra". Sus compañeras la persuadían para que interrumpiese el noviciado y no tomara los hábitos. Laureana dice que "hubo ocasión en que Isabel llena de terror, se sentía levantada en el aire por una fuerza invisible que la paseaba por la cúpula interior de la torre golpeándola contra las rejas, cual si quisiera hacer pasar su cuerpo por entre ellas" (p. 94).

La comunidad del convento del Carmen de Puebla decidió entregarla al Santo Oficio por juzgarla "endemoniada", mas de este cargo la salvó su confesor. Escribía sobre todos los fenómenos que experimentaba y de ella se conserva la siguiente octava:

> Si obedezco tendré paz:
> en lo demás ¿quién se mete?
> Ruede el mundo, paz del alma
> y venga lo que viniere.
> Cuatro cosas he de hacer
> si me quiero conservar;
> no ver, oír y callar,
> y callando ensordecer (p. 95).

Impresionantes resultan estos versos de Sor María de la Encarnación. ¿A qué llamado ensordecer? Naturalmente ella calló y nunca lo dijo, tampoco Laureana; Fernando Benítez, conforme a su obra *Los demonios del convento*, probablemente diría que debía ensordecer al llamado de su libido atormentada.

Laureana está siempre dudosa ante las visiones y milagros de las religiosas a las que hace referencia. La biografía de Sor María Inés de los Dolores, religiosa del convento de San Lorenzo de México, es la vida de una niña que quedó ciega a muy corta edad. Un médico extranjero la operó sin éxito, para beneplácito de la niña que pidió que si el recuperar la vista la iba a apartar de ser religiosa prefería que la operación fracasase. Laureana dice que "a los diez y seis años presentaba ya todos los síntomas de lo que en los primeros tiempos del cristianismo llamóse 'posesión', en la época de Mesmer 'iluminismo', y hoy que la ciencia avanza ha venido a clasificarse con el nombre de 'histerismo' " (p. 108).

Su historiador, el Padre Juan Antonio de Mora, cuenta cosas sorprendentes sobre las facultades de esta religiosa, que Laureana a su vez recoge, reproduciéndose el único poema que el historiador incluye. Laureana simplemente lo transcribe, mas no lo analiza ni hace mención de la semejanza que tiene con la lira *La noche oscura del alma* de San Juan de la Cruz en el tema, aunque no en la forma. Es un romance en el que el alma dolorida busca ansiosamente el encuentro con el Esposo:

> ¿Adónde estás dueño mío,
> adónde que no me miras?
> O vuelve tiernos tus ojos,
> o que me quieres no digas (p. 107).

Van apareciendo imágenes familiares de la mística española: "la noche oscura", "los sentidos perturbados", "el dardo que traspasa", "las ansias, congojas y fatigas", la amada en busca del amante, etcétera.

En cuanto a la biografía de Sor Juana Inés de la Cruz, Laureana se basa fundamentalmente en *La carta respuesta a Sor Filotea de la Cruz* y en ciertos pasajes de *Los empeños de una casa*. No aporta ningún intento de análisis de su obra, simplemente cita a los estudiosos que habían escrito sobre la creación y la vida de la monja, como Francisco Sosa, don José María Vigil, Francisco Pimentel y Gustavo Baz. Laureana, como tantos otros, duda de que haya habido una auténtica vocación religiosa en Sor Juana:

> Hay de seguro un motivo oculto que se llevó consigo a la tumba aquella privilegiada criatura, y que lógicamente no puede ser el de una decidida vocación, como certifican algunos de sus panegiristas y biógrafos eclesiásticos de aquel tiempo, entre los cuales se cuentan en primer término el padre Feijos y el padre Calleja[. . .] (p. 139).

Son muchas más las biografías de religiosas que Laureana incluye. En el caso de doña Josefa Antonio de la Salud Gallegos, filántropa, aunque no religiosa, nos dice que padecía de "un fanatismo tan exagerado que llegó a rayar en extraña monomanía". Esta mujer, conocida como la Abeja de Michoacán, trabajaba sin cesar y llevó a cabo un sin número de obras benéficas y de misericordia de las que Laureana dice que "en medio de tanta generosidad y sacrificio incurrió en mil ridiculeces y supersticiones, hijas todas del ciego fanatismo que la dominaba[. . .]" (p. 178).

La mayor parte de las religiosas biografiadas por Laureana fueron mujeres que pertenecieron a ricas y prominentes familias de la Colonia. Sus padres desempeñaron algún importante cargo público o fueron prósperos hacendados de provincia. Si bien varias de ellas mostraron una temprana vocación religiosa y tuvieron la oportunidad de elegir entre casarse o entrar al convento, otras más fueron asesoradas por sus mismos padres o por algún confesor que las encauzó a tomar los hábitos, más que por verdadera vocación, por la presión que sobre ellas se ejerció; o porque habiendo fallecido sus padres, quedaron en el desamparo total y como única opción tuvieron la de protegerse en un convento.

A cada una de estas mujeres corresponde un muy limitado espacio y las decisiones que toman están generalmente condicionadas por factores fuera de su control. Durante la Colonia, las contribuciones en dinero que hacían las mujeres a la Iglesia representaban un fuerte poder económico. Por conducto de viudas y solteras, muchas familias legaban sus bienes a la Iglesia y, en consecuencia, la fundación de conventos tenía no sólo un carácter espiritual, educativo o moral, sino que sus implicaciones económicas eran múltiples.

A lo largo de estas biografías se hace manifiesta una actitud racionalista y positivista en Laureana, un cuestionamiento constante en cuanto a los milagros y trances místicos experimentados por estas religiosas.

En la tercera sección, "Heroínas de la Independencia", encabezan la lista dos heroínas anónimas, dos mujeres del pueblo que por carecer de apellido tienen un nombre conmemorativo. La primera es María Soto la Marina, que en el pueblo que lleva dicho nombre suministró agua al ejército insurgente de Mina durante una cruenta batalla contra los realistas, en que la tropa desfallecía de sed. La segunda es la Serrana de Dolores, seguidora de Morelos e intrépida capitana que derramó su sangre en defensa de la causa libertadora.

Muchas otras mujeres participaron también en la lucha por la independencia. Las señoras Baz y Guzmán y del Río fueron miembros de la Sociedad de los Guadalupes, grupo insurgente. Ambas se arriesgaron a llevar una impresora y a un linotipista al campo de batalla para que ahí los independentistas siguieran publicando el periódico *El Ilustrador Mexicano*.

Doña Cayetana Borja acompañó a su padre en la defensa del fuerte de San Gregorio y, cuando fue capturado y sentenciado a muerte, ella regresó a la capital del virreinato para hablar con el virrey Apodaca y conseguir su indulto.

Doña Gertrudis Rueda de Bravo no sólo resistió valientemente la captura y ejecución de su esposo don Leonardo Bravo, sino también las de sus hijos, entre ellos la del famoso Nicolás, que en un acto de nobleza, vengó la muerte de su padre poniendo en libertad a trescientos prisioneros españoles que tenía en su poder. Nuevamente Laureana compara al personaje biografiado con otra celebridad histórica. Ella dice: "aquella madre, como la de los Gracos, tenía hijos dignos de ella".

Doña Mariana Rodríguez, seductora y audaz mujer independentista, conocida popularmente como la Güera Rodríguez, organiza una conspiración para derrocar al virrey Venegas; poniéndose en combinación con militares y eclesiásticos, fija la fecha para proclamar la independencia y apoderarse del virrey. La conspiración fue descubierta por culpa de un traidor, el padre Camargo de la Merced, con la subsecuente aprehensión de los líderes y la confiscación de sus bienes. Laureana cita al historiador Anastasio Zerecero, que habla sobre la forma en que la Güera se rehusó a revelar el nombre de sus cómplices durante el interrogatorio y la prisión. Laureana finaliza esta biografía señalando la falta de reconocimiento de la sociedad:

> De esta manera terminó la famosa conspiración de abril de 1811, en la que estuvo a punto de consumarse por una mujer la independencia que había sido comenzada por otra, y cuyas consecuencias fueron para ambas la prisión y el sufrimiento completados después con el menosprecio y el olvido (p. 253).

Un papel sobresaliente cabe también para doña Leona Vicario, cuyo amor por su esposo y su entusiasmo por la causa de la independencia la distinguen a lo largo de esta época. Ella concibió el atrevido proyecto de sacar de la Maestranza a los mejores armeros vizcaínos para enviarlos a las tropas independentistas. Participó en varias campañas insurgentes y contribuyó con sus alhajas y propiedades a defender la causa. Fue reducida a prisión en el colegio llamado Belem de las Mochas, de donde logró escaparse para reunirse con Morelos a la espera de la llegada de su esposo, Andrés Quintana Roo. Cerca de Valladolid fue capturada y puesta nuevamente en prisión para después recibir la ayuda de su esposo. Una vez consumada la independencia en 1822, fue recompensada junto con su esposo por la colaboración en la causa.

Rompiendo con la cronología histórica, Laureana incluye a doña Loreta de Ávilas, patriota republicana que sostuvo constante correspondencia con los jefes republicanos durante la invasión norteamericana de 1847-1849.

Laureana reacciona en contra de la injusticia de muchos historiadores que no han sabido reconocer la participación de la mujer en las causas libertarias.

> Si para lograr nuestro objeto de enaltecer por sus obras a nuestro sexo nos hubiéramos atenido a las crónicas oficiales en éste, como en otros tiempos, nada habríamos obtenido: pues desgraciadamente nuestra historia patria, omisa unas veces, descuidada otras, y más generalmente superficial y compendiada, sobre todo tratándose de las proezas cívicas que las mujeres no obstante hallarse privadas del derecho de ciudadanía han llevado a cabo: nuestra historia, decimos, casi por regla general apenas menciona tales proezas si no es que las calla por completo (p. 273).

Doña Rita Pérez de Moreno, esposa de Pedro Moreno (el insurgente al cual Mariano Azuela rendirá tributo un siglo después, en una biografía novelada que lleva el nombre de este héroe), junto con sus cuñadas, participó en toda la campaña insurgente. Su esposo fue asesinado el 27 de octubre de 1817. La vida de esta mujer fue trágica porque a lo largo de la guerra perdió a todos sus hijos y sólo recuperó a Guadalupe, única sobreviviente.

No podía faltar entre estas patriotas independentistas doña Josefa Ortiz de Domínguez, biografiada según cita Laureana por Luis González Obregón, Tomás Domínguez Illanes y Lucas Alamán.

Desde muy temprana edad comulgó con las ideas liberales y, ya casada con el Corregidor, tuvo la oportunidad de comunicar sus inquietudes a José Joaquín Fernández de Lizardi, entre otros, asiduo concurrente a las reuniones que en su casa se sostenían. A pesar de las reprimendas de su esposo y las amonestaciones del virrey, doña Josefa persistió en reunir a los líderes insurgentes. A continuación cito un fragmento de una de tantas acusaciones que hubo contra ella, escrita por el arcediano Beristain, enviado a Querétaro por Calleja para vigilar las elecciones de renovación del ayuntamiento, y que éste dirige al virrey:

Hay en Querétaro un agente efectivo, descarado, audaz e incorregible, que no pierde ocasión ni momento de inspirar odio al Rey, a la España, a la causa y determinaciones y providencias justas del Gobierno legítimo de este reino, y éste es la mujer del Corregidor. Es ésta una verdadera Ana Bolena que ha tenido valor para intentar seducirme a mí mismo, aunque ingeniosa y cautelosamente (p. 298).

Estuvo en prisión durante cuatro años y una vez que su esposo quedó totalmente ciego, el virrey Apodaca, compadecido de su situación, la dejó en libertad, pero su casa continuó siendo el punto de reunión de los republicanos para combatir la nueva tiranía impuesta por Iturbide, al declararse éste emperador. Laureana termina esta biografía, la penúltima de la sección, informándonos:

También en la Capital de la República ha llegado a hacerse justicia a la memoria de la heroica dama, erigiéndole una estatua en el jardín de Santo Domingo. Hoy, en vez de considerar vergonzoso para ella y para el sexo, su participación en la epopeya de la Independencia, se reconoce como gloria legítima sus hechos patrióticos y todos la aclaman como la primera entre las heroínas mexicanas (p. 308).

Fue durante la guerra de Independencia que la mujer mexicana tuvo por primera vez la oportunidad de tomar parte activa en las transformaciones sociales y políticas del país. Algunas de ellas, por ser las más atrevidas, se dedicaron al espionaje, las conspiraciones y a la introducción de armas; otras siguieron a los ejércitos en calidad de soldaderas, y otras más proporcionaron el abastecimiento económico de las tropas.

En la introducción del libro *Las mujeres latinoamericanas. Perspectivas históricas*, Asunción Lavrin comenta:

Las mujeres colaboraban con el movimiento sin ambiciones políticas de ninguna especie, puesto que no habían sido educadas para pensar políticamente, o porque no se consideraban a sí mismas como seres políticos de la misma manera en que lo hacían los hombres. Fueron muchas las que vieron su participación en las guerras a la luz de un sacrificio noble, que durante mucho tiempo había sido una de sus más importantes normas de conducta. Al concluir las guerras, la mayoría de las mujeres se retraían a su papel tradicional.[2]

---

[2] Asunción Lavrin (ed.), *Las mujeres latinoamericanas. Perspectivas hisóricas*, FCE, México, 1985, p. 20.

La cuarta y última sección, "Mujeres contemporáneas", se inicia a partir de 1820 y termina hasta la muerte de la autora. Es la parte más extensa de las cuatro.

En ella aparecen las vidas de múltiples profesoras de instrucción primaria y secundaria, idiomas y artes manuales, que gracias a su amor por el estudio, a su perseverancia y disciplina, lograron obtener una formación sólida al servicio de la niñez y la juventud mexicanas. Aparecen también traductoras, escritoras, filántropas, algunas patriotas, una pintora, dos cantactrices, una actriz dramática, una directora y administradora de establecimientos públicos, como el hospital de Belem, cargos que en la época colonial solamente habían podido desempeñar las religiosas directoras de algún convento; surgen también a la luz pública la primera telegrafista, la primera cronista y compiladora de historia nacional y la primera doctora en medicina.

La primera mujer biografiada en esta sección es doña Carmen Romero Rubio de Díaz, elegida, según Laureana, por "las bellas cualidades que la adornan". Aclara que el haberla incluido en sus biografías no se debe a "una adulación ni una lisonja con la cual jamás mancharíamos nuestros modestos pero dignos escritos", sino a un simple acto de justicia. Esta biografía, más que otras, está escrita en un lenguaje y un estilo artificiosos y retóricos, similares a los de una columna social.

Como ejemplo de ello, Laureana nos dice: "brotó a la vida esa flor de la esperanza"; "poseía a la perfección los idiomas inglés y francés, había dominado la música y el canto y ejecutaba varias delicadas labores de aguja, especialmente las de bordados. Era ya, en fin, una cumplida señorita", "al cambiar el blanco cendal de la niña por el augusto manto de la esposa". En el caso de un reo sentenciado a muerte, la señora de Díaz derramó "las lágrimas sublimes de la conmiseración[. . .] levantando por encima del severo fallo de la ley la santa voz de la humanidad". Fue doña Carmen, según la define Laureana, "una de las sacerdotisas del gran templo de nuestra futura grandeza" y piensa que tal vez:

> le esté reservado velar como el ángel tutelar del progreso sobre el adelanto patrio; que quizá sea a ella a quien esté reservado influir con el triple prestigio del amor, de la virtud y de la razón en el ánimo del primer magistrado de la República, para que se borre de nuestro Código la repugnante mancha de la pena de muerte, que aún empaña con su negra sombra el radiante disco de la civilización moderna (p. 316).

Independientemente del estilo en que Laureana redacta esta biografía, sí es evidente aquí y en otras instancias su preocupación por que se elimine la pena capital en el país.

La segunda biografía tiene como dato curioso el que, a pesar de haber sido escrita hace más de cincuenta años, la situación que plantea sigue siendo vigente. Se trata del caso de doña Agustina Ramírez de Rodríguez. La inicia con una introducción filosófica en donde expresa la ingratitud humana hacia los mártires y los justos. La señora Ramírez perdió a su marido y a doce de sus trece hijos en el campo de batalla durante la intervención francesa y las guerras de Reforma. Pasaron varios años para que el gobierno decidiera darle una pensión y mientras tanto ella se encontraba en la más absoluta miseria. El gobierno decidió fijarle una pensión de 30.00 pesos mensuales, pero el señor Riva Palacios opinó ante el Congreso que era vergonzoso otorgarle tan exigua cantidad mensual; mas a esto, un diputado enemigo, le contestó que era necesario proteger el erario público. Varios años duraron las discusiones para fijar la cantidad que debería recibir. En ellas participaron Guillermo Prieto y Riva Palacios, que solicitó 150.00 pesos al mes para la viuda. Se formó una Comisión para fijar la cantidad y dictar un fallo. Laureana incluye fragmentos de discursos a favor de esta mujer, cartas personales dirigidas a ella, escritas por una hija política de la viuda, en donde le pide que intervenga para apresurar el dictamen, más múltiples anécdotas de los trámites burocráticos que dicha petición tuvo que seguir, hasta que finalmente y después de 17 años de deliberación, la viuda recibió el primer pago de su pensión, que naturalmente ya no pudo disfrutar por estar a punto de morir.

Entre las tres mujeres dedicadas al arte escénico está Leona Paliza, actriz bien acogida por el público. Laureana recoge varios fragmentos de reseñas publicadas en diversos diarios del país. Sin embargo, María de Jesús Cosío, de la misma profesión, fue censurada por toda la sociedad y murió pobre y agobiada por el más profundo desdén. La más famosa fue Ángela Peralta, conocida como el Ruiseñor Mexicano. Soprano, nacida en la capital en 1845, cantó en Cádiz, Sevilla y Madrid. Fue contratada como primera cantante en la Scala de Milán interpretando el papel de Lucía. Después cantó en Bolonia y Alejandría. Interpretó los papeles estelares de las óperas de Rossini, Bellini y Donizetti. Murió en Mazatlán en 1883, víctima de la fiebre amarilla.

Emilia Beltrán y Puga fue una historiadora tapatía. Hizo considerables donaciones de libros, suscripciones a periódicos y pinturas a la Biblioteca de Guadalajara, al igual que a otras instituciones públicas del país, a las que suministró valiosos documentos históricos. Hizo trabajos bibliográficos y refutó públicamente la opinión de don Jesús Cuevas y Agustín de la Rosa en relación con varios errores históricos cometidos por éstos. Laureana la compara con Sor Juana y señala que "no le faltaron diatribas ni escritores de 'pluma de ganso' que la atacasen con la frase sacramental en México de que las mujeres no deben conocer más asuntos que los referentes a la cuna y a la cocina" (p. 444).

Rosa Navarro fue profesora de instrucción pública y escritora. Fundó y dirigió la primera logia masónica femenina llamada "Xóchitl". Escribió en el semanario femenino *Violetas del Anáhuac*. Al igual que su hermana Paula, fue una gran luchadora de la instrucción femenina. Acerca de ella Laureana dice: "ha luchado con todo el vigor de su talento y de su actividad contra la educación de envilecimiento, fanatismo y nulidad, que como triste herencia de la época colonial pesa aún sobre la mujer mexicana que apenas hoy, y en muy corta minoría, comienza a darse cuenta de algunos de sus derechos" (p. 451).

La última biografía de *Mujeres notables mexicanas* es la de una sobresaliente mujer, Matilde P. de Montoya, que nació en 1839. Se dedicó a estudiar obstetricia, hasta que en 1870 le permitieron matricularse en la Escuela de Medicina de la capital.

Al poco tiempo de empezar a estudiar murió su padre y ella contrajo una enfermedad de la vista que la obligó a trasladarse con su madre a Cuernavaca. Ahí atendió el difícil parto de una mujer que estaba a punto de morir. El jefe político del distrito le propuso que empezara a ejercer como ginecobstetra, pero ella se rehusó a hacerlo debido a que no tenía un título que se lo autorizara. La examinó un jurado que le extendió un diploma temporal.

En 1872 regresó a la capital y volvió a ingresar a la Escuela de Medicina. Presentó examen de primer y segundo año de obstetricia. Empezó a ejercer en el hospital de San Andrés y recibió el apoyo de algunos prominentes médicos, como los doctores Luis Muñoz y Manuel Soriano. Sostuvo sus estudios a costa de sacrificios continuos; además de asistir a sus pacientes, daba clases en un colegio y estudiaba por las noches.

Volvió a enfermar y tuvo que irse a Puebla. Una vez restablecida, reanudó el ejercicio de su profesión con gran éxito.

Esta circunstancia le atrajo multitud de enemigos que se valieron de los más bajos medios para obligarla a que se marchase de Puebla:

Una de estas calumnias, consistió en hacerla aparecer como "masona y protestante", fue reproducida por un periódico que se atrevía a titularse el "Amigo de la Verdad", el cual logró su "noble fin", quitando a una joven, honra de su sexo por su aplicación y su talento; a una joven virtuosa y digna, los medios de ganar su subsistencia y la de su pobre madre, mártir también de la envidia, la intolerancia y el atraso (p. 537).

Matilde Montoya intentó irse a Estados Unidos, pero por motivos económicos no pudo lograrlo. Regresó a la capital y continuó sus estudios de medicina, al mismo tiempo que estudiaba también la preparatoria. Debido a sus múltiples enfermedades, fue presentando sus exámenes periódicamente hasta terminar su carrera.

Durante esta época siguió recibiendo las más severas críticas de aquellos que resentían que una mujer aspirase a obtener un grado universitario en ciencias. Eran múltiples las acusaciones que se hicieron en su contra, entre ellas la de que:

> asistía al anfiteatro con todos sus condiscípulos, y que trabajaba sobre cadáveres desnudos, lo cual es absolutamente falso pues éste fue uno de los grandes escollos que tuvo que vencer habiendo conseguido, aunque con gran trabajo, que el Director de la Escuela permitiera que los cadáveres se cubriesen convenientemente, cuando tenía que asistir a clase; y cuando la materia que se iba a tratar era de tal naturaleza que exigía que el cadáver permaneciese descubierto, los mismos alumnos la avisaban, y no asistía a clase, sino que esperaba a que todos se retiraran para encerrarse sola en el anfiteatro y hacer sus estudios sin testigos (p. 541).

Sin embargo, hubo otras personas que sí supieron reconocer sus méritos, entre ellos los gobernadores de Morelos, Hidalgo y Puebla, que le concedieron modestas mensualidades y pensiones que la iban ayudando a lograr su meta. El 25 de agosto de 1887, la doctora Montoya obtuvo el título de médico cirujano: "primer título científico profesional, alcanzado a costa de una vida entera de trabajo, de estudio, de amargura y de sacrificio, por la débil mano de una mujer que ha reivindicado los derechos de nuestro sexo elevándole por encima de una sociedad injusta por naturaleza y antagonista por sistema" (*id.*).

En muchas instancias de la sección "Contemporáneas", la prosa es artificiosa y ornamentada; tal vez intento de imitación mal asimilada del modernismo. Predomina la prosa didáctica y la oratoria que intenta persuadir por medio de un esquema o patrón de conducta, en el que se sostiene que el ser humano puede redimirse socialmente a sí mismo. Laureana despersonaliza a sus biografiadas en aras de una intención moralista: la de mostrar que el orden, la rectitud y la disciplina traerán como consecuencia frutos provechosos para estas mujeres así como para quienes las rodean. Insiste en señalar que la labor profesional de estas mujeres notables no impidió en ningún momento que ellas dejaran de cumplir con sus obligaciones familiares, tanto hacia el marido y los hijos, en el caso de las casadas, como con sus padres y hermanos, en el de las solteras.

Más aún, la educación que ellas recibieron a base de enormes sacrificios les permitió cumplir más eficientemente con todas sus responsabilidades, encauzando todos sus esfuerzos, tanto familiares como profesionales, en servir mejor a la patria. La autora hace hincapié en cómo la educación podrá hacer posible el reconocimiento de la capacidad intelectual de la mujer, aun cuando pase tiempo para que este hecho sea asimilado por la sociedad. Laureana muestra una especie de fetichismo de la respetabilidad y el decoro, e indirectamente elogia a la dictadura porfirista que sostuvo estos valores.

Hace un culto de los actos sobresalientes de las heroínas de la cultura y de la historia. Las biografiadas son mujeres que escaparon del anonimato histórico debido a sus grandes atributos personales, o a hechos que contradecían los valores aceptables de su época.

Como feminista, a Laureana le inquieta que no se reconozca la participación de ellas en el proceso histórico de México.

Su visión del mundo es en todo momento fiel al influjo de las ideas liberales de Justo Sierra y al pensamiento positivista de Gabino Barreda, prevalecientes en su época. Sus biografiadas de la época contemporánea son una especie de personificación del sistema. Ellas sostienen una actitud anticlerical, circunscribiendo la religión exclusivamente al terreno de la conciencia y de la moralidad privada. Su actitud enciclopedista y patriota la lleva a juzgar el colonialismo como un estigma que hay que borrar para forjar el espíritu nacional con base en una nueva ideología enciclopedista, partidaria de la razón y la educación, y que tiene como fin último el progreso de la nación.

Para concluir, a lo largo de las 4 secciones de *Mujeres notables mexicanas* la autora va marcando la evolución de la mujer mexicana en el recorrido de la historia.

Siguiendo la tendencia de su época, como lo hizo Justo Sierra, prologuista de *México y su evolución social*, y Alfredo Chavero en *México a través de los siglos*, Laureana intenta lograr una visión totalizadora de la historia de la mujer en México hasta sus días. Los cambios y transiciones por los que ha pasado la mujer son evidentes: en la época indígena, con la llegada de los españoles, nos encontramos con una mujer sin alternativas ante la vida, sometida y pasiva, aceptando la adversidad y el sometimiento a los conquistadores; en la época colonial, nos encontramos con una mujer partícipe en el mundo como esposa y madre, o como segunda y única opción, la reclusión en el convento sirviendo a los intereses de la Iglesia. En la época independiente, vemos por primera vez que la mujer ya actúa y es partícipe de la causa independentista. Arriesga su propia vida y heroicamente defiende a su familia en defensa de una causa personal o ideológica, pero en última instancia, cualesquiera que hayan sido sus motivos, aprende a tomar decisiones y a asumir sus consecuencias. En la época de Laureana, la mujer mexicana logra algo más que ser víctima o heroína. Intenta y logra por inquietud personal entrar al mundo competitivo del trabajo. Por medio de grandes esfuerzos y sacrificios, logra abrirse camino en un mundo profesional, muchas veces agresivo y hostil, como maestra, traductora, periodista, e inclusive el del arte y las ciencias, hasta entonces reservado exclusivamente al hombre.

A través de la reconstrucción del paso por estas etapas, Laureana Wright de Kleinhans va rastreando la trayectoria de la mujer hasta principios de este siglo, dispuesta ya a ir en busca de su propia identidad y realización en un mundo masculino por excelencia.

Más importante y más revelador aún que todo lo anterior, es ver cómo Laureana, mujer prototipo de la época porfirista, al interpretar la evolución de la mujer, está en vías de interpretar y comprender su propia vida y su propia razón de "ser", aunque naturalmente su visión del mundo y su perspectiva histórica estén circunscritas y reducidas al momento que le tocó vivir.

En síntesis, solamente me queda agregar que, no obstante la superación personal de Laureana en su intento por rescatar del anonimato a sus biografiadas y querer llevarlas hasta un nivel de sujetos activos dentro de la vida del país, ella sigue sosteniendo las opiniones, prejuicios, gustos y valores prescritos socialmente para la mujer, como grupo subordinado que perpetúa su propia subordinación. La conciencia femenina se convierte en parte de una subcultura escindida que actúa para sostener los vínculos de una cultura dominante y paternalista, en este caso la del porfiriato.

La ideología dominante exige que la mujer de clase media y alta sea una Dama Perfecta, un Ángel de su casa, felizmente sumisa ante el hombre, aunque fuerte en su pureza interna. Las actividades de la mujer como defensora de una causa, reformadora, filántropa, enfermera, maestra, etc., son una extensión del rol femenino de Madres de la Humanidad.

Laureana Wright de Kleinhans, al igual que las mujeres de las que ella habla, son en su mayoría representantes fieles de las ideas ostentadas y llevadas a la práctica por el régimen porfirista, en particular la de crear una sociedad "áurea". Vista superficialmente y hacia el exterior, mas no reconocida como ser independiente, Laureana y sus biografiadas se integran al "concierto de las naciones", concordando con la idea de "orden y progreso" sustentada por el porfiriato. Como en escaparate, la mujer da aura al régimen ante los ojos de propios y extraños.

Para terminar, me parece de interés citar dos fragmentos tomados de un artículo de *Escritos inéditos de sabor satírico: "Plato del día"*, de Manuel Gutiérrez Nájera, precisamente por ser éste contemporáneo de Laureana y también seguidor entusiasta de los valores de la época. Sus satíricos comentarios sobre sus contemporáneos llaman particularmente la atención:

> En la clase superior de matemáticas de Cambridge una joven señorita, llamada Johnson, ganó el primer puesto sobre todos sus competidores hombres[. . .] Según el cálculo de probabilidades, esa laureada señorita no se casará[. . .] El marido busca en la mujer, la geometría pasiva, desea estudiar en ella las propiedades de las líneas o superficies, las curvas y círculos; pero no la quiere geómetra[. . .] según el cálculo de probabilidades no se casará la afortunada señorita de Cambridge.[3]

Y en el mismo artículo refiriéndose a la obra de Emilia Pardo Bazán dice lo siguiente: "es valiosa presea mientras ve y siente como mujer, y expresa en linda forma lo que ha visto y sentido. Pero cuando Doña Emilia no se conforma con el bocito que la agracia y se pone bigote postizo, peca 'contra natura' ".[4]

---

[3] Manuel Gutiérrez Nájera, "Plato del día", en *Escritos inéditos de sabor satírico: "Plato del día"*, p. 228.
[4] *Loc. cit.*

Laureana Wright de Kleinhans

MUJERES NOTABLES MEXICANAS*

ATOTOXTLI

(PRINCESA DE CULHUACAN)

Notable por su hermosura, que fué causa de una sangrienta guerra, aunque ella no tuvo mas participación, en los hechos, que el pesar que le produjeron y la desgracia íntima de su vida.

En el año de 1231 á la vez que arreglaba los casamientos de sus nietos, trató el rey Xolotl, de casar á Huetzin, señor de Tepetlaxtoc, con la bella Atotoxtli, hija del régulo de Culhuacan, Achitometl.

Este accedió gustoso á la voluntad de Xolotl; pero Atotoxtli codiciada de todos por su hermosura, tenía varios pretendientes, entre los cuales se mostraba el más apasionado y parecía el preferido, un caballero chichimeca llamado Yacanex, y que era en aquellos momentos Gobernador de Tepetlaxtoc y de otros seis pueblos.

"Todos los pretendientes enmudecieron oyendo la determinación del Emperador; pero Yacanex, más altivo, ó más amante, no pudo sufrir que su adorada Atotoxtli pasase á otros brazos.

Ciego pues de los celos, sin atender al respeto que le tenía á su señor Huetzin, ni al de este supremo Monarca, partió á pedirla á su padre á Culhuacán. Para hacerlo, levantó porción de gente de los pueblos de su mando, é hizo que armada le acompañasen á la empresa. Presentóse á Achitometl, pidióle á la niña por esposa, pero con tanta osadía, que menos parecía súplica que respeto.

Hallábase Achitometl desprevenido, pero no falto de ánimo

---

* Biografías de *Mujeres notables mexicanas* de la época prehispánica, la Colonia y el siglo XIX, Secretaría de Instrucción Pública y Bellas Artes, México, 1810.

y resolución y así le respondió, denegándose por el compromiso en que se hallaba con el Emperador, y que no podía faltar á su palabra: mas aunque ésta no estuviese de por medio, jamás, dijo, la daría á quien se la pidiese con tan criminal arrogancia; hízole entender que con solo la nobleza que le acompañaba, le bastaba para refrenar su orgullo y demasía.[1]

Volvió Yacanex más que nunca despechado á los pueblos de su gobierno, y arrojándose á disputar cara á cara el objeto de su amor á su mismo señor y rival Huetzin comenzó á armar contra él una conspiración sublevando no solo á los súbditos de su estado, sino de otras provincias.''

Avisado el emperador de todo lo ocurrido por el régulo Achitometl, padre de la disputada beldad, sin pérdida de tiempo llamó á Tochintzin, general de sus tropas, al régulo de Xaltocan Payntzin, y al novio ofendido Huetzin, régulo de Cohuatlican, para que saliesen á castigar á aquel atrevido, llevándosele vivo ó muerto.''

Yacanex, recibió á sus atacadores con gran brío, y por espacio de varios días los ataques se repitieron con igual encarnizamiento por ambos bandos, terminándose por aquel entonces la campaña, con la retirada de Yacanex, después de una batalla decisiva en que la sangre corrió en abundancia.

Desarrollado en mayor escala con aquella derrota, el odio del amante contra todos los que habían tomado parte en el alejamiento de su amada, hizo estallar otra conspiración en el palacio mismo del emperador, en la que Xolotl estuvo á punto de ser asesinado con toda su familia.

Desgraciado también en aquella tentativa de venganza, huyó á los montes á llorar su infortunado amor, y todavía muchos años después, siguió atacando á los sucesores de Xolotl y de Huetzin.

Entre tanto Atotoxtli, nueva Elena del Anáhuac, tuvo que inclinar la frente ante su padre y su emperador, yendo á ser la esposa forzada de Huetzin después de haber visto por su causa, tintas en sangre las llanuras de Huexotla, donde su Paris chichimeca descargó toda la rabia de su desesperación.

---

[1] Bustamante, "Mañanas de la Alameda en México".

TEPATL-XUCHITL

(Princesa de Azcaputzalco, rechazada en matrimonio por el rey Ixtlilxochitl, Ometoxtli y Matlalxuchi esposa elegida por él y madre del rey Netzahualcoyotl)

Estas princesas que existieron por los años de 1353, aparecen como célebres en la historia, por haber sido causa, aunque sea inocentemente, de una guerra que duró muchos años entre los tepanecas y mexicanos, contra los texcocanos.

Fué el caso que habiendo muerto Techotlalatzin, rey de Texcoco, muy querido y respetado por haber gobernado 104 años sus reinos y señoríos "con grandísima prudencia, paz y gobierno con pocas guerras", como dice la crónica, dejó por sucesor y universal heredero á su hijo Ixtlilxochitl, Ome Toxtli; pero al tomar posesión del mando, encontróse con que sus vasallos no querían jurarlo por rey y gran Chichimecatl, y comprendiendo que ésto era debido á las intrigas del rey de Aztcapotzalco, Tetzotzomoc, que quería casarlo con su hija, la princesa Tepatl Xuchitl, á quien desde niña le había enviado para que la tomase por legítima mujer. Orgulloso y digno el nuevo rey, lejos de arreglar aquellas dificultades efectuando su matrimonio, devolvió á su padre á la mencionada princesa, y mandó á México por la princesa Matlalxuchi, hija legítima del rey Huitzilihuitl, muerto hacía poco, y hermana del monarca Chimalpopoca que reinaba en México como sucesor, y se casó con ella.

Disimulando su despecho el rey Tezozomoc, y sin darse por entendido de que anhelaba vengar el ultraje recibido en su hija, convocó en junta á los reyes de Culhuacan y Tlaltelolco, Chimalpopoca y Tlacateotzin, de los cuales el primero lo era también de México, y haciéndoles temer á Ixtlilxochitl como peligroso y dispuesto á apropiarse otros estados, los indujo á que le impusiesen con disimulo una especie de vasallaje, haciendole mandarles por vía de amistad un tributo anual de mantas de algodón tejidas por sus vasallos. Ixtlilxochitl atendió sencillamente aquella súplica la primera y segunda vez: pero á la tercera, comprendiendo lo que pasaba é informado de las maquinaciones de Tezozomoc, para que no se efectuase la jura de su reinado, resistióse aunque amistosamente y con pretextos factibles, al envío de las mantas, oportunidad que esperaba Tezozomoc para convencer á los otros dos soberanos de que era preciso sujetarlo por las armas; con lo cual se dió principio á la guerra que Ixtlilxochitl sostuvo valerosamente contra los mexicanos, aculhuas y toltecas reunidos á las órdenes de Tezozomoc.

Muchos de sus vasallos tepanecas se hallaban de acuerdo con sus enemigos, y por fin, en la última batalla, uno de ellos los introdujo traidoramente en las tierras de Iztapalocan, aunque todo fué inútil, pues ni aun así lograron reducirlo.

Admirados de su valor sus vasallos enmedio de la guerra que por todos lados lo asediaba, lo juraron por fin, con gran pompa, *Señor de toda la tierra*, y en el acto el arrojado Ixtlilxochitl más estimulado con aquel acto, mandó un embajador á Tlacateotzin, diciéndole; "como venía de parte de su natural y legítimo señor y monarca de la tierra: para apercibirle á batalla en cierto tiempo de este presente año, y hacerle presente á él y á Tezozomoc, tirano traidor, y á todos sus aliados, como era jurado por rey y señor monarca de toda la tierra; y que le obedeciesen por tal en paz: que él les perdonaría todo lo pasado, si ellos se querían rendir y darle la obediencia: y si no, que los sujetría á fuego y sangre, y les enviaría sus insignias y armas, para que ellos estuviesen apercibidos, y no se quejasen en algún tiempo, de que los sujetó descuidados; las cuales insignias este embajador, que era asimismo nombrado por general del ejército de Ixtlixochitl, las traería en la guerra puestas como persona que representaba la persona de su rey y señor, y con esto muchas cargas de armas, flechas, macanas, lanzas y rodelas". Oída esta embajada por Tlacateotzin, señor de Tlaltelolco, y general de los ejércitos de los Tepanecas, fué á ver á Tezozomoc, y mandó al embajador que aguardara la respuesta en Tlaltelolco, el cual así lo hizo.

Ido Tlacateotzin que á esta sazón estaba también Chimalpopoca, rey de México, y otros muchos señores, dijo á Tezozomoc lo que enviaba decir Ixtlilxochitl, de lo cual Tezozomoc recibió grandísima pena, y le respondió que dijera al embajador: "que bien sabía que Ixtlilxochitl se había hecho jurar por monarca; que sus vasallos y amigos no le obedecerían por tal, sino por traidor; que él lo sujetaría á fuego y sangre; que no sería menester que él tomase trabajo de venir hacia sus tierras, que él iría para tal día hacia las suyas, y le daría á entender su desvergüenza y atrevimiento, y que se iría hacia los campos de Chicuhnauhtlan con cuatro ejércitos muy poderosos". Recibida la contestación de su mensaje, aprestóse Ixtlilxochitl á la guerra, y no faltó quien le avisara que no era por Chicuhnauhtlan, sino por la laguna de Huexutla por donde debía sorprenderlo traidoramente Tezozomoc, con cuyo aviso el valiente y gallardo Ixtlilxochitl hizo vigilar ambos lugares y todas las fronteras de su estado, levantando numerosos ejércitos, y sosteniendo la guerra en los términos que de la siguiente manera refirió más tarde Don Fernando de Alba Ixtlilxochitl, descendiente de este simpático rey: "Y cumplido el tiempo que los tepanecas dijeron habían de estar en Chicuhnauhtlan, amanecieron una madrugada en las riberas de la laguna con grandísimo ejército de innumerables gentes, que parecía, según las historias, un gran hormiguero con la multitud de canoas, y gentes que por el rededor de la laguna andaban vadeando de un lado á otro; y los de Ixtlilxochitl viendo á sus enemigos les salieron al encuentro, los cuales muy descuidados venían de tal recibimiento.

Pelearon cruelmente, murieron de ambas partes infinidad de gentes, en donde se señalaron muchos y valerosos nobles, como plebeyos, que por escusar prodigalidad no se ponen aquí "...La laguna y su ribera se cuajó de hombres muertos, y toda el agua se puso vermeja, de los arroyos de sangre que corrían". "Pelearon muchos días, y sucedieron tantas y tan crueles cosas nunca vistas ni oídas en esta tierra, que sería muy largo de contar. Mas al fin viendo los del tirano Tezozomoc la mucha fuerza y valor del legítimo señor Ixtlilxochitl se fueron retrayendo hacia sus tierras."

Lleno de ira por esta derrota Tezozomoc, sublevó contra Ixtlilxochitl, á dos de las ciudades de este soberano, Otumba y Chalco, atrayéndoselas con halagadoras promesas, lo cual sostuvo todavía por espacio de cuatro años una guerra constante y cruel, en la que vencedor al fin Ixtlilxochitl, tuvo la gloria de que el rencoroso y pérfido Tezozomoc se rindiera, ofreciéndole obediencia, pidiéndole para él y los suyos, merced de la vida, y reconociéndole por "señor y monarca legítimo de toda la tierra".

Ixtlilxochitl que, teniéndole en aquellos momentos reducido á la impotencia, podía acabar con él y con todos los tepanecas, recibió cariñosamente la embajada, perdonó á sus enemigos y vasallos rebeldes, colmó de beneficios á todos, y noble y confiado regresó á su corte, donde sus amigos, más cautos, recelaban de Tezozomoc y le reprochaban que hubiese sido tan generoso con él. Razón tenían para ello; pues el tirano abusando de tanta bondad, y violando toda gratitud y toda fé, comenzó de nuevo á seducir con dádivas y promesas á los principales vasallos, y aun parientes del rey, y habiendo ganado á muchos á su devoción, astuto y traidor, envió á decir á Ixtlilxochitl, que como él y los suyos, tenían que ir en su presencia á jurar lo que habían ofrecido, "le rogaba que hiciera á sus vasallos deponer las armas porque temía que al atravesar sus tierras no les aconteciese algún mal, por ser los Aculhuas y Chichimecas determinados y vengativos".

Llevando hasta el extremo su generosidad, Ixtlilxochitl accedió á la súplica ordenando en todo su reino que ninguno tomara las armas contra los tepanecas, porque ya eran sus amigos y se habían sujetado á su imperio.

Viendo Tezozomoc que el rey se hallaba descuidado de toda traición, y muchos de sus vasallos comprados por él, se presentó en sus tierras y deteniéndose en Chicuhnauhtlan, mandó adornar todo el lugar y hacer en él grandes preparativos de fiestas para la jura; y cuando todo estuvo listo, envió á decir á Ixtlilxochitl que, "como era viejo y achacoso no podía pasar de allí y que le rogaba que admitiese que fuera la ceremonia en Temamatlatl, donde ya tenía todo aderezado". Mientras llegaba el rey, emboscó todas su tropas, en un bosque inmediato, dándoles orden de que se apoderasen de él y de su hijo Netzahualcoyotl, y se los llevasen presos, "con todas las ignominias y vituperios del mundo", y les dió un retrato de ambos, para que los conociesen aunque fueran entre mucha gente. Ofrecieron todos hacer lo que él mandaba; mas hallándose entre ellos, disfrazado porque recelaba, el capitán Izcantzin Acatlolzin, hijo de Ixtlilxochitl, partió luego a Tezcuco y contó á su padre lo que pasaba y cómo venían los embajadores para llevarlo.

Admirado quedó el rey de tanta felonía, y no pudiendo hacer otra cosa por el momento, aguardó á los embajadores, y fingiéndose complacido con su mensaje, les respondió que dijesen á Tezozomoc que iría, y en caso de no poder, enviaría persona en su lugar.

Rogáronle los embajadores con insistencia que fuese él mismo, pues todos lo esperaban personalmente para el juramento y ofreció que así lo haría.

Los embajadores se fueron á prisa, para avisar á Tezozomoc que ya venía, é inmediatamente Ixtlilxochitl reunió en consejo á sus deudos y vasallos leales, para decidir lo que debía hacer.

Tomó en el acto la palabra su hijo Acatloltzin solicitando que le permitiese ir en su nombre para ver lo que sobrevenía, mientras él apercibía para la guerra á sus pueblos y castigaba la infamia de sus enemigos.

Uniéronsele otros tres caballeros con su escolta y fuéronse sin demora á Temamatlatl, donde creyendo los tepanecas que era el rey, lanzaron un grito de triunfo; más al ver que sólo era su hijo y algunos caballeros, comprendieron la estratagema, y en medio de las más groseras injurias, y brutales tratamientos, los llevaron ante la tienda del tirano, que mandó se desollase vivo al infante, y se matase á lanzadas á los caballeros; en seguida mandó tender sobre una peña la piel del infeliz príncipe, "y mandó que todo su ejército fuera sobre Texcuco y destruyera la ciudad á fuego y sangre, trayéndole muertos ó vivos a Ixtlilxochitl y á su hijo Netzahualcoyotl."

El rey esperaba ya á sus enemigos en pié de guerra, trabándose una sangrienta lucha que sería largo referir, y que duró diez y seis días, al fin de los cuales Ixtlilxochitl salió de Texcuco parapetándose en un bosque cercano, desde donde seguía dirigiendo la defensa de la ciudad.

Desde ahí mandó á otro valiente capitán, hijo bastardo suyo, llamado Zihuaquequenotzin para que solicitase auxilio, aunque fuese de víveres, de sus vasallos de Huautepec y de Otumpan.

El príncipe partió encargando á su padre que velase por sus hijos, pues comprendía que estando revelados aquellos pueblos, perdería ahí la vida: así fué en efecto, é Ixtlilxochitl y su esposa tuvieron que llorar aquel nuevo dolor, y que hacerse padre de los huérfanos.

Treinta y dos días después de este cruel asesinato, mirando Ixtlilxochitl su ciudad y pueblos destruídos, á sus vasallos rebeldes ó muertos, y hallándose en la imposibilidad de continuar la defensa, reunió á sus deudos y resto de sus amigos, se despidió de ellos, encargó á su heredero Netzahualcoyotl que se ocultase y cuidase su vida para que pudiera substituírle y libertar á sus pueblos del dominio del tirano y traidor Tezozomoc, y esperó tranquilo y cansado de la vida á que fuesen á matarlo sus enemigos, en un lugar llamado Topanohuayan.

Viéndolos llegar, se puso sus insignias reales, tomó sus armas é hizo que su hijo, fiel á su promesa de conservar la vida, se subiese á un árbol, desde el cual tuvo que contemplar el horrible asesinato de su padre, que el historiador descendiente de aquella heroica familia describe así: "Y ya que llegaba cerca del arroyo junto á unas peñas, llegaron los de Otumpan por un lado y los de Chalco por otro, y le rogaron con mucha reverencia admitiera cierto servicio, fingiendo que le querían ayudar y hacerle fiestas.

Ixtlilxochitl les respondió que no quería, que hiciesen de él lo que quisiesen, y que bien los conocía, que eran traidores y vasallos de Tezozomoc.

En estas demandas y respuestas llegaron los que venían hácia la ciudad, y les dijeron á los Chalcas, y Otumpanecas que si se quería que lo matasen é hiciesen pedazos."

"Ixtlilxochitl les respondió diciéndoles que eran unos traidores, y que él moriría como valeroso príncipe por su patria y nación; que no entendiesen que él tomaba esta muerte por afrenta, sino por mucha dicha tenía el morir por su nobleza y confianza en traidores como ellos y sus señores eran.

Entonces llegaron con las armas, y defendiéndose valerosamente lo mataron ahí, y á sus criados que iban con él; y quitándole sus insignias reales, se las llevaron dos, en testimonio de la verdad, á Tezozomoc su señor, dejando su cuerpo en aquel campo con innumerables puñaladas que le dieron."

Tal fué la azarosa vida que compartió con el rey, la princesa Matlalxuchi, víctima del rencor del padre de su desairada rival Tepátl Xuchitl.

Por una rara coincidencia, estos tristes acontecimientos de la historia india, que pasaban en un rincón de la oculta América, eran una parodia exacta de la terrible tragedia que al mismo tiempo se desarrollaba en España, que dos siglos más tarde debía ser conquistadora de aquellas razas.

Ixtlilxochitl forma un paralelo casi exacto con Don Pedro el Cruel, que á la sazón reinaba en aquella remota península.

Tepatl Xuchitl desairada y Matlalxuchi preferida, se asemejan á Doña Blanca de Borbón, y Doña María de Padilla, quienes fueron también el pretexto de que se sirvió Don Enrique de Transtamarra para destronar al rey legítimo.

Ambos monarcas se vieron combatidos por aliados de sus enemigos, ambos sufrieron innumerables traiciones, ambos combatieron valientemente y sin descanso, y ambos, decepcionados, heridos de muerte moralmente, y cansados de la vida que fué para ellos una interminable tempestad, esperaron la muerte abandonados y casi solos, provocando á sus asesinos para que se decidiesen á arrancarles de una vez la existencia.

Tuvieron hasta la misma inspiración al vestirse para aquel postrero lance sus insignias reales.

El campo de Tepanohuayan y el campo de Montiel, alcanzaron la misma sangrienta representación en la historia, realzando las figuras de los reyes en ellos sacrificados: pero Ixtlilxochitl aventajó á Don Pedro en sentimientos generosos, y fué más afortunado que él, legando á su dinastía al gran Netzahualcoyotl, del que tuvo la gloria de ser madre la reina Matlalxuchi, vencedora de la desdeñada rival.

Atozquetzin

(Reina de Chalco, auxiliar de Netzahualcoyotl)

Estaba esta reina casada con el rey de Chalco Zihuateotzin, el que era, si no enemigo, indiferente cuando menos á las desgracias de Netzahualcoyotl, en la larga serie de peligros y combates que para recobrar el trono de su padre tuvo que sostener. Habiendo enviado este valeroso príncipe un embajador al rey de Chalco, apercibiéndolo con la guerra si no le prestaba el auxilio que debía, habló antes por el camino el embajador con el noble Huitziliutzin, vasallo fiel de Netzahualcoyotl y hermano de la reina Atozquetzin; el cual conociendo el ascendiente que ésta ejercía sobre el rey de Chalco su esposo, aconsejó al mensajero que la viese á ella primero de su parte, pues desconfiaba mucho de que aquel rey accediese de por sí á los deseos del perseguido príncipe.

Hízolo así puntualmente el embajador y la reina con muchas lágrimas, dice Ixtlilxochitl, le dió la palabra que ella haría que el rey su marido cumpliese su palabra, en ayudar á Netzahualcoyotzin, y así luego se lo fué á decir, y él, aunque estaba de otro parecer, hizo juntar otro día de mañana todos sus grandes para tomar parecer si querían ayudar á Netzahualcoyotzin ó á Maxtla, lo que á ellos más bien conviniera; mandó poner un cadalso, que llevasen al mensajero y en un pilar, bien atado de piés y manos y desnudo lo tuviesen cubierto con una cortina; y allí mandó á un pregonero que á grandes voces dijese tres veces á todos los señores, sus vasallos y demás gentes: que si querían ayudar á Netzahualcoyotzin, cuyo embajador estaba allí, que respondiesen, mandando quitar las cortinas para que todos lo viesen, y si no, que sería muerto al segundo pregón.

Todos á grandes voces dijeron á Netzahualcoyotzin querían ayudar, que era justo y con derecha justicia, que soltaran al mensajero, y lo desataron y le vistieron sus vestidos.

De esta manera la reina Atozquetzin logró, empleando por armas su amor y su belleza, que su marido devolviese al que más tarde fué el sabio rey Netzahualcoyotl la lealtad y vasallaje que aquel pueblo había retirado traidoramente á su infortunado padre Ixtlilxochitl Ome Toxtli, auxilio que le fué tan eficaz, que fueron los Chalcas los que terminaron la guerra, ayudando al rey poeta á subir á su usurpado trono.

MATLALCHUATZIN Y COXCATEOTZIN

(PATRIOTAS TEXCOCANAS SALVADORAS DE NETZAHUALCOYOTL)

En la aventurera y desgraciada vida de este rey poeta, cuyo simpático tipo atrae desde luego la atención con su culminante figura en la historia antigua del reino de Texcuco, estas dos indias representan, aunque momentáneamente, un importante papel.

En los momentos en que más perseguido se hallaba Netzahualcoyotl, por el odio y la perfidia constantes del usurpador Maxtla, habiendo estado á punto de ser aprendido traidoramente en su palacio por una embajada enviada por este rey, con pacífica apariencia, avisado Netzahualcoyotl por un leal servidor de que se habían distribuído al derredor del palacio tropas de Aztcapotzalco, logró, mientras entretenía con un banquete á los supuestos embajadores, escapar por una puerta falsa disfrazado con las ropas de un criado. A la salida de la ciudad escondióse en casa de un caballero de su séquito llamado Tozmantzin; pero previendo que allí no estaba seguro, porque lo buscarían por todas partes, esperaba que llegase la noche para salir; mas habiendo sido denunciado por un traidor que lo había visto entrar en la casa de Tozmantzin, mientras se cateaban todas las casas de los principales señores y caballeros del reino, una partida de tropa ocurrió ahí, exigiendo al caballero que entregase al fugitivo. "Y sin duda habrían logrado su intento, si la lealtad de Matlalchuatzin, mujer de Tozmantzin, no hubiera arbitrado con viveza un ardid con que salvarle la vida, burlando á sus enemigos. Todos los vecinos de este barrio en que vivía Tozmantzin eran tejedores de mantas de *Nequen* que las fabricaban de hilo de maguey que llaman *ixtli*.

Tozmantzin era jefe ó superintendente de estas fábricas, por cuya causa traían á su casa todo el ixtli que se debía emplear en

ellas, el cual repartía á los tejedores en la porción debida.
Con este motivo había en la casa una pieza para almacenar el ixtli, en que se encerraban grandes porciones de él." "Luego que Matlalchuatzin vió llegar á los soldados corrió para adentro, y mostrándose asustada avisó al príncipe del peligro que corría: hízolo entrar en el almacen del ixtli, y le echó encima gran porción de él con lo que quedó enteramente cubierto. Preguntaron sus enemigos á Tozmantzin por Netzahualcoyotl que sabían había entrado á su casa: nególo, y aunque le hicieron muchas amenazas para que lo declarase, se mantuvo negativo, por lo que le dieron tantos golpes, que lo dejaron por muerto tendido en el suelo. Entraron á buscar al príncipe por toda la casa, y no encontrándolo en ella, quisieron obligar con amenazas á su esposa para que lo descubriese, la cual negó igualmente que su marido"... "Torquemada refiere este suceso diciendo que acaeció en una aldehuela inmediata á la ciudad de *Cohuatlican,* y que murieron Tozmantzin y su esposa; pero autores indios asientan que era un arrabal de Texcoco llamado *Coatlan* y no *Cohuatlican*, pues ésta era una ciudad grande y cabeza de reino."[2]

Otros historiadores dicen que no murieron Tozmantzin y su mujer, y que el príncipe luego que recobró su reino tuvo en consideración este importantísimo servicio y los colmó de mercedes.

Apenas salvado el príncipe por la heroica india, púsose en camino por el bosque de *Tezcutzinco* donde con más seguridad podría ocultarse y reunirse con sus criados y amigos, citados para aquel punto. Al subir á una loma, divisó una partida de tropas que seguía el mismo rumbo, aunque ella no lo vió, y aligerando el paso cuanto pudo, llegó á un paraje donde estaba un hombre con su mujer cosechando *Chian*.

El príncipe le dijo que venían tras de él los Tecpanecas y no sabía qué hacer para salvar la vida. La mujer, llamada Coxcateotzin, tuvo la misma inspiración que la que primero lo había escondido, y haciéndolo tender en tierra hacinaron sobre su cuerpo, entre ella y su marido, una crecida porción de manojos de *Chian*, cubriéndolo con ella.

A poco rato llegaron los enemigos y preguntándoles si habían visto pasar por allí á Netzahualcoyotl, la mujer respondió prontamente: "Sí señores, hace poco lo vimos pasar muy apresurado, tomando el camino de Huexotla; si lo queréis alcanzar

---

[2] Bustamante, "Tezcoco en los últimos tiempos de sus antiguos Reyes".

es menester que os déis prisa, porque iba muy veloz." Con esto partieron con tal precipitación, que á pocos momentos se perdieron de vista. El príncipe saliendo de su escondite ofreció á la leal mujer su recompensa que merecía si llegaba á recobrar su trono, y prosiguió su camino. Estos hechos según el cómputo de los indios sacado de sus mapas, acaecieron el 23 de julio de 1427.

Matlalzihuatzin

(Reina de Texcoco, esposa de Netzahualcoyotl y madre de Netzahualpilli)

Esta india, hija de Totoquiyauhtzin, rey de Tlacopan (hoy Tacuba) hízose notable desde luego por su singular belleza y después por su inteligencia y por la parte activa que tomó en la política interior y exterior de Texcoco. Desde muy tierna edad dióle su padre por esposo al capitán Temictzin, que era su pariente, y el cual la tenía en su casa criándola como hija.

A la sazón, habiendo enfermado de ictericia el rey de Texcoco, Netzahualcoyotl, por mudar de temperamento fué á pasar una temporada á Tlaltelolco, donde vivía Temictzin con su futura esposa. Luego que la hubo conocido el gallardo rey de Texcoco, enamorose perdidamente de ella y no perdonó medio para lograr que pasase á aumentar el número de sus esposas, refiriendo los historiadores los medios de que se sirvió para ello.

Según el P. Torquemada, que compara este hecho con el de David enviando á Urías á perecer, Netzahualcoyotl mandó al capitán Temictzin á subyugar una provincia que se había sublevado, encargando á sus ayudantes que en el momento de la acción le abandonasen para que fuera muerto por sus contrarios; y que habiendo sucedido así, se casó el rey con la bella Matlalzihuatzin.

Bustamante niega ésto, y cree que el casamiento se efectuó pacíficamente con acuerdo del presunto marido y del rey de Tacuba, padre de la desposada, lo cual es más factible, dada la proverbial bondad del rey de Texcoco. De cualquiera manera que fuese, la nueva reina supo hacerse amar hasta el delirio por su esposo, dominándolo más y más por el amor de varios hijos que tuvo de su himeneo. "Su privanza, su alta nobleza y su natural ambicioso, la hicieron concebir el proyecto de exaltar su casa cuando menos proporciones había para ello; tanto más cuanto que uno de los convenios entre Netzahualcoyotl y el rey de México, fué la extinción universal de todos los señoríos en los países conquistados, en que debía de ser comprendido Tlacopan que antes pertenecía al imperio Tecpaneca, y había sido conquistado en la guerra de Aztcapotzalco; mas sin embargo de estos obstáculos ella esforzó su empeño de tal modo, que logró hacer entrar á su esposo en el proyecto. Reducíase éste no sólo á que no se le despojase á su padre de los estados de Tlacopan, sino á que se le aumentasen agregándole algunas tierras de las recién conquistadas, y lo que es más que se le diese en el gobierno igual parte que al emperador de México; de suerte que fuese este un triunvirato de que dependiese todo el gobierno del imperio, sin que nada pudiese resolverse de los negocios de él sin la concurrencia de las tres cabezas."[3]

Como se ve, no habría pedido más ni con mayor audacia, cualquiera de las civilizadas ambiciones europeas. Era un proyecto exagerado y casi loco, máxime tratándose de someter á él la altivez y la ambición de mando del rey de México. Sin embargo, Netzahualcoyotl, subyugado por su amor, propuso á Izcoatl y al senado de México el arrogante proyecto de la sirena india; pero "apenas lo oyeron cuando escandalizados todos, lo repelieron con el mayor ardor." Netzahualcoyotl no desmayó; y apelando á toda la energía y poderoso influjo de su natural elocuencia, después de una acalorada discusión, sostenida aún contra el mismo Izcoatl, rey de México y tío suyo, Netzahualcoyotl triunfó haciéndole aceptar el proyecto, y el triunvirato quedó acordado, tal como le había solicitado la hermosa Matlalzihuatzin.

Por una rareza de la suerte, el capricho y la ambición de aquella mujer, fueron el origen del engrandecimiento y opulencia del imperio Mexicano, por la unión de los tres reinos, de México, Texcoco y Tacuba.

Con gran ceremonia y solemnidad se hizo la jura de los tres soberanos en su nueva investidura de triunviros, y al terminar, Netzahualcoyotl, el rey joven, enamorado, sabio y poderoso, como lo llama Bustamante, electrizó al pueblo con un discurso, en que hizo campear todas las galas de su talento é inspiración.

La vida de aquel rey grande por su valor, su generosidad y su genio filosófico, digno de cualquiera de los grandes filósofos de Grecia, fué un tejido no interrumpido de luchas, de traiciones é ingratitudes que tuvo que combatir, endulzada siempre

---

[3] Bustamante, "Tezcoco en los últimos tiempos de sus antiguos Reyes".

por el inextinguible amor de su esposa la reina legítima Matlalzihuatzin, que le ayudó también á allanar las dificultades de su carrera, y á soportar la pérdida de sus hijos mayores, cobardemente asesinados por el rebelde rey de Chalco. Finalmente ofrecióle el último consuelo dándole, ya casi al entrar á la vejez, otro hijo que reemplazase á los perdidos, que fué el gran Netzahualpilli, y el que Netzahualcoyotl, sintiéndose próximo á morir, nombró su sucesor y heredero.

La reina acompañó á su hijo en los primeros años de su sabio reinado, conservando hasta el fin su soberanía de dama y de madre.

Debe de haber muerto por el año de 1478.

Sor Teresa de Santa Teresa de Jesús

(Contadora del convento de Santa Catarina de Puebla)

Sobrina de Sor María de la Encarnación, y hermana de la anterior, se hizo notable también por su talento. Fue por espacio de cuarenta años contadora de su comunidad, uno de los cargos más difíciles de desempeñar en aquella época, sobre todo entre mujeres, por ser completamente desconocido el estudio de la aritmética, que sólo los cerebros dotados de grandes facultades calculistas, podían medianamente suplir.

Tres veces desempeñó, además del suyo, el empleo de priora, en el que acabó de acreditar su buena reputación de prudente y sabia, haciendo progresar notablemente los elementos de su comunidad, y ayudada por su tía Sor María de la Encarnación que, al ingresar ella, era ya monja de aquella comunidad.

Ignórase la fecha de su nacimiento y de su muerte.

Doña Francisca de San Agustín

(Fundadora de la comunidad y monasterio de monjas de Santa Clara)

Esta señora y cinco hijas suyas entregadas a un misticismo extremado, vivían en la ermita de la Santísima haciendo vida monástica, mientras solicitaban la licencia del arzobispo para fundar un monasterio. Otorgada que fue ésta, salieron monjas de la Concepción para ir a consagrarlas, y ante ellas pronunciaron sus votos de profesión doña Francisca y sus hijas, el 4 de enero de 1579, bajo la advocación de Santa Clara.

El 22 de diciembre del mismo año, las seis religiosas se trasladaron a la que hoy llamamos, por aquel motivo, calle de Santa Clara, y que los indios llamaban Pepetlan, en donde fabricaron el monasterio y la Iglesia, que no fue consagrada hasta el 22 de octubre de 1661.

Sabido es que aquella comunidad fue exclaustrada en 1863, y el convento clausurado, por efecto de las Leyes de Reforma.

Hoy sólo existe la iglesia incompleta, pues también se le segregó una parte.

Doña Juana Villaseñor Lomelín

(Segunda fundadora del convento de San Juan de la Penitencia)

Este convento de monjas fue en su primera fundación una ermita establecida por fray Pedro de Gante. Muerto este lego, los indios de aquel barrio, llamado Moyostla, edificaron un asilo para forasteros que duró hasta 1591. Los mismos indios, dueños de aquel local, le ofrecieron para un monasterio, y admitido por el virrey, se construyó en 1593, con su correspondiente iglesia, el convento de San Juan de la Penitencia.

Habiéndose arruinado en un terremoto, por ser mala su fabricación, quedó definitiva y sólidamente reconstruido en 1711, por doña Juana Villaseñor Lomelín, novicia capuchina que hizo una donación de 60,000 pesos, con los cuales y otras cuantiosas limosnas que se recogieron se llevó a efecto la obra, permaneciendo la donadora en su convento, mientras en el nuevamente fundado por ella, se establecía otra comunidad.

Sor Petronila de San José

(Escritora)

Sor Petronila de San José fue abadesa del monasterio de Jesús María en México, y floreció en el siglo XVII. Escribió un libro intitulado *Vidas de religiosas ejemplares*, cuyo manuscrito poseyó el sabio Sigüenza y Góngora. Este dice en el prólogo de su *Paraíso occidental* que, "si algo bueno hay en la Historia, se debe todo a lo que dejó escrito la religiosa que nos ocupa".

"Mejor testimonio que el del ilustre Sigüenza no podríamos citar en elogio de la monja mexicana." Así se expresa acerca de aquella esclarecida inteligencia el señor Francisco Sosa, y nosotros, por nuestra parte, deploramos que la incuria dejara desaparecer de los archivos nacionales las obras de aquella ilustrada religiosa, que debieran formar unas de las páginas de nuestros adelantos literarios.

LAS FELIPAS

(FUNDADORAS DEL CONVENTO DE SANTA CATALINA DE SENA)

Ignórase el nombre de familia de estas dos hermanas conocidas con el nombre arriba citado, por llamarse Felipa, la mayor. Devotas exaltadas de Santa Catalina de Sena, a instancias suyas, se fundó el convento de religiosas de este nombre, y para el cual regalaron ellas la casa donde debía establecerse, situado en la calle de la Misericordia.

Las licencias y demás trámites fueron expeditados por los frailes dominicos, y la consagración tuvo lugar en 1593, habiéndose mandado traer para fundar la comunidad, dos religiosas de un convento de Oaxaca. Cuando aumentó el número de monjas, hallándose estrechas en aquel convento, fueron trasladadas a la calle de las Carnicerías, que desde entonces cambió su nombre por el de Santa Catalina de Sena. El convento fue clausurado como los demás en 1863, y en la actualidad sólo existe la iglesia que formaba parte de él.

DOÑA GERTRUDIS ROLDÁN

(FUNDADORA DEL CONVENTO DE RELIGIOSAS DE SANTA BRÍGIDA)

Esta señora, esposa de Don José Francisco de Aguirre, en sociedad con él, costeó la fabricación de aquel convento, para el cual, una vez concluido, se hicieron venir religiosas de España, que quedaron instaladas definitivamente el 21 de diciembre de 1744.

De este convento, después de la exclaustración, quedó solo la iglesia, que mejorada y embellecida, es una de las favoritas de la sociedad católica de México.

Mateana Murguía de Aveleyra

La señora Mateana Murguía de Aveleyra nació en Etzatlán (población situada al sur del estado de Jalisco) el 21 de Septiembre de 1856. Habiendo sido traída por su familia a esta capital cuando apenas contaba cuatro años, comenzó a instruirse en las materias de la educación primaria desde su más tierna edad, a lo cual la predisponían su despejada inteligencia y su afición al estudio, que ha sido siempre uno de los más notables distintivos de su carácter.

El 19 de agosto de 1875, contrajo matrimonio con el señor Enrique Stein, y concentró todas sus atenciones en el nuevo hogar donde sonreía su ventura de esposa y de madre, pues el cielo le había concedido una bella niña, blanca y rubia como la Ofelia de Shakespeare, cuya cuna cerraba con un poético festón color de rosa el cuadro apacible de su amor.

Desgraciadamente, muy poco tiempo le duró la aurora de aquella felicidad, pues en Octubre de 1876, catorce meses después de su enlace la joven desposada quedó viuda, y volvió al seno del paterno hogar, donde aún le quedaba el abrigo de una buena y cariñosa madre.

Lloró amargamente su desventura, pero al mismo tiempo supo sobreponerse a ella venciendo las dificultades que se le presentaban y tratando de atender por sí misma a las exigencias de su nueva posición.

Los adelantos que ya tenía adquiridos en los ramos que había cursado, y aun en la música y la literatura, pues había pertenecido a dos sociedades literarias, Las Hijas del Anáhuac y el Liceo Hidalgo, le sirvieron poderosamente para perfeccionar sus conocimientos, y el 18 de diciembre de 1878 se recibió de profesora y pasó a dirigir la Escuela de Huichapan, en la cual permaneció dos años.

En 1881 volvió a esta capital y se encargó interinamente, por seis meses, de una Escuela del Municipio.

Si antes de su matrimonio había consagrado todos sus afanes al estudio, entonces se dedicó a él con mayor ardor, introdujo las innovaciones que le fué posible en el sistema general de enseñanza, lo cual le valió que, al terminar el año escolar, el Sr. Pérez Gallardo, presidente del Ayuntamiento, le diese en propiedad otra Escuela, como premio por haber sido ella la primera en poner en práctica la gimnasia de salón.

Sirvió esta Escuela elemental los años de 1882 y 1883, y en 1884, el Ayuntamiento, en atención a sus méritos, le dio otra primaria, y con aumento de sueldo. En el mismo año de 84, obtuvo por oposición la cátedra de Gramática que desempeñaba en la Escuela de Artes.

Activa y diligente siempre, no obstante sus múltiples ocupaciones, en aquella época fundó y dirigió un periódico redactado por señoras y titulado "Violetas", al cual tuvimos la honra de pertenecer.

En septiembre de 85, contrajo matrimonio por segunda vez, después de nueve años de viudedad, con el Sr. Lic. Tomás Eguiluz, saliendo para Guanajuato, donde a los veintiséis días de casada, tuvo la desgracia de perder a su esposo, víctima del tifo que asolaba aquella ciudad.

Regresó a esta capital acompañada de su mamá y de su bella hija y, fuerte siempre contra el dolor, volvió a emprender de nuevo sus trabajos, habiéndosele conferido la Dirección de la 1a. Escuela de Párvulos que se inauguró el día 5 de mayo de 1886, y a cuya inauguración asistió casi todo el personal del Gobierno, presidiendo el acto el señor Presidente de la República. Poco después, por indicación del mismo señor Presidente, fué removida para pasar a dirigir con aumento de sucldo, la Escuela de Párvulos anexa a la Normal, cuyo cargo desempeñó hasta el 23 de junio de 1887, fecha en que se unió en matrimonio con el Sr. Agustín Aveleyra, su actual esposo.

Tal es a grandes rasgos la vida de la Sra. Murguía, en quien nos complacemos en reconocer las cualidades poco comunes que la adornan, entre las cuales contamos en primer término, la actividad y el trabajo que hacen de ella una persona útil a la familia y a la sociedad. Estudiar y aprender siempre es su norma, no limitando sus conocimientos a determinados ramos, sino cultivando todo lo que su rápida concepción la inclina a abrazar, dedicándose especialmente en sus horas perdidas, a combinar reformas sobre la enseñanza pública, a cultivar la música y la literatura, y en algunas épocas, empleando los días festivos que le dejaban libres sus tareas de profesora, a practicar la fotografía, en cuyo arte llegó a adquirir notables conocimientos.

No es la indulgencia de la amistad sino la imparcialidad de la justicia la que mueve nuestra pluma al tributar un pálido elogio a la mujer que, sola y combatida por la suerte, ha sabido sostener con el fruto de su talento, con su honorífica profesión, su dignidad de señora y jefe de familia, sin que la miseria, escollo ante el cual se estrellan generalmente la ineptitud y la timidez femeninas, haya podido penetrar jamás en el sagrario de su hogar, donde ha velado con solícito interés por la tranquilidad de sus padres, de sus hermanos y de su hija, cuya educación, con noble afán impulsada, es el sueño dorado de su ilusión.

Ante esta gran prueba de lo que es la ilustración en el sexo femenino, nosotros, sí, con plena justicia exclamamos: si la mujer en general pensase y obrase como la señora Murguía de Aveleyra, no habría tantas viudas que se degradasen a sí mismas y a sus hijos, o pereciesen de hambre, por no ser capaces de cumplir con los arduos deberes de padre y madre, que con tanto acierto ha desempeñado nuestra inteligente biografiada.

El periodismo femenino en el siglo XIX
Violetas del Anáhuac

NORA PASTERNAC

La revista *Violetas del Anáhuac*, cuyo subtítulo fue: "Periódico literario. Redactado por señoras", apareció durante un año y medio entre 1887 y 1889, en la ciudad de México.[1] Su directora fue doña Laureana Wright de Kleinhans y en los últimos meses (desde febrero de 1889), la señora Mateana Murguía de Aveleyra.

Su presentación material era de doce invariables páginas y salía los domingos, día evidentemente propicio para que en su descanso semanal las lectoras se sumergieran en una publicación que les estaba completamente destinada y que, como veremos, no era sólo un simple órgano frívolo y mundano. Los ejemplares se vendían por suscripción en la capital a 75 centavos al mes y a un peso en los estados de provincia. A propósito de estas minucias económicas, digamos que la revista nunca insertó publicidad alguna.

Doña Laureana Wright de Kleinhans fue una mujer notable y sobresaliente en muchos aspectos. Nació en Taxco en 1846, de

---

[1] Algunas precisiones muy importantes: el primer número aparece el 4 de diciembre de 1887 y el último el 24 de junio de 1889. El título de los primeros números fue *Las hijas del Anáhuac* (último con este nombre: 22 de enero de 1888), pero ante la existencia de una hoja suelta que circulaba en la ciudad con el mismo nombre, las señoras responsables de la publicación optan por denominarse *Violetas del Anáhuac*, a partir del 29 de enero de 1888. Con este último nombre las mencionaremos siempre en este estudio, puesto que fue el que conservó hasta el ejemplar final que apareció el 24 de junio de 1889 y la numeración continuó siguiendo a los primeros sin solución de continuidad. El primer nombre, *Las hijas. . .*, nos remite a un cierto patriotismo, en cambio, el segundo, *Violetas. . .*, connota la modestia. La edición que consulté fue una recopilación completa publicada por Tipografía de Aguilar e Hijos, México, 1888. El periódico tuvo siempre un Director y Administrador: el Señor Ignacio Pujol. La Señora de Kleinhans figura como "Directora literaria". Esta es la edición que cito entre paréntesis a lo largo del texto.

padre norteamericano y madre mexicana. Su educación fue bastante excepcional y aunque no concurrió a la escuela, tuvo profesores particulares y aprendió varios idiomas. Estas características de su educación corresponden a las de las señoritas de la "buena sociedad" de casi toda América Latina durante el siglo XIX.

En 1868 casó con Sebastián Kleinhans, alsaciano radicado en México. Ya en 1865 comienza a escribir sus primeros poemas, de inspiración patriótica, que sólo familiares y amigos llegan a leer, pero poco a poco es reconocida por algunos círculos literarios más amplios. Comienza a colaborar en varias publicaciones, particularmente en *El Estudio, El Federalista* y el *Diario del Hogar*. En las columnas de este último censuró la política del presidente Manuel González (1880-1884) contra los trabajadores; por eso, estuvo a punto de ser expulsada del país.

Recibió varias distinciones, por ejemplo, la Sociedad Netzahualcóyotl la nombró miembro honorario en 1869, a petición del poeta Manuel Acuña y de Gerardo Silva. En 1872 ingresa como miembro de la sociedad científica El Porvenir. En 1873 se le otorga el diploma del Liceo Hidalgo, institución que representó el desarrollo de las bellas artes a nivel nacional; un poco más tarde es distinguida como socia honoraria del Liceo Mexicano y del Liceo de Oaxaca.

Éstos son unos pocos datos indicativos de la figura de esta mujer, pero a través de ellos percibimos una personalidad femenina que en un siglo XIX de mujeres relegadas tiene sensibilidad política y una vocación pública fuera de lo común. Se trata, si no de un talento literario excepcional, sí de una precursora notable del feminismo: en 1891 publicó el libro *La emancipación de la mujer*, en 1892, *Educación errónea de la mujer y medio práctico para corregirla* y póstumamente[2] se editó *Mujeres notables mexicanas* (1910).

Éste es el perfil de la directora de las *Violetas del Anáhuac*, revista en la que todos los artículos fueron firmados exclusivamente por mujeres. Desgraciadamente, conservamos biografías o datos de muy pocas de las colaboradoras; sin embargo, vale la pena recordar sus nombres, aunque sus textos muchas veces no fueran perdurables y sus ideologías no siempre alcancen siquiera la "conciencia posible" de la época. Ellas son: María del Alba, Ignacia Padilla de Piña, Madreselva (seudónimo), María de Luz Murguía, Concepción Manresa de Pérez, María del Re-

---

[2] Laureana Wright muere en la ciudad de México en 1896.

fugio Argumedo, Dolores Correa de Zapata, Titania (seudónimo de Fanny Natali), Anémona (seudónimo), Francisca González, Margarita Kleinhans, Emilia Rimbló, Lugarda Quintero, Elvira Lozano Vargas, Catalina Zapata de Puig, Dolores Puig de León, Josefa Espinoza, Rosa Navarro, Felícitas González, Asunción Melo Río, Ernestina Naville, Antonia Rosales, Carolina Morales, Consuelo Mendoza, Micaela Hernández, Ángela Lozano de Begovich, Blanca Valmont, Rita Cetina y Dolores Mijares.

De toda esta lista llegaron hasta nosotros, gracias a Laureana Wright, las biografías de cinco de ellas: Ignacia Padilla de Piña, Fanny Natali, Dolores Correa Zapata, Rosa Navarro y Dolores Mijares.

Varias se dedicaron a la enseñanza, profesión más o menos compatible con la vida de una señorita porfiriana; una de ellas, Fanny Natali (Titania), se convirtió en cantante de ópera de gran éxito aunque abandonó una brillante carrera por el matrimonio; pero todas escriben, se interesan por los acontecimientos de la época y emprenden módicas aventuras intelectuales que las extraen del ámbito estrecho del hogar, los hijos, los padres, la domesticidad; de todas se pudo decir que fueron hijas, madres y esposas abnegadas y ejemplares.

De un modo o de otro, sus historias confluyen en las *Violetas del Anáhuac* y la revista se impregna de características que reflejan inevitablemente los orígenes y las contradicciones de estas mujeres, así como sus límites en el contexto porfiriano.[3]

Para precisar cuál era el público de la revista podemos enunciar algunas hipótesis, a partir de elementos explícitos e implícitos de las secciones y de los artículos,[4] sobre las mujeres que real

---

[3] No es posible tratar en profundidad el contexto de la vida social porfiriana en los marcos de esta presentación. Sobre este punto, remito al lector a: Luis González y González, "El liberalismo triunfante", en *Historia general de México*, El Colegio de México, México, 1982, t. 2 y Moisés González Navarro, "El porfiriato, vida social", en *Historia moderna de México*, Hermes, México, 1957, t. 6. Además, es valiosísima la información, y particularmente interesante el tratamiento dado al tema de la mujer, en un libro reciente de varios autores, compilado por Carmen Ramos Escandón y resultado del trabajo de un taller del PIEM que ella coordinó: *Presencia y transparencia: la mujer en la historia de México*, El Colegio de México, México, 1987. Véase especialmente el capítulo de Carmen Ramos, "Señoritas porfirianas: mujer e ideología en el México progresista, 1880-1910", pp. 143-162.

[4] La publicación comienza con un "Saludo" de la Redacción: "Con el ramo de oliva entre las manos como muestra de la regeneración intelectual de la mujer, vivificadas con las puras enseñanzas de la antigüedad, se presenta hoy

o potencialmente la leían, en caso de haber superado las barreras del analfabetismo, cuyas tasas eran por supuesto mayores entre las mujeres que entre los hombres.[5]

Una de las secciones más permanente, incluida en el espacio de la revista, fue la "Crónica de la Semana", escrita por Titania. En ella se comentaban los acontecimientos mundanos más importantes: bodas, sepelios, bailes, reuniones, representaciones teatrales, óperas, compañías extranjeras que se presentaban en los teatros de México. Todo ello mezclado con notas sobre acontecimientos ocurridos en el resto de la República y con articulillos dedicados a las costumbres mundanas en los países extranjeros.

A veces, la sección ampliaba estas referencias con poemitas, pensamientos y anécdotas de escritores, pequeños acontecimientos insólitos de la vida cotidiana, la presentación de una nueva colaboradora o de alguna dama que iniciaba su carrera profesional en la ciudad.

Esta sección parece dirigirse a las señoras de la buena sociedad que asistían a los acontecimientos reseñados y que, además de reconocerse en las descripciones, podían extraer de allí algunos temas de conversación para las tertulias o *soirées*. Este público aparece sobre todo a través de comentarios que se hacen desde "el interior", con marcas de enunciación muy características que no dejan dudas sobre la complicidad con las lectoras:

> Tenemos muchas diversiones en perspectiva; un gran baile que darán los miembros del Casino Nacional el último día del año; otro baile de fantasía que dará el Jockey Club en el mes venidero[...] (núm. 2, 11 de diciembre de 1887, p. 20).
> Dentro de pocos días se verificará el enlace de la hermosísima Amada Díaz, hija de nuestro Presidente [...] nuestro jardín de bellezas perderá uno de sus más exquisitos capullos de rosa. Nos

---

al público el modesto periódico *Las hijas del Anáhuac* (cf. *supra*. n. 1) y reverentemente dirige su cordial saludo a todas las clases de la Sociedad, a la Prensa de todos los matices políticos, y a los Hombres de Poder y del Estado; trilogía poderosa que con sus magníficos arneses ha podido evolucionar victoriosamente en beneficio de la paz, el orden, y la cultura de la Patria mexicana" (núm. 1, 4 de diciembre de 1887, p. 2). Es decir, se trata de una apelación a todos los sectores de la sociedad sin reconocer oposiciones ni proponer polémicas.

[5] Véase Dorothy Tanck de Estrada, *La educación ilustrada, 1786-1836*, El Colegio de México, México, 1977; Josefina Vázquez *et al.*, *Ensayos sobre historia de la educación en México*, El Colegio de México, México, 1981.

dicen que [...] los novios se alejarán de México para pasar su luna de miel en Europa. A propósito de lunas de miel, el Conde y la Condesa de Viel Castel[...] (núm. 5, 1 de enero de 1888, p. 59).

Al mismo tiempo que las descripciones de las diversiones y los acontecimientos donde se encuentra la sociedad brillante de la época, descripciones en las que abundan las expresiones francesas y los guiños de reconocimiento mutuo, hay una gran cantidad de artículos que critican a la dama de sociedad que descuida sus deberes de madre abnegada. Esos deberes son, por ejemplo, y en contradicción con los modelos del lujo en el vestido para la fiesta, la modestia y sencillez en la apariencia y el comportamiento. Pero por sobre todas las cosas, los artículos insisten en un modelo de "mujer joven y bella que entiende perfectamente el gobierno de su casa; que sabe coser, bordar y que en materia de dulces, pastas y curiosidades no hay quien la aventaje. Va á misa todos los días, y es cariñosa, económica y trabajadora" (núm. 1, 4 de diciembre de 1887, p. 6).

Por otra parte, la mujer no debe sólo reducirse a esa lista de virtudes, debe también cultivar su inteligencia y acercarse al "Templo de Minerva" y al "santuario de las Ciencias y las Artes".

Para ello, la revista abunda en consejos en este sentido y en artículos sobre temas científicos y culturales de la época, destinados a apoyar esos consejos: sobre los meteoros, la electricidad, el vapor, el Niágara, el arte, la memoria, Federico Chopin, la astronomía, la historia de México, el saludo en las cinco partes del mundo, etcétera.

Además de estas secciones, es muy frecuente que el número de la revista traiga en sus primeras páginas el retrato grabado de una mujer notable ya del pasado o del presente, cuya semblanza y elogio se hacen en un artículo en las primeras páginas. Naturalmente, el primer número comienza con la imagen y el panegírico de doña Carmen Romero Rubio de Díaz, y la celebración a la señora del Presidente parece tan sincera en sus términos como la de Sor Juana unos números más tarde.

Hay que agregar que se publicaron en la revista gran cantidad de poemas y cuentos escritos por mujeres, así como ciertos ensayos de tipo polémico y con intención de reforma social y moral. Pero de todo esto nos ocuparemos con más detalle a lo largo de este estudio. Lo cierto es que al tratar de definir un público, de manera bastante vaga hemos ido delineando, en realidad, una imagen incompleta de lo que fue la revista. Trataremos de establecer con más precisión sus características.

Temas, contenidos e ideologías

Uno de los temas que con más persistencia aparece es el de la educación de la mujer. Frente al modelo de la mujer abnegada y sumisa, dedicada al cuidado de su casa y a sus hijos y, por supuesto, a la oración, modelo cuyos patrones siguen siendo fuertemente señoriales y patriarcales,[6] las *Violetas del Anáhuac* proponen la ilustración de esas mujeres "de interior". La mujer puede ser instruida y debe serlo pues la era moderna y el progreso demostraron que los prejuicios de los hombres contra la educación femenina son arcaicos y erróneos. Sin embargo, deben evitarse los extremos:

> Con frecuencia vemos jóvenes tan hermosas como instruidas, hacerse insoportables para los que tienen la desgracia de tratarlas, pues ellas son un 'pozo de ciencia'; 'saben de todo'; se han pasado los mejores años de su vida en los más acreditados colegios; han tenido por maestros a los más reputados profesores, y pueden sostener cualquier conversación sin cometer el más ligero error en historia, geografía, gramática, etc., etc., [...] Si vais á su casa, siempre encontraréis en el piano las piezas cuya ejecución es enteramente difícil, pero que sus ágiles dedos de rosa han logrado vencer. En su estudio encontraréis algún paisaje ó retrato a medio copiar, que os hará creer que alguna misteriosa hada, guía las preciosas manos que lo pintan; y no será extraño que encontréis también algún álbum en el que, en sonoros y dulcísimos versos, haya vertido sus castas impresiones [...] Pero esa misma jóven se desdeñará de confeccionarse su traje, y más aún, de entenderse con el arreglo interior de su casa y con esas pequeñas minuciosidades que le parecerán de mal tono. Y es que esto no se enseña en los colegios; y esta joven que estudió tanto, y tanto sabe, el día que llegue a ser esposa y madre de familia se encontrará con un problema imposible de resolver (núm. 1, 4 de diciembre de 1887, p. 6).

Como vemos en este retrato, esta joven, que curiosamente parece contar con el "cuarto propio" añorado por Virginia Woolf, es criticada sobre todo porque no se ha podido conciliar en ella el ideal de mujer educada y de ama de casa habilidosa, cosa que constituye su verdadero destino final. Sus dotes inte-

---

[6] Cf. Carmen Ramos Escandón, *op. cit.*, p. 150.

lectuales y su cultura no son nunca referidos a la posibilidad de ejercer un trabajo exterior a la casa para ganarse la vida. De todos modos, esta concepción de la cultura como memoria exhibida ante espectadores y planteada como una cuestión de destreza y habilidad, cultura que convierte a la mujer en una cacatúa pedante, que presenta examen de conocimientos cada vez que se muestra en público, deja de lado la idea de la cultura como posibilidad de un pensamiento independiente, y se reduce a algo que se aplica como una capa de barniz brillando hacia el exterior: la cultura debe ser el ornato de la dama de sociedad, después de realizadas las tareas propias de su sexo.

No obstante, a lo largo de los artículos, los "mensajes" oscilan entre una posición que podríamos llamar conservadora y otra que calificaríamos de avanzada: los ejemplos de mujeres que se han distinguido, en el extranjero sobre todo, van mucho más lejos que la cultivada y encantadora reina del hogar que no renuncia a sus "sagrados deberes". Por ejemplo, en una sección llamada "Mujeres de nuestra época", que se publica en casi todos los números, después de una introducción que festeja las posibilidades de la era moderna y el progreso, además del "derecho democrático" y el cambio de mentalidad en los hombres "más prácticos y más científicos", se consignan los siguientes personajes femeninos:

> [...]la Srita. Matilde Montoya, que ha recibido últimamente el grado de Doctora en la Escuela de Medicina, después de sustentar brillante examen.
>
> También la Srita. Margarita Chorné recibió en México su título de dentista; y la inolvidable Srita. Micaela Hernándcz, cuya biografía daremos a conocer en breve, después de haber ejercitado la noble carrera del Magisterio, fundó una imprenta en Querétaro para enseñar a sus discípulas el arte tipográfico.[7]

---

[7] Sabemos que en México era muy común el hecho de que el oficio de la tipografía fuera ejercido por mujeres. Dicho sea de paso, en esos años de incipiente formación de una clase obrera urbana, las mujeres eran muy numerosas en el servicio doméstico, por supuesto, pero también lo eran en la rama textil como costureras a destajo. Además, las cigarreras eran sobre todo mujeres, y seguramente todas con una vida tan dramática como la de *Carmen*, pero por razones totalmente diferentes y menos míticas: las condiciones de trabajo de las cigarreras no les permitían llegar a la categoría de vampiresas despiadadas. Véanse sobre el trabajo femenino en el siglo XIX en México: CEHSMO, *La mujer y el movimiento obrero mexicano en el siglo XIX*, Antología de la prensa obrera, Centro de Estudios Históricos del Movimiento Obrero Mexicano, México,

Además, están las siguientes mujeres en el extranjero, aunque se nos asegura que no han perdido el "carácter de madres ni de sacerdotisas del hogar":

La Sra. Fanny Dickinson, de Chicago, es la primera Doctora que será admitida como miembro del Congreso Médico Internacional.

Mlle. Talbotier, una joven francesa, ha pasado con éxito sus exámenes para obtener un diploma de la lengua árabe [...]

Doce Señoras naturales de Bombay, están estudiando en el Colegio de Medicina de dicha ciudad[...]

Mme. Vinitski y Mme. Rostopschin han llamado la atención en Rusia con sus novelas [...]

La joven Higinia Massarini ha obtenido un título en matemáticas en la Real Universidad de Nápoles.

El número de Doctoras que practican la medicina en la ciudad de New York pasa de 80. Media docena de ellas tienen ya una clientela que les produce $ 10,000 anuales (núm. 1, 4 de diciembre de 1887, pp. 7-8).

A propósito de la señorita Montoya, que en realidad fue la primera médica recibida en México, la revista publica el siguiente poema:

> Vivir para el amor y el sentimiento
> Consagrarse al hogar, a la ternura,
> Sacrificar talento y hermosura
> En aras del hogar, es el talento
> De buscarse la gloria sin tormento,
> Es llenar su misión sublime, pura,
> En su atmósfera propia, en su elemento,
> Pero sensible, débil y cautiva,
> Con tu siglo, con tu alma y con la ciencia
> Luchar venciendo, cual venciste altiva,
> Es cambiar por ti misma tu existencia
> De suave, perfumada sensitiva
> En astro de brillante refulgencia.
> (Dolores Correa Zapata, núm. 4, 15 de
> diciembre de 1887, p. 47.)

1975; Elsa Cecilia Frost, Michel C. Meyer y Josefina Zoraida Vázquez (eds.), *El trabajo y los trabajadores en la historia de México*, El Colegio de México-University of Arizona, México, 1977.

En estrecha relación con el tema de las posibilidades de educación de la mujer, una profesión que es aceptada con naturalidad es la de maestra, profesora y directora de escuela. La secuencia es lógica: la mujer es la educadora natural de sus hijos en el interior del hogar, por lo tanto, puede ejercer con gran virtud el oficio de educadora en las escuelas de niños.

Las numerosas maestras que aparecen consignadas en las *Violetas del Anáhuac* corresponden a un movimiento de desarrollo y reforma de la educación primaria, como ocurría paralelamente en muchos países de América Latina. En 1889 y 1890 se realizan los "Congresos pedagógicos" a los que asiste Enrique Rébsamen, pedagogo suizo que había sido atraído a México en 1884 y que realizó una tarea fundamental en el desarrollo y la transformación de los métodos de enseñanza.[8]

Como consecuencia, los artículos sobre creación de escuelas primarias y secundarias, así como sobre las escuelas para educar especialmente a las niñas, son muy numerosos. Todo esto acompañado de artículos muy "modernos" en relación con la metodología de enseñanza: contra el aprendizaje de memoria y sin razonamiento, propio de la antigua educación, contra los maestros "represivos" y castigadores y, por supuesto, insistiendo siempre en la posibilidad de dar acceso al estudio de las ciencias tanto a los varones como a las niñas.

Hay otros dos o tres temas en los que las *Violetas* son muy militantes: los toros, la pena de muerte y los duelos.

Cuando abominan de las corridas de toros utilizan, casi por única vez en sus textos, que en general son muy solemnes, una buena dosis de ironía y de términos del lenguaje popular:

> No queremos privar a nuestras amables lectoras de las importantes noticias que nos proponemos comunicarles acerca del espectáculo más *civilizador*, y por lo mismo más en boga y mejor concurrido; pues nuestra culta sociedad no omite sacrificio de ninguna clase, por asistir con generoso entusiasmo a las magníficas corridas de toros, en donde cada día puede presenciar escenas tan edificantes como las que allí pasan. Pero ya se ve; ¿cómo no ha de hacerlo

---

[8] Para la interesante figura de Rébsamen y su impresionante labor en México, antes y después de ser nombrado Director General de Enseñanza Normal en el Distrito Federal, en 1901, por el presidente Díaz, véase: René Avilés, *Enrique Rébsamen: Quetzalcóatl de la educación*, SEP, México, 1967; Ramón García Ruiz, *Enrique C. Rébsamen, el maestro, su obra, su época*, SEP, México, 1968.

si los filántropos diestros ofrecen dedicar el producto á beneficio de los desgraciados? ¿Qué mejor ocasión de ejercer la caridad que acudiendo al llamamiento de esos apóstoles del bien, que no vacilan en exponer cien veces su preciosa existencia por socorrer al desvalido? Y como los sentimientos humanitarios son el distintivo moral de nuestros compatriotas, resulta que al oír el *tierno reclamo* que en favor del menesteroso hacen los *Diestros*, desde el pobre jornalero hasta el *boquirrubio* lagartijo, todos se levantan *como un solo hombre*, y ávidos de sangre, de libertinaje y de obscenidades, entran delirantes al Toril —digo, al circo taurino—, en donde para complemento de las sublimes emociones que se prometen disfrutar, tienen (¡oh vergüenza!) la satisfacción de ver las lumbreras concurridas por algunas lindísimas pollas que con toda la irreflexión de la poca edad, y aguijoneadas por la curiosidad y el deseo de lucir sus magníficos trajes han insistido con sus débiles padres para que las lleven al espectáculo más soez que pudieran presenciar ("Algo sobre los toros", Mateana Murguía de Avelayra, núm. 1, 4 de diciembre de 1887, p. 8; las cursivas son del original).

Estos artículos advierten del peligro de recaída en la "barbarie" que significa el espectáculo de los toros, pero por sobre todas las cosas, el atentado que representan para la mujer "sensible, digna y respetada" que se arriesga al libertinaje y a la falta de respeto que lastiman su "dignidad y pudor".

Se transparenta además el temor a la contaminación social por la mezcla de las distintas clases, tema que reaparece con frecuencia en la revista, explícita o implícitamente.

Esta oposición a las corridas de toros, a las que la autora por supuesto no asiste jamás —sólo las conoce a través de su lectura de los "periódicos taurinos"—, nos ofrece detalles de costumbres que hoy recuperamos con más interés que el debate:

Dejando a un lado lo de todos los días, fracturas, golpes, heridas, etc., etc., el acontecimiento magno, el suceso que hará época en la presente temporada taurina ha sido la bajada al redondel, de algunas hijas del vicio, que consecuentes con su triste papel de escandalizar en todas partes, y encontrándose en un lugar tan adecuado y con tan escogido público para cumplir su cometido, no perdieron tan brillante oportunidad y se dieron á lucir toda su habilidad y desparpajo, lidiando el toro embolado; alentadas en su primera idea por los aplausos y hurras de los circunstantes que locos de admiración y de entusiasmo, presenciaban esta deliciosa escena (*idem.*, p. 9).

Recuperemos, además de las prostitutas toreras, esta pequeña acotación sobre la moda masculina:

> Todavía tenemos que hacer notar el inconcebible afán de nuestros *lagartijos* por imitar en todo á los toreros, pues ya llevan el chaleco como ellos; los pantalones á penas si les permiten sentarse de puro ajustados; la banda de color se les ha hecho indispensable; el peinado, excepto la graciosísima coleta, que algunos portarían de mil amores, es idéntico al de sus adorados ideales; y con todo el desparpajo de sus preciosos modelos lanzan cada interjección, capaz de avergonzar a un carretero, *comiéndose* por supuesto las últimas sílabas de las palabras ¡*Condenaos*! Tan monos y tan aplicaditos!... (*id.*).

En cuanto a la pena de muerte y los duelos, también los argumentos insisten en la barbarie que representan frente a los luminosos principios de la civilización y el progreso·

> Sólo daremos a conocer nuestra humilde opinión acerca de este triste legado de la barbarie antigua y séanos lícito discurrir con calma filosófica sobre la tesis enunciada.
> No se referirán nuestras ideas al duelo *á primera sangre*, por que ese acto es simplemente una mascarada, que en lenguaje teatral tiene su nombre y del cual decía Juan J. Rousseau: *¿á primera sangre, ¡Gran Dios! ¿Y qué vais a hacer con esa sangre, pretendéis acaso beberla?*
> *Estas* se contraerán á ese combate mortal que se llama *duelo á muerte*.
> ¡El duelo á muerte! ¡Qué lúgubres reflexiones asaltan nuestra mente, al considerar cómo el orgullo ofusca á los hombres, hasta el punto de incapacitarlos para oír la poderosa voz de la razón!
> Si la pena de muerte es abominable porque no lleva en sí la expiación, el arrepentimiento, la enmienda; cualidades que debe tener toda pena para que sea justa, moral y equitativa; imponerla como castigo, denota impotencia social, respecto al mejoramiento de las faltas, porque el carácter que reviste de venganza política y oficial, es opuesto á la moral y está condenado por el Evangelio, pues diente por diente y ojo por ojo, no es más que la continuación de la bárbara é inicua ley del Talión, incompatible con la cultura moderna y con las ideas y principios, que los acontecimientos del siglo pasado han esparcido por el mundo (núm. 1, p.15).

Es interesante señalar cómo en este pasaje, donde justamente se establece la relación entre la pena de muerte (de la que en otros textos se pide su eliminación del Código Civil mexicano) y el duelo, la argumentación recurra al vocabulario y al ideario de la razón y la modernidad.

A lo largo de todos los números, encontramos en las colaboradoras de la revista esta tensión entre la adhesión a los principios del racionalismo y el progreso y un cierto apego a la religión. Los párrafos en los que se recomiendan los preceptos cristianos, la asistencia a misa, los ejemplos evangélicos, están acompañados de abundantes elogios a las religiosas y a las hermanas de la caridad. Esta conjunción entre la ideología positivista y la religión, que por otra parte reflejaría la existencia de dos corrientes en el interior de la revista, se presenta finalmente de una manera bastante conservadora.

Este conservadurismo tiene también su expresión en lo que podríamos llamar la "filosofía social" o la ideología de las colaboradoras de la publicación. La sociedad mexicana de la época es percibida como armoniosa, o por lo menos tendiendo a una armonía deseable y posible y, sobre todo, como una sociedad donde la miseria puede ser paliada por la filantropía. Así, las sociedades de beneficencia, las fundaciones de las "casas amigas de la obrera", actividades todas patrocinadas por doña Carmen Romero Rubio de Díaz, son otras tantas acciones civiles en las que las mujeres pueden participar y constituyen el modelo de la posibilidad de salida de las mujeres "de sociedad" hacia la sociedad.

Aunque declaran considerar un "misterio" fuera de su alcance el análisis de las "desigualdades de la fortuna", son sin embargo sensibles a la mujer del pueblo "dotada en lo general de exquisita sensibilidad y grandes virtudes", y muchas veces evocan y discuten el problema de la madre de familia trabajadora y las posibilidades, filantrópicas es cierto, de ayudarlas.

Como es de suponer, las cuestiones directamente sexuales no son nunca abordadas en la revista; sin embargo, la maternidad, el noviazgo y el matrimonio son temas recurrentes. A pesar del tono elevado, idealizante y extremadamente pudoroso de los artículos, surgen algunos elementos conflictivos. En los consejos de higiene, que es una sección que aparece muy a menudo, se alienta a todas las madres de todos los niveles sociales a amamantar a sus hijos y a observar ciertos principios y precauciones para evitar las enfermedades y muertes de los niños.[9] Hay que

---

[9] "Las mujeres porfirianas, tanto las 'esposas sin esposos' como las madres solteras o las esposas legítimas, veían morir a sus hijos con mucha frecuen-

señalar que los consejos de higiene no se refieren nunca al cuerpo o a la intimidad material de las mujeres: sólo se menciona el "aseo personal".

En cuanto al matrimonio, la prédica va siempre en el sentido de la elección del marido apropiado y de la conservación de la "pureza" hasta la realización del sagrado vínculo. Sin embargo, asoma repetidas veces la crítica a los maridos despóticos y autoritarios:

> Por desgracia, si las mujeres están poco instruidas en sus deberes conyugales, los hombres lo están mucho menos en los suyos. Se les ha hecho creer que ellos al casarse *sólo van a mandar* y muchos desempeñan á maravilla su papel de *amos*. *Llenan* toda la casa, y nadie habla recio porque al *señor* le molesta; no se reciben visitas á tal ó cual hora porque el *señor* se disgusta [...] Las pobres mujeres de tales maridos viven siempre sobresaltadas, inquietas y temerosas de que hasta la más inocente de sus acciones pueda disgustar al *señor* (Emilia Rimbló, "Los maridos", núm. 4, p. 41; las cursivas están en el original).

Pero el espíritu de conciliación constante en la revista, tanto en los asuntos sociales como en los familiares, y tal vez estratégico en la autora, surge unas líneas después, aunque no carente de ambigüedad y oscilaciones: "Por fortuna, el tipo que acabamos de desarrollar escasea, en nuestra patria principalmente, donde tanto el hombre y la mujer, á falta de una sólida y bien dirigida instrucción de sus deberes en el matrimonio, tienen su natural índole bondadosa, dulce y tolerante" (*id.*).

---

cia. El índice de mortalidad infantil, debido sobre todo a las malas condiciones higiénicas de la época, era muy alto, pero en particular en la ciudad de México". Moisés González Navarro, "El porfiriato, vida social", en *Historia moderna de México*, t. 7, p. 45. "Los diarios enumeraban como causas de la mortalidad la presencia de personas extrañas en el momento del parto, la extendida práctica de la crianza artificial con nodrizas cuya higiene no se controlaba, la mala calidad de la leche que se consumía en la capital, el alcoholismo de los padres y su enorme miseria. Pero al mismo tiempo, esos mismos diarios reiteraban los beneficios de la maternidad, sus virtudes y conveniencias. Este mensaje pronatalista contenía matices diferentes según el grupo social al que era dirigido. Si a las mujeres pobres se les acusaba de descuidar a sus hijos por ignorancia, a las mujeres de buena posición económica se les reprochaba, en cambio, descuidarlos por frivolidad. A unas y a otras se les predicaba el mérito de la maternidad y en algunas ocasiones parecía que en aras de ese ideal materno se pretendía borrar las tensiones entre clases". Carmen Ramos, "Señoritas porfirianas...", p. 149.

Y aunque las *Violetas* son voceras de la concepción de que la desgregación y desorden de la familia es responsabilidad principal de la conducta que las madres y esposas observan, evocan varias veces el tema de la responsabilidad compartida:

> De los siete días de la semana, mi marido almuerza o come con nosotros, á lo sumo, dos ó tres.
> Esta mañana, al levantarnos de la mesa, se acercó a mí con semblante torvo, y me dijo rápidamente al oído:
> —Necesito hablar contigo á solas.
> [...]
> —El primer deber de una dueña de casa —dijo— es estar al corriente de su situación interior. ¿Qué sucede aquí para que un extraño [...] se tome el trabajo de señalar los peligros que pueden turbar el reposo, la paz de una familia?
> —¿Con qué derecho —respondí yo con no menos acritud— quien no se cuida de su esposa ni de sus hijos, quien los tiene abandonados, se atreve a quejarse de imaginarios peligros, invención sin duda de un vil calumniador ó fruto de torpe venganza? (R. N., "Diario de una mujer de gran mundo", 26 de agosto de 1888, p. 451).

Literatura

La revista *Violetas del Anáhuac*, por definición, pertenece al género periodístico; es decir que las materias tratadas son diversas y el propósito es principalmente de divulgación. La intención de prédica pedagógica y moralizante es siempre declarada de manera explícita. Junto a los artículos que podríamos considerar específicamente periodísticos, la revista publicó una buena cantidad de poemas, cuentos y prosas líricas. Quiere decir que las secciones que podríamos llamar "literarias" forman parte del proyecto de las *Violetas*.

La poesía que aparece en la revista no ha resistido el paso del tiempo. Rara vez asoma alguna frase o un mínimo aliento que pudiéramos llamar poético. Las composiciones padecen de pobreza en la construcción, en las imágenes y en la versificación; son apenas ideas rimadas y en general pueden calificarse de irremediablemente cursis. Tal vez la mayor limitación provenga de la voluntad estrechamente moralizante y, en consecuencia, de lo forzado de la temática: "Hogar", "Mi esposo", "El suicidio", "Madre", etc. y los consabidos versos al paisaje, de inspiración romántica rezagada y rutinaria.

A ello hay que agregar que muchas composiciones parecen hechas por encargo o ser de mera circunstancia: al cumpleaños de la señora del presidente Díaz, a alguna colaboradora, felicitaciones con motivo de una boda o de algún acontecimiento familiar.

De todos modos, en el plano estético las *Violetas* son perfectamente explícitas en su rechazo a las nuevas corrientes literarias y en su adhesión a los jirones del romanticismo. En un artículo titulado "La Escuela Naturalista", firmado por María de Alba, queda señalada claramente la oposición:

> Paul de Kock! Zola! López Bago! ¿Innovadores, de qué? ¡Del vicio! seguramente. ¿Qué pretenden enseñar en esta escuela, nociva para la juventud masculina que aprende á jugar y á conocer los *dichos* de los jugadores y las repugnantes escenas que se ofrecen en los garitos; qué desean para el sexo femenino más que descorrer el velo de la impureza y mostrarle los *términos* que emplea la mujer mundana, los *medios* para abrir paso á esa infamante carrera, los secretos que descubren el apetito del desorden?
>
> ¡Revolucionarios, debíanse llamar; rebeldes á la pureza de las formas y enemigos de ese código de preciosas enseñanzas filosófico-morales que con magistral talento definen Pelletan, Victor Hugo, Castelar y otros que viven tan distantes del orgullo científico como de la estúpida superstición; leyes que en perfecta armonía con los instintos de la mujer, ennoblecen el entendimiento, satisfacen el corazón, y que no las lanzan por los extraviados senderos de la vida práctica, por los espantosos abismos de tanta inmoralidad y que esos *innovadores* describen con notoria lucidez y acaso con desmedida exageración.
>
> Yo condeno la escuela *naturalista* porque no educa ni moraliza. [...]
> Estas consideraciones referidas a mi tío, á quién no quise escuchar la defensa de causa tan odiosa, terminaron con mi solemne condenación á esas obras desastrosas e impúdicas.
>
> —No hay archivo que no contenga dichos libros, repuso él.
>
> Pues entonces dividid las bibliotecas y el lado que guarde dichas producciones, debe contener el siguiente letrero: *Se prohibe la entrada á la mujer* (núm. 8, 22 de enero de 1888, pp. 87-88; las cursivas son del original).

Para terminar, sólo nos quedaría decir algunas palabras sobre la literatura narrativa aparecida en la revista y que constituye una muestra muy particular.

En primer lugar, casi todos los cuentos publicados parecen

escritos, como la poesía, por encargo y con la intención de apuntalar y reafirmar lo que se dice en los artículos; en segundo lugar, pero no menos importante, el proyecto de estas "ficciones" es pedagógico y moralizante. En estos textos es donde más se nota el engolamiento del lenguaje y de las ideas.

Nos limitaremos a un solo ejemplo, porque es muy característico y típico de estas obritas.

Se trata de "Pasión y extravío", cuyo título, a pesar de la condena al naturalismo, lo evoca irresistiblemente. La autora es doña Ignacia Padilla de Piña y fue publicado en dos partes, en los números 6 y 7, del 8 y del 15 de enero de 1888 respectivamente.

En un movimiento de negación de la ficción que se repite a menudo en los cuentos de la revista, la autora nos asegura que el caso es verdadero y que no debe ser leído como una invención. Además, la historia está escrita "con el laudable objeto de que las jóvenes puedan ver en él una lección, no dejándose llevar de los impulsos de sus pasiones" (núm. 6, p. 63).

El argumento nos describe el repetido caso del seductor perverso y la inocente joven que se entrega, creyendo en los "juramentos y falsas promesas" del malvado.

María, joven de "familia decente", pero venida a menos a causa de la muerte de su padre y un vago litigio que termina con sus rentas, inocente de 16 años, se deja seducir por Enrique, quien, "a juzgar por su exterior" debía pertenecer a "la aristocracia del dinero". María escapa del hogar materno y respetable con Enrique, engañada por su promesa de matrimonio. El seductor la instala en un pueblecito alejado de la capital y la separa "de toda comunicación". Como era de esperarse, Enrique, una vez conseguidos sus propósitos, se convierte "en tirano, sin ocultar el desprecio, la insolencia y el descaro con que le manifestaba [a María] el más irritante abandono". Al percibir el engaño, María pierde repentinamente el amor por su amante y decide recuperar su decencia, conquistando para el matrimonio a un "joven hacendado medianamente acomodado", que ignora las relaciones que la unen a Enrique. Cuando la protagonista está a punto de lograr su objetivo, reaparece Enrique celoso. El relato termina trágicamente: Enrique apuñala a María y luego se suicida, en una imitación grotesca, pero anunciada ("No, pronto, muy pronto sabréis de Romeo y Julieta. Una carcajada general [de los amigos de Enrique] selló aquel infame pacto") del final shakespeariano.

Una moraleja cierra, contundente, el cuento:

> Ved en la presente historia los desastrosos efectos de la ligereza juvenil y los peligros á que estáis expuestas; desconfiad del amor, y preferid al sentirlo que sea bajo la égida de vuestros padres, pues solamente ellos sabrán conduciros por el camino del honor y la virtud.

Los personajes son descritos de una manera estereotipada y sin profundidad, pero a través de la oposición María-familia decente, Enrique-joven arribista (presentado sin relaciones familiares, sólo en medio de sus amigos), percibimos el miedo a la contaminación social y al matrimonio "desigual" como un serio peligro de decadencia. Éste es un tema que aparece con mucha frecuencia en los "cuentos morales" publicados por la revista: hay que tener mucho cuidado en la elección de la esposa o el esposo ante la posibilidad de que las "buenas familias" sean invadidas por miembros de orígenes genealógicos dudosos. Cuando es la protagonista femenina la que pertenece a un estrato inferior, el personaje no se salva, es decir, no logra el matrimonio, ni aun pasando por el martirologio de la falsa acusación de robo, la cárcel inmerecida o la maternidad clandestina y sacrificada.

Al terminar esta presentación, vemos que existen en la revista dos corrientes en una tensión no resuelta: la mujer adscrita al ámbito privado y doméstico junto a las proposiciones para su instrucción y educación.

Lo que nos queda de estas mujeres no es su escritura, poco memorable, ni su conservadurismo social, ni mucho menos el moralismo y las admoniciones o censuras. Podemos considerarlas simplemente como un eslabón en la historia de las expresiones femeninas y, como tal, se sitúan no en la ruptura sino en un continuo que rescatamos como documento. El modelo de mujer, límite máximo al que se atrevieron a llegar, es el de la mujer educada para ser mejor hija, mejor esposa, mejor madre y maestra en el interior de una sociedad patriarcal que no atacaban, porque les parecía inconmovible, y cuyos signos de disolución percibieron como un peligro.

La revista se inscribe en el contexto sociohistórico particular del porfirismo. En este sentido, hay que recordar que prácticamente todos los estudiosos que se ocupan de esa época coinciden en un punto: después de un periodo de turbulencias, enfrentamientos y trabajosas reconstituciones, el proyecto de paz y orden interno que Porfirio Díaz propuso al país se convirtió en una obsesión aceptada (o impuesta) prácticamente por todos los grupos sociales como ideal fundamental ante la "anarquía" pasada.

Tanto Leopoldo Zea como José Valadés, para citar sólo a dos autores que estudian el periodo desde el punto de vista no únicamente histórico sino también cultural e ideológico, señalan cómo en la adopción de la filosofía de Comte, los intelectuales de la segunda mitad del siglo XIX limaron las asperezas y los elementos "subversivos" que podía tener el positivismo más extremo y adoptaron versiones modificadas y suavizadas del pensamiento europeo.[10]

Así, por ejemplo, la obsesión por el orden y la tranquilidad hicieron paradójicas las relaciones entre el poder político y la Iglesia católica:

> Para un régimen que, como el porfirista, iba a formar el Estado, no había medida de conciliación con el Poder de la Fe. Pero en lugar de combatir con el alto clero, en vez de suscitar la violencia contra la Iglesia, como lo habían hecho los viejos jacobinos mexicanos, el general Díaz se propuso y lo logró con creces, poner bajo el ala del Estado a los arzobispos y a los obispos, y serenar la conciencia religiosa con la tranquilidad y la seguridad de quien, teniendo del brazo a los jefes, nada ha de temer de la grey.[11]

Citemos además la siguiente anécdota:

> El diputado Alfredo Chavero se jacta en el congreso de ser uno de los más ardientes herederos de la Reforma; pero cuando el sacerdote Eulogio Gillow lo visita, "subiendo las escaleras de su casa encontróse con una imagen de la Virgen sobre una repisita adornada con flores, frente a la cual ardía una lamparita, y habiendo Monseñor llamado la atención sobre el particular, le contestó aquél: Uno es Alfredo Chavero fuera de su casa y otro en el hogar doméstico".[12]

¡No se podría describir mejor la doble moral de esta sociedad

---

[10] Véase sobre estos aspectos: Leopoldo Zea, *El positivismo y la circunstancia mexicana*, FCE-SEP, México, 1985; José C. Valadés, *El porfirismo. Historia de un régimen*, t. 1, *El nacimiento (1876-1884)*, México, 1987.
[11] José C. Valadés, *op. cit.*, p. 264.
[12] *Ibid.*, p. 180.

que pretendía ser liberal, pero que sacralizaba patriarcalmente la domesticidad!

Estas citas sirven como aproximación muy leve y esquemática al contexto del porfirismo en el que se inscribieron las *Violetas*. La revista representó a un grupo bastante conservador, muy prudente en cuanto a sus propuestas y sin una conciencia "feminista", si es que algo así podía existir en la sociedad autoritaria de fines del siglo XIX.

Y en eso casi no se distinguieron del otro tipo de prensa femenina que existió de manera casi contemporánea a nuestras *Violetas*. Por ejemplo, en el periódico semanal *La Mujer*, que apareció en 1880, como órgano de la Escuela de Artes y Oficios para Mujeres, leemos lo siguiente:

> Las leyes sociales que nos excluyen de las grandes escenas de la vida pública, nos dan la soberanía de la doméstica y privada. La familia es nuestro imperio, nosotras cuidamos de satisfacer sus ocupaciones, de mantenerla en paz y de conservar en ella el sagrado depósito de las buenas costumbres. De ahí la importancia de enseñar a las niñas todo lo que se refiere al desempeño de esas atribuciones (*La Mujer*, 15 de abril de 1891).[13]

Y estos mensajes circulaban a través de casi todas las revistas hechas por mujeres o dirigidas a las mujeres en la época, incluso en la prensa obrera incipiente:

> Si nosotras somos físicamente inferiores al hombre, si como él no podemos siempre usar el libre albedrío, si no podemos como él mojar nuestros labios en ese licor embriagador, poseemos algunas ventajas que moralmente nos hacen superiores al hombre. Tenemos un alma más generosa y compasiva, un corazón más ardiente y sin embargo más casto, tenemos el poder de derramar en derredor nuestro la paz y el bienestar, tenemos, en fin, la prerrogativa de formar el corazón y el espíritu de las futuras generaciones, prerrogativa divina porque cada madre representa el ángel de la ternura y la abnegación. Así, dejemos a los hombres los derechos que todas las leyes humanas y divinas les han concedido, y acordémonos que [sic], si nuestra suerte nos impone más abnegación y más sufrimientos, también nos ha dado un inmenso privilegio que nadie nos puede quitar, pues si los hombres dan gloria, nosotras damos felicidad (*El Hijo del Trabajo*, 9 de abril de 1878).[14]

[13] Citado por Carmen Ramos, "Señoritas porfirianas...", p. 151.
[14] *Ibid.*, pp. 155-156.

De este modo nos encontramos al final ante la pregunta inevitable sobre si las mujeres que redactaban y publicaban *Violetas del Anáhuac* fueron agentes activos de cambio y transformación en el interior de la ideología patriarcal dominante. La respuesta es negativa. En realidad, fueron un elegante complemento de la prensa oficial del porfiriato, constituyeron su adorno esclarecido y reafirmaron el optimismo aparentemente progresivo del régimen.[15]

---

[15] Individualmente, Laureana Wright de Kleinhans fue un poco más lejos que el resto del conjunto, como se puede apreciar en este mismo libro a través del capítulo de Graciela Monges dedicado a ella.

VIOLETAS DEL ANÁHUAC*

PERIÓDICO LITERARIO
REDACTADO POR SEÑORAS

Isabel Prieto de Landázuri, por la Sra. Laureana Wright de Kleinhans. *Higiene* (continuación), por Madreselva. *Los diamantes,* por la Sra. Ignacia Padilla de Piña. *Educación doméstica*, por la Sra. Mateana Murguía de Aveleyra. *Reglas higiénicas*, (traducción del francés). *Instrucción femenil* (remitido), por Elisa. *Crónica de la semana*, por Titania. POESÍAS. *Tormenta y calma*, por la Srita. Dolores Correa y Zapata. *Cuento,* por Hirondelle. *Matinal*, por la Sra. María del Refugio Argumedo, viuda de Ortiz. *La Srita María Yáñez. Impresiones de la prensa.*

ISABEL PRIETO DE L'ANDÁZURI

Aunque las leyes han establecido universalmente que los individuos tomen la nacionalidad del país en que nacen, la interesante figura cuyo elogio no hacemos mas que repetir hoy, pues él ha resonado por todos los ámbitos de nuestra patria, adoptó la nacionalidad mexicana, y como tal aparece en los anales de nuestra literatura, que engalanó con sus bellísimas obras. Para trasmitir debidamente á nuestros lectores los rasgos de la vida de esta brillante poetisa, copiamos en seguida un artículo biográfico publicado en 1874 en "El Ateneo", por el Sr. D. José María Vigil.

"Uno de los nombres más esclarecidos que honran á la literatura mexicana de nuestros días, es el de Isabel Prieto de Landázuri, cuyas producciones son leídas con aplauso por todos los

---

* *Violetas del Anáhuac*, núm. 9, 29 de enero de 1988.

SRA. Dª ISABEL PRIETO DE LANDÁZURI.

que conocen la rica lengua castellana. Nacida en Alcázar de S. Juan, provincia de la Mancha, en España, fué traída por sus padres á México en edad muy temprana, radicándose en Guadalajara, capital del Estado de Jalisco, en donde creció y se educó, profesándole por esta razón el cariño de su verdadera patria.

Desde sus más tiernos años manifestó una inclinación decidida al estudio, hasta el extremo de que el castigo más severo que podía imponérsele era privarla de la lectura á que ya entonces consagraba la mayor parte de su tiempo; presentando de esta manera un notable rasgo de semejanza con lo que los biógrafos de Sor Juana Inés refieren de aquella mujer extraordinaria.

El desarrollo precoz de su talento poético, unido á su espíritu profundamente reconcentrado y estudioso, hizo que pasara los primeros años de su vida en un retiro casi claustral, en que rodeada de todas las comodidades que puede proporcionar una buena posición social, y los cuidados cariñosos de un padre á un bellísimo corazón, agregaba una ilustración poco común, ideas muy avanzadas y un trato extremadamente caballeroso, tuvo libre campo, no sólo para enriquecer su inteligencia y formarse un fondo de las más sólidas virtudes, sino para mantenerse lejos de las frías realidades de la vida, alimentando su imaginación con los puros y fantásticos sueños de un alma profundamente tierna y delicada.

Desde las primeras composiciones que escribió fácil fué reconocer la superioridad de su genio: notable corrección de lenguaje, versificación rica y armoniosa, abundancia de imágenes, verdad de pensamiento, claridad y elegancia de estilo, y sobre todo, poderosa inspiración, eran dotes que revelaban desde luego, no sólo ese conjunto de circunstancias que constituyen al verdadero poeta, sino el buen gusto propio de un espíritu cultivado, que no se deja arrastrar por los vuelos de una fantasía caprichosa, ni descuida un sólo detalle en todo lo que se refiere á la belleza de la forma. Debemos advertir que en esa época y en medio de su apasionada dedicación al estudio, Isabel no tuvo una dirección literaria propiamente dicha; así es que sus composiciones eran el producto espontáneo de su genio, que podemos decir, no tenía la conciencia de sus propias fuerzas.

En 1850, D. Pablo Villaseñor hizo en Guadalajara una pequeña publicación intitulada *La Aurora Poética de Jalisco*, que fué una colección de ensayos poéticos de todos los jóvenes que entonces se dedicaban á la bella literatura en aquel Estado. En dicha colección fué donde por primera vez, y bajo un riguroso anónimo, se dieron á luz algunas producciones de nuestra poetisa, tales como *La ilusión perdida, A un Lucero, A un convento,* etc., producciones que obtuvieron desde luego los más justos elogios, en la prensa periódica de la capital de la República.

Aquella publicación, no obstante, fué hecha sin conocimiento de su tierna autora, que lejos de buscar el ruido y de dejarse deslumbrar con el esplendor de la gloria, se avergonzaba y se extremecía á la sola idea de que una mirada profana fuese á penetrar en el casto misterio de su retrete, leyendo aquellos versos que eran como los perfumes de una flor abierta en el silencio y en la sombra, destinados á no traspasar los límites de la atmósfera en que se habían producido. Así fué que tanto aquellas composiciones como algunas otras, que de tarde en tarde se publicaron después, eran sustraídas por personas de su familia, no teniendo Isabel noticia de ello sino cuando le llegaban impresas, acompañadas de los elogios que la prensa periódica le tributaba á competencia.

Su vida se deslizaba entretanto en el tranquilo aislamiento del hogar doméstico, en la estrecha familiaridad de sus autores favoritos. El conocimiento profundo que adquirió del francés, del inglés y del italiano, hizo que leyera en sus originales á los grandes poetas de las respectivas literaturas, meditando concienzudamente sus más escogidos modelos. No contenta, por otra parte, con la literatura española de nuestros días, buscó los poetas de su edad de oro, y las obras de Garcilaso, Herrera, Rioja, los Argensolas, Fray Luis de León, Jovellanos, Meléndez, Valdés, Moratín, así como los dramáticos Lope de Vega, Tirso de Molina, Alarcón, Moreto, Rioja, Calderón de la Barca, etc., etc., vinieron á ser las saludables y abundosas fuentes en que su imaginación iba á beber los secretos del estilo y de los giros verdaderamente poéticos.

En 1860 había escrito ya Isabel un gran número de buenas poesías líricas, llegando su nombre á hacerse popular, no sólo en Jalisco, sino en toda la República mexicana. Sus aspiraciones, sin embargo, no estaban satisfechas y quiso penetrar en la dificilísima senda de la literatura dramática. A primera vista parecía esa una pretensión exhorbitante, en que tendría necesariamente que fracasar: sabido es que para recorrer con éxito un campo que puede considerarse como la piedra de toque de los ingenios, no basta el estro más privilegiado, sino que es preciso añadir un gran conocimiento que sólo puede ser el fruto de una larga experiencia unida á la observación atenta de un espíritu filosófico; y por lo que hemos dicho, lo primero faltaba por completo á nuestra autora. Verdad es que desde sus más tiernos años había asistido asiduamente al teatro, única diversión que la hacía abandonar el silencio de su gabinete; pero fácil es comprender que el conocimiento teórico que hubiera podido comunicarle aquella costumbre no era suficiente para suplir las circunstancias que dejamos indicadas.

Nunca, empero, se ha manifestado con tanta energía el mágico poder de la intuición poética: el que esto escribe, conocedor de los deseos que abrigaba Isabel de escribir alguna composición dramática, la animó, tratando de vencer sus escrúpulos, cuyo fundamento reconocía por otra parte. Pero cuál no fué su sorpresa al ver que con una facilidad inaudita, en menos de un mes, concluyó *Las dos flores*, drama en cuatro actos y en verso, en que se encuentra un argumento bien desarrollado, situaciones naturales, caracteres hábilmente trazados y un diálogo manejado con sumo desembarazo! Aquella primera prueba era bastante para dejar estupefacto de asombro á cualquiera que conociese las circunstancias en que se había escrito. Isabel, sin embargo, quiso dar un paso más adelante, quiso ensayar sus fuerzas en el género cómico y con la misma rapidez, con igual seguridad, escribió la preciosa comedia intitulada *Los dos son peores*.

No entra en el plan de estos apuntes hacer una apreciación literaria de las composiciones así líricas como dramáticas de Isabel; diremos únicamente que en el teatro de Guadalajara, se representaron con el mejor éxito las comedias intituladas *Los dos son peores, Oro y oropel, La escuela de las cuñadas* y *¿Duende ó Serafín?* todas las cuales, lo mismo que las que luego mencionaremos, poseen las dotes literarias que dejamos enumeradas. A pesar de la falta de estímulo de una sociedad casi exclusivamente preocupada de cuestiones políticas, la musa fecundísima de Isabel ha seguido enriqueciendo su colección de composiciones dramáticas, de la que citaremos *Abnegación, El ángel del Hogar, Un lirio entre zarzas, Una noche de Carnaval*, llegando á trece el número de las que hasta ahora ha escrito.

El año de 1865 nuestra poetisa contrajo matrimonio con el señor don Pedro Landázuri, primo suyo á quien había tratado desde la infancia, y que justo apreciador de los talentos y virtudes de su joven esposa ha apoyado y estimulado constantemente sus trabajos literarios. Las obligaciones que le imponían su nuevo estado, y que ha sabido cumplir con una dedicación que la constituye en modelo de esposas y madres, en nada han estorbado á sus estudios predilectos: sin descuidar un solo punto el extricto cumplimiento de sus deberes, Isabel siempre ha tenido tiempo para leer, para escribir, para enriquecer su inteligencia con nuevos y variados conocimientos, sin que ninguna de las exigencias de la vida real sea bastante poderosa para distraer su elevada alma del mundo de magníficas ideas y sentimientos en que está habituada á vivir.

El bellísimo carácter de Isabel se refleja en sus composiciones: modesta por naturaleza, desnuda de todas esas pretensiones que suelen ser la debilidad de los grandes talentos, cualquiera que hable con ella sin tener antecedentes de sus obras, es imposible que por su trato sencillo y lleno de amable timidez pueda imaginarse que allí se encierra un tesoro de instrucción y de poesía. Isabel es la última en comprender el mérito de sus obras: cada elogio que recibe, cada muestra de distinción que se le hace, la avergüenzan y confunden como si se tratase de una gracia ó de un favor inmerecido. Por el contrario nadie es más dócil para oir los consejos de una crítica; porque para ella el arte es una especie de culto que está muy por encima de todas esas pequeñas pasiones que envenenan con frecuencia el alma de los que llevan á él las pueriles susceptibilidades de una vanidad exaltada."

Después de lo que tan galanamente ha expresado en el artículo anterior el eminente publicista antes citado, réstanos sólo añadir que esta hija privilegiada de las musas murió en Hamburgo, donde el Sr. Landázuri se hallaba á la sazón desempeñando una comisión política, el día 28 de Setiembre de 1876. Las últimas armonías de su lira se exhalaron en tierra extranjera, dejando inédita una magnífica leyenda, que cuando vea la luz pública, vendrá á cerrar con broche de oro la rica colección de sus obras.

Laureana Wright de Kleinhans

HIGIENE
Dedicado
Á LAS MADRES DE FAMILIA
(CONTINÚA)

¡Cuánto interés inspira un niño cuando lo vemos desde los primeros días de su vida buscar con avidez el seno que lo alimentará! ¡Pobrecillo! La razón de la fuerza lo obligaría á tomar lo que se le presenta, y tomaría un veneno si se le acercara á los labios. Cuántas veces las madres por ignorancia ó por otras causas menos disculpables obligan á sus hijos á recibir una alimentación que hace las veces del veneno. Perdonad, lectoras mías, que me distraiga en digresiones que pueden parecer temerarias apreciaciones, y continuemos el estudio de la alimentación de la niñez para que vosotras sin mi ayuda deduzcáis lo que esté más conforme con vuestro buen juicio.

La alimentación de los recién nacidos se divide en natural y artificial; la primera se subdivide en lactancia materna, mercenaria ó por medio de algunos animales hembras. En la artificial está comprendida la leche de burra, cabra ó vaca, propinada por medio del viverón, (mamadera) botella proveída de una esponja, ó á tazas. Otro medio de alimentación que los franceses llaman *elêvage à sec* consiste en dar al niño desde sus primeros días leche artificial, papillas o atole de sagú, arrourroot, tesoro de los niños, ó harinas lácteas.

De las tres maneras de lactancia, la materna es sin duda alguna la que debe preferirse y la que llena todas las condiciones que exige la frágil salud del recién nacido.

¡Qué elocuente lección de la naturaleza que prepara al niño su alimento más apropiado aun antes de que salga al mundo! mas á pesar de todo, muchas madres hay que no crían á sus hijos, ya por dificultades materiales, ya por dificultades morales. Como dificultades materiales verdaderas, existen la falta de secreción láctea, la Tuberculosis (tisis), y la Sífilis, porque existiendo el peligro de que la madre trasmita por la lactancia estas enfermedades, debe evitarse en estos casos que las señoras amamanten á sus niños. En cuanto á la mala conformación de los mamelones (pezones) ó las grietas así como la anemia y debilidad, no son verdaderas dificultades, supuesto que el tira-leche forma un buen mamelón, y los médicos saben combatir las grietas, la anemia, y la debilidad. Las dificultades morales son el resultado de la ignorancia ó de la vanidad más censurable. Hay madres que se niegan á criar á sus hijos, porque su belleza plástica no se altere; otras hay que no pueden prescindir de los paseos tertulias, etc., y encuentran más cuerdo dejar al niño en casa, y al eco de los aplausos que sus habilidades artísticas ó su hermosura les conquistan, olvidan el triste gemido de su hijito que al llamarlas *ma...* *má* sólo encuentra el rostro adusto ó las burdas manos de la nodriza cuyas miradas no tienen la dulzura de las de una madre; cuya sonrisa es forzada, y cuyo beso no imitará jamás la armonía deliciosa ni el fuego santo del beso maternal! Hay por desgracia otro grupo de malas madres que se sienten satisfechas cuando al hacer sus confidencias á una amiga le dicen en el colmo del orgullo: "me quiere tanto *ese* que no me deja criar á los niños; dice que gracias á Dios tenemos con que pagar una nodriza, y que no quiere que yo me desvele ni me moleste por nada."

No os parece, lectoras mías, que aun cuando *ese* quiera ser mal padre, la madre debería decirle: "á tu hijo y á mí ámanos con más talento..." No es verdad que la ostentación del cariño de *ese* vale menos que la aureola de pureza y santidad que rodea á la madre cuando tierna acaricia á su inocente hijo y lo aduerme sobre su seno? Ni en las miradas que enciende el deseo, ni en los aplausos de los que admiran sus talentos y belleza, podrá jamás encontrar la madre el poema de ternura que sin duda encuentra en la sonrisa del fruto de sus amores. ¡Con qué legítimo orgullo podrá la madre mostrar su rostro rugado pero radiante de dicha al lado de las juveniles y rientes fisonomías de sus hijos que ella amamantó! Esta es la verdadera grandeza de la mujer en el hogar; y si después llega á educar cristiana y sabiamente á sus hijos, con cuánta justicia podrá exclamar al mostrarlos: he aquí mis timbres de gloria!"

Voy á señalaros otro orden de dificultades materiales que las mujeres de la clase pobre de nuestra sociedad encuentran muy á menudo para amamantar á sus niños. Prestadme por un momento vuestra atención, y quizá después que reflexionéis algo acerca de mi imperfecta plática, entre vuestros párpados de rosa asome una lágrima y de vuestro pecho se escape un suspiro de conmiseración, que será como tierna plegaria elevada al cielo en favor de la obrera, de la pobre mujer que trabaja sin descanso para ganar un mezquino sustento.

Habréis observado como yo, que en la clase llamada *ínfima* existe entre otras una virtud digna de elogio: la mujer que por amor, capricho ó inexperiencia comete una falta, no la cubre con un crimen. Visitad esa casa en donde los niños expósitos encuentran pan y abrigo, y veréis como yo he visto, que la gran mayoría revelan pertenecer á otras clases que á la del pueblo. Preguntad á vuestros amigos y ellos os dirán que en las estadísticas de infanticidio pocas son las víctimas que pertenecieron á la clase pobre.

Habrá quien objete á esto que la mujer del pueblo no teme

á la sociedad como sucede á la que pertenece á las clases media y aristócrata; pero á quien tal dijese, podríamos contestarle sencillamente: Si la mujer del pueblo no teme á la sociedad, en cambio su rudeza y la ignorancia de los deberes que la conciencia y la moralidad le imponen, harían disculpable el que abandonara á su hijo; pero la que por su ilustración ha adquirido mayor delicadeza en el sentimiento ¿cómo podrá encontrar disculpa en un hecho tan repugnante? En la mujer que por temor al anatema social mancha su conciencia con un crimen, yo encuentro una cobardía asquerosa; en la mujer del pueblo que reporta las consecuencias de su falta, y por no convertirse en asesino de su hijo resiste el hambre y afronta la miseria, encuentro un heroísmo digno de ser cantado por liras celestiales.

Consideremos por un momento uno de los hechos que presenciamos todos los días; una obrera: la infeliz toca ya al término de su embarazo; nadie la proteje, y va por las calles en las primeras horas de la mañana sosteniéndose en pie por un milagro de equilibrio; llega al taller y allí olvidando ó, sobreponiéndose á sus molestias desempeña su tarea, se alimenta mal y regresa á su casa fatigada y con un escaso jornal que le costó grandes afanes. Así pasa los días; pero llega el momento en que da á luz á su hijo para quien sólo tiene harapos y una leche escasa y de mala calidad. ¡Pobre mujer! carece de protección, pero le afecta más la carencia de alimentos para los individuos de su familia á quien tal vez sostenía con el exiguo producto de su trabajo... ¡Qué horrible martirio! Mas no es esto lo peor; á penas convalesciente abandona su miserable lecho, y con su hijo en los brazos va de taller en taller solicitando ocupación, la que se le niega porque el chiquitín no la dejará trabajar y con su llanto molestaría á las demás obreras. A qué recurso apelará esta desdichada? En este caso, algunas no queriendo abandonar á sus hijos por completo, buscan entre sus amigas una que se encargue de criarlos y ella se coloca de nodriza, única ocupación que es mejor retribuida. Será esta mujer una buena nodriza? Ciertamente que no, supuesto que la angustia porque dejó á su hijo y la presión moral que sufre todo el que está obligado á hacer lo que no le agrada, la tienen inquieta, displicente, poco cuidadosa con el niño ajeno á quien tiene que darle el alimento que pertenece á su hijo. Es esta una mala madre? ¿es censurable la que sin protección se encuentra ante este dilema: abandonar temporalmente á su hijo ó perecer de hambre? ¡Pobres madres!

La pluma ha corrido, lectoras mías, é inconscientemente me

he apartado de mi programa; pero para contentaros, haré un esfuerzo é imitando lo que se hace con los instrumentos de música, obligaré mi plática á higiene; vais á verlo.

La Higiene cuida entre otras cosas de la mejor manera para conservar la especie humana; ¿no es cierto? La clase obrera por la razón que he procurado bosquejar y por otras muchas de que no me atrevería á hacer el boceto, arroja un contingente muy considerable en las estadísticas de esterilidad, consecutiva á enfermedades de la cintura, y de la mortalidad en los niños pequeños; ¿concedéis? luego os he hablado en nombre de la Higiene; y también en su nombre os hablaré de un medio que hay para que la obrera pueda conciliar el cuidado de su hijo recién nacido y la asistencia al taller en donde gana un pan cotidiano.

Existen en Europa sociedades protectoras de la infancia que se encargan de llevar á domicilio recursos para las obreras que por estar en la convalescencia de su alumbramiento no pueden trabajar, y estos auxilios son impartidos sin distinción de religiones ni estado civil. Existe también la costumbre en algunos dueños de talleres, de continuar pagándoles á las obreras su jornal hasta que el médico declara que están en condiciones de volver al obrador. También en Europa hay establecimientos en donde se reciben á los niños desde los pocos días de nacidos hasta la época del destete, y allí son cuidados durante el día y alimentados por nodrizas, dejando así á las madres obreras el tiempo libre para trabajar, y sin privarlas en la noche de las caricias y compañía de sus hijos. Algunos de estos establecimientos son gratuitos, sostenidos por asociaciones piadosas ó por el Municipio; en otros exigen una pequeñísima retribución que las obreras pueden satisfacer. Algunos industriales ricos han creado en el interior de sus fábricas ó talleres, un departamento especial en donde la obrera deja á su hijo al cuidado de mujeres pagadas con este objeto y la madre puede cada dos ó tres horas ir en busca de su niño para alimentarlo. De esta manera la obrera trabaja tranquila y no desatiende los principales deberes de una madre.

MADRESELVA

LOS DIAMANTES

¡Cuán bellas son estas piedras, y qué traidoras! En sus facetas irradian los colores del iris; ¡cómo fascinan con su brillo, parece que en su inmovilidad se burlan de las miradas codiciosas y ardientes que se las dirigen. La mano del artista se complace en darles las más delicadas figuras en sus múltiples formas. Ya es la mariposa de tenues y vaporosas alas, ya la flor, también el rico y elegante relicario, que guarda la memoria de un ser querido; ó la serpiente que tentadora una vez más, viene á oprimir el brazo mórvido de la mujer. La desgraciada obrera los contempla, y su pensamiento alcanza hasta su pobre habitación. Una sola de esas piedras preciosas bastaría á sacarla de la miseria, y del ímprobo trabajo en que por fuerza se encuentra sumergida; en tanto que la joven rica y aristocrática, espera anhelante el momento de poder lucir en la escultural garganta, el hermoso collar con que su prometido la obsequiara el día feliz de su Himeneo, satisfaciendo su vanidad. ¡Cuántos suspiros y cuántos deseos habrán inspirado! y cuántas veces habrán sido causa de la perdición y la ruina del hogar!

Y á pesar de esto, ¡qué es el diamante! Una de tantas producciones de la Naturaleza; carbón cristalizado nada más, según los experimentos hechos hasta el día, y de los cuales no se puede dudar.

Pero en esto mismo consiste su valor, y el aprecio con que se le ve, pues aunque se ha logrado falsificarlo, esto dista mucho de su belleza natural. Las formas que se le han dado hasta la época presente, son dos, la de rosa que data poco más de dos siglos, y la del brillante. Esta última se adoptó en Francia en tiempo del Cardenal Mazarino, el cual mandó tallar doce piedras, que llevaron el nombre de los doce Mazarinos, perteneciendo después á la corona.

Los criaderos diamantíferos más ricos del mundo, se encuentran en la India, el Brasil y la Siberia. En la India los más hermosos se hallan en la provincia de Golconda. En la Siberia, cerca de los montes Urales. El Brasil es el que tiene los mejores de estos ricos criaderos. En los Estados Unidos los hay en la Carolina del Norte, pero jamás pueden competir con los primeros que hemos mencionado. En la India casi es libre la busca del diamante; no así en el Brasil, que considerándose las minas propiedad del Imperio, estas se explotan y trabajan por cuenta del Estado. La gente de color es la que se emplea en dichas minas, para lo cual se le sujeta á una rigurosa vigilancia por medio de los capataces ó celadores. Si se encuentra alguna piedra de valor, se les recompensa con un premio, ó bien se les concede la libertad. Muy al contrario si hay sospecha de ocultación; entonces sufren los castigos más horribles, siendo uno de ellos el emético ú otra sustancia análoga, para hacerles arrojar cuanto han tomado, pues generalmente se tragan las piedras. De aquí que tienen prohibición expresa de llevarse las manos á la boca. Trabajan desnudos sin más abrigo que una enagüilla que llega á medio cuerpo. Hasta hoy los tres diamantes más notables que existen son: *Kohinoor* ó Montaña de luz, que es del tamaño de un huevo de gallina trozado en su parte media; pertenece á la corona de Inglaterra y está valuado en 83,232 libras esterlinas. *Orloff*, perteneciente al Gobierno de Rusia, y el *Regente*, al de Francia. El primero vale 92.582,901 francos, y el segundo fué comprado por el Duque de Orleans, entonces Regente, tomando por esto su nombre. Se dice que es del tamaño de un huevo de pichón, y si no es superior á los otros en tamaño, sí lo es por su bella forma y admirable limpieza. Se le dió por él á un Inglés llamado Pitt la suma de dos millones cincuenta mil francos.

Del *Orloff* se refiere la siguiente anécdota: Habiendo en Pondichery una guarnición francesa, llegó á oidos de uno de los soldados, que en un templo de aquel país, el dios Brahma, tenía por ojos dos magníficos diamantes. La avaricia lo tienta, desea poseerlos, y al efecto se deserta, huye y es admitido en la religión de los Indios, los edifica con su ejemplo hasta conseguir lo eleven á la dignidad de sacerdote; de esta manera entra furtivamente al templo, logra arrancar al dios uno de los ojos, pero el otro se le resiste y aun cree que le oprimen el brazo para hacérselo soltar; sale despavorido y camina sin tregua ni descanso hasta llegar á un establecimiento Inglés. Sin conocer su valor, lo vende por diez mil pesos: después pasa á otro comprador, hasta llegar á adquirirlo Catalina II. Se dice también que el Emperador de Prusia, posee uno hermosísimo que Napoleón llevaba y que perdió en la batalla de Waterloo, el cual fué recogido por un soldado.

El emperador de Austria y el del Brasil tienen bellísimos diamantes. Siempre y en todos tiempos estas piedras, serán el origen de la ambición, y el valladar que separa la opulencia de la pobreza, la riqueza de la miseria.

Sabido es el famoso robo de diamantes pertenecientes á la corona de Francia y que acaeció en tiempo de la Revolución francesa. Entre ellos se encontraba El Regente, de quien hemos hablado ya. Se hicieron muchas prisiones, hasta que debido á un anónimo que recibió el Gobierno, pudo recuperarlo, así como otras varias alhajas. Otra notable estafa, fué la que ocurrió en tiempo de María Antonieta, con motivo del collar de diamantes, en la que se vió comprometido el honor de la reina y el de altos é ilustres personajes, y por la cual escribió Alejandro Dumas su preciosísima novela titulada "El Collar de la Reina".

IGNACIA P. DE PIÑA

EDUCACIÓN DOMÉSTICA

Todos los modernos pensadores convienen en que la prosperidad social, y la felicidad individual y colectiva de la gran familia á que pertenecemos, dependen de la educación de la mujer.

En efecto, siendo ella la legisladora de la familia, importa mucho educarla convenientemente para que, cuando reine en el hogar, su imperio sea dulce, pero sólido, seguro, irresistible.

Si todas las madres tuvieran presente que sus hijas también desempeñarán algún día el mismo sublime papel, les enseñarían á fondo todas las importantes obligaciones que tienen que llenar como madres, como amas de casa, como educadoras de sus hijas.

Es muy común atender de preferencia á la adquisición de conocimientos que más tarde han de arrancar aplausos y halagar la vanidad de las jóvenes, inspirándoles desde muy temprano el deseo de lucir y rivalizar con sus compañeras; y ver con culpable indiferencia el cultivo de sólidas virtudes que han de asegurar un día su reinado en el hogar. ¡Qué injusticia la nuestra! ¡Damos á nuestras hijas una educación frívola é insustancial, y nos desesperamos luego al verlas desgraciadas! Queremos que el perfume de las virtudes y de la felicidad sature siempre su existencia, cuando hemos descuidado poner en su corazón la semilla que debe producir tan apetecidos frutos.

Si las hacemos exigentes, caprichosas, egoístas, ¿cómo queremos verlas dulces, dóciles y tiernas?... Pero... ¿es esto cierto? ¡Una madre puede inculcar en el corazón de su hija mezquinas pasiones que harán su desventura!...

Desgraciadamente cuando la mujer no está bien educada se convierte en un positivo mal para sus hijos, y tanto más temible cuanto que las virtudes ó defectos de la madre se reflejan en los seres que sienten la influencia de su ejemplo. Este tiene más poder en las hijas, ya por la afinidad de organismos, ya por la comunidad de ideas, ya en fin, por el supremo ascendiente del amor materno.

De aquí resulta que una mujer que no sabe todas esas pequeñas é indispensables virtudes domésticas, que son las columnas del templo de la familia, hará madres como ella, que por negligencia para instruirse en sus dulces y delicados deberes, convierta su hogar en ruinas, de entre las cuales se levantarán terribles la discordia, el desencanto, la desgracia, y tal vez el odio.

Muchos genios superiores han tratado con verdadero acierto el importante asunto de la educación de la mujer, y aunque nada nuevo tengamos que decir sobre cuestión tan estudiada, nos proponemos sin embargo, coleccionar algunas ideas, no para presentar un ideal irrealizable, sino para generalizar algunos principios de práctica aplicación en la familia.

No podemos ofrecer á nuestras lectoras un rico caudal de consejos atesorado por la experiencia, ni podemos decirles que nuestras observaciones son el resultado del profundo estudio que hayamos hecho de la vida doméstica; pero sí podemos asegurarles que, la profunda simpatía que sentimos por todas las madres nos ha inspirado la idea de ofrecerles este pequeño trabajo, que no tiene las pretensiones de un plan perfecto de educación, y que ha sido dictado por el sincero deseo de ayudar en algo en sus tareas al ángel de ternura, de abnegación y de amor que guía nuestros pasos en el mundo (Continuará).

Mateana Murguía de Aveleyra

Reglas higiénicas

(traducidas del francés)

I. Usad con moderación de las cosas de la vida, evitando en todo caso los excesos, porque ellos son contrarios a la salud.

II. No cambiéis súbitamente de aquello á lo cual estáis acostumbrado, porque siendo el hábito una segunda naturaleza, se la debe respetar; y cómo la naturaleza jamás procede bruscamente, es necesario imitarla.

III. La paz del corazón y la tranquilidad del espíritu, son los mejores amigos de la salud; las pasiones tristes y violentas son sus enemigos.

Los accesos de cólera, celos, odio, etc., etc., conmueven todo el edificio humano, y repercutiéndose en el corazón precipitan sus latidos. Por el contrario, la melancolía y los sentimientos de tristeza, interrumpen los movimientos circulatorios; lo cual debilita el estado físico moral.

Es pues, necesario combatir á todo trance todos estos sentimientos desde su aparición, con las armas de la filosofía y con toda la energía de la voluntad.

IV. El aire puro y vital, es una de las condiciones indispensables de salud y de longevidad.

El aire de los dormitorios y demás aposentos cerrados ó demasiado calientes en Invierno, se necesita renovarlo con frecuencia, sobre todo, cuando una reunión numerosa ha pasado en ellos la noche; porque habiéndose consumido en parte el oxígeno, por la luz y la respiración de las personas, este aire se hace insalubre.

V. Escoged buenos alimentos, especialmente aquellos que se digieren y se asimilan con facilidad, y cuyos residuos se eliminan sin gases ni esfuerzos.

VI. Las cantidades alimenticias deben estar siempre en relación con las fuerzas digestivas, con los ejercicios físicos y las pérdidas que sufre el cuerpo sin cesar. La persona que gasta mucho en trabajos corporales, debe necesariamente consumir mucho más que la que lleva una vida sedentaria ó que trabaja poco.

En una palabra, la reparación alimenticia debe estar siempre en relación con las pérdidas del cuerpo: comer mucho ó demasiado poco es igualmente perjudicial.

VII. La medicina en el orden terapéutico, como en el patológico, es igualmente útil en caso dado; sin embargo, es preciso no abusar de ella. Las personas que por una ligera enfermedad ó un desarreglo cualquiera, ocurren al médico y tocan este recurso con insistencia innecesaria, se puede pronosticar que nunca gozarán de salud cabal.

Remitido

Publicamos con gusto el siguiente artículo con que nos favorece de Metztitlán, una Señorita adicta á la literatura.

INSTRUCCIÓN FEMENIL

Numerosas personas sostienen que el estudio, lejos de mejorar la condición de la mujer, la hace adquirir nuevos defectos. Confieso que en parte tienen razón; pero esto, no es debido á la instrucción que la mujer recibe; sino á la manera de impartírsela.

Si la máquina de vapor de un ferrocarril es conducida por un ignorante, y se sale de la vía, causando quizá terribles desastres en los pasajeros, ¿culparemos por esto al vapor, y calificándolo de temible rehusaremos emplearlo en las artes mecánicas justificando así la impericia del maquinista, ó buscaremos hombres aptos que lo conviertan en un poderoso y útil agente del progreso? Optaremos lo segundo, porque lo primero sería una incalificable necedad. ¿Pues por qué lejos de combatir la ilustración de la mujer, no se procura que encuentre en ella un arma que le ayude á modificar sus defectos en vez de aumentárselos?

Si se quiere que el hombre sea recto, pundonoroso y amante de su patria y de su familia, se debe educar á la mujer; porque siendo ella, la que debe dirigir las primeras inclinaciones del niño, si no las encamina al bien, inútiles serán cuantos esfuerzos se hagan después para cambiarlas.

Plutarco dice que: "si Licurgo es el único de todos los legisladores que ha tenido la gloria de fundar una república, en la cual, la virtud reinó durante quinientos años, fué porque grabó en cera, las sabias costumbres en la infancia", y tiene razón en creerlo así; porque las impresiones que en esta edad se reciben, difícilmente se borran como lo atestiguan los heroicos esfuerzos que hizo Pedro el Grande, para corregirse del miedo terrible que tenía al agua, originado de que en sus primeros años se había caído en ella.

Analizando las ideas, preocupaciones, costumbres é historia de las naciones antiguas y modernas, no se puede menos de advertir la poderosa influencia que la mujer ejerce en el sexo fuerte. En las varias y accidentadas circunstancias de la vida social, ella ha marcado siempre el poder ó la degradación de los pueblos.

Xenócrita se presentó en Canas delante de sus compatriotas con la faz descubierta y se cubrió en presencia del opresor de su patria, diciendo que "en realidad éste era el único hombre que veía, porque los que envilecidos soportaban la tiranía, eran indignos de llevar el nombre".

A estas palabras, los habitantes de Canas recobran el honor y sacuden el yugo ominoso que los oprimía.

Elena, con su maravillosa y fatal hermosura causó el aniquilamiento de un poderoso imperio asiático, alcanzando una triste celebridad. Las lacedemonias, alabando ó satirizando en sus canciones á los jóvenes, reanimaban en ellos el amor á la virtud; pero después, con sus impúdicos ejercicios, los precipitaron en el libertinaje y la corrupción.

Los sabinos, empuñando las armas que la venganza había puesto en sus manos, presentan batalla á los romanos: las romanas, llenas de dolor y desesperación se arrojan entre los dos ejércitos con sus tiernos hijos en los brazos exclamando: ¡Crueles! ¿qué vais á hacer? estos son nuestros esposos: aquellos nuestros padres y hermanos! Las armas caen y aquellos guerreros deponiendo sus odios, se estrechan en fraternal abrazo.

A la voz de Veturia, Coriolano abandona los muros de Roma que estaba pronto á destruir: pero en la época de los emperadores, y cuando Roma se encaminaba á la decadencia, las romanas, demostrando que la crueldad nace en medio de los deleites, aumentaron las desdichas de su patria con sus infamias, disoluciones é intrigas.

Una joven aldeana con su valor y energía, salva á los franceses de la opresión de Inglaterra.

Catalina de Médicis llenó de luto y desolación á la Francia; y por último, sólo una mujer, comprende el sublime pensamiento de Colón y le ayuda á realizarlo.

A esta pequeña muestra, agreguemos que la señorita Montoya debía realizar las prácticas con cadáveres completamente vestidos y sin la presencia de sus compañeros de clase o de otros colegas masculinos.

Como se vé por estos ejemplos el influjo que el sexo débil tiene sobre el fuerte puede ser la base de la virtud ó el pedestal del crimen, y he aquí, por qué la mujer debe instruirse; pues mal podrá ser buena esposa y excelente madre la que no haya estudiado la gravedad de sus deberes, la altura de su misión y la terrible responsabilidad que tiene ante la familia y la sociedad. Mas para atender á la educación de la mujer, bastará con que desde la más tierna infancia se le haga ingresar á los colegios! ¿Acaso por el solo hecho de que la mujer posea ciertos conocimientos y cierto grado de ilustración, ya está libre de la seducción, de ese temible enemigo del sexo débil? La vida práctica y la historia demuestran lo contrario, y ambas nos presentan á las pasiones dominando en todas las clases sociales, sin exceptuar á las personas de notoria instrucción, quienes en no pocos casos sienten más su tiranía. Preciso es convencerse en vista de esto, de que si la ignorancia y la necesidad prestan gran contingente al vicio, también los principios fijos y la debilidad de creencias son las que hacen olvidar los más sagrados deberes á todas esas infortunadas mujeres que á cada paso nos presenta la civilización moderna, hundidas en el cieno de la prostitución.

Necesario es prescindir de esa educación que reciben las jóvenes en algunos colegios, que sólo contribuye á fomentar la vanidad de la mujer, proporcionándole ideas que más tarde la llevan á creerse sabia porque habla más ó menos bien el inglés y francés, toca medianamente algún instrumento, dirige el lápiz sobre el papel satinado, tiene algunas nociones de historia y geografía y sabe de memoria algunas fórmulas sociales; y creyéndose con esto rica de sabiduría y dando por terminada su educación, rehusa inspeccionar los trabajos de sus criados; conceptúa indecoroso de su ilustración confeccionar sus trajes y vestir con sencillez y se ocupa únicamente de mil bagatelas y frivolidades. Esta falsa y decantada ilustración, es la que proporciona á la mujer un amor propio sin límites, un orgullo insoportable, una extremada fatuidad y una odiosa altivez. Esta es la llamada instrucción que posee esa multitud de frívolas jovencitas que encontramos á cada paso en la sociedad, donde se hacen notar, por lo que nombran despejo, vivacidad é ingenio y que yo llamaré, desenvoltura y pedantería, por no darle otro nombre. Austeras en su moral y voluptuosas en su conducta, hablan constantemente de virtud, al paso que anhelan el placer: no buscan en el matrimonio más que los deleites del lujo y del amor, desechando los deberes de la maternidad: elogian á la humildad, y se sonrojan de saludar en presencia de otros á algunas de sus amigas, cuya fortuna no es igual á la suya: el deseo de captarse la admiración de todos, las hace ser inconstantes y sin principios fijos. Sin piedad, sin religión, sin moralidad, sin plan y sin principios, concluyen por causar la desgracia de su esposo, si algún desgraciado cautivado por su hermosura física ó por su aparente y superficial ilustración, les ofrece su corazón y su mano.

El único recurso que hay (en mi humilde opinión) para evitar ese cúmulo de males que redundan forzosamente en perjuicio de la sociedad, prescindiendo de toda preocupación, es no formar *bachilleras* y séres inútiles para todo lo que no sea cubrirse de afeites, lazos y perfumes sino impartir á la mujer una sólida enseñanza sobre bases religiosas, de las que no se puede prescindir, sin acabar con la sociedad. No basta la ley civil para evitar el vicio; es necesario un temor superior, una esperanza más sublime y menos flexible. La ley civil anatematiza por ejemplo, el adulterio, pero sólo desde que este crimen se presenta ante ella; esto, es, desde que es un hecho y se manifiesta al exterior; mas la virtud y la religión lo condenan desde que la imaginación lo concibe permitiéndolo la voluntad.

Necesario es que las madres, convirtiéndose en amorosas maestras, guíen siempre los primeros pasos de sus hijas hacia la ilustración, y que sólo hasta que en el infantil corazón de la mujer estén profundamente grabadas las ideas de virtud, religión, amor filial, modestia, laboriosidad y demás sentimientos que la trasforman en un sér amable y privilegiado, le toque su vez á los maestros, que hallando el terreno bien preparado, encontrarán discípulas inmejorables, dóciles y atentas á sus explicaciones.

Lo primero que se debe inculcar á una niña es el amor á la virtud, á la religión y á la fe: esta, es el único y más seguro refugio que nos queda en la adversidad, y el pedestal inmutable de todas las virtudes.

Un corazón sin fe, es un erial, un árido desierto, un campo estéril é infecundo, ajeno á todo cultivo y que no ofrece ni rosas aromáticas, ni frutos deliciosos.

¡Cuántas veces en los pesares de mi vida, en que mis ilusiones se han trocado en la más espantosa realidad, dejando en mi pecho un vacío terrible y desconsolador, he encontrado un suave lenitivo en los sentimientos de fe que mi buena madre y mis sabias profesoras grabaron en mi corazón!

La franqueza, la dulzura, la inocencia y el pudor, conservan la virtud; los vicios por el contrario, la alejan. Para conservar en nuestra alma tan preciada joya, se debe sacrificar sin vacilación alguna las exigencias de la vida material. La laboriosidad, es la segunda base de la educación femenil, haciendo que la mujer adquiera en el amor al trabajo, una segunda naturaleza. Desde que la mujer se halla en los albores de la vida, se la debe acostumbrar á levantarse con la aurora, haciendo que ayude en mayor ó menor escala según su edad, al aseo de la casa y el suyo propio, de manera que á la hora del desayuno, se halle vestida, limpia y peinada, y tenga aprendida alguna de sus lecciones. Siempre se le debe instruir con preferencia en todos los conocimientos necesarios al hábil gobierno de una casa, y después, desarrollar su inteligencia, para presentarla en la sociedad rica de adornos morales, más bellos, útiles y preferibles que los chales, gasas y blondas.

Una joven debe aprender forzosamente toda clase de trabajo doméstico: á distribuir el tiempo para sí y para sus criadas: á llevar la cuenta del gasto diario y á no desear nada más de lo justo, ni á envidiar el lujo y posición de las demás.

Necesario es que desprecie por vanos, ridículos, antiestéticos y anti-higiénicos, todos esos caprichos de la *moda* que nos vienen del extranjero y por cuya adquisición, doloroso es confesarlo, sacrifican multitud de mujeres la paz de su hogar y el patrimonio de sus hijos.

¡Cuán pocas son las damas que dejan un periódico de *modas* para suscribirse á otro de ciencias y literatura! En cambio á muchas he visto enrojecerse de vergüenza cuando no van vestidas á la *dernière*.

Ojalá que todas las mujeres adquiriesen una profesión, arte ú oficio conforme á su inteligencia, aptitud y fortuna, para que le sirviese de escudo contra la miseria en todas las eventualidades de la vida, cuidando de que esto no sirva únicamente para halagar su vanidad, sino para proporcionarles las dulces satisfacciones que produce el trabajo. Pero qué idea tan triste y desconsoladora dan de su carácter esas presuntuosas jovencitas á quienes he oído exclamar: "¡Recibirnos de profesoras! ¡Imposible! Eso se ha ordinariado tanto, que hasta *las hijas de porteras y planchadoras* reciben este título."

¡Como si esas pobres criaturas que carecen de bienes de fortuna y por lo cual son dignas de compasión, llevasen el sello de la infamia en su frente envuelta entre las negras gasas del dolor!

Queridísimas lectoras, me despido de vosotras rogándoos que no rechacéis el adelanto porque el pueblo pueda obtenerlo también: bastante he abusado de vuestra atención y bondad. Terminaré ya mi fastidioso artículo, esperando me perdonéis lo incorrecto de él, en vista de que me impulsó á escribirlo el inmenso deseo y profundo interés que abrigo en mi corazón porque la mujer ocupe el elevado puesto que el Progreso le señala.

CRÓNICA DE LA SEMANA

Esta semana nos ha traído un eco muy triste; el de la muerte de una escritora americana bien conocida en México, donde ha pasado algunos años de su vida, por su talento literario y musical y por su distinción.

Clara Hallaran que escribía aquellas notables cartas firmadas *Clara Bridgeman*, que se publicaban en el *Times Democrat* de Nueva Orleans, y que ha tomado parte como pianista en algunos conciertos en esta ciudad; la autora de encantadoras correspondencias enviadas de aquí á otros periódicos de los Estados Unidos y de una notable *Historia de México*, murió hace pocos días en un manicomio en Nueva York.

¡Que melancólica historia!

Clara era hija de un tísico y de una loca; su padre murió de la terrible enfermedad y su madre está encerrada desde hace muchos años en la misma casa de dementes donde expiró la hija.

La elegante literata, la inspirada artista heredó la tisis y la demencia de los autores de sus días.

¡Triste herencia!

Clara Hallaran era sumamente delicada y los alimentos que tomaba no eran suficientes para sostener la vitalidad en un pájaro.

No daba señales de demencia hasta últimamente, pero siempre ha sido algo excéntrica.

No era hermosa; pero su figura era distinguida é interesante. Tendría 30 años cuando murió y nunca había amado, así es que su alma era árida, pues el amor para el corazón de una mujer es tan necesario como el rocío para una flor.

No había conocido el amor en ninguna de sus innumerables fases; su sér nunca se había extremecido con las emociones, mezcla de sufrimientos y de goce, que acompañan á esa pasión. Le repugnaba hablar del amor y tenía marcada antipatía por las piezas de canto cuya letra encerraba frases amorosas y por las obras literarias que trataban del amor.

No conocía el cariño filial ni el amor maternal; no había penetrado en su alma un afecto más vivo que el que nace de la amistad.

Clara Hallaran era una amiga incomparable y era mujer dulce, amable, con modales muy finos, una conversación muy amena y un gran talento.

Todos los que tuvieron la fortuna de tratarla la querían muchísimo y ella gozaba de la estimación de algunos de nuestros mejores literatos.

Tuvimos el gusto de encontrarla varias veces en la sociedad y nos encantaba como *causeuse* y como pianista.

Tenía gran cariño por México y sólo su quebrantada salud la hizo alejarse del país que había adoptado como suyo.

Se dirigió á Nueva York y estaba viviendo con una parienta, cuando dió señales de demencia. Su cerebro estaba agotado por los estudios, por la lectura de obras clásicas y por reflexionar demasiado sobre lo que leía.

Tuvo también un desengaño con su obra: *Historia de México*, no queriendo publicarla el editor á quien la ofreció, á pesar de ser una joya literaria según la opinión del maestro Altamirano y de otros escritores mexicanos.

Clara, comprendiendo que se volvía loca, dijo un día á su parienta: "Te suplico me encierres en un manicomio, pues hay momentos en que tengo deseos de matar á tus hijos."

La llevaron á la misma casa de locos donde estaba su madre, tomando grandes precauciones para que la desgraciada no la viera pasar con los otros dementes incurables. Ultimamente Clarita Hallaran se puso peor, estando su salud más quebrantada y aumentando su demencia.

Tenía momentos de lucidez y en ellos hablaba de México con gran cariño. Los doctores opinaron que si ella pudiera volver á este país, habría esperanzas de su salvación; pero su delicado estado de salud no permitía que emprendiera el viaje.

Desde seis días antes de su muerte rehusaba toda clase de alimentos, y una mañana exhaló el último suspiro, expirando como un pájaro herido.

Antes de morir recobró la razón y pasó á la eternidad con una plegaria en sus labios y sus ojos volteados hacia el cielo, pidiendo misericordia al Sér Supremo.

¡Pobre Clara Hallaran!

¡Colocamos en tu tumba una corona de pensamientos rociada con nuestras lágrimas!

Hablemos de algo más alegre, pues la muerte de la distinguida escritora americana nos ha conmovido extraordinariamente y no queremos que la tristeza que experimentamos, contagie á nuestros lectores.

Los sucesos de la semana no han sido muy interesantes, siendo los únicos acontecimientos los espectáculos teatrales y la distribución de premios de las escuelas de la Compañía Lancasteriana que se verificó la noche del Lunes y que estuvo muy animada, habiendo organizado un brillante concierto el inspirado compositor y pianista mexicano, Julio Ituarte. Tomaron parte en este concierto las Señoritas Margarita Hernández, Luz del Villar, Aurora Peraza, Guadalupe Alvarado y Paulina Longeviaille.

Margarita Hernández se presentó ataviada de seda gris, adornada de encaje blanco, llevando en su tocado y en su *corsage* ramos de gardenias frescas, y cantó admirablemente el aria de las joyas, de *Fausto*, y la escena del último acto del *Otello* de Verdi que encierra la *Canción del Sauz* y el *Ave María*, entusiasmando al auditorio.

Luz del Villar estaba encantadora luciendo una *toilette* de faya color de rosa pálido, cubierta con tul del mismo color bordado de plata, y fué colmada de aplausos interpretando la graciosa romanza: *Música Prohibida* y la difícil aria *Una voce poco fa*, de la ópera *El Barbero de Sevilla*, que cantó brillantemente.

Hubo un murmullo de admiración en el público al aparecer la hermosa Aurora Peraza con un elegante traje de faya y gasa azul pálido adornado de blonda blanca, ostentando en su tocado una *aigrette* de plumas azules, y este murmullo se convirtió en calurosos aplausos al cantar la bella yucateca la romanza de Rotoli, titulada: *Perche destarmi*, y una bonita guaracha que tuvo que repetir á instancias de los concurrentes.

La simpática Guadalupe Alvarado, ataviada de seda negra con listas amarillas, ejecutó en el piano, á cuatro manos, con su maestro Julio Ituarte, la gran fantasía de Cerimelle sobre temas de *Los Hugonotes*, tocando la pieza con maestría, y Paulina Longeviaille, otra aventajada discípula del Señor Ituarte, interpretó con él una bella fantasía sobre melodías de *La Traviata*, ejecutándola con gusto y brío.

La Señorita Longeviaille lució una *toilette* de faya color de rosa pálida cubierta de muselina de la India, blanca, con la que estaba muy elegante.

Julio Ituarte tocó una fantasía sobre temas de la obra *Copellia* de Délibes, con Mariano Lozano, y *El Despertar del León*, de Kontski con Fernando Fierro y los dos trozos fueron aplaudidos calurosamente.

La orquesta ejecutó una obertura perfectamente; el joven Daniel P. Serrano tocó muy bien en el piano el *Trémolo* de Gottschalk; Manuel Serrano ejecutó con gusto una fantasía sobre *motivi* de *Un Ballo in Maschera*, en el violín; Anselmo Alfaro y Gerardo Silva leyeron con elegancia una inspirada poesía y un elocuente discurso; algunos alumnos de las escuelas leyeron también poesías y el programa terminó con una hermosa marcha, tocada con brío por los profesores que formaron la orquesta.

La distribución de premios estuvo muy interesante y pasamos unas horas sumamente agradables en esta velada.

La Compañía francesa ha abierto un nuevo abono de seis representaciones, que principia esta noche, poniéndose en escena la bonita opereta de Suppé titulada: *Fatinitza*, y la Empresa nos ofrece en estas funciones *La Juanita, Madame Favart, La Fille de Madame Angot*, y otras obras de su repertorio. Terminado el abono, el cuadro se dirige á la Habana donde dará otra temporada.

La noche del Martes se verificó el beneficio de Jenny Nordall y se volvió á dar *Le Grand Mogol*, que salió mejor que nunca.

Julia Bennati cantó aquella noche admirablemente, recibiendo entusiastas demostraciones. Intercaló en el segundo acto la popular danza de Iradier titulada: *María la O*, que dijo con muchísima gracia, teniendo que repetirla entre ruidosos aplausos.

La graciosa beneficiada fué obsequiada con varios ramos de flores y algunos regalos y fué aclamada en las piezas que tuvo á su cargo.

La noche del Miércoles se puso en escena la linda opereta de Varney: *Les Mousquetaires au Convent*, tomando parte en ella la Bennati, la Pirard y la Nordall.

Esta obra salió perfectamente y la representación estuvo muy animada, asistiendo á ella una concurrencia un poco más numerosa que la que acude generalmente al gran coliseo en esta temporada.

Julia Bennati desempeñó perfectamente el papel de *Simonne*, papel que creó en París, y fué muy aplaudida en el wals del tercer acto. Volvió á cantar la canción *María la O*, y tuvo que repetirla á instancias del público.

Mary Pirard interpretó el tipo de *Louise* con mucha gracia. En el tecer acto, cantó la canción: *Bras dessus, bras des sous*, que fué muy aplaudida y que tuvo los honores de la repetición.

La Nordall no cantó muy bien la bonita romanza del segundo acto, pero estuvo encantadora en el papel de *Marie*.

Guernoy en el de *Gontran* se distinguió más que en los otros en que se ha presentado durante la temporada.

Maris hizo un gallardo *Brissac*, y representó graciosamente la escena del sermón, cuya repetición fué pedida por el auditorio.

Tony y la Stani estuvieron bien caracterizando los personajes del *Abbé Bridaine* y el de la Superiora. Los coros y la orquesta excelentes, y el público de muy buen humor.

La noche del Jueves se verificó la función de gracia del distinguido barítono Maris con escasa concurrencia.

Anoche se debe haber vuelto á ofrecer *Les Mousquetaires au Couvent*, para la función de gracia de Tony y hoy se pondrá en escena *Le Serment d' Amour* en la tarde y *Fatinitza* en la noche.

En el Teatro Arbeu la Empresa ha ofrecido *El Testamento Azul*, á sus abonados en estos días, y la pieza fué recibida con entusiasmo, siendo muy aclamados en ella Romualda Moriones, Matilde Navarro, Alonso y Obregón y gustando mucho los bonitos trozos que ha escrito el maestro Austri para esta obra.

En el Teatro Hidalgo siguen deleitando á los *habitués* de aquel coliseo, la inteligente actriz Mariana Rivero, el excelente actor Campuzano y algunos de los otros artistas que forman el cuadro que actúa en el hermoso teatro.

La *Cenicienta* atrae numerosa concurrencia á la tienda de la Plaza de Santo Domingo.

La noche del Martes los hermanos Orrin dieron una representación en favor de la Sociedad *Hijas del Trabajo*, estando la tienda llena y la noche del Viernes se verificó el beneficio del payaso Bannack, con numerosa concurrencia.

Estos son los únicos sucesos que hemos tenido en estos días; ningún acontecimiento social.

Recibimos cartas últimamente de Adelina Patti y de Sarah Bernhardt. La primera nos escribe de Lisboa donde estaba cantando en ópera y enloqueciendo al difícil público. Nos dice que de aquella ciudad iba á Madrid, volviendo después á Lisboa y embarcándose el 8 de Marzo para la América del Sur.

Sarah Bernhardt está muy contenta con el matrimonio de su hijo Mauricio que se casó hace poco en París con la Princesa Virginia Jabloucky.

Las dos grandes artistas nos dicen que conservan los más gratos recuerdos de México.

A propósito de Sarah, antes del matrimonio de su hijo un amigo de la familia de la novia le indicó que daría mucho gusto á dicha familia si el novio tuviera un título, y la eminente trágica le contestó: "¡qué título hay más noble que el de *hijo de Sarah Bernhardt...*!"

Es cierto que el genio vale más que un blasón y las riquezas. ¡Hay muchos Príncipes, Condes y Marqueses y una sola Sarah Bernhardt!

TITANIA

Tormenta y calma

Está sombrío, borrascoso el cielo,
Lóbrega, oscura la medrosa noche,
Se oye á lo lejos retumbar el trueno,
Y parece temblar el horizonte
Á la cárdena luz de los relámpagos
Que incendiando los negros nubarrones
Asemejan antorchas conducidas
Por fantasmas que cruzan por el Orbe:
Ya se desata pavoroso el viento
Y en huracán embravecido se oye
Acercarse, crecer á cada instante
Rugiendo altivo en la cabaña pobre,
Gimiendo sordo en el altivo alcázar,
Y derribando con los fuertes robles,
Gigantes palmas y robustos olmos.
Mientras formando desigual redoble
De fuerte lluvia las pesadas gotas
Las dobles hojas del boscaje rompen,
Cayendo luego en torrental violento,
Que de la cima de escarpado monte
Se va tendiendo por el ancho llano,
Y en espumosas cataratas corre,
En mar inmenso que la tierra cubre
Amenazando sepultar el Orbe . . . .
. . . .
Todo en silencio misterioso yace,
Mudas las aves en sus nidos duermen,
Allá muy quedo entre el follaje se oye
El aleteo de las auras leves.
Como suspiros que la noche exhala,
Cual si un oculto sinsabor tuviese,
En leves ondas murmurando pasa
Límpida el agua de la clara fuente
Como las gotas de secreto llanto
Que silenciosas las pupilas vierten,
Por intervalos de las hojas caen
Líquidas perlas que recibe el césped
Lenta la luna en el Oriente sube,
Diáfano velo sobre el mundo tiende,
Y á su presencia las estrellas muestran

Pálido el brillo de fulgores tenues.
Cesó la lluvia, la natura en calma
Á su reposo primitivo vuelve.
Ya ni retumba pavoroso el trueno,
Ni los torrentes desbordados crecen,
Ni rebramando el huracán violento
Los fuertes robles con su soplo vence.
La Tierra en dulce soñolienta calma
Dormida en brazos del amor parece,
Mientras flotante pabellón de gasa
La blanca luna con su luz le teje;
Mas observando con mirada atenta
Aquellos campos que la luna envuelve,
El hombre piensa que las luchas pasan,
Mas que si es cierto que la calma vuelve,
Ya no es posible se recobre nunca
El bien precioso que en luchar se pierde:
Aquí un arbusto por el viento roto
En sucio charco su follaje tiende,
Allí la rosa deshojada, mustia
Doblose al golpe del granizo fuerte;
Allá la altiva majestuosa palma
Quemado el tronco por el rayo tiene,
Aquí en el fango que la lluvia deja
Perdiose el surco de las ricas mieses.
Así en las almas de luchar cansadas
Después que el rayo del dolor las hiere,
Quedan marchitas, deshojadas, secas,
Las ilusiones que á nacer no vuelven,
Por más que ahogada la tormenta calle,
Por más que el rostro como el campo ostente
Horas de calma do la blanca luna
Cual ángel triste de las tumbas vele,
Mientras que cruza solitaria el cielo
Un campo mudo de tristeza y muerte.

Dolores Correa y Zapata

Cuento

Era un matrimonio, y sólo
Tuvieron un chiquitín
Como la honda de Judas
Según dicen por ahí.
Tuvo el chico la ocurrencia
Un día, de mucho pedir
A la madre complaciente
Con él, como madre al fin...
Pidió juguetes á cientos
Un caballo y un *kepí*
Soldados y charamuscas,
Y cuanto hay que pedir
Que la madre le dió luego
Porque no llorase; en fin,
Y tras de tanto capricho
Que bien fueron más de mil;
Pidió el chiquitín un clavo
Que suspendía por ahí
Y hasta eso tuvo que darle
La pobre madre infeliz.
Y no contento con esto,
Pidió ya para concluir
Cualquier cosa... el *augerito*
Que el clavo dejó al salir.

Hirondelle

México, 1888

Matinal

La gasa trasparente, nacarina,
Que se extiende en el pórtico de oriente,
El Sol rasgó con su esplendor fulgente
Y el Orbe con sus rayos ilumina,
Regio al zenit con majestad camina
Y las brisas recogen dulcemente
La nota de las aves argentina,
Brilla del río la linfa cristalina,
Y los lirios se mecen dulcemente.

Luce como diamantes el rocío,
Las mariposas van girando inquietas
Ostentando su mágico albedrío;
Pulsan cítaras de oro los poetas,
Y enmedio de sonoro murmurío,
Renacen perfumadas las violetas.

MA. DEL REFUGIO ARGUMEDO,
VIUDA DE ORTIZ

Enero 25 de 1888

LA SEÑORITA MARÍA YÁÑEZ

Esta bella é inteligente joven fué la agraciada con el nombramiento de Directora de la Escuela municipal que, según el reglamento vigente, se adjudicó por oposición el día 23 del presente.

Los puntos marcados fueron sostenidos por nueve señoritas profesoras, que más ó menos expresaron sus avanzados conocimientos, y entre las cuales descolló la Srita. Yáñez, que fué la penúltima que se presentó en aquel angosto palenque del talento y la instrucción, quedando vencedora en tan honorífica lid.

Su tesis comenzó por un sentido exordio en que expuso los motivos que la impulsaron á tomar parte en la oposición, siendo el primero el deseo de hacer uso de un derecho por tanto tiempo conculcado á la mujer: el derecho de penetrar en el templo de la ciencia y procurarse por sí misma su subsistencia; segundo prestar su débil apoyo á los autores de sus días en su venerable ancianidad, llenando así un deber sagrado de gratitud, y tercero contribuir al bien de la patria, prestándole sus servicios en tan noble profesión. Después habló sobre el sistema de enseñanza objetiva aplicado á la aritmética, haciendo resaltar las ventajas de la escuela moderna sobre la antigua, y terminó explicando los procedimientos que para esta enseñanza deben de emplearse. Esta tesis perfectamente leída por su autora, con toda la entonación y el aplomo propios del caso, fué muy aplaudida por la concurrencia, y aun el Sr. Ramírez Arellano, que presidía el acto, recto y justiciero en el desempeño de su cargo, al leer al público el resultado de la oposición, manifestó el agrado que le causaba que hubiese recaído en ella la Dirección de la Escuela, así como los demás Sres, regidores y jurados, que ardientemente la felicitaron.

Nosotras, á nuestra vez, felicitamos cordialmente á la Srita. María Yáñez, y sinceramente nos alegramos de su triunfo; pues no puede ser más loable ni más santa la idea que la ha decidido á consagrarse al trabajo, en la flor de su juventud y belleza.

Impresiones de la prensa

(Continúa)

Tomamos del periódico *La Palabra* de Oaxaca:
Las Hijas del Anáhuac se titula un bello semanario que ha comenzado á publicarse en la Capital de la República, redactado por ilustradas escritoras mexicanas, que ya ocupan un magnífico lugar en el mundo de las letras.

La Directora del referido semanario es la inspirada poetisa Laureana Wright de Kleinhans, de la cual tuvimos el gusto de hablar en uno de nuestros números pasados y de la cual también daremos á luz los apuntes biográficos que ofrecemos.

Felicitamos á la mujer mexicana por este nuevo apoyo con que cuenta y enviamos nuestros entusiastas saludos á *Las Hijas del Anáhuac*."

Copiamos de *El Pensamiento libre* de Puebla.
Las Hijas del Anáhuac.—Con tan simpático título se publica en la metrópoli, un bien escrito periódico en cuya redacción figuran damas recomendabilísimas y de reconocido talento. Por recargo de material no honramos hoy las columnas de nuestro periódico reproduciendo el elegante artículo de la Señora Ignacia Padilla de Piña; en nuestro próximo número lo haremos, limitándonos por hoy á saludar al nuevo colega, honra de nuestra patria.

DATOS SOBRE LAS AUTORAS

Laura Cázares H. Nació en Coatzacoalcos, Ver. Egresó de la Universidad Veracruzana e hizo estudios de Doctorado en El Colegio de México. Ha publicado trabajos sobre literatura medieval y mexicana en diversos libros y revistas, y es coautora del texto *Técnicas actuales de investigación documental*. Desde 1974 trabaja como maestra e investigadora en la UAMI (Universidad Autónoma Metropolitana-Iztapalapa).

Ana Rosa Domenella. Nació en Córdoba, Argentina, y estudió la licenciatura y el profesorado en Letras Modernas en la Universidad Nacional de Córdoba. En 1971 llegó a México becada por dicha universidad para realizar una investigación sobre narrativa mexicana y en 1973 fija su residencia en la ciudad de México. Obtiene el grado de Doctora en Literatura Hispánica en El Colegio de México —1982— y es merecedora del Premio "José Revueltas" de ensayo, que otorga el Instituto Nacional de Bellas Artes y el estado de Durango, con un análisis de la obra de Jorge Ibargüengoitia. Desde 1985 es profesora de carrera en la UAM-Iztapalapa y forma parte del área de Literatura Hispanoamericana. En 1984 se incorpora al PIEM y organiza, junto con Aralia López, el "Taller de narrativa femenina mexicana" que continúa sesionando desde entonces en El Colegio de México. Ha publicado ensayos y artículos en revistas especializadas y libros colectivos sobre la obra de Josefina Vicens, María Luisa Puga, Alejo Carpentier, Juan Carlos Onetti, entre otros. Es autora del libro *Jorge Ibargüengoitia. La transgresión por la ironía*, editado por la UAMI en 1989.

María Rosa Fiscal. Mexicana, nacida en Durango. Es licenciada en Lengua y Literatura Hispánicas (UNAM). Realizó estudios de maestría en Letras Iberoamericanas. Autora de *La imagen de la mujer en Rosario Castellanos* (1980) y varios otros ensayos sobre Rosario Castellanos. Escribió numerosas reseñas de crítica literaria en *Proceso*, en revistas especializadas en literatura, así como en la revista *Fem*. Ha sido maestra en la UNAM y en otras instituciones de enseñanza superior. Tradujo varios libros del inglés al español. Actualmente trabaja en Durango, donde ha preparado una antología sobre escritores de esa ciudad: *Durango: una literatura del desarraigo*. Participó en el Taller de Narrativa Mexicana del PIEM-Colegio de México en el que colaboró con trabajos.

Graciela Monges Nicolau. Nació en México, D.F. Obtuvo el doctorado en Letras Modernas en el año de 1988 con la tesis titulada *La obra de Felisberto Hernández a la luz de la poética de Gastón Bachelard*. Ha impartido clases en la Universidad de las Américas y fue coordinadora durante cuatro años de los cursos de Lengua y Literatura de los Programas para Extranjeros de la Universidad Iberoamericana. Ha colaborado con ensayos en varias publicaciones. Actualmente imparte clases de Literatura en Programas para Extranjeros y el Departamento de Letras de la UIA.

Diana Morán. Nació en Panamá. Egresó de la Universidad de Panamá y obtuvo el Doctorado en Literatura Hispánica en El Colegio de México, con la tesis: *"Cien años de soledad"; novela de la desmitificación*. Es coautora de *La narrativa de José Emilio Pacheco*, y como poetisa publicó varios libros y poemas: *Eva definitiva, Soberana presencia de la patria, Reflexiones junto a tu piel, Gaviotas de cruz abierta, Para el 2000: debemos ser tercas*. Exiliada en México, fue investigadora de El Colegio de México y maestra de la UAMI (Universidad Autónoma Metropolitana-Iztapalapa). Falleció el 10 de febrero de 1987. Hasta la fecha de su lamentada desaparición asistió, participando activamente, al Taller de Narrativa Mexicana Femenina del PIEM-Colegio de México. En su homenaje el Taller de Narrativa mencionado lleva oficialmente su nombre.

Cecilia Olivares Mansuy. Nacida en Chile, nacionalizada mexicana. Estudió Letras Hispánicas en la UNAM y el Programa para la Formación de Traductores en El Colegio de México. Maestra de literatura y redacción; traductora, ha traducido artículos para diversas revistas y un libro sobre Emily Brontë para el FCE. Como redactora y correctora, ha trabajado en *Cuadernos Americanos* y en la *Nueva Revista de Filología Hispánica*, y como secretaria de redacción en *Escénica*. Participa en el Taller de Narrativa del PIEM desde 1985.

Nora Pasternac. Argentina, vive en México desde 1976. Cursó el Doctorado en "Literaturas Hispánicas" en El Colegio de México. Trabajó como docente en la Universidad Autónoma de México durante nueve años. Participó en la coordinación del Taller de "Narrativa Mexicana Femenina" (desde 1984 hasta el presente) en el PIEM-Colegio de México. Realizó varios estudios sobre escritoras mexicanas, en particular sobre Margo Glantz y Aline Petterson. Asimismo, tradujo numerosos libros del francés al español para diversas editoriales argentinas y mexicanas. Actualmente es profesora de medio tiempo en el ITAM (Instituto Tecnológico Autónomo de México) y continúa desarrollando sus labores en el PIEM-El Colegio de México.

Gloria María Prado Garduño. Miembro del Taller de Investigación de Narrativa Femenina Mexicana del PIEM de El Colegio de México, desde su inicio en 1984 a la fecha, y del Seminario de Crítica Literaria Feminista de 1987 (su inicio) a la fecha. Licenciatura en Lengua y Literatura Españolas, UNAM y UIA, 1964. Maestría en Lengua y Literatura Hispánicas, UNAM y UIA, 1982. Doctorado en Letras Modernas, UIA, 1987. Directora del Departamento de Letras, UIA, 1974-1976, 1980-1984. Coordinadora de Estudios de Posgrado del Departamento de Letras, 1983-1987, UIA. Profesora de tiempo e investigadora de la misma universidad de 1964 a 1989. Publicaciones varias de crítica literaria, especialmente sobre literatura mexicana femenina.

Carmen Ramos Escandón. Mexicana, obtuvo un Doctorado en Historia en El Colegio de México. Fue fundadora y coordinadora del taller de "Historia de la Mujer en México", desde 1984 hasta 1987, en el PIEM-El Colegio de México. Compiladora y editora del libro *Presencia y transparencia*, El Colegio de México, 1987. Autora de varios artículos sobre mujeres, entre los cuales están: "Mujeres de fin de siglo", en *Signos* (1989); "Mujeres trabajadoras porfirianas", en *Revista Europea de Estudios Latinoamericanos* (Amsterdam, 1990); "Que veinte años no es nada: la mujer en la historiografía mexicana", en *Historiografía Mexicanista* (México, 1990).

Sara Poot Herrera (Mérida, Yucatán). Licenciada en Filosofía, Universidad de Guadalajara. Maestra en Lengua y Literatura, Normal Superior de Nayarit. Doctora en Literatura Hispánica, El Colegio de México. Participa en proyectos de literatura infantil; publica cuentos en Macmillan. Fue profesora-investigadora del Centro de Estudios Lingüísticos y Literarios de El Colegio de México y colaboró en la *Nueva Revista de Filología Hispánica*. Actualmente es profesora de la Universidad de California en Santa Barbara y participa en el PIEM. Está en prensa su libro *Un giro en espiral. El proyecto literario de Juan José Arreola*.

Luzelena Gutiérrez de Velasco. Mexicana. Maestra en Letras por la Universidad de Guadalajara. Estudios de especialización en Germanística y Romanística en la Julius Maximiliam Universität de Würzburc, Alemania. Doctora en Literatura Hispánica, El Colegio de México. Trabajó como investigadora en el proyecto de "Narrativa contemporánea mexicana" en El Colegio de México (1979-1986). Actualmente dirige el Centro de Lenguas del ITAM. Coordina el Seminario de Crítica Literaria Feminista y participa en el Taller de Narrativa Mexicana Femenina, ambos del PIEM-El Colegio de México.

Este libro se terminó de imprimir
en agosto de 1991 en los talleres de
Offset Setenta, S.A. de C.V., Víctor Hugo 99,
Col. Portales, 03300 México, D.F.
Composición tipográfica y formación:
Carlos Palleiro.
Se imprimieron 1000 ejemplares
más sobrantes para reposición.
Cuidaron la edición Cecilia Olivares
y el Departamento de Publicaciones
de El Colegio de México.

Programa Interdisciplinario de Estudios de la Mujer

Esta antología de "voces olvidadas" rescata las obras de escritoras que nacieron en el México del siglo pasado. Algunas de ellas no salieron nunca de su país, mientras que otras pasaron la mayor parte de su vida en Europa, donde escribieron y publicaron su obra. Desde la novela hasta el diario, pasando por el periodismo y la crónica de viajes, las obras producidas por estas escritoras han sido muy poco estudiadas, no reconocidas por haber cumplido una función didáctica o simplemente olvidadas. Las razones que han motivado su omisión en la historia de la literatura mexicana son diversas, pero los textos aquí recopilados permiten afirmar que la calidad no sería una de las principales, por lo menos en lo que se refiere a escritoras como Laura Méndez de Cuenca y Dolores Bolio.

En cuanto a los "géneros menores" preferidos por las mujeres que se atrevían a tomar la pluma —cuentos infantiles, diarios, folletines, crónicas—, su interés reside en el hecho de que son la expresión de voces femeninas que, con todos sus temores, contradicciones y falta de preparación, transgredieron las normas que implícitamente prohibían a la mujer el placer de la creación y produjeron textos literarios.

La parte crítica del libro pretende no sólo hacer una presentación de los textos antologados, sino reconstruir —hasta donde ello es posible— los mundos particulares de cada una de estas mujeres. Tarea difícil, pero muy fructífera, que permitirá al lector ubicar las obras en contextos precisos y sobre todo situarlas en el lugar que, dentro de la historia de la literatura, les corresponde.

Las voces olvidadas proporciona así la posibilidad de acercarse a una serie de voces femeninas: antecedente que resulta imprescindible conocer para entender la multiplicidad y calidad de la escritura de mujeres en el México contemporáneo.

EL COLEGIO DE MÉXICO